Barbara Sichtermann
Kai Sichtermann

Das ist unser Haus

aufbau

Barbara Sichtermann
Kai Sichtermann

DAS IST UNSER HAUS

Eine Geschichte der Hausbesetzung

aufbau

Mit 45 Abbildungen

ISBN 978-3-351-03660-7

Aufbau ist eine Marke der Aufbau Verlag GmbH & Co. KG

1. Auflage 2017

Einbandgestaltung zero-media.net, München
Layout/Satz studio stg, Berlin | studio-stg.com
Druck und Binden TBB a.s., Banská Bystrica
Printed in Slovakia

www.aufbau-verlag.de

Inhalt

Nächste Seite: TUWAT-Demo in West-Berlin, 5. September 1981

»FÜNFZIG NEHMEN SICH EIN HAUS«

DIE EPOCHE 1970 BIS 1995

Hintergründe

»Geradeso ist es mit der *Wohnungsnot.* Die Ausdehnung der modernen großen Städte gibt in gewissen, besonders in den zentral gelegenen Strichen derselben dem Grund und Boden einen künstlichen, oft kolossal steigenden Wert; die darauf errichteten Gebäude, statt diesen Wert zu erhöhn, drücken ihn vielmehr herab, weil sie den veränderten Verhältnissen nicht mehr entsprechen; man reißt sie nieder und ersetzt sie durch andre. Dies geschieht vor allem mit zentral gelegenen Arbeiterwohnungen, deren Miete, selbst bei der größten Überfüllung, nie oder doch nur äußerst langsam über ein gewisses Maximum hinausgehn kann. Man reißt sie nieder und baut Läden, Warenlager, öffentliche Gebäude an ihrer Stelle. [...] Das Resultat ist, dass die Arbeiter vom Mittelpunkt der Städte an den Umkreis gedrängt, dass Arbeiter- und überhaupt kleinere Wohnungen selten und teuer werden und oft gar nicht zu haben sind; denn unter diesen Verhältnissen wird die Bauindustrie, der teurere Wohnungen ein weit besseres Spekulationsfeld bieten, immer nur ausnahmsweise Arbeiterwohnungen bauen.«[1]

Dies schrieb unter dem Titel »Zur Wohnungsfrage« Friedrich Engels im Jahre 1872, exakt ein Jahrhundert, bevor in Frankfurt, Berlin, Hamburg, Köln und vielen anderen »modernen großen Städten« der sogenannte Häuserkampf begann. In ihren Grundzügen war die Misere dieselbe geblieben. Zwar baute man in den Stadtzentren vor allem Bürotürme und weniger Warenlager, zwar steuerte man den Strukturwandel in Richtung »autogerechte Stadt«; auch blieben Arbeiter nicht die einzigen Opfer dieses Wandels, auch die Mittelschicht war bedroht. Im Wesentlichen aber hatte der Kollege und Freund von Karl Marx die Dinge richtig vorausgesehen. Und er blieb in seiner Streitschrift den Begründungszusammenhang der »Wohnungsfrage« nicht schuldig. Solange das Privateigentum an Grund und Boden fortbestehe und von der herrschenden Klasse mit Gewalt verteidigt werde, schrieb Engels, könne die Wohnungsnot nicht abgewendet werden. Ein Jahrhundert weiter bestätigten Hausbesetzer in ganz Europa seine Theorie.

Die Zeit des Wiederaufbaus nach dem Zweiten Weltkrieg war vorbei, und die Ära der Verwandlung erhaltener gebliebener oder restaurierter Innenstädte in »Spekulationsfelder« hob an. In Frankfurt am Main ging es besonders resolut zur Sache. Hier erzielte der Grund und Boden von den 1950er bis zu den 1970er Jahren einen »kolossal steigenden« Extremwert – er wuchs um das 200fache und mehr. Die Spekulanten im Zusammenspiel mit den Banken, die ihnen günstige Kredite einräumten, und dem Magistrat, der Zuschüsse gewährte, übernahmen das Zentrum. Hier wollten sie ihre Bürohochhäuser hinstellen, die eine prachtvolle Gewerbemiete abwerfen würden, und die kleinen Leute, die noch dort wohnten, sollten sich an den Stadtrand verziehen. Ganz so, wie die Entwicklung bei Engels skizziert worden war.

Die Bürgerinitiativen und Mietergruppen, die sich daraufhin bildeten und aus denen die Hausbesetzerszene hervorging, hatten wahrscheinlich ihren Engels gelesen. Denn im Zuge der studentischen Proteste ab 1967 waren die beiden Autoren des »Kommunistischen Manifests«, Marx und Engels, auch in Westdeutschland wieder salonfähig geworden – wenn auch zuvörderst im akademischen Rahmen. Aber die kritische Jugend an den Universitäten, die dem restaurativen Klima und der reaktionären Politik im Nachkriegsdeutschland den Kampf angesagt hatte, verbreitete ihre Sicht der Dinge mit Megafonen über die gesamte Republik. Und in diesem Kontext wurden Marx und Engels als prophetische Gewährsleute häufig zitiert. Wie war das mit dem Privateigentum? War es nicht die Wurzel allen Übels? Und sollte man nicht, wie Marx es verlangt hatte, »radikal« dagegen vorgehen? Der Wohnungskampf hat diesen Hintergedanken nie verloren: dass es nicht angehe, ein knappes, nicht vermehrbares Gut wie den Boden, insbesondere dort, wo viele Menschen sich ihn teilen müssen, in den Großstädten, privaten Eigentümern zu überlassen.

Dass auch kommunale Eigentümer, sprich: die Stadt als politische Körperschaft, deren Auftrag es doch sein sollte, für das Wohl der breiten Bevölkerung zu sorgen, meist derselben Kapitalverwertungslogik folgten wie die Privatwirtschaft und ihre Planung an den Bedürfnissen von Banken und Industrie orientierten, hatte allerdings die Idee der Verstaatlichung, bei der Marx und Engels stehengeblieben waren, diskreditiert. Man suchte nach einem dritten Weg: eine *Vergesellschaftung* des Stadtraumes, eine Gestaltung der Zentren, die Wohnen und Arbeiten zusammenführen sollte, was vor allem hieß: *Wohnen in der City*. Wohnen in den alten Kiezen, die, meist citynah, von Abriss (»Flächensanierung«) bedroht waren und in denen die überkommene Infrastruktur mit Kneipen, Läden, Kleingewerbe, Kinos, Ballhäusern, Versammlungsorten und Grundschulen nur restauriert zu werden brauchte, um modernen Standards zu genügen. Und in diesen historischen, meist in der Gründerzeit gewachsenen Quartieren mit ihrem unwiederbringlichen Wohnwert nahm der Häuserkampf in Deutschland seinen Anfang, am frühesten und heftigsten in Frankfurt.

Ein Flugblatt des Frankfurter »Häuserrates« fragte denn auch: »Wer kann schon in Büros wohnen?«, und sagte damit, dass die Innenstadt veröden werde, wenn Investoren und Stadtpolitiker mit ihren Plänen durchkämen. Die redeten sich damit raus, dass die alten Häuser in der Innenstadt »den veränderten Verhältnissen nicht mehr entsprechen« und dass die Neubauten am Stadtrand ja doch so viel komfortabler seien. Ein anderes Flugblatt – Titel: »Der Wohnungskampf geht weiter« – zählte die tollen Vorteile auf, mit denen die Planer winkten, wenn sie lästigen Altmietern den Umzug in eine Trabantenstadt schmackhaft machen wollten: Die Wohnungen seien etwas kleiner, die Wände dünner, die Räume niedriger, das schon, dafür aber seien die sanitären Anlagen allererste Güte. Die trockene Antwort des Flugblatts: »Wir wohnen aber nicht in Klos.« Konsequenz: »Einen Mieter schmeißt man raus. Fünfzig nehmen sich ein Haus.«[2]

In der Studentenbewegung hatte man damit angefangen, den Rasen zu betreten, auch wenn ein Schild darauf hinwies, dass es verboten sei. Das heißt, es war so etwas wie Zivilcourage in der Jugend erwacht, und man ließ es drauf ankommen, wenn der Schritt auf den Rasen oder die Besetzung eines Hauses gegen Recht und Ordnung – mit Betonung auf Ordnung – verstieß. Diese Bereitschaft: »Nein!« zu sagen, der Obrigkeit zu misstrauen, den Gehorsam zu verweigern und gar Widerstand zu leisten, war eine wichtige Voraussetzung für den Häuserkampf. Sie hatte sich in der politischen Linken bei Ostermärschen, Streiks, universitären Institutsbesetzungen und Anti-Vietnamkriegs-Demonstrationen herausgebildet. **Lelle Franz,** Immer-noch-Bewohnerin des ersten in der Bundesrepublik besetzten Hauses, hielt die erbitterte Militanz, in die sich der Frankfurter Häuserkampf in nur drei Jahren hineinsteigerte, für einen Fehler. Aber auch für sie gab es einen Moment, in dem sie einen Stein in die Hand nahm (S. 120).

Rechtfertigungen

Die Begründungen der »Fünfzig«, die »sich ein Haus nehmen«, waren einleuchtend und überzeugten selbst große Teile der ansonsten braven, loyalen Bevölkerung. Zum einen gab es in den 1970er und 80er Jahren neben wachsender Wohnungsnot einen enormen *Leerstand*. Der konnte nicht ausbleiben, wenn die Entmietungsstrategien der Spekulanten mit dem Planungswirrwarr der Bürokratien und unsicheren Finanzierungsaussichten zusammenstießen. Besonders deutlich zeigte sich das in der »unsicheren« Stadt par excellence, West-Berlin. Die schrumpfende, überalterte Bevölkerung der geteilten Stadt sah das mit an und wunderte sich. Sie spürte instinktiv, dass die Hausbesetzer mit ihrem frechen Schritt in leerstehende, nutzbare Räume eine passende Antwort auf das Treiben der »Gangster da oben« gefunden hatten. Zwar hielt die Mehrheit der »Bild«-Zeitungs-Berliner zu ihrem Senat und dem jeweiligen Polizeipräsidenten, aber es gab auch Zuspruch, wenn die Besetzer, zum Beispiel des »Georg-von-Rauch-Hauses«, sich mit Tauziehen und Glückskeksen der Nachbarschaft vorstellten.

Auch wer mit den Buchstaben des Grundgesetzes der Bundesrepublik Deutschland nicht sonderlich vertraut war, kannte zumindest den Passus, in dem es heißt: Eigentum verpflichtet. Und galt das nicht ganz besonders für das Eigentum an Grund und Boden? War das nicht eine durch und durch sozialpflichtige Angelegenheit? Friedrich Engels hätte hier den Kopf geschüttelt und gesagt: Da können sie noch so viele Verpflichtungen in ihr Grundgesetz reinschreiben, es nützt alles nichts. Das Privateigentum an den Produktionsmitteln (der Boden ist davon ein wichtiger Teil) gehört abgeschafft. Die Bewohner Berlins haben hundert Jahre später diesen Satz von der Sozialpflichtigkeit trotzdem geglaubt, und erstaunlich viele haben es richtig gefunden, dass jugendliche Besetzer die Hauseigentümer quasi daran erinnerten, was sie an Pflichten mit dem Grundeigentum auf sich genommen hätten. Und ihr Vertrauen wurde letztlich nicht vollends enttäuscht. Die Hausbesetzer haben dazu beigetragen, dass man in den Stadtparlamenten und -regierungen umdachte und umsteuerte und Leerstand künftig vermied. Noch wichtiger war die ergänzende Interpretation, die überzeugende *Rechtfertigung* der Hausbesetzer: Wenn ihr Grundeigentümer eure längst abgeschriebenen Häuser, weil ihr Neubauten mit höherer Rendite an deren Stelle setzen wollt, entmietet und leerstehen und verkommen lasst, dann geht ihr das Risiko ein, dass wir dazwischengrätschen, die Räume einnehmen und den Skandal öffentlich machen. Habt ihr verstanden? Wir versalzen euch die Suppe. Und das machen wir immer wieder, ihr werdet uns nicht so leicht los.

Motive und Utopien

Bei der ersten Besetzergeneration mischte sich die Entschlossenheit, praktische Kritik an den Agenten des kapitalistischen Wohnungsmarkts und seinen politischen Helfershelfern zu üben, mit dem Bedürfnis, das Ziel *Autonomie,* sprich Selbstverwaltung und Selbstbestimmung, was Wohnform, Lebensstil und Arbeitsweise betrifft, durchzusetzen. Man wollte sich nichts mehr sagen lassen, man wollte selbst was sagen. Man wollte keine Anweisungen mehr befolgen, man wollte ein Zusammenleben, das ohne Anweisungen, ohne Oben und Unten auskommt. Man wollte keine vorgezeichneten Lebenspfade mehr abschreiten, man wollte völlig neue Wege bahnen. Der stereotype Tages- und Lebenslauf: aufstehen, zur Arbeit gehen, schuften, heimkommen, Bier trinken, in der »Wohnfabrik« (so **Detlef Hartmann,** S. 292) schlafen und irgendwann sterben, sollte durchbrochen werden, um einen völlig neuen Horizont zu eröffnen. Wolf Biermanns Verse: »Das kann doch nicht alles gewesen sein / Das bisschen Sonntag und Kinderschreien, / Das muss doch noch irgendwo hingehen …«[3], wurden ernst und wörtlich genommen. Die Wohnungsbesetzer und HäuserkämpferInnen wollten hier und jetzt, praktisch und unmittelbar ein neues Leben beginnen: Wer singen wollte, sollte das tun, solo oder mit anderen im Chor, wer tischlern oder klempnern oder Autos reparieren wollte, sollte das ebenfalls machen, möglichst im Team, und die Leute mit den vielen Büchern sollten erzählen, wie es früher war und wie es später mal sein könnte. Man wollte *zusammen*leben und zusammen arbeiten, in Kommunen und für selbst erdachte und verwaltete Projekte, jenseits der überlebten Kleinfamilienmodelle und des öden Angestelltenalltags. Das Private sollte als politisch verstanden werden und das Politische als Sache eines jeden. Die *Utopie* zog immer mit ein. Dabei darf man nicht vergessen: Das elementare Bedürfnis nach einem Dach über dem Kopf, »das Grundrecht auf Wohnraum«, stand auf der Forderungsliste der Besetzer stets obenan. Und viele Häuserkämpfer brauchten auch zuerst einmal das: eine Bleibe. Andere wieder hatten ein Zuhause, und ihnen ging es vor allem darum, durch eine Hausbesetzung den Zerstörern des Stadtbildes und den Verursachern von Wohnungsnot den Fehdehandschuh hinzuwerfen. Die Bewegung war immer zugleich praktisch und utopistisch, pragmatisch und idealistisch, basisorientiert und überbauverhaftet, und diese Widersprüchlichkeit, diese Spannung machte womöglich ihren besonderen Reiz und auch ihren Erfolg aus.

Neben der Besetzung von Wohnhäusern richtete sich das Interesse der Häuserkämpfer in den meisten anderen Städten auch oder vornehmlich auf Bauten, die nicht zu Wohn-, sondern zu

Produktionszwecken errichtet worden waren – wie zum Beispiel die Stollwerck-Fabrik in Köln, ein riesiges Areal, das nach der Stilllegung zu Wohnzwecken umgewidmet werden konnte, anstatt dem Erdboden gleichgemacht zu werden. **Klaus der Geiger** berichtet, wie das damals vor sich ging – ab S. 175. Krankenhäuser, Kasernen, Schwesternheime, Sägewerke, Feuerwachen, Eisenbahngebäude, Theater, Warenhäuser – viele Zweckbauten, Fabrikanlagen und öffentliche Einrichtungen aus dem späten 19. und frühen 20. Jahrhundert wurden von den Häuserkämpfern »vor der Abrissbirne bewahrt«. Dieses Verdienst ist neben den bereits genannten von bleibendem Wert. Am Mariannenplatz in Berlin stünde heute womöglich – Schreck, lass nach – ohne die Besetzer einer dieser scheußlichen 1970er-Jahre-Betonklötze statt des anmutigen Diakonissen-Hauses von Ludwig Persius aus dem Jahre 1847. Es ist heute ein Künstlerhaus.

Die Hausbesetzer, die streetfighting women, sie wollten Häuser erhalten – ja *retten*, und diese konservative Stoßrichtung der Bewegung war eine wertkonservative im buchstäblichen Sinne –, sie wollten einen Wert erhalten, der den auf Rendite fixierten Eigentümern nichts bedeutete, für sie selbst aber, für das Stadtbild, für das Wohnumfeld, für den Charakter des Viertels und sein urbanes Leben hoch bedeutsam war. Andrej Holm erwähnt in seinem Buch »Wir bleiben alle!«, welches die Konflikte der Gentrifizierung darstellt, dass die Baulöwen und Investorengruppen, die in Großstädten Häuser aufkaufen, um einen steigenden Gewinn aus Vermietung und Verpachtung zu ziehen, vollkommen unbekümmert um die Baugeschichte und deren ästhetische Maßstäbe seien. Sie verstünden nichts davon, und es interessiere sie nicht. Das hatte man sich fast schon gedacht. Und es ist skandalös, wie leichtfertig die jeweiligen Stadtoberen mit ihrem Verantwortungsbereich umgegangen sind, wobei sie mit ihren schäbigen Ausreden rund um Investitionen und Arbeitsplätze keinen Deut besser waren als die bildungsfernen Heuschrecken. Die nimmt **Chris Striefler** in seinem Bericht über die Kölner Hausbesetzungen sogar ironisch in Schutz. Spekulanten müssten spekulieren, das sei nun mal ihr Job. Die Besetzer hätten die konträre Aufgabe: zu verhindern, dass die Bagger gewinnen, es jedenfalls zu versuchen. Dass der Sieg der Abrissbirne wie zum Beispiel in Frankfurt an der Ecke Bockenheimer Landstraße/Schumannstraße von den Häuserkämpfern als Sturz in den Abgrund der Tragödie empfunden wurde, ist, wenn man es so sieht, verständlich. Und dass die Denkmalschutzgesetze in den Städten zeitgleich mit dem Aufkommen der Besetzerszene überall reformiert wurden, dürfte kein Zufall sein.

Noch in einem anderen Sinne waren die Rebellen wertkonservativ. Zu ihrem Lieblingswort wurde nach der Anfangsphase, in der selbstverständlich *kämpfen* in allen Verlautbarungen das wichtigste Wort war, das Verbum *bleiben*. Es drückte eine ganze Welt aus. Die Welt der Verteidigung der besetzten Gebäude, der Zukunftsungewissheit, des Festhaltenwollens an Autonomie und Utopie. *Bleiben*, ein Verb, wie es konservativer kaum geht, taucht in der Hochphase der Kämpfe während der 1980er Jahre immer wieder auf; unzählige Straßennamen wurden mit dem Zusatz »bleibt« auf Transparenten und Fotos verewigt. Am bekanntesten wurde wohl in Hamburg der

Slogan »Hafen bleibt«, eine Kurzform für: Die Häuser in der Hafenstraße bleiben in Besetzerhand. Und weitergehend für: Wer immer im Senat dies verhindern und uns rausschmeißen, wer immer uns als Polizist mit Helm und Schlagstock auf den Leib rücken will, der wird sich umgucken – im wahrsten Sinne: nach Verstärkung. Denn er wird hier nicht reinkommen. Und wenn er's doch schafft, wird er auf Bewohner stoßen, die sich nicht von der Stelle bewegen, wenn sie nicht sogar ... Geben wir es zu: der Widerstand hätte noch militanter werden können. An Gegenwehr wurde gedacht, sie wurde auch geübt. »Ihr kriegt uns hier nicht raus!«, hieß es in der zweiten Zeile des »Rauch-Haus-Songs« von Ton Steine Scherben (TSS). Ein neues Buch über City-Aneignung heißt »Wir bleiben alle!«, so genannt nach einer Berliner Kampagne aus dem Jahre 2008.[4] *Bleiben* war ein großes Wort geworden. Durch ihre Slogans in Verbindung mit »Bleiben« bestanden die Besetzer auf ihrer Entschiedenheit, an dem einmal eroberten Terrain festzuhalten – gegen die polizeiliche, sprich staatliche Übermacht. Weil sie sich im Recht fühlten. Das geschriebene Recht mit dem Schutz des Privateigentums im Zentrum war nicht auf ihrer Seite, das war ihre Schwäche. Aber das moralische Recht, gegen Wohnungsnot und Leerstand anzukämpfen, das war auf ihrer Seite, und das war ihre Stärke. Und während sie an ihrer Stärke festhielten und dabei ihrer Schwäche wegen doch oft verdrängt wurden, demonstrierten sie, dass die Staatsgewalt nicht etwa ihr unbezweifelbares moralisches Recht schützte, sondern – das Privateigentum. Engels hätte sich nicht gewundert.

Medienstrategien

In diesen Zusammenhang gehört das besondere Verhältnis der Besetzer zu den *Medien. Öffentlichkeit* war schon von der Studentenbewegung mit großem Pathos als ein Raum reklamiert worden, den *bürgerliche Medien* verwalteten und kontrollierten und der von den Rebellen angeeignet und erweitert werden müsse. Die Hausbesetzer schlossen hier an und machten folgende Erfahrung: Mit ihren Aktionen kamen sie immer prompt in die Schlagzeilen, aber wenn es um die Einzelheiten ging, überwogen, jedenfalls in der Wahrnehmung der Rebellen, die Schmähungen und Verdrehungen sehr schnell die Bereitschaft zur Analyse. Die Besetzerbewegung zog daraus den Schluss: Wir müssen es selber machen. Wir müssen eigene Medien entwickeln, um unsere Message zu verbreiten. Und sie schritten zur Tat: mit Plakaten, Transparenten, Wandbemalungen, Graffiti, Flugblättern, Broschüren und illegalen Rundfunksendern. Und durch Widerstand. So besetzten sie in Hamburg die Redaktion des »Stern«, der Dumm- und Gemeinheiten über sie gedruckt hatte. Auch die im Grunde sympathisierende »Tageszeitung« bekam ihr Fett weg. In Hamburg rückte der Piratensender der Hafenstraße das durch die etablierten Medien verzerrte Weltbild gerade. Und in Berlin erinnerte man sich an die Blockade der »Bild«-Zeitung, die dem Attentat auf Rudi Dutschke Ostern 1968 auf dem Fuße gefolgt war. »Bild hat mitgeschossen«, hieß es damals. Barbara und Kai Sichtermann, die dieses Geschichtsbuch der Hausbesetzung geschrieben und herausgegeben haben, wurden im Vorfeld der Buchpremiere von »Bild am Sonntag« gefragt, ob sie zu einem Interview bereit seien. Liebe Kollegen von »Bild am Sonntag«, heutzutage ist Werbung alles, das wissen wir, und niemand, der ein Buch verkaufen will, verpasst die Gelegenheit, ein Stück vom knappen Gut Aufmerksamkeit zu ergattern. Wir hoffen gleichwohl auf Euer Verständnis, dass wir Euer Angebot ausschlagen mussten.

Aber zurück zu den 1980er Jahren. In Berlin wurde mit der Zeitung »Agit 883« und mit Zeitschriften wie »radikal«, »InfoBUG«, »Südost-Express« und »Interim«, hier beispielhaft genannt für eine rege Untergrundpresse, *Gegenöffentlichkeit* hergestellt. Auch Cafés, Kneipen, Mieterläden, Szenetreffs, Auditoria maxima und die Straße waren Orte der Kommunikation, an denen die Besetzer auftraten und ihre Aktionen erklärten. Es gab auch mediale Innovationen, und deren Focus lag im Süden. In Freiburg hat die »Medienwerkstatt« durch Mitschnitte von Hausbesetzungen und Polizeiübergriffen und durch Komposition poetischer Revolutionsballaden Mediengeschichte geschrieben. Die Videokunst mit der Handkamera war damals neu und nicht mehr so kostspielig, und die Leute von der Werkstatt, Bertram Rotermund, Mirjam Quinte und Pepe Danquart nutzten die Chance. Ihre Filme »Züri brännt«, »Freiburg – Polizeiburg« und »Paßt bloß auf« sind immer noch ein Muss für alle, die diese Zeit verstehen wollen. Sie gelten nicht nur politisch-inhaltlich, sondern auch ästhetisch als Meilensteine. Die Macher wurden damals nach Oberhausen zu den Internationalen Kurzfilmtagen eingeladen – aber sie lehnten ab. Sie wollten nicht diejenigen sein, die die eingeschlafenen Füße dieses Festivals wachkitzelten, sie wollten ihr eigenes Festival gründen. Der öffentlich-rechtliche Südwestfunk war gespalten: Es gab mutige Redakteure, die es richtig fanden, mit der Medienwerkstatt zusammenzuarbeiten, aber auch Verhinderer, die warnend die Hände erhoben. Wir dokumentieren eine Reportage von **Reinhard Hübsch** über die erregten Debatten um Hausbesetzungen in Freiburg, Basel und Zürich und um die Frage: Ist der Rechtsstaat in Gefahr? Die Sendung wurde 1981 *nicht* ausgestrahlt – aus Angst, sie könne zur Eskalation der Gewalt beitragen. (S. 204 ff.)

In den 1970er und 1980er Jahren erschienen etliche Fanzines und Magazine, Flugblätter, Plakate, Aufkleber, Comics, Filme und sogar Vinylsingles von Hausbesetzern. Die Berliner Geschichtswerkstatt brachte 1982 ein Medienpaket heraus, das die Instandbesetzungen in Berlin dokumentierte. (Archiv, Berliner Geschichtswerkstatt e. V.)

Gewalt und Solidarität

Dass es »fünfzig« sein sollten, die sich »ein Haus nehmen«, hatte natürlich einen tieferen Sinn. Die Bewegung war darauf angewiesen zu wachsen, sie sah sich gern als Avantgarde einer Umwälzung, die ein für alle Mal Schluss mit raffgierigen Hausbesitzern und korrupten Bauräten und vielleicht sogar mit dem Privateigentum macht. Die *Revolution*, von den 1968ern beschworen und laut Marx und Engels durch den Niedergang sowohl der Bourgeoisie als auch der Profitrate schon in Reichweite, sollte durch den Häuserkampf vorangetrieben werden. Für solche Visionen brannten vor allem politisch aktive Studierende, die, ihren Engels unterm Arm, das Angenehme – den Tausch eines *Studentenschließfachs* im Wohnheim gegen ein schönes Altbauzimmer im besetzten Haus – mit dem Nützlichen – der Förderung des rebellischen Faktors im politischen Leben der Bundesrepublik – zu verbinden wussten. Waren sie wirklich nur eine »kleine radikale Minderheit«? Daran konnte man zweifeln. Zehntausend und mehr waren es zuweilen, die auf die Straße gingen, um die Hausbesetzer bei drohender Räumung zu unterstützen. Der harte Kern vor Ort war kleiner, aber wenn es Spitz auf Knopf stand, wie bei den Kämpfen um das Freiburger Dreisameck oder die Hamburger Hafenstraße, kamen sogar Sympathisanten aus dem Ausland, um den Besetzern zu signalisieren: Wir halten zu euch.

Die Besetzerszene hatte also durchaus den Charakter einer Massenbewegung. Doch sie drohte immer dann zur Angelegenheit einer randständigen Minderheit zu werden, wenn Gewaltexzesse auf Seiten der Polizei und der Kämpfer bei Demos oder Räumungen über das hinausgingen, was die kritischen Sympis und die friedfertigen Mitkämpfer zu tolerieren bereit waren. Wenn die Stunde der Militanten schlug, die erst einmal *dagegen* waren: *gegen* Spekulantentum und Bankenarroganz, *gegen* Polizei- und Staatsgewalt, und die deshalb auch glaubten, ihrerseits zur Gewalt greifen zu müssen, erhoben die anderen, die erst einmal *dafür* waren: *für* den Erhalt historischer Bauten, *für* niedrige Mieten, *für* neue Lebensformen, und die deshalb glaubten, ihre Errungenschaften und sich selbst vor der Gewalt beider Seiten schützen zu müssen, ihre warnenden Stimmen. Zum Mythos des Häuserkampfes gehört es denn auch, dass es stets die Strategien der Gegenseite waren, also der Polizei und der jeweiligen Innenpolitiker, die zur Eskalation mit den vielen Verletzten und Verhafteten und großen Sachschäden führten. Nach allem, was man weiß, handelt es sich hierbei *nicht* um einen Mythos im Sinne einer erfundenen oder umgeschriebenen Geschichte. Im Grunde aber ist die Frage, wer angefangen hat, müßig. Wenn die Gegenseite sofort gleichzieht, verschärft sich der Kampf mit jedem neuen Anlass, es kommt zur gefürchteten

Gewaltspirale. Allerdings muss man immer im Auge behalten, dass die Polizei in der Regel eine klasse Ausrüstung gestellt kriegt, während die Militanten anfangs auf Zwillen und Steine beschränkt und später auf *Spenden* all der Gerätschaften und Gegenstände angewiesen waren, die zur Verwandlung der Häuser in Festungen und zum Bau von Barrikaden nötig sind. Von Waffengleichheit konnte nie die Rede sein.

Die Gewaltfrage hatte schon die Studentenbewegung umgetrieben und Anfang der 1970er Jahre zur Abspaltung der RAF geführt. Sie spaltete auch die Hausbesetzerbewegung, was besonders deutlich auf dem Instandbesetzerkongress von 1981 in Münster zutage trat. Die Gewaltbefürworter waren meist identisch mit den Nichtverhandlern, die auf keinen Fall Kompromisse mit den Eignern der Häuser eingehen wollten, während die Fraktion der Gewaltkritiker mit jener Mehrheit zusammenfiel, die in Verhandlungen, wenngleich zu harten Bedingungen, einzutreten bereit war. 1968 hatte es noch vergleichsweise simpel geheißen: Gewalt gegen Sachen ja, gegen Menschen nein. Im Häuserkampf ließen sich Menschen und Sachen nicht mehr so leicht auseinanderhalten, und so kam man mit dieser schlichten Lösung nicht mehr aus. Zwar war klar, dass ein zertrampelter Rasen und eine zersplitterte Schaufensterscheibe hingenommen oder sogar befürwortet werden konnten, aber beim Steinhagel auf die *Bullen* war manchem *squatter* schon wieder mulmig. Jeder wusste: Da gab's auch nette Kerle bei der Polizei, und die meisten wurden bei Auseinandersetzungen in den Hochburgen aus anderen Orten hinzugezogen und hatten keine Ahnung, was los war. Die Angst stand ihnen ins Gesicht geschrieben. Das war bei den Straßenkampftrupps nicht anders. Einige berichten, wie wichtig es war, den Schiss zu überwinden: »Ich saß in einer Gruppe von vierzehn Leuten in einem Zimmer, wir hatten die Tür nicht verrammelt, weil wir Angst hatten, die Bullen würden dadurch noch gewalttätiger. Wir saßen ganz eng zusammen, kämpften gegen unsere Angst an, hörten von draußen Schreie und unheimliche Geräusche, fingen an zu singen, fassten uns bei den Armen und sangen wie noch nie in unserem Leben. Das Singen machte uns mutig, und hatte doch einer Angst, sagten wir nur, schau dir doch dieses Haus an, diese Räume, es ist so eine Schweinerei, dass so etwas zerstört werden soll. Und machen wir jetzt nichts dagegen, werden wir uns das ewig vorwerfen. Alle blieben sitzen und bissen die Zähne zusammen, bis die Angst weg war«, so eine Hausbesetzerin aus Berlin-Moabit 1981.[5]

Es ging nicht nur um die körperlichen und materiellen Auswirkungen von Gewalt. Die Gewalt hatte ihre ebenso bedeutungsvolle symbolische Seite. Wenn diese singende Besetzerin ihr Haus mit den Fäusten gegen einen Räumungstrupp verteidigte, sagte sie zugleich: Wir erkennen die staatliche Macht, die uns von hier vertreiben will, nicht an. Wir akzeptieren nicht, dass dieses Haus, das wir vorm Abriss bewahrt und instand gesetzt haben, den Profitinteressen gemeiner Spekulanten geopfert werden soll. Deshalb werden wir bis zum letzten Mann, bis zur letzten Frau für unser Haus kämpfen. So ähnlich lautete auch die Message der Hafensträßler, die eine

Zugbrücke gebaut hatten, um die Bullen am Eindringen zu hindern. So meinte es auch der vermummte »Schwarze Block« in Frankfurt, der mit Helmen, Masken, Eisenbiegerhandschuhen und wattierten Mänteln in den Kampf zog. Und die Berliner Autonomen rechtfertigten so ihre Entschlossenheit, sich nichts mehr gefallen zu lassen. Ihre Gewalt galt nicht nur der Verteidigung eines Zuhauses, sie stand vielmehr im Dienste eines Angriffs auf das kapitalistische System. Eine solche Reichweite musste der Kampf schon haben, sonst war er kleinteilig, *reformistisch* und letztlich überflüssig. Diese Logik war bestechend, und sie verfehlte ihre Wirkung auf die Geister und Gemüter gemäßigter Hausbesetzer nicht, die immer die große Mehrheit bildeten. Auch sie mussten zugeben: Bloß ein Dach über dem Kopf zu wollen oder gar mit Hauseigentümern einen Mietvertrag zu schließen, das war irgendwie nicht genug. Das *System*, in dem jeder Bulle, auch der verängstigte aus der Provinz, notwendig zum *Schwein* mutierte, verdiente einen kräftigeren Tritt in den Hintern. Aber was bedeutete das für den Einzelfall? War die finale gewaltsame Auseinandersetzung das Ziel oder gar – ein Selbstzweck? Das eben bestritt die große Mehrheit in der Besetzerszene, und das schied letztendlich die Leute, die mit den Häusern etwas anfangen wollten, von denen, die das *Dagegen* als Prinzip hochhielten. 1981 schrieb Carl-Ludwig Reichert im »Kursbuch 65«: »Wie stehen wir zur Gewalt und Gegengewalt? Wir machen unsere Haltung klar: Aggression nein, Widerstand ja, Recht auf individuelle und kollektive Notwehr angesichts lebensbedrohender Maßnahmen. Steht sogar im GG. Wir weisen auf die Mechanik der Eskalation hin, plädieren für Flexibilität und Phantasie, nach dem Überleben heißt es leben und zwar besser als vorher.« Die große Mehrheit der Hausbesetzer hätte diese Sätze unterschrieben beziehungsweise beglaubigte sie durch ihr Verhalten.

Protagonisten dieser Geschichte waren auch wir. Kai, der mit Ton Steine Scherben mehrmals aufgespielt hat, bevor es dann an eine Hausbesetzung ging, erinnert sich gut an die Diskussionen der Band, ob TSS ihre Gitarren nicht gegen eine Knarre eintauschen müssten, um mit dem Kampf für die Freiheit Ernst zu machen. Sie haben es nicht getan, weil sie fanden, dass es auch in der neuen Gesellschaft Musik geben soll und sie mit ihren Mitteln dazu beitragen wollten. Barbara sah sich der Fraktion der Bücherwürmer zugehörig, die zwar in der Hausbesetzerszene nicht so angesagt war, für die Zukunft aber doch unverzichtbar blieb. Gerade die Theoretiker verstanden ganz gut, dass die Gewaltfrage letztlich unlösbar war. Denn obwohl die *Gegengewalt* von der Mehrheit der Besetzer abgelehnt wurde, kam man nicht umhin zu sehen, dass sie ihren Zweck erfüllte. Während Mieterläden, Aufrufe, friedliche Demos und Broschüren nach und nach immer weniger bewirkten, führten Gewaltaktionen zu großen Aufmachern in den Medien und zu wirklicher Aufregung in den Büros der Lokalpolitiker. Im alternativen »Kölner Volksblatt« gab ein Häuserkämpfer 1981 zu Protokoll: »Die Herrschenden verstehen nur eine Sprache, das ist die Gewalt, und darauf reagieren sie. Wenn du sie gewalttätig angreifst, dann wird das auch publiziert, dann setzen sie sich damit auseinander.«[6] Es gibt eine schöne Parallele aus der britischen Frauenbewegung, die zu Engels' Zeiten für das Wahlrecht stritt. Während die gemäßigten Vereine höheren Orts nur ein müdes Grinsen hervorriefen, kamen die Suffragetten, die zu Gewaltaktionen schritten – Steinewerfen, Prügel, Stinkbomben, Begehungen öffentlicher Gebäude –, viel weiter. Gleichwohl: In der Häuserkampfbewegung gab es auch dezidiert friedliche Konzepte, die aus dem *Für etwas* entstanden sind und sich gehalten haben.

Dafür stehen die (weitgehend) gewaltfernen Häuserprojekte mit ihren vielfältigen alternativen Nutzungsmodellen, die von der Hausbesetzerbewegung übriggeblieben sind. Kann man sagen, dass der Erfolg dieser Einrichtungen, an denen friedliche Hausbesetzer beziehungsweise ihre Nachkommen bis heute werkeln, durch die Gewalt der Militanten ermöglicht worden ist? Nein, das kann man nicht. Gewaltaktionen von Besetzern haben auch, wie bei den Räumungen in Frankfurt und Freiburg, zu einer derart brutalen Überreaktion der Gegenseite geführt, dass anschließend gar nichts mehr ging. Der Häuserblock Bockenheimer Landstraße/Schumannstraße, der unmittelbar nach der Räumung plattgemacht wurde, ist ein Beispiel für verbrannte Erde. Ähnlich lief es in Freiburg mit dem Dreisameck. Und kompromissbereite Hausbesetzer wie die Leute von der »ufaFabrik« oder der »Regenbogenfabrik« in Berlin haben mit ihrem Verhandlungsmarathon ganz ohne flankierende Gewalt eine Menge erreicht. Ferner gibt es als Sonderfälle anarchische Freiräume wie das Kulturzentrum »Rote Flora« in Hamburg, um dessentwillen zwar auch Steine geflogen sind, zugleich aber ein geschicktes Balancieren auf dem Verhandlungsseil das Haus in der Regie der Besetzer belassen hat. Hierzu erzählt **Andreas Blechschmidt** eine/seine erstaunliche Geschichte (S. 153 ff.). Es gibt keine Entwicklungsmechanik in sozialen Kämpfen, die Gewalt zu einer Notwendigkeit machen würde. Aber es gibt auch keine, die Gewaltfreiheit als Königsweg aufweisen könnte. Es kommt immer drauf an.

Die Gewalt der Polizei hat dazu beigetragen, dass junge Leute radikalisiert wurden und in die Besetzerszene eintauchten. Die ersten selbstverwalteten Jugendhäuser, die aus Besetzungen hervorgegangen sind, wie das Georg-von-Rauch-Haus und das Tommy-Weisbecker-Haus in Berlin, das Petra-Schelm-Haus in Hamburg und das Richard-Epple-Haus in Tübingen, sind nach Polizei-Opfern benannt worden, die auf der Straße ihr Leben ließen. »Die Bewegung vergisst keine Toten«, hieß es verschwörerisch unter Hausbesetzern. Bei allen Fraktionskämpfen stand die *Solidarität* obenan. Die erlebten Unterstützer draußen, und die galt auch für die Mitkämpfer und Genossinnen im Knast. Zu den Bedingungen der Verhandlerfraktion gehörte außer der Forderung nach einheitlichen Verträgen für alle besetzten Häuser immer die Freilassung der Gefangenen. Vgl. hierzu **Hannah Brückner** (S. 69). Gern wurde als Haftgrund der § 29a bemüht, der die »Unterstützung einer kriminellen Vereinigung« unter Strafe stellt. Ein besonders drastischer Fall von Massenverhaftung – 141 Jugendliche wurden aus einem Jugendtreff auf die Reviere verschleppt – geschah 1981 in Nürnberg. Die meisten der jungen Leute waren völlig unbescholten. Es war ein Einschüchterungsversuch, angestoßen von ganz oben. Der bayerische Ministerpräsident Franz Josef Strauß hatte an den Landesinnenminister geschrieben: »Die schweren Ausschreitungen randalierender, brutaler Chaoten in Berlin, Frankfurt, Göttingen und Hamburg sind Anlass zu ernster Sorge. Wir müssen uns darauf gefasst machen, dass die Welle der Gewalt auch bei uns spürbar werden kann. Ich halte es daher für notwendig, dass Sie schon jetzt alle Maßnahmen ergreifen, damit sich solche Vorfälle hier nicht ereignen können.«[7] In dem Jugendzentrum war ein Film über die »Kraker«, die holländischen Hausbesetzer, gezeigt worden.

Karikatur aus dem Magazin »Instand Besetzer Post«,
Berlin, 1981

Leben in besetzten Häusern

Woher kamen die Hausbesetzer, aus welchen sozialen Schichten und Milieus? Viele waren schon in der Studentenbewegung aktiv gewesen und sahen jetzt mit Freuden, dass sich ihnen nach all der radikalen, aber doch schon angegrauten Theorie ein kämpferisches Praxisfeld eröffnete. Das waren links-alternative Jungs und Mädchen aus der Mittelschicht, oft aus *gutem Hause,* mit Abitur und kritischem Bewusstsein. Hinzu kamen Lehrlinge, Migrantenfamilien, Flüchtlinge, Künstler, Hippies, Arbeitslose, Spontis, Freaks, Punks und Drop-outs. In Nordrhein-Westfalen war die Anti-Psychiatrie-Bewegung stark; immer wieder türmten Patienten aus den Kliniken und schlossen sich den Häuserkämpfern an. In Berlin mischten sich aus Heimen geflohene Jugendliche unter die Besetzer. Auch Obdachlose machten mit – aus existenziellen Gründen. Mit den Allerärmsten schlichen Drogen, Suff und Destruktionslust in die Häuser; zur Moral der Okkupanten gehörte es, möglichst niemand auszuschließen. Es war also eine sehr heterogene Truppe, die unter dem Label »Hausbesetzer« ein neues Leben begann; es gab mehr Jungs als Mädchen, und Menschen zwischen achtzehn und dreißig überwogen. Es entstand eine Gemengelage, die, milde gesagt, durchaus konfliktgeladen war.

Es kam ja vor, dass Häuser nicht (sofort) geräumt wurden, dass die Besetzer gleich nach der Inbesitznahme der Räume verhandeln konnten. Es gab die sogenannte Duldung, die nicht selten zur Legalisierung führte. In solchen Fällen eröffnete sich den Eindringlingen die Möglichkeit, sich niederzulassen und ihre Ideen umzusetzen. Wie ging das vor sich? Wie lebte man im besetzten Haus – Wochen, Monate, Jahre?

Die erste Zeit der Instandsetzung, der gelebten Gemeinschaft in WGs, der großen Pläne und kleinen Schritte, die wurde sehr oft als eine tolle Zeit erlebt, als *Befreiung.* Als Chance, all das abzuschütteln, was einem schon lange stank und was man schwer ertrug – autoritäres Gehabe von Eltern, Profs und Meistern, Leistungsdruck in Schule, Ausbildung oder Job, Konformitätszwang im sozialen Umfeld, Vereinzelung, Gleichförmigkeit, Ängste. Insofern war die Besetzerbewegung Teil der Jugendrevolte, die in den 1960er Jahren begonnen hatte. Die Hauskollektive hatten nun eine besondere Verantwortung. Sie waren einen illegalen Schritt gegangen und zogen damit die Legitimität der herrschenden Gesetze offen in Zweifel. Sie waren im Begriff, nichts weniger als ein neues Eigentumsverständnis zu kreieren, und das hieß: »Die Häuser denen, die drin wohnen.« Dazu mussten sie jetzt stehen, das mussten sie erklären, sie mussten aus ihrem Abenteuer *Politik* machen. Und genau diese Aufgabe war es, die den Bewohnern eines besetzten Hauses Zusammenhalt verlieh, sie einander persönlich nahebrachte, sie in eine eingeschworene Truppe verwandelte, ihnen aber auch Krach und Konflikte bescherte.

Anfangs permanent, später einmal täglich, danach zweimal wöchentlich, dann einmal wöchentlich und noch später vierzehntäglich versammelten sich die Hausgemeinschaften auf einem *Plenum,* um zu beraten. Über große Fragen sollte möglichst ein Konsens hergestellt werden, über Alltagsprobleme aber auch, denn die mussten eben umgehend gelöst werden. Man verteilte die Aufgaben. Jemand musste zum Besetzerrat des Stadtteils, um die neue Eroberung ins Netzwerk einzubringen. Andere übernahmen es, eine Wandzeitung zu malen, um die Nachbarn zu unterrichten. Wieder andere fuhren zum Schrottplatz, um verwertbare Teile abzugreifen. Die Studentin, die gut reden konnte, wurde zum Bezirksamt geschickt, der Polit-Freak hatte eine Freundin bei der Zeitung, die sollte bitte herkommen, um informiert zu werden. Und die Kurzen mussten »einklauen«, damit abends in der Gemeinschaftsküche alle satt wurden. Es gab Dienste, es gab Zuständigkeiten, es gab Rotation bei ungeliebten Pflichten. Es gab Zoff, es gab Spaß, es gab Spannungen und Liebe. Man nahm jede Gelegenheit wahr, Feste zu feiern, und man ließ der Kreativität freien Lauf, wenn es galt, die Bullen an der Nase rumzuführen und die Bezirksstadträte zu ärgern. Von außen sah das aus wie Chaos, aber innen war es ein Hexenkessel, in dem etwas sehr Kostbares brodelte: der Fond für eine subversive Strategie, um die Herrschenden das Fürchten zu lehren. Der bunte Haufen aufmüpfiger Gallier kochte seinen Zaubertrank, und das Glück, dabei zu sein und auch ein Kräutlein in den Kessel zu werfen, erfüllte die Kerle, Weiber und Kinder, inspirierte sie und gab ihnen die Kraft, bis Mitternacht auf dem Plenum durchzuhalten, weil der Konsens immer noch nicht gefunden war. Und am nächsten Tag auf der Demo gegen die Römer Stärke zu zeigen. Das Wort für diesen psychischen Zugewinn wurde erst in unserer Zeit von der Sozialpsychologie erfunden und zum Begriff befördert, es lautet *Selbstwirksamkeit.* Bei Hannah Brückner heißt es: »Wir können etwas erreichen, jeder von uns und alle zusammen, wir haben die Power. Wir sind nicht machtlos.« (S. 71) Die Tatsache, dass, wie wir bei unseren Interviews erfahren haben, viele ehemalige HäuserkämpferInnen es sich nicht nehmen ließen, zum dreißigsten oder vierzigsten Jahrestag »ihrer« Besetzung anzureisen und das Jubiläum vor Ort mit Austausch von Erinnerungen, Küssen und Fotos zu begehen, spricht für sich.

Das Leben im besetzten Haus fand in einer Atmosphäre statt, die nicht jedem guttat. Die hohe Temperatur der Debatten, der Gefühlsausbrüche und der Militanz stieß manche ab, die dann wieder kehrtmachten. Auch prompte Räumungen führten zu Enttäuschungen, die nicht jeder Straßenkämpfer, nicht jede Besetzerin verkraftete. Das Leben im Schatten der Räumungsdrohung war nichts für Kinder und Illegale, es herrschte ständige Spitzelfurcht, und manche Bewohner drifteten in einen regelrechten Verfolgungswahn ab. Es lässt sich ferner nicht behaupten, dass die Basisdemokratie, die man zu praktizieren versuchte, wirklich hergestellt wurde. Auf den Plena, so berichten die Beteiligten von einst übereinstimmend, setzten sich regelmäßig die mit dem längsten Atem durch oder, auch nicht viel besser, die Clowns oder Schreihälse. Manchmal auch die *Ideologen*, die glaubten, mit einer Kaderpartei die Verhältnisse in der Bundesrepublik umstürzen zu können. Wirklich neue Methoden der Konsens- oder Kompromissbildung wurden nicht entdeckt. Dennoch sprechen Altbesetzer von wichtigen Erfahrungen, und man kann einräumen: Dass da immer alles von allen bequatscht und akzeptiert werden musste, das hatte, als Anspruch, sein Gutes. Der Versuch als solcher war ehrbar. Man befand sich schließlich in einer Ausnahmesituation, die man irgendwie in die Normalität überführen wollte. Diese Prozesse waren kompliziert und anspruchsvoll, und es bedurfte zumindest der kleinen Öffentlichkeit einer Haus- oder Etagengemeinschaft, um sie anzustoßen und weiterzuführen.

Die Plena waren auch zuständig für die *Regeln*. Das Zusammenleben musste organisiert, die Zimmer auf WGs verteilt und das Geld in die Gemeinschaftskasse gesteckt werden. Wie das zu geschehen habe, musste ausgetüftelt und umgesetzt werden. Wer ging arbeiten, wer studierte, wer hatte Einkommen, wer kriegte Sozialhilfe, wer machte nichts und musste durchgefüttert werden? Wie bekam man in den wilden Haufen eine Struktur hinein? Manche meinten und trugen das auf dem Plenum vor, sie seien von zu Hause abgehauen, weil sie die Nase voll von irgendwelchen Regeln hatten, und jetzt seien sie nicht bereit, neue aufzustellen. Es ginge auch ohne *Struktur*. Applaus. Das anarchische Moment war stark in der Bewegung. Aber die normative Kraft des Faktischen überwog am Ende. Spätestens nachdem Alkis das Treppenhaus vollgekotzt hatten, entschloss man sich zur Aufstellung und regelmäßigen Reinigung von Eimern. Und das Klauen unter Genossen, eigentlich sowieso tabu, musste auch eingeschränkt werden. Selbst Schlägereien, Missbrauch, Vergewaltigungen bis hin zu Mord und Totschlag kamen vor. Die Kriminalitätsrate war in den Häusern nicht geringer als außerhalb, eher höher, denn die Anarchie bemäntelte gnädig manches deviante Verhalten. Die Bewohner, die eigentlich mit dem Kampf gegen äußere Widersacher – Polizei, Bürokratie, Hausbesitzer und Schmäh-Presse – genug zu tun gehabt hätten, mussten auch nach innen auf die Schlichtung manchen Haders bedacht sein. Es gab Verwarnungen und Rausschmisse. Schließlich lernte auch der eine oder andere Chaot dazu: Es ging nicht ohne Regeln.

Die frühen 1970er Jahre waren auch die Zeit, in der die neue Frauenbewegung entstand. Was war denn schon Männlichkeit, was Weiblichkeit? Natürliche Gegebenheiten? Von wegen. Es waren Rollen, Erziehungsprodukte, Konventionen, Zwangsjacken. Es versteht sich, dass solche Ideen spätestens zu Beginn der 1980er Jahre auch in die besetzten Häuser einzogen. Ähnlich wie vordem in der Studentenbewegung fühlten sich die HäuserkämpferInnen bei der Aufgabenverteilung diskriminiert und in überkommene Rollenmuster abgedrängt. Jungs liefen stolz mit der Maurerkelle rum und vermaßen die Wände, Frauen mussten derweil langweilige Hilfsdienste leisten. »Schutt wegräumen und Abwaschen bleibt den Frauen, während die Typen ihre Kabel verlegen. Und ringen sich Frauen dazu durch, sich um Elektrizität und Installationen zu kümmern, ist es den Männern lästig, darauf einzugehen, und wenn sie es doch tun, dann auf eine ganz schön arrogante Art und Weise. Das also sind die neuen Lebensformen, für die wir kämpfen.« So ein Einspruch der Berliner Besetzerinnen Juliane, Heike, Renate, Jutta und Claudia.[8] Es kam zu exklusiven Besetzerinnen-Treffen; Häuser, zu denen allein Frauen Zutritt hatten, sowie reine Frauen-WGs mussten nicht nur gegen die Polizei, sondern auch gegen Angriffe von Mackern aus der eigenen Szene verteidigt werden. Ganz wie die Gewaltfrage war auch die *Geschlechterfrage* dazu angetan, die Bewegung zu spalten. Jedenfalls war sie plenumfähig. Das Problem: Frauen strebten sehr viel stärker nach Eigenschaften und Privilegien, die bislang nur den Männern zustanden wie Kampfgeist, Konsequenz und Dominanz, als Männer nach weiblichen Vorzügen wie der Fähigkeit, zu trösten, zu schlichten und Kinder zu hüten. Auch in der Gewaltfrage fanden Frauen sich von den interessanten Herausforderungen ausgeschlossen. »Es ist geradezu grotesk, mit welcher Sicherheit sogenannte autonome Frauen und auch APO-Opas gewaltsamen Widerstand als typisch männliches Verhalten, gewaltfreien Widerstand als weibliche Widerstandsform schlechthin klassifizieren. Das im Laufe eines Jahres angestaute Ohnmachtsgefühl verwandelt sich in Angriffslust, Stärke, Gewalt gegen Männer, die am Straßenrand stehen. Warum auch nicht?«[9]

In den besetzten Häusern kamen auch Männer ins Nachdenken und Frauen aus der Deckung – manche lernten auf den Hausplena reden, und ihre Partner gingen folgsam an den Abwasch. (Vgl. **Detlef Hartmann** S. 190.) Bei der Betreuung der Kinder, die während der späten 1970er und der 1980er Jahre in den *politischen* Wohnkollektiven das Licht der Welt erblickten, fühlten Väter sich jetzt stärker in der Pflicht. Die Moral hatte sich gewandelt, und selbst Kleinfamilien schlossen mit erwerbstätigen Müttern und Babys wickelnden Vätern zu den Etappenzielen der Emanzipation auf. Die neue Hausbesetzungswelle nach der Wende Anfang der 1990er Jahre verhalf der *Genderfrage* – die erst dann so hieß – noch mal zu frischer Brisanz. Inzwischen ging es auch um sexuelle Orientierung; Männlichkeit und Weiblichkeit galten nicht mehr bloß als Rollen, sondern als gesellschaftliche Konstrukte, die keinen wirklichen persönlichen Erfahrungen entsprachen. Deshalb sollten auch die Häuser als Schauplätze von Lebensweisen darüber aufklären, dass es zwischen, neben und unter den Geschlechtern die verschiedensten Formen des Begehrens gab, die alle ihre Rechte beanspruchten. So geschah es im queeren Hausprojekt Liebigstraße 34 in Berlin-Friedrichshain, dort auch im Tuntenhaus in der Mainzer Straße 4 und im Frauen/Lesben-Haus in der Brunnenstraße 6/7 in Mitte. Man forderte nichts weniger als die »Abschaffung der Zwei-Geschlechter-Ordnung« zugunsten eines »sexuellen Pluralismus, der neben schwuler und lesbischer Sexualität auch Bisexualität, Transsexualität und alles, was darüber hinausgeht, einbezieht«[10]. Ob der Häuserkampf die passende Bühne war, um solche subtilen Differenzen kämpferisch zu inszenieren, wurde von Altbesetzern angezweifelt. Aber als Demonstration für die Vielfalt von Lebensweisen, die sich von der Dominanz der Normalos (Heteronormativität) erdrückt fühlten, taugten diese Besetzungen mit ihren Losungen durchaus. Zumal sie den alten Kampfgeist, der sich gegen Stadtverplaner, Abrisswut und Kommerz richtete, nicht preisgaben.

Die Theatergruppe des besetzten Hauses in der Adalbertstraße 6 zieht durch Straßen und Hinterhöfe, um auf die Bewegung aufmerksam zu machen. Berlin-Kreuzberg, 1980
© Monika v. Wegerer/Umbruch Bildarchiv

Künste und Projekte

Selbstausdruck und *Selbstverwirklichung* hießen die Ziele der »Neuen Sozialen Bewegungen«, mit denen Fremdbestimmung und Konformismus gemeinschaftlich überwunden werden sollten. Das war in der Studenten-, Friedens- und Alternativbewegung nicht anders als in der Frauenbewegung, es galt unter den Anti-Atomkraft-Aktivisten genauso wie unter Hausbesetzern. Was nahe lag, war der *künstlerische* Ausdruck, und da waren die Besetzer im Vorteil, denn sie hatten Häuser. Sie konnten Ateliers einrichten, Tonstudios, Konzerträume, Werkstätten und Bühnen. Als der Lehrling Bernhard Käßner im Rauch-Haus von den *Ideologen* aufgefordert wurde, arbeiten zu gehen, um im Betrieb politische Agitation zu betreiben, sagte er Nein. »... da war ich natürlich gar kein Freund von, da bin ich ja gerade ausgebrochen, da wollt ich nicht wieder hin zurück. [...] Ich wollte Theater spielen.« (S. 49) Heute, meint er, sei es selbstverständlich, dass junge Menschen in ihren Freiräumen vor allen Dingen kreativ sein wollen, Malerei, Musik, Tanz, Performance, nur so kämen sie sich selbst und anderen nahe. In den 1970ern aber stand Politik im Vordergrund – zu der auch der Straßenkampf gehörte.

Dennoch haben schöpferische Personen unter den *squatter* schon mal angefangen, ihre Talente unter Beweis zu stellen. Und sie haben damals einen Gedanken entwickelt, der auch heute noch lebt: dass Kunst nicht das Erzeugnis einsamer Genies sein muss, sondern dass man als Gruppe etwas auf die Beine stellen kann, das Bestand hat. Denn vieles »ist möglich, wenn Menschen dasselbe Ziel verfolgen und ihre Fähigkeiten bündeln, um in der Gemeinschaft für die Gemeinschaft etwas zu schaffen«[11], von dem jeder etwas hat. Dass sich die klassischen Kunstbegriffe und -bezüge in Auflösung befanden und es über das Happening zur Installation und Aktionskunst weiterging, kam den Hausbesetzern beziehungsweise den Kreativen unter ihnen entgegen. Auch ihre Demos zeugten, von den Maskeraden bis zu den Sprüchen und Liedern, von Phantasie.

Das Riesenbild auf der Brandmauer an der Hafenstraße (S. 138) war eine Kollektivanstrengung, es wurde weltberühmt, und auch die Düsseldorfer »Wandmaler« zeigten der Bevölkerung, dass man zusammen malen kann und dass Kunst keine Galerie braucht, sondern auf der Straße gedeiht – beziehungsweise dass die Straße eine Galerie *ist*. Auch in der Mauerstadt Berlin gab und gibt es prächtige Murals, und viele der noch »in Betrieb« befindlichen ehemals besetzten Häuser sind übersät mit Graffiti, die sich anzusehen lohnt – zum Beispiel in der Regenbogenfabrik in der Lausitzer Straße und im Tommy-Weisbecker-Haus in der Wilhelmstraße.

Ein echtes Hausbesetzer-Kunstwerk befand sich für einige Zeit in der Hamburger Hafenstraße neben den besetzten Häusern: *Sami, der Eisenmann*, eine sieben Meter hohe Skulptur aus Baggerarmen und anderen Stahlteilen, die mit erhobenen Händen aus einer Kiste steigt. Kiste? Damit war der seelenlose soziale Wohnungsbau gemeint, der nach Plänen der Stadt an dieser Stelle entstehen sollte und gegen den die Besetzer mit ihrer Kunst protestierten.

Und die Musik? Was wurde in den besetzten Häusern gehört? Neben dem Hofdichter des Rock 'n' Roll, Bob Dylan (»Like a Rolling Stone«), waren es Gruppen der späten 1960er und der beginnenden 1970er wie die Beatles (»Revolution«), The Who (»My Generation«), die Animals (»We Gotta Get out of this Place«), die Rolling Stones (»Street Fighting Man«), Janis Joplin (»Me and Bobby McGee«), Jimi Hendrix (»Machine Gun«) und The Doors (»The Unknown Soldier«). Anfang März 1972 tourten TSS (»Die letzte Schlacht gewinnen wir«) als Vorband der amerikanischen Gruppe MC Five (»Kick Out the Jams«) durch Deutschland; beiden wurde nachgesagt, Punk-Rock gespielt zu haben, obwohl es diese Musikgattung noch gar nicht gab. Aber natürlich war Punk angesagt, zum Beispiel die »Godmother of Punk« Patti Smith (»Because the Night«) und die Ramones (»Blitzkrieg Bop«), die amerikanischen Vorläufer des Punk-Rock ab Mitte der 1970er, gefolgt von britischen Bands wie den Sex Pistols (»Anarchy in the U.K.«) und The Clash (»London Calling«), und man eiferte ihnen nach: In Deutschland waren das Ende der 1970er Gruppen wie Slime (»Legal, illegal, scheißegal«) oder Fehlfarben (»Ein Jahr – Es geht voran«). Während der Demos tönten aus den Lautsprechern oft TSS: »Wir brauchen keine Hausbesitzer, denn die Häuser gehören uns …«

Punks lebten öfter in besetzten Häusern, wobei das nicht unbedingt hieß, dass sie Musik machten. Das grottige Outfit mit bunt gefärbtem Strubbelkopf oder Irokesenschnitt, Sicherheitsnadeln an der Wange und Ratte auf der Schulter – das stand für Punk, da musste kein Instrument mehr gequält werden. Die Erscheinung des Punks oder der Punkerin genügte als Statement oder Message. – Die Kommerzialisierung der rebellischen Attitüde, ihre Eingliederung in das Marktgeschehen unter Labels, denen es vor allem ums Geschäft ging, war immer Thema in den Bands, den Gruppen, den Häusern. Man wollte sich nicht kaufen lassen, aber man wollte auch den Erfolg, zumindest von den Auftritten leben können. Punk, hieß es bald, war nicht mehr als eine Marketingidee. Ganz so einfach wird es nicht gewesen sein, aber eins war richtig: Es entwickelte sich »ein instrumentelles Verhältnis zur Musik: Wofür kann man sie benutzen? Dabei sollte das utopische Potenzial der Kunst doch in ihrer Autonomie, in ihrer Unbenutzbarkeit liegen.«[12]

Das Dilemma blieb, der Wunsch nach künstlerischem Selbstausdruck auch. Gruppen wie die B-Setzerbande in Stuttgart und die Rote Rübe in München machten Agitproptheater, die Berliner Roten Steine agierten mit Masken, wenig Requisiten und plakativer Botschaft; solche Truppen bildeten sich in den meisten Städten, in denen es eine Hausbesetzerszene gab. Die Fluktuation war hoch, aber wenn sich die eine Schar auflöste, bildete sich nebenan eine neue. Straßentheater war »in«, Vorbilder waren die Amerikaner: das Living Theatre und das Bread-and-Puppet-Theatre. In Berlin gab es das Hoffmann's Comic Teater und das Kreuzberger Straßentheater, ferner Studenten- und Laienbühnen, die das Thema Hausbesetzung aufgriffen, und so trug die Szene ihre Anliegen kunstvoll aus den Häusern in die Öffentlichkeit hinein. Die Aktionisten wurden im Anschluss an ihre Darbietungen fast immer gefragt, ob sie denn der Meinung seien, durch ihre Kaspereien etwas an Wohnungsnot und Stadtzerstörung ändern zu können. Ob man da nicht ganz woanders ansetzen müsse … Die immer wieder gestellte und letztlich dumme Frage: »Kann man die Welt durch Kunst verändern?«, ist durch Joseph Beuys ironisch und zutreffend so beantwortet worden: »Nur durch Kunst.«

Eine besondere Rolle spielten jene Häuser, die von Anfang an mit einem *Projekt* verbunden waren – so die Jugendzentren, die Häuser für alternative sozialpsychiatrische Betreuung, die Kulturzentren mit Konzertsälen, Ausstellungsräumen und Malschulen, die Beratungsstellen für Mieter, Migranten und Jugendliche in Not, die Läden für Kinderbetreuung, Rechtsberatung, Sprachunterricht und Hilfe bei der Jobsuche, die Gewerbehöfe mit Kfz-Werkstätten, Offsetdruckereien und Secondhand-Läden. Hier wurde nicht nur gewohnt, sondern auch gearbeitet, oft beides zugleich. Spätere Besetzungen wie zum Beispiel die im Hamburger Gängeviertel waren gleich auf Werkstätten und Ausstellungsräume aus. Überall da, wo ganze Fabrikareale besetzt wurden, reiften schnell Pläne für alternative Gewerbe, Handwerke und Handelskooperativen. Hier traf sich die Hausbesetzerbewegung mit den Müslis, den Öko-Freaks, den Naturheilkundlern, linken Architektinnen und Anwälten und freien Ernährungsberaterinnen. Weil es sich um Gewerke und Dienstleistungen handelte, die sich am Markt bewähren mussten und das auch oft schafften, gab es kaum Nichtverhandler – und wenn doch, zogen die bald wieder aus. Allen war daran gelegen, einen legalen Status mit dem Gefühl relativer Sicherheit zu verbinden, das man braucht, wenn man einen Laden aufmacht. Der Kollektivgedanke stand immer im Mittelpunkt. Die Hausbesetzer hatten der Vereinzelung in möblierten Zimmern entfliehen wollen, und jetzt flohen sie vor der Vereinzelung an entfremdeten Arbeitsplätzen. Gleicher Lohn für gleiche Arbeit war eine Selbstverständlichkeit – aber auch für ungleiche Arbeit, für schwierigere, für schmutzigere oder anspruchsvollere Arbeit sollte der Lohn gleich sein. Es versteht sich, dass die Euphorie des Anfangs irgendwann in die Freude an der Verstetigung übergehen musste – wenn das nicht möglich war, zerbrachen die Gegenmodelle. Skeptische Genossen erhoben den Vorwurf der Rückkehr in die Vormoderne mit ihren überschaubaren Manufakturen und liefen davon, um in einer Partei, zum Beispiel bei den Grünen, die in jener Zeit gegründet wurden, was zu werden oder in einem Großbetrieb endlich mal Geld zu verdienen. Die Alternativökonomie, die sich der Hausbesetzerbewegung anlagerte, hat sich gegen allerhand Spott und Schmäh von Seiten der Ideologen und Karrieristen behauptet und schickt bis heute ihre Impulse in die Gesellschaft – soweit die bereit ist, ihren Lebensstil mit seinen Prioritäten zu reflektieren. Und das ist sie in einem hohen Maß.

Anpassung und Widerstand

Hausbesetzer empfanden sich als Revolutionäre, die nicht bloß mit ihrer Wohnsituation unzufrieden waren, sondern die mehr wollten: eine andere Gesellschaft ohne Goldenes Kalb und ohne Knäste – dafür mit Solidarität und Platz noch für den kuriosesten Freak. Wenn sie darangingen, ihre Utopie auszurufen und sie in besetzten Häusern kämpferisch zu verteidigen, erfuhren sie, dass ein Minimum an Anpassung Voraussetzung für Widerstand war. Wer eine besetzte Fabrik halten wollte, um da eine Agitpropbühne und eine Lebensmittelkooperative aufzumachen, musste bereit sein, mit der Stadt oder einem Privateigentümer in Verhandlungen einzutreten, und wenn er das nicht war, konnte er seinen Traum vom aufklärerischen Theater und vom gesunden Essen begraben. Er behielt dafür den Traum von seiner eigenen Unbestechlichkeit – aber was war der in Mark und Pfennig wert? Diese nicht immer leicht zu verkraftende Dialektik, die für viel Zähneknirschen in den Kollektiven sorgte, wurde den Besetzern durch das Leben beigebracht. Nicht alle absolvierten diese Lehre. Die Nichtverhandler und andere Autonome hielten es mit dem von jeglichem Kompromiss unbefleckten Widerstand, woraufhin sie nicht selten ins soziale Aus oder in den Knast wanderten. Aber auch die Verhandler, die, um ihr Agitpropstück aufführen zu können, Verträge schlossen und Miete zahlten, hielten sich nicht immer an ihr ursprüngliches Programm. Es kam vor, dass sie unterwegs den Glauben an das Stück verloren, ausstiegen und nach Beendigung ihres Studiums genau das machten, was sie in ihrem Stück hatten anprangern wollen. Die Balance zwischen Mitmachen und Dagegensein, die jeder finden musste, war ein Kunststück für sich.

Die Jugendrevolte der 1960er Jahre wollte persönliche Freiheit, sie inszenierte Rockkonzerte und Flower-Power und die sexuelle Revolution. Die Studentenbewegung nahm das Leben ein bisschen schwerer und die Notwendigkeit eines Wandels oder Umsturzes ernster und sprach vom *Langen Marsch durch die Institutionen*. Erst die Hausbesetzer erfanden die konkrete Praxis durch ihren kurzen Marsch in ein leerstehendes Haus. Sie setzten damit ein Zeichen: Freiheit und Selbstverwirklichung sind keine abstrakten Ideale, keine Schriftzüge am Himmel, man kann einen Zipfel davon schon hier auf Erden packen, und wenn man zieht, kommt vielleicht noch mehr nach. Dass sie sich mit dem gesamten Rechtssystem und so mit einem Herzstück des bürgerlichen Selbstverständnisses anlegten, war den Besetzern immer bewusst – auch wenn sie die Paragraphen im Einzelnen nicht kannten. TSS: »Wer das Geld hat, hat die Macht, und wer die Macht hat, hat das Recht.« Solange es sie gab und sie selbstbewusst agierten, waren die Hausbesetzer eine zwar kleine, aber publicityträchtige Macht. Und da es sie immer noch oder schon wieder gibt, kann man von einer durch sie ausgelösten *Machtverschiebung* im Bereich der Wohnungsfrage sprechen.

Abschließend ein Wort in eigener Sache: Unsere Reisen durch die Republik zu den verschiedenen Brennpunkten des Häuserkampfes haben uns, Autor und Autorin, gelehrt, dass Hausbesetzung nie gleich Hausbesetzung ist. Die Bedingungen vor Ort sind immer besonders, die Menschen auch, und so ist es uns manchmal nicht leichtgefallen, den roten Faden in der Hand zu behalten. Wir haben Hausbesetzer getroffen, die stolz auf das waren, was sie vor Jahrzehnten angestoßen haben, und andere, die fanden, sie hätten ganz anders vorgehen sollen. Wir sprachen mit Widerständlern, die voller Wut an die Kompromisse von gestern dachten, und mit Angepassten, die inzwischen Eigentümer ihrer Häuser geworden sind. Die meisten hatten die Balance gehalten, hatten sich arrangiert, wo der Preis des Widerstandes zu hoch gewesen wäre, hatten am Widerstand festgehalten, wo Anpassung ihre Identität bedroht hätte. Gekämpft haben sie alle: mit den Bullen, mit andersdenkenden Genossen, mit sich selbst. Nur wenige sind heute müde, die meisten hoffen, dass es weitergeht. Sie wohnen eher selten noch in dem besetzten Haus von einst. Aber der geistige Ort, den sie damals bezogen haben, an dem wollen sie *bleiben*.

1 Friedrich Engels, Zur Wohnungsfrage. In: Karl Marx/Friedrich Engels, **Werke**. Bd. 18, Berlin 1969, S. 215.
2 Häuserrat Frankfurt, **Wohnungskampf in Frankfurt**, München 1974, S. 57 f.
3 Wolf Biermann, Lied vom donnernden Leben. In: Wolf Biermann, **Preußischer Ikarus**, Lieder, Balladen, Gedichte, Prosa, Köln 1978.
4 Andrej Holm, **Wir bleiben alle!**, Münster 2010.
5 Frauencafé Moabit, **Frauenbewegung und Häuserkampf – unversöhnlich?**, Berlin 1982, S. 35.
6 Sven Reichardt, **Authentizität und Gemeinschaft**, Berlin 2014, S. 564.
7 Stefan Aust, Sabine Rosenbladt (Hg.), **Hausbesetzer**, Hamburg 1981, S. 62.
8 Frauencafé Moabit, a. a. O., S. 42.
9 Ebd., S. 19.
10 amantine, **Gender und Häuserkampf**, Münster 2011, S. 105.
11 **art and culture street magazine**, Berlin 2015, S. 3.
12 Wolfgang Seidel, erster Schlagzeuger bei TSS, in der Zeitschrift **Melodie und Rhythmus**, Berlin 2014, S. 24.

Zwei Kulturen

»Das Politikmonopol der Parteien ist gebrochen. Es hat sich eine zweite politische Kultur gebildet. Hier wird geltendes Recht verletzt, sagen die Vertreter der ›ersten‹ Kultur. Aber es wird Gerechtigkeit gewahrt, antworten die der ›zweiten‹. Legalität steht gegen Legitimität. Zwischen beiden Argumenten steht eine Mauer. Sie trennt zwei Wertesysteme.«

Wolfgang Prosinger in: Ingrid Müller-Münch, Wolfgang Prosinger u. a., **Besetzung – weil das Wünschen nicht geholfen hat**, Reinbek 1984, S. 33.

Go-out

Georg von Rauch und Thomas Weisbecker wurden zu Namensgebern zweier besetzter Häuser in Berlin-Kreuzberg: des *Georg-von-Rauch-Hauses* am Mariannenplatz 1A und des *Tommy-Weisbecker-Hauses* in der Wilhelmstraße 9. Georg und Tommy waren miteinander befreundet und sahen sich sogar ein bisschen ähnlich. Diese Ähnlichkeit konnten sie im Juli 1970 ausnutzen. Wegen angeblicher Straftaten mussten sich die beiden vor dem Kriminalgericht in Berlin-Moabit verantworten. Als sich das Gericht vertagte, sollte Georg von Rauch, der bereits in U-Haft saß, dorthin zurückkehren, während Thomas Weisbecker »Erste Haftverschonung« gewährt worden war. Ohne dass die Justizbeamten es bemerkten, verließ jedoch Georg anstelle von Tommy den Gerichtssaal. Als dann Weisbecker seine Identität preisgab und freigelassen werden musste, war von Rauch längst untergetaucht. Sehr zum Ärger von Polizei und Justiz entwickelte sich dieses »Verwechslungs-Go-out« zur großen Lachnummer innerhalb der linken Szene. Und dann, nur acht Monate später, wurden beide Aktivisten aus nächster Nähe von Polizisten erschossen, Georg von Rauch am 4. Dezember 1971 in Berlin und Thomas Weisbecker am 2. März 1972 in Augsburg.

Pflasterstein

»Und irgendwann heißt es dann für uns: Jetzt ist Schluss. Jetzt müssen wir uns wehren, jetzt müssen wir auch zurückschlagen. Nicht weil wir Spaß dran hätten, sondern weil sich gezeigt hat, dass offensichtlich nur der Pflasterstein ein Argument ist, das in dieser komischen bundesrepublikanischen Gesellschaft noch Beachtung findet.«

Stefan Aust, Sabine Rosenbladt (Hg.), **Hausbesetzer**, Hamburg 1981, S. 24.

Exkurs:
Die Bremer Stadtmusikanten

Den Aussteiger, also jemand, der seiner bisherigen Lebenswelt den Rücken kehrt, gab es wohl schon immer; dokumentiert wurde ein spektakulärer Fall im Jahre 1819, als die Brüder Jacob und Wilhelm Grimm das Märchen von den »Bremer Stadtmusikanten« veröffentlichten. Es war irgendwo auf dem Land im Fürstbistum Paderborn, im heutigen Westfalen. Dort lebten ein Esel, ein Hund, eine Katze und ein Hahn. Als sie bemerkten, dass »kein guter Wind weht«, weil ihre verschiedenen Besitzer ihnen wegen ihres hohen Alters nach dem Leben trachteten, liefen sie fort. Nacheinander trafen sie sich auf der Landstraße und schlossen sich zu einer Senioren-Selbsthilfegruppe zusammen, um in Bremen als Straßenmusikanten zu überleben. Denn eines wurde ihnen schnell klar: »Etwas Besseres als den Tod finden wir überall.« Aber der Weg nach Bremen war nicht an einem Tage zu schaffen. Müde und hungrig entdeckten die Wanderer des Nachts in einem Wald ein erleuchtetes Haus, in dem Räuber wohnten und sich's gutgehen ließen. Die vier Tiere beratschlagten und starteten dann einen Überraschungsangriff: »Der Esel stellte sich mit den Vorderfüßen auf das Fenster, der Hund auf des Esels Rücken, die Katze kletterte auf den Hund, und endlich flog der Hahn hinauf und setzte sich der Katze auf den Kopf. Wie das geschehen war, fingen sie zusammen auf ein Zeichen an, ihre Musik zu machen: der Esel schrie, der Hund bellte, die Katze miaute und der Hahn krähte; dann stürzten sie durch das Fenster in die Stube hinein, dass die Scheiben klirrten.«[13] Die Räuber erschraken so sehr, dass sie auf der Stelle flohen. Nach dem Motto *Eigentum ist Diebstahl* wurde daraufhin das Haus von der tierischen Gruppe besetzt! »Danach gefiel's den vier Bremer Musikanten aber so wohl darin, dass sie nicht wieder herauswollten.«

Und die Moral von der Geschicht? Wir haben ein »Wirtschaftssystem, das Menschen nur leben lässt durch ihre Leistungsfähigkeit, durch die Effizienz ihrer gesellschaftlichen Aktivitäten«[14]. Und das ist nicht gut so.

13 In der Freien Hansestadt Bremen steht eine Bronzeplastik der vier Tiere in der Überraschungspose, die heute als eine Art Wahrzeichen Bremens gilt.

14 »›Eigentum ist Diebstahl‹. Interview mit Eugen Drewermann über Sozialkritik in Märchen«, in: Deutschlandfunk, 8. 11. 2007.

DIE BRENNPUNKTE:

BERLIN, FRANKFURT, HAMBURG, KÖLN

BERLIN

Legal – illegal – scheißegal

Der Häuserkampf in West-Berlin

Als 1961 rund um West-Berlin eine Mauer errichtet wurde, lag dieser Teil der Spreemetropole inmitten der inzwischen gegründeten DDR – eine kapitalistische Insel im »Roten Meer«. In einigen Bezirken wie etwa in Kreuzberg gab es unzählige renovierungsbedürftige alte Häuser mit billigen Mieten, die auch deshalb so günstig waren, weil es oft nur Ofenheizung und Außenklo im Treppenhaus gab. Das lockte in den 1960er und 1970er Jahren neben den damals als Gastarbeiter bezeichneten Arbeitsmigranten auch viele junge Leute, Studenten, Künstler und Drop-outs an, auch Männer, die nicht zur Bundeswehr wollten, denn wer in West-Berlin seinen ersten Wohnsitz hatte, wurde freigestellt. Natürlich sahen auch skrupellose Spekulanten ihre Chancen, hier per Kahlschlagsanierung fette Beute zu machen. In Zusammenarbeit mit profitorientierten Stadtplanern heckten sie Ende der 1960er Jahre für Kreuzberg den rücksichtslosen Plan aus, im Großraum um den Kotti – die Kreuzung am Kottbusser Tor – sämtliche Mieter aus den alten Häusern zu vertreiben, um diese dann abzureißen und durch unansehnliche Betonklötze zu ersetzen. Dass dadurch nachbarschaftliche Strukturen zerstört werden, wurde entweder ignoriert oder billigend in Kauf genommen. Darüber hinaus sollte sogar noch eine Autobahn quer durch das Gelände gezogen werden, die niemand brauchte und haben wollte, die sogenannte Südtangente. Zu dem Autobahnbau kam es zum Glück nicht, aber dass das »Neue Kreuzberger Zentrum« (»NKZ«) zwischen 1969 und 1974 erbaut wurde, ein Querriegel über die Dresdner bis zur Adalbertstraße, konnte leider nicht verhindert werden. Das Ergebnis war ernüchternd: ein optisch völlig entstellter Kotti, die Mieter kamen und gingen, niemand wollte gerne auf Dauer dort wohnen. Die Kriminalitätsrate stieg an, und viele Gewerbeflächen konnten gar nicht erst vermietet werden.

In einem Flugblatt von 1979, unterschrieben von circa tausend Händlern und Bewohnern rund um den Kotti, stand es schwarz auf weiß: der Bau des NKZs sei »die gewollte oder ungewollte Verelendung des ganzen Gebiets«. Das NKZ ist und bleibt ein Schandfleck, auch wenn es in der Bevölkerung heute eine Bereitschaft gibt, dieses überflüssige Gebäude zu akzeptieren, aber wahrscheinlich nur deshalb, weil die Wohnungsnot so groß ist.

Die erste Besetzung in West-Berlin fand sinnigerweise am Tag der Arbeit statt, am 1. Mai 1970 im Märkischen Viertel. Das Hoffmann's Comic Teater, aus dem später die Band Ton Steine Scherben hervorging, spielte auf dem Marktplatz der Trabantenstadt ihr Agitationsstück »Gletschers Ende«. Im Anschluss daran besetzten die Zuschauer eine leerstehende Fabriketage in der Königshorster Straße, um diese als Freizeiträume zu nutzen. Doch vielleicht hatte auch die Polizei das Theaterstück gesehen und war von der Enteignung des Kapitalisten Gletscher total entsetzt, denn sie räumte umgehend durch rüdes Vorgehen. Zwei weitere Besetzungen gab es im darauf folgenden Jahr. Zielobjekte waren zwei Fabriketagen am Mariannenplatz 13 und das später so benannte Georg-von-Rauch-Haus.

Im Jahr 1972 kam es mit dem »hand-drugstore« in Schöneberg, dem »Jugendzentrum Tiergarten« und dem »SJSZ«, dem »Schöneberger Jungarbeiter- und Schülerzentrum«, zu drei weiteren Besetzungen. Doch nur die vierte Aktion, die eigentlich gar keine Besetzung war, trägt bis heute Früchte. Durch die Initiative des »SSB« (»Sozialpädagogische Sondermaßnahmen Berlin e.V.«) wurde im September in der Potsdamer Straße im Stadtteil Schöneberg das Drugstore als selbstverwaltetes Kultur- und Jugendzentrum eingerichtet. Weil das »Drugstore« jedoch nur tagsüber geöffnet war und die wohnungslosen Jugendlichen mehr wollten, nämlich kollektives Wohnen in Selbstverwaltung, hatten sie sich ein leerstehendes Haus in der Wilhelmstraße 9 im Bezirk Kreuzberg ausgeguckt. Als die Verhandlungen mit dem Senat erfolglos verliefen, besetzten die jungen Leute im Februar 1973 kurzerhand das Drugstore, um so ihrer Forderung Nachdruck zu verleihen. Mit Erfolg – wenig später, Anfang März, gewährte der Senat einen Nutzungsvertrag, es entstand das selbstverwaltete Jugendwohnkollektiv Tommy-Weisbecker-Haus. Auch im Berliner Bezirk Wedding kommt es 1973 zur Besetzung: ein leerstehendes Wohnhaus an der Rügener, Ecke Putbusser Straße wird in Anlehnung an den Straßennamen Putte genannt und in ein Jugendzentrum verwandelt. Leider wird die Putte schon im Mai 1974 wieder geräumt und das Haus abgerissen.

Danach war erst einmal Schicht im Schacht. Knapp fünf Jahre lang tat sich nicht viel in Sachen Hausbesetzungen in West-Berlin, sieht man einmal von dem Intermezzo im Sommer 1977 ab, als in der Reichenberger Straße die Alte Feuerwache abgerissen werden sollte und Bürger die Pumpstation besetzten, um das zu verhindern – ohne Erfolg. Doch diese etwas lethargisch anmutende Besetzerenthaltsamkeit sollte sich ab 1979 rasant hin zu einem lebendigen Aktionismus verändern.

Denn es gab in den späten 1960er und Anfang der 1970er Jahre eine bewegte Vorgeschichte mit tragischen Ereignissen, die, längst nicht vergessen, im kollektiven Bewusstsein der Szene verankert war und nach Vergeltung rief. Der Staat hatte auf das Aufbegehren der Jugend keine Antworten parat. Im Gegenteil, statt wenigstens Verständnis und Fingerspitzengefühl zu zeigen, reagierte er mit entschiedener Ablehnung und Härte. Die gravierendsten Ereignisse waren vier tote Menschen, alle von Polizisten erschossen: Benno Ohnesorg am 2. Juni 1967, Petra Schelm und Georg von Rauch 1971 sowie Thomas Weisbecker 1972. Jeder Tote war ein Schock für die Bewegung! Und alle vier wurden in irgendeiner Form zu Symbolfiguren: In Erinnerung an das Todesdatum von Ohnesorg entstand die linksradikale »Bewegung 2. Juni«, die Hausbesetzer der Hamburger Ekhofstraße nannten ihr Haus kurz vor der Räumung Petra-Schelm-Haus, und in West-Berlin gibt es bis heute die bereits erwähnten Einrichtungen Georg-von-Rauch-Haus und Tommy-Weisbecker-Haus.

Als Reaktion auf die skandalöse Stadtplanung im Kreuzberger Kiez und wegen der Tatsache, dass Ende der 1970er Jahre über 10 000 Wohnungen leerstanden, während es gleichzeitig an die 80 000 Wohnungssuchende gab, gründete sich um 1978 die »Bürgerinitiative SO 36«, kurz »BI SO 36« genannt. SO bedeutet Südost, und die Nr. 36 war damals ein Postzustellbezirk von Kreuzberg. Mit dem Ziel der *Instandbesetzung* organisiert die BI (zusammen mit dem Mieterladen in der Waldemarstraße) im Februar 1979 die Besetzung von zwei leerstehenden Wohnungen der senatseigenen Wohnungsbaugesellschaft BeWoGe, beide in Kreuzberg 36 gelegen, die eine in der Görlitzer, die andere in der Lübbener Straße. Die verhandlungsbereiten Besetzer begannen sofort mit der Renovierung, forderten Mietverträge und darüber hinaus die Beendigung des Leerstands von dreihundert Kreuzberger Wohnungen. Diese neue konstruktive Aktionsform hatte Erfolg. Sie kam sowohl bei Freaks als auch bei den Bürgern an und offenbar ebenso bei der BeWoGe, denn die Wohnungsbaugesellschaft war bereit, die besetzten Wohnungen zu legalisieren und den Leerstand durch Mietverträge zu reduzieren. Folgerichtig gingen die Besetzungsaktionen 1979 weiter. Einige bekannte Stationen waren: die Fabriketage im Hinterhof der Waldemarstraße (März), in der Szene damals als Waldekommune mit Lederwerkstatt bekannt; die ufaFabrik in Tempelhof (Juni), bis heute als Internationales Kulturcentrum legalisiert und selbstverwaltet von einer circa vierzigköpfigen Gemeinschaft, die großartige Arbeit leistet, und der Turm am Leuschnerdamm (September) nahe der Mauer, der sich zu einer einflussreichen Besetzungshochburg entwickeln sollte. Dies war der Beginn einer Berliner Hausbesetzungslawine, die klein und langsam und friedlich ihren Anfang nahm, auch wenn der Zorn über die bedrückenden Ereignisse zuvor, die vier erschossenen Gesinnungsgenossen, immer mitschwang. Diese Ausrichtung änderte sich in den ersten elf Monaten des folgenden Jahres mit circa dreißig Besetzungen verschiedener Art zunächst nicht.

Erwähnt werden sollte in diesem Zeitfenster auch noch die Besetzung des »Kerngehäuses« in der Cuvrystraße Anfang November 1980. Zwar hatte es schon im Herbst 1979 einen ersten Besetzerrat gegeben, aber erst Ende März des kommenden Jahres fand im Kerngehäuse ein großes Treffen aller Instandbesetzer statt. Auf dieser Versammlung wurde ein basisdemokratisch organisierter großer Besetzerrat gegründet, der einmal wöchentlich im »KuKuCK« (»Kunst- und Kultur-Centrum Kreuzberg«), einem Anfang 1981 besetzten Haus am Anhalter Bahnhof, tagen wollte und der für die organisatorische Ausrichtung der Berliner Hausbesetzerbewegung wichtig war. Berichterstatter war das inoffizielle Zentralorgan der Bewegung: die Zeitschrift »radikal«. Knapp dreißig besetzte Objekte gab es bis Anfang Dezember 1980 in Berlin, die mehr oder weniger geduldet wurden. Aber dann kam der 12. Dezember.

Von Anfang an waren die Meinungen über das, was die Besetzer da so trieben, geteilt. Manche sagten – und dazu gehörten reaktionäre Politiker und konservative Medien –, Hausbesetzungen seien illegal und damit gesetzwidrig. Andere zeigten Verständnis und hielten dagegen, indem sie den Artikel 19, Absatz 1 der Berliner Verfassung zitierten, in dem es heißt: »Jeder hat das Recht auf Wohnraum.« So auch die Gemäßigten im sozialliberalen Senat unter dem Regierenden Bürgermeister Dietrich Stobbe, die bereit waren, mit den Instandbesetzern zu verhandeln, um friedliche Lösungen zu finden. Da sie nicht selbst verhandeln mochten, wurde als Vermittler das Sozialpädagogische Institut der Arbeiterwohlfahrt in Berlin eingeschaltet. Am 11. Dezember 1980 treffen sich Vertreter von Senat und Arbeiterwohlfahrt. Tags darauf, am späten Nachmittag, wollen Instandbesetzer das Haus am Fraenkelufer 48 in Kreuzberg besetzen. Es ist eine ganz »normale« Besetzung, so wie sie in den vergangenen Monaten zuvor schon viele Male abgelaufen ist, und niemand rechnet mit einem aggressiven Polizeieinsatz. Doch plötzlich ist alles anders. Obwohl der Eigentümer des Hauses am Fraenkelufer, die GSW (Gemeinnützige Siedlungs- und Wohnungsbaugesellschaft), die Polizei gar nicht zur Verhinderung der Besetzung gerufen hat, sind die Ordnungshüter zur Stelle und nehmen einige Besetzer fest. Diese Nachricht sowie das Gerücht, eine zweite Räumung stehe unmittelbar bevor, verbreiten sich innerhalb der Besetzerszene wie ein Lauffeuer. In den nächsten drei Nächten und Tagen kommt es zwischen Besetzern und Polizei zur legendären »Schlacht am Fraenkelufer« mit blutigen Kämpfen, vielen Schwerverletzten und zahlreichen Festnahmen – achtzehn Leute bleiben inhaftiert (nach § 129a, Bildung einer terroristischen Vereinigung).

Die Kreuzberger Hausbesetzerlawine nimmt nun gehörig Fahrt auf, wächst, radikalisiert sich und beschäftigt die gesamte Stadt. Manche Medien sprechen von bürgerkriegsartigen Zuständen. Die Fragen lauten: Wer gab den Befehl zum Polizeieinsatz? Wollte jemand das Ziel der gemäßigten Politiker im Senat vereiteln? Ein Strafverteidiger aus Berlin, der anonym bleiben wollte, schätzte die Lage von damals folgendermaßen ein:

»Es gab und gibt genügend Leute in Berlin, die an diesem Krieg interessiert waren und sind: allen voran die CDU, die Polizeigewerkschaft im Deutschen Beamtenbund, die politische Abteilung der Staatsanwaltschaft beim Landgericht Berlin – mit einem Wort, die Reaktion. Das Stichwort, um das ihre Politik kreiste, war und ist: ›rechtsfreie Räume‹, die es nach ihrer Ansicht in Kreuzberg – ganz besonders dort – gab, die dort wuchsen, und die es nicht geben durfte.«[15]

So plausibel diese Einschätzung klingt, sie ist nur eine Vermutung. Fakt ist jedoch, dass es vor Weihnachten 1980 und im Februar 1981 zwei Großdemos mit jeweils circa 15 000 Menschen gab; sie forderten die Änderung der unsozialen Stadt- und Wohnungspolitik sowie die Freilassung der achtzehn Gefangenen, die immer noch im Knast saßen.

Im Januar 1981 stolpert Dietrich Stobbe über die »Garski-Affäre« und tritt zurück. Die unseriösen Geschäfte des Spekulanten Dietrich Garski kosten den Berliner Senat mal eben über hundert Millionen D-Mark. Stobbe-Nachfolger wird Hans-Jochen Vogel, der für Mai Neuwahlen ausruft. Begünstigt durch das vom geschwächten SPD/FDP-Senat erzeugte Machtvakuum, durch die aufgeheizte Stimmung der subkulturellen Szene, durch Demos und Straßenschlachten um die vielen leerstehenden Häuser kommt es zu zahlreichen Neubesetzungen. Bis Ende Februar sind es hundert Häuser.

Übergangsbürgermeister Vogel legt die »Berliner Linie der Vernunft« fest: Häuser werden nur dann geräumt, wenn es für sie konkrete Pläne gibt und die nötige Finanzierung bereitsteht und wenn der Eigentümer einen Strafantrag gestellt hat. Kein Haus soll geräumt werden, um danach nur wieder leer herumzustehen. Als die CDU die Wahlen im Mai gewinnt, wird Richard von Weizsäcker im Juni 1981 als neuer Regierender Bürgermeister von Berlin vereidigt. Es ist gleichzeitg der Höhepunkt der Berliner Besetzerbewegung. Knapp 170 Häuser sind in diesem Sommermonat besetzt, die Hälfte davon in Kreuzberg. Die Besetzungslawine hat ihren größtmöglichen Umfang erreicht. Vielleicht ist das der Grund, warum der als liberal-konservativ geltende Weizsäcker den rechten Hardliner Heinrich (»fürs Grobe«) Lummer zum Innensenator beruft. Denn im Wahlkampf hatte die CDU versprochen, das Hausbesetzerproblem rigoros anzugehen. Zwar gab es auch unter dem Vogel-Senat fragwürdige Räumungen und zahlreiche Durchsuchungen besetzter Wohnobjekte, aber erst unter Weizsäckers Minderheitssenat mit Lummer als Innensenator nehmen Anzahl und Brutalität dieser Räum- und Razzia-Aktionen deutlich zu.

Der Journalist und Ex-Besetzer Kuno Haberbusch erinnert sich, wie die Durchsuchungen damals abliefen:

»Die Polizisten kamen meist gegen halb sechs, bolzten die Tür mit Äxten oder einem Vorschlaghammer auf und durchsuchten die besetzten Häuser. Völlig willkürlich warfen sie Gegenstände aus dem Fenster, Festnahmen waren an der Tagesordnung. Einmal wurde ich zusammen mit anderen festgesetzt und mit einem Mannschaftswagen an den Wannsee gekarrt. Nachts um drei stieß man uns vom Wagen, mitten auf eine stinkende Müllkippe.«[16]

Nach der Wahl im Sommer 1981 finden in den nächsten Monaten und Jahren zwischen allen Beteiligten seltsame Verwirrspiele statt. Während Weizsäcker versichert, die zuvor von Vogel formulierte »Berliner Linie« weiterzuführen, agieren Lummer und Teile der Staatsanwaltschaft konfrontativ: »Keine rechtsfreien Räume« ist ihre Devise, egal wie die Wahl der Mittel aussieht. Dann gibt es noch die unterschiedlichen Standpunkte zwischen den einzelnen Bezirksparlamenten und dem Senat. Aber auch die Besetzerszene ist gespalten. Im Besetzerrat gibt es hitzige Diskussionen. Den einen – den Verhandlern – geht es hauptsächlich um die Häuser oder Wohnungen, sie wollen verhandeln, wollen ihre Räume für alternative Lebensentwürfe per Pacht-, Kauf-, Miet- oder Nutzungsvertrag legalisieren lassen. Manche von ihnen knüpfen ihre Verhandlungsbereitschaft aber an Bedingungen wie »Freilassung der inhaftierten Demonstranten«, »keine weiteren Räumungen«, oder sie wollen eine »Gesamtlösung für alle Häuser«, nicht nur für ihr eigenes. Ihre Gegner im Senat und bei den Investorengruppen werfen ihnen vor, sie führten Scheinverhandlungen nach dem Motto: legal, illegal, scheißegal.

Die anderen – die Nichtverhandler wie zum Beispiel die radikalen Turm-Bewohner – wollen Politik machen und keine Hausbesitzer werden; sie wollen weiter kämpfen, ihnen geht es hauptsächlich um gesellschaftliche Veränderungen. So soll der Besetzerrat im KuKuCK öfter mal die Frage diskutiert haben: »Wollen wir zuerst die Nato zerschlagen und uns dann um die Legalisierung der besetzten Häuser kümmern oder andersrum?«

Und nicht zuletzt versucht ein überforderter Bausenator Ulrich Rastemborski den aussichtslos scheinenden Dreifach-Spagat: zwischen einer Stadtpolitik, die uneinig ist, zwischen taktierenden Eigentümern und den vielfältigen Forderungen der Häuserkämpfer. »Für die meisten Besetzer ist das Hin und Her von Verhandlungen und Drohungen, Angeboten und Räumungen immer undurchschaubarer geworden«, schreibt die A.G. Grauwacke zur Situation Ende 1982.[17]

Die Ankündigung des Senats, besetzte Häuser demnächst zu räumen, führen in verschiedenen Formen zu Sympathiebekundungen: Straßendemonstrationen, Patenschaften für besetzte Häuser durch Initiativen von Verbänden, Kirchengemeinden sowie bekannten Personen, zum Beispiel Rechtsanwälten und Hochschullehrern; Geistliche, Lehrer, Ärzte und Künstler ziehen als Gäste in besetzte Häuser. Ein bundesweiter TUWAT-Aufruf soll Tausende Sympathisanten nach Berlin locken – 2000 kommen.

Doch dann, am 22. September 1981, findet der unrühmliche Höhepunkt statt: die Lummer'sche Taktik der Eskalation. Wie geplant und zuvor angekündigt, werden acht besetzte Häuser[18] auf einen Streich mit harter Hand durch Polizeigewalt geräumt. Nach dem Vollzug gibt der Innensenator in einem der Häuser, in der Bülowstraße 89, eine Pressekonferenz und zeigt sich dort auf dem Balkon in Siegerpose. Und natürlich weiß Lummer, dass so eine Selbstdarstellung in einem geräumten Haus eine ungeheure Provokation ist. Es kommt eins zum anderen: Besetzer sind wütend und gehen auf die Straße, Polizisten treiben die Demonstranten hin zur stark befahrenen Potsdamer Straße, und auf der Flucht wird ein Demonstrant, der 18-jährige Klaus-Jürgen Rattay, von einem Bus erfasst und kommt zu Tode. Später läuft eine anfangs friedliche Trauerdemo mit 10 000 Menschen aus dem Ruder und wird militant. Der Journalist Kuno Haberbusch, der in den 1980er Jahren bei diversen Stadtteilinitiativen aktiv war und die Häuserblockzeitung »Süd-Ost-Express« herausgab, äußerte zur Frage der Gewalt nach diesem furchtbaren Drama:

»Ob ich damals selbst einen Pflasterstein in die Hand genommen und ein Schaufenster eingeworfen habe? Ehrlich gesagt: Ich weiß es nicht mehr. Aber ich verspürte eine solche Ohnmacht, dass ich gern geworfen hätte. Und ich konnte jeden verstehen, der geworfen hat. Auch wenn das nie meine Welt war.«[19]

Die Ereignisse des 22. September 1981 werden für die Szene zum Trauma, und die Besetzungslawine gerät ins Stocken. Der autonome Traum einer »Freien Republik Kreuzberg« ist ausgeträumt. Einerseits verstärkt sich noch einmal der Zusammenhalt innerhalb der subkulturellen Szene, andererseits geben einige der Nichtverhandler ihre radikale Position auf und kümmern sich jetzt auch um ihre Häuser. Der Vorwurf an die Verhandler: »Aus den Besetzern von heute werden die Besitzer von morgen«, hat sie nun eingeholt. Schlussendlich fällt die Bewegung Ende 1984 endgültig auseinander. Bis dahin schafft es immerhin über die Hälfte aller besetzten Häuser, ihren Status durch Nutzungsverträge zu legalisieren – der Rest wird geräumt. Die Nichtverhandler im »Turm« müssen im Juni 1983 ihr Haus verlassen, weil sie ein Senats-Ultimatum ablehnen (»Vertrag oder Räumung!«); doch auch sie lenken später ein und bekommen Verträge für einzelne Wohnungen. Auch das einst so angesagte Kunst- und Kultur-Centrum KuKuCK wird im Juli 1984 geräumt.

Zwischen 1980 und 1984 befand sich der Berliner Häuserkampf in seiner intensivsten Phase. Und natürlich ging und geht der Kampf um leerstehende Wohnungen und Häuser, um bezahlbaren Wohnraum weiter, vor allem in den 1990ern nach dem Fall der Mauer und auch nach der Milleniumswende – aber das ist eine andere Geschichte, die extra erzählt werden muss. Doch die Hausbesetzer der 1970er und 1980er Jahre haben dafür gesorgt, dass ein Umdenken bei den verantwortlichen Stadtplanern einsetzte. So zum Beispiel Anfang 1982, als das Bezirksamt Kreuzberg die »Zwölf Grundsätze für behutsame Stadterneuerung« beschließt. Einer der Nutznießer ist der Block 103, neun ehemals besetzte Häuser in Kreuzberg, die mit Hilfe des alternativen Sanierungsträgers STATTBAU GmbH zu einer Genossenschaft (»Luisenstadt«) umgewandelt werden. Hier hat man versucht, im Rahmen der Grundsätze der behutsamen Stadterneuerung eine ökologische Altbausanierung vorzunehmen. Anteil an dieser Entwicklung hat auch die AL, die Alternative Liste (später: Die Grünen), die im Sommer 1981 sowohl im Berliner Senat als auch in der Kreuzberger Bezirksverordnetenversammlung vertreten ist. Für Kreuzberg stellt die AL den parteilosen Werner Orlowsky als Baustadtrat auf, der viel Gutes bewirkt. Orlowsky rückblickend zum Berliner Häuserkampf:

»Es spielt eigentlich keine Rolle, ob zuerst die Knüppel sausen und dann die Steine fliegen oder umgekehrt. Es muss einfach die Politik leisten, dass beides überflüssig wird. Aber man hat anfangs kein Gehör gefunden. Erst als die Gewalttätigkeit ein Level erreicht hatte, dass es bedrohlich wurde, dann ließ man sich auf Gespräche ein, auch auf Senatsebene.«[20]

Die erwähnten Häuser Block 103, das Drugstore, das Georg-von-Rauch-Haus, das Kerngehäuse, die Regenbogenfabrik, das Tommy-Weisbecker-Haus und die ufaFabrik gibt es heute noch.

---

15 Stefan Aust, Sabine Rosenbladt (Hg.), **Hausbesetzer**, Hamburg 1981, S. 144 f.
16 »Spiegel Online« vom 14. 12. 2010 (Redaktion einestages), aufgezeichnet von Katja Iken.
17 A. G. Grauwacke (Hg.), **Autonome in Bewegung**, Berlin, Hamburg, Göttigen 2003.
18 Die acht Häuser befanden sich in der Luckauer Straße 3, Dieffenbachstraße 27, Hermsdorfer Straße 4, Knobelsdorffstraße 40/42, Bülowstraße 89 und Winterfeldtstraße 20/22/24.
19 »Spiegel Online« vom 14. 12. 2010 (Redaktion einestages), aufgezeichnet von Katja Iken.
20 In: **Häuser, Hass und Straßenkampf. Die Revolte der Westberliner Hausbesetzer**. Film von Eckart Lottmann, 2006.

Formlos

»Die gesamte Planung liest sich als die große Angst des Planers, nach Zerstörung der alten Formen zu keiner Form mehr zu kommen.«

Dieter Hoffmann-Axthelm über den neuen Kotti in: **Strassenschlachtung**, Berlin 1984, S. 105.

Quergelegt

»Es ist beziehungslose Ellbogenarchitektur: bewusst zu den vorangehenden Bewegungslinien quergelegte Masse, unübersehbar als Riegel über die Straßen gepackt, nicht mehr einordbare Quantität aus Fertigteilen.«

Dieter Hoffmann-Axthelm über den neuen Kotti in: Ebd., S. 76.

»Ich bereue nichts. Es war wunderbar«

Das Georg-von-Rauch-Haus

Erstbesetzer Bernhard Käßner im Gespräch

Am Anfang war das Hoffmann's Comic Teater (HCT). Aus dieser Truppe ging 1970 die Band Ton Steine Scherben (TSS) hervor. Mit Rio Reiser als Sänger, Lanrue als Gitarrist, Kai am Bass und (etwas später) Funky am Schlagzeug. Von einem HCT-Auftritt 1969 im Kreuzberger Jugendheim Naunynstraße war der 16-jährige Lehrling Bernhard Käßner so fasziniert, dass er kurze Zeit später mit einigen Kumpels das Lehrlingstheater Rote Steine gründete.

45 Jahre später erzählt Bernhard, der heute als Auslieferungsfahrer tätig ist, wie es damals war. Kai und Bernhard erinnern sich: Am 4. Dezember 1971 wurde Georg von Rauch bei einem Schusswechsel mit der Polizei getötet. Zwei Tage später wurde Dieter Kunzelmann zu neun Jahren Haft verurteilt, weil er einen Brandanschlag auf den Berliner Juristenball verübt hatte. Und am 8. Dezember, wieder zwei Tage später, gab's in der TU ein Teach-in. TSS spielten. Anschließend wurde dazu aufgerufen, in Kreuzberg das Martha-Maria-Haus zu besetzen. Dieses Gebäude, ein ehemaliges Schwesternwohnheim, gehörte zum Bethanien-Krankenhaus, beide Häuser standen leer und sollten abgerissen werden. Schräg gegenüber hatte schon am 3. Juli 1971 eine Besetzung stattgefunden. Ein altes Fabrikgebäude war von Kreuzberger Jugendlichen zusammen mit dem Lehrlingstheater Rote Steine in Besitz genommen und zum »Jugendzentrum Kreuzberg« ausgerufen worden.

Kai: Warst du eigentlich auch bei der Fabrikbesetzung dabei?

Bernhard: Ja, klar, die Roten Steine haben die vierte Etage besetzt, die war später als erste renoviert. Wir haben uns ja als Theatergruppe gegründet und sind durch die Jugendheime in Kreuzberg getingelt. Wir brauchten aber einen Probenraum. Irgendwann war angesagt: Da ist 'ne leerstehende Fabrik am Mariannenplatz, und wir haben dann die ganzen Leute organisiert, die wir aus den Jugendheimen Wrangelstraße, Cuvrystraße, Naunynstraße kannten, haben uns mit denen getroffen und gefragt, ob wir nicht die Fabrik besetzen wollen, ein autonomes Jugendzentrum daraus machen. Und dann gab es im Sommer 1971 ein Teach-in, auf dem die Scherben spielten. Bei dieser Gelegenheit haben wir zur Besetzung aufgerufen.

Da war ja wirklich keine Heizung drinne, nichts, gar nichts, kein Strom. Irgendwie haben wir da Strom reingekriegt, haben das mit der BEWAG klargemacht. Wir haben als die Roten Steine die oberste Etage in Anspruch genommen, wollten mit unserer Theatergruppe Lehrlingstheater machen. Ich glaube, in der ersten Etage war der Plenumsraum, da wurden die Besprechungen abgehalten, zweimal die Woche. In der dritten Etage war die Diskothek, da haben wir 'nen Tanzraum draus gemacht mit 'ner Bar und so, und in der zweiten Etage war die Werkstatt, da konnte man allet Mögliche reparieren, und das haben wir dann ein halbes Jahr durchgezogen – bis wir auf die Idee kamen, dass wir ja eigentlich auch noch Wohnraum bräuchten.

Kai: Ja, war schon eng bei euch.

Bernhard: Ich hab zum Beispiel in der Naunynstraße 74 gewohnt, Seitenflügel, 4. Etage, Zweizimmerwohnung mit Außenklo – die Wohnung hatte vielleicht, wenn es hochkam, 35 qm –, das war 'ne winzig kleine Zweizimmerwohnung, winzig kleine Küche, winziger Flur, und da sind aber auch gleich noch Hansi Niete eingezogen, Annette, Achim und Illi.

Kai: Alle in die kleine Wohnung?

Bernhard: Alle in die Wohnung, wir haben da zu fünft drin gewohnt, plus zwei Katzen. Und da war dann natürlich irgendwann der Moment, in dem wir sagten: Wir brauchen Wohnraum. Mein Freund Raimund, der hat mit sieben Geschwistern in 'ner Dreizimmerwohnung gewohnt, also wir hatten alle das Wohnraumproblem. Das war auch die Motivation, dass wir sagten: Wir müssen irgendwas machen, wir wollen nicht mehr so wohnen. Wir konnten uns ja auch nichts leisten, weil wir als Lehrlinge nur wenig Geld hatten. Wir konnten ja keine Mietkaution zahlen. Ich war damals der Mieter dieser kleinen Wohnung, die war nicht so teuer, wir haben uns das geteilt, es ging irgendwie, aber es war zu eng, und deshalb haben wir uns entschlossen, das Bethanien zu besetzen. Alle fanden die Idee gut. Im Jugendzentrum haben wir dann besprochen, wie wir das machen, und dann kamen wir halt wieder auf Ton Steine Scherben. Also der Anlass war ja dann eigentlich Georg von Rauch, weil der erschossen worden ist. Da gab's dann ein Teach-in, und das haben wir dazu benutzt, um zur Hausbesetzung aufzurufen – wie auch schon am Mariannenplatz.

Kai: Also in meiner Erinnerung war der Entschluss, das Bethanien zu besetzen, schon gefasst, bevor Georg erschossen wurde.

Bernhard: Ja ja.

Kai: Das kam dann dazu.

Bernhard: Wir standen ja mit dem Beck, dem Stadtrat von Kreuzberg, schon in Verhandlung, der wollte uns aber bloß ein oder zwei Zimmer geben. Wir hatten mit den Sozialarbeitern alles geregelt, und dann hat der immer gesagt, der Beck: Nee, det janze Haus jeht nicht, wir geben euch ein paar Zimmer, da könnt ihr dann ein bisschen wat machen, da wohnen und so … Aber wir wollten natürlich das ganze Haus haben, und daran sind auch die Verhandlungen gescheitert. Das hat alles so ineinandergespielt: die Erschießung von Georg von Rauch, das Teach-in, und da haben wir dann die Chance wahrgenommen. Eine Menge Leute auf einem Haufen und: Aufruf zur Hausbesetzung.

Kai: Und dann die Besetzung nach dem Teach-in am 8. Dezember. Gehörtest du zu denen, die drinnen waren?

Bernhard: Ja.

Kai: Ich nämlich nicht, weil wir mussten unsere Verstärkeranlagen noch abbauen. War krass, als wir ankamen, es war alles abgeriegelt, alles voll Bullen, und wir haben's nur noch von draußen mitgekriegt.

Bernhard: Ja, rinjekommen sind wir, dann wurde mit Megafonen gefordert, dass der Beck kommen sollte.

Kai: Erwin Beck, Bezirksstadtrat für Jugend in Kreuzberg.

Bernhard: Der war eigentlich so 'n Typ aus 'm Volk.

Kai: So 'n Kleiner mit 'm runden Kopf.

Bernhard: Ja, Glatze so 'n bisschen schon, mit dem konnte man gut quatschen, der hatte auch viel Verständnis für die Jugendlichen. Aber wie es halt so ist in der Politik, der konnte natürlich nichts alleine entscheiden. Die Bullen standen ja alle drumrum, aber er kam denn über 'ne Leiter ins Haus rein, wirklich, weil wir die Tür verbarrikadiert hatten. Da wurde 'ne Leiter rangelegt ans Haus, und der ist dann durch das Hochparterre ins Haus gekommen.

Kai: Allein?

Bernhard: Mit 'n paar Sozialarbeitern oder wat weeß ick, wer det war, da haben wir dann unsere Forderungen gestellt. Wir wollten für Schüler und Lehrlinge 'ne Etage. Und da waren ja noch diese Treber, Kinder, die aus Heimen abgehauen waren, und mit denen haben wir uns zusammengetan, weil die auch 'ne Etage haben wollten. Die Leute, die mit den Trebern gearbeitet haben, das war so ein spezieller Verein, das waren Erzieher, da war der Manfred Rabatsch dabei, an den Namen erinnere ich mich noch, und dann noch die Renate. War auch 'ne Sozialarbeiterin, die hatte so lange Haare. Vor drei Jahren war ich ja auf dem Vierzig-Jahre-Rauch-Haus-Treffen – und da war sie auch da. Ist eine sehr schöne Frau, also ganz toll sah die aus. Die Erzieher und die Sozialarbeiter, die haben uns quasi vorm Senat vertreten.

Kai: Die haben für euch mitverhandelt?

Bernhard: Die haben nicht für uns mit-, die haben eigentlich *nur* für uns verhandelt, also für die Schüler und die Jugendlichen. Das Jugendzentrum hatte ja schon einen Verein. Jetzt brauchten wir auch einen für das Rauch-Haus, damit wir überhaupt Gelder beantragen konnten. Sieben Leute mussten das sein – die haben dann da den Verein gegründet. Ich war da nicht dabei, aber die Sozialarbeiter, die wussten Bescheid, wie man Geld lockermachen kann. Wir als Jugendliche mit unseren siebzehn, achtzehn Jahren, wir haben da nicht so den Durchblick gehabt. Die anderen, die waren schon ein bisschen cleverer, die wussten, man musste 'nen Verein gründen, und dann hast du auch Anspruch auf kulturelle Förderung. Soweit ich mich erinnern kann, haben wir 15000 D-Mark gekriegt für die ersten sechs Wochen.

Kai: Das war damals ganz schön viel.

Bernhard: Ja, das war schon schön, damit konnten wir dann teilweise die Zimmer renovieren, die sahen ja alle krankenhausmäßig aus. Aber wir haben davon auch Lebensmittel gekauft. Das war so das erste Geld, und wir hätten noch mehr Geld beantragen können. Aber da waren ja dann die Ideologen … Diese ganze Geschichte mit den Ideologen ist ja auch 'ne Geschichte für sich – weil diese Leute im Grunde genommen versucht haben, sich irgendwie politisch zu profilieren. Die haben gemeint, es ist jetzt ihre Aufgabe, die Jugendlichen in die Fabriken zu führen und sie Hilfsarbeit machen zu lassen. So was könnteste heute gar nicht mehr machen. Heute würden die sich totlachen, die Jugendlichen, wenn es noch mal so was wie eine Rauch-Haus-Besetzung geben würde. Da würde man viel mehr mit Kultur machen, Künstler würden sich da treffen.

Kai: Und die würden bestimmt sofort 'ne Rauch-Haus-Band gründen. Die Leute würden malen …

Bernhard: Damals hatten die alle so den Tick von der Revolution, ich meine, den hatte ich auch, war ja auch okay …

Kai: Du, den hatten wir als Scherben ja auch.

Bernhard: Ja natürlich.

Kai: Nicht diese ideologische Schiene, KPD und diese ganzen K-Gruppen …

Bernhard: Nee, det sowieso nicht, aber sagen wir mal so, ich bin ja rausgegangen, ich war gerade mal achtzehn, ich bin abgehauen von zu Hause, bin ausgezogen, hab meine Lehre geschmissen, hab Theater gespielt …

Kai: Warum hast du die hingeworfen, die Lehre? So kurz vor Schluss?

Bernhard: Ich wusste, Betonbauer war nicht mein Ding …

Kai: Ja, aber du hättest 'ne abgeschlossene Berufsausbildung gehabt, das ist ja nicht verkehrt.

Bernhard: Ich konnte nicht mehr, ich konnte keenen Zement mehr riechen, kein Eisen mehr sehen, mir war das alles über.

Kai: Kann ich verstehen.

Bernhard: Ich bin ausgebrochen aus diesem Arbeitsprozess, ich wollte Theater spielen, ich wollte was anderes machen, meinen Tag selbst organisieren. Aber dann kamen die Parolen von diesen Ideologen: Wir müssen in die Betriebe gehen, und da müssen wir dann die Revolution machen. Und da war ich natürlich gar kein Freund von, da bin ich ja gerade ausgebrochen, da wollt ich nicht wieder hin zurück.

Ich wollte was anderes. Ich wollte mich dem Arbeitsprozess gerade nicht unterwerfen. Also unsere Ideologen, die waren jetzt nicht von der KPD, die waren in gar keiner Partei. Der Achim, der war bei DeTeWe (Deutsche Telephonwerke) mit Marina und Bond, die haben da gearbeitet und versucht 'ne Betriebsgruppe aufzubauen. Der Achim ist da eingestiegen. Der war vorher bei uns, bei den Roten Steinen, der hat damals Theater gespielt mit mir und Jako Benz. Achim, der ist dann irgendwie voll ausgeklinkt, hat sich nur noch auf diese

Betriebsarbeit gestürzt, und dadurch sind die Roten Steine auch auseinandergegangen. Jako hat seine Ausbildung als Erzieher weitergemacht, der Jako war ja so ein bisschen auf Sicherheit. Ich war völlig offen, ich hätte mit so 'ner Theatergruppe weitergemacht. Ich hab teilweise mit Achim und Hansi Niete und manchmal auch mit Annette Auftritte gehabt. Wir sind nach Nürnberg gefahren, mal nach Rosenheim oder sind in Berlin-Lichterfelde oder Mariendorf in Jugendheimen aufgetreten. Aber wie gesagt, dadurch dass Jako Benz und auch Achim nicht mehr dabei waren, ist die Theatergruppe auseinandergefallen.

Kai: Habt ihr damals die Fabriketage gegenüber weiterbenutzt?

Bernhard: Ja.

Kai: Und die Werkstätten und Discos, das lief weiter?

Bernhard: Ja, das lief weiter.

Kai: Und im Rauch-Haus, da wolltet ihr das Wohnraumproblem lösen.

Bernhard: Richtig, das war fürs Wohnen, und das Jugendzentrum gegenüber war mehr fürs Arbeiten und Vergnügen. Wir haben unsere Etage zum Proben unserer Stücke genutzt. Es gab einmal ein Plenum fürs Rauch-Haus, und im Jugendzentrum wurde auch noch Plenum gemacht.

Kai: Da musstet ihr immer von einem Plenum zum anderen hin- und herhüpfen?

Bernhard: Ja, hin und her. Ich war aber nicht immer dabei. Der Senat hatte es zur Auflage gemacht, dass Sozialarbeiter im Haus sein müssten. Und die machten das dann auch mit den Versammlungen.

Kai: Ist das ganze große Haus damals bewohnt gewesen?

Bernhard: Ja, das Martha-Maria, das hatte fünfzig Zimmer. Es war innerhalb einer Woche voll.

Kai: Da kamen also immer mehr Leute.

Bernhard: Natürlich. Wir mussten dann Aufnahmestopp machen, weil alle Leute, die in Berlin auf Trebe waren, die sind in das Haus gekommen.

Kai: Das hat sich rumgesprochen.

Bernhard: Die Zeitungen haben darüber berichtet, und ruckizucki war das voll. Wir kannten die Leute teilweise nicht, es wurde auch gestohlen, und wenn man mal vergessen hatte, sein Zimmer abzuschließen, fehlte dann der Plattenspieler. Vorne an der Tür hatten wir ein Infobüro, da musste jeder vorbei und sagen, wer er ist und wo er hin will, da war sozusagen ein kleiner Wachschutz. Das mussten wir machen, denn nachts kamen auf einmal Leute vorbei: »Ja wir haben nichts zu wohnen, ihr seid doch hier so ein Haus«, wat willste da sagen? Das waren keine Penner, das waren wirklich Jugendliche. Wir hatten ja das Haus für die besetzt, also mussten wir auch sagen: »Na klar. Zwei Nächte.« Manche sind auch geblieben, die haben sich gleich aktiv beteiligt, abwaschen, einkaufen. Wenn sich jemand eingebracht hat, hat er gleich 'ne Rolle mit Farbe in die Hand bekommen und ja: »Du bist ein dufter Typ, klar kannste bleiben.« Man musste eben wissen, wie man rinkommt.

Kai: Und wie lange ist das dann so gelaufen?

Bernhard: Zuerst wohnten in der einen Etage die Heimkinder und in der anderen die Lehrlinge, das hat sich dann geändert. Ich kann mich erinnern, am Anfang in der ersten Etage gewohnt zu haben und dann in die zweite gezogen zu sein. Die wöchentliche Diskussion ging darum, wer geht arbeiten, wer geht nicht arbeiten. »Was hast du gemacht, was machst du hier, was willst du hier machen, machst du Betriebsarbeit? Was, du willst Musik machen, davon kann man doch nicht leben, nein, dann kannst du hier nicht wohnen.« Wir, die Roten Steine, der Kern aus der Naunynstraße, der Raimund, der Illi – wir waren die Freaks. Wir hatten keine regelmäßige Arbeit. Ab und zu waren wir beim Sklavenhändler arbeiten, dann haben wir ein bisschen Geld abgegeben, oder wir haben Theater gespielt. Aber es wurde immer mehr Druck aufgebaut. Wer da wohnen will, hieß es, muss zur Schule oder arbeiten gehen. Mit den Leuten, die immer versucht haben, Regeln aufzustellen, gab es Zoff.

Kai: Wer war das – die Sozialarbeiter?

Bernhard: Nein, die gar nicht, die waren zwar auch beim Plenum, aber die haben sich nicht eingemischt. Der eine der beiden Brüder Lesch, der Ringo, die Irene und ein Typ von der Schwarzen Hilfe haben sich wichtiggemacht, dann noch der Raul, so 'n Großmaul. Also wenn wir jetzt den alten Film von Manfred Stelzer anschauen würden, könnte ich dir viele zeigen. Dann war da der Uli. Uli mit den roten Haaren und 'ner Brille, der hat mit der Irene rumgepuschelt – da waren so ein paar, das war so eine bestimmte Gruppe, die immer wieder Regeln aufgestellt haben und gesagt haben: So muss es hier laufen.

Kai: Die wollten da 'ne Struktur …

Bernhard: Ja genau, obwohl die gar nicht den Notstand hatten, dass sie wohnungslos waren. Irene hatte 'ne Wohnung, die hatte 'ne ganze Fabriketage, die haben zusammengelebt, die haben teilweise ja gar nicht im Rauch-Haus gewohnt, die sind erst später eingezogen. Und Ringo hatte in der Admiralstraße 'ne Wohnung, der ist dann auch irgendwann mit eingezogen. Diese Leute, das waren nicht die Jugendlichen, die waren alle schon zehn Jahre älter.

Kai: Feindliche Übernahme.

Bernhard: Kann man so sagen.

Kai: Die fanden das einfach spannend?

Bernhard: Ja. Die wollten sich da ein bisschen profilieren.

Kai: Das war alternatives Leben.

Bernhard: Die wollten mit den Jugendlichen Jugendarbeit machen und sich selber vielleicht ein gutes Gewissen verschaffen. Zum Beispiel Irene Moessinger, die ja nun wirklich aus bürgerlichen Kreisen kommt, gelernte Krankenschwester war, die hat dann irgendwann mitgekriegt, dass in unsrem Staat was nicht stimmt, und man müsste mal was ändern. Dann hat sie da 'ne Möglichkeit gesehen, was mit den Jugendlichen anzusetzen und was auf die Beine zu stellen. Jahre später hat sie das Tempodrom ins Leben gerufen.

Kai: Die Linken damals, die wollten nicht immer nur reden, die wollten auch mal Praxis, und da kam ihnen das Rauch-Haus gerade recht.

Bernhard: Deshalb sind die ja reingeschneit bei uns, das war reiner Polittourismus. »Ach guck mal, Proletarier, die machen da mal was selber – ist das interessant?! Vielleicht können wir da ja ein bisschen mitmachen …« Wir Lehrlinge waren da wie die Exoten im Zoo, na, und wenn die dann angefangen haben mitzureden, da haben wir gesagt: »Komm, halt dein Maul, ich versteh kein Wort«, weil die nur noch mit lateinischen Wörtern gequatscht haben. Die haben nicht unsere Sprache gesprochen.

Kai: Wie war das, als du ausgezogen bist?

Bernhard: Ich bin nach einem Jahr ausgezogen. Ich hatte da jemand kennengelernt, das war Eddy, der war so ein Autoschraubertyp, ein totaler Flipper war das, aber der konnte gut mit Autos. Wir haben dann manchmal aus zwei Schrottkarren eine aufgemöbelt und dann weiterverkauft.

Kai: Im Rauch-Haus gab es doch auch so 'ne Utopie, solche Ideen, dass Leben und Arbeit wieder zusammenkommen sollen. Wie war das für dich?

Bernhard: Also ich muss sagen, darüber haben wir uns zuerst überhaupt keine Gedanken gemacht. Wir hatten keinen Plan, ob wir nun ein anderes Leben wollten.

Für uns war die erste, die dringende Sache: Wir wollten Wohnraum. Das war eigentlich das Ding unter meinen Kumpels, wir wollten alle ein eigenes Zimmer haben. Aber wir fanden es auch gut, in 'ner Kommune zu wohnen, mit mehreren Leuten zusammen den Alltag gestalten.

Kai: Also der Wohngemeinschaftsgedanke war schon da.

Bernhard: Ja, der war da.

Kai: Man teilt sich die Küche, man teilt sich das Bad.

Bernhard: Also, ich hab das erste Mal bei Ton Steine Scherben 'ne WG kennengelernt, da wart ihr aber noch nicht die Scherben, da wart ihr noch bei Hoffmann's Comic Teater, Oranienstraße. Da hab ich zum ersten Mal überhaupt 'ne WG erlebt, 'ne Kommune sagte man damals. Man kannte das ja nur aus der »Bild«-Zeitung. Da bin ich überhaupt zum ersten Mal in so was reingekommen und hab gedacht: Ach so, so was ist 'ne WG.

Kai: So war das für mich auch, war auch meine erste WG.

Bernhard: Und das fand ich gut. Das war halt 'ne Lebensart, die ich nicht kannte, von der ja sonst immer nur schlecht gesprochen wurde, speziell von der Springerpresse. Die haben ja gesagt, die haben nur lange Haare, wollen nur Drogen … Das Rauch-Haus war dann die große Wohnkommune, und das hat auch Bock gemacht. Da hat man mit vielen Leuten zusammengewohnt und war mal einen Abend bei dem in der Bude, am andern Abend bei dem und hat da Musik gehört, das war schon irgendwie dufte. Und auch wegen dem Geld, dass man mit mehreren Leuten zusammenwohnte – vom Geld her – wenn jeder etwas gibt … Man konnte ein bisschen besser leben, von den Lebensmitteln her, man hatte nicht so zu knapsen. Ja, Strom haben wir sowieso nicht bezahlt, den hat ja der Senat bezahlt. Wir fanden das schon gut da, so 'ne Kommune aufzumachen in dem großen Haus. Also wenn es denn nicht so schräg gelaufen wäre mit dieser Gruppe von Leuten da, die alle möglichen Regeln aufstellen wollten – dann wäre ich wahrscheinlich auch noch länger geblieben. Das war auch toll mit dem Garten davor im Sommer, Musik haben wir gemacht im Garten …

Kai: Ziemlich wichtig ist ja, inwiefern euch die sozusagen normale Bevölkerung unterstützt hat, was da gelaufen ist. Es hat doch auch sehr viel Zustimmung dazu gegeben, dass man alte Häuser nicht verrotten lässt.

Bernhard: Ja ja, wir haben ja auch Stadtteilarbeit gemacht …

Kai: Stadtteilarbeit – gutes Stichwort.

Bernhard: … tierisch viel Stadtteilarbeit gemacht, wir waren ständig auf irgendwelchen

Versammlungen und haben uns mit den Bewohnern unterhalten von den Häusern, die abgerissen werden sollten, und dass die Leute dann ins Märkische Viertel müssen. Dann haben wir auch spontan auf der Straße und auf 'm Oranienplatz Theater gespielt. Thema: »Ich werd aus der Wohnung geschmissen«, das war Teil von dem Rauch-Haus-Projekt. Wir haben schon versucht, 'ne Menge zu leisten, und da waren viele Leute, die gesagt haben: »Ihr habt recht, das ist 'ne Scheißpolitik, die der Senat macht, die ganzen Häuser abzureißen.« Ich meine, einige waren ja auch wirklich nur noch Bruchbuden, die waren voll mit Schwamm, da konnteste nun nicht wirklich viel retten. Aber die haben teilweise 'ne Kahlschlagsanierung gemacht, das heißt, die haben nicht mehr danach geguckt, was kann erhalten werden und was kann weg. Das ganze Kottbusser Tor, das haben die alles weggehauen.

Kai: Genau. Auch das Haus in der Adalbertstraße 98, in dem Lanrue und ich einige Zeit gewohnt haben, das war ja direkt am Kotti, alles abgerissen haben sie und stattdessen das NKZ gebaut, das Neue Kreuzberger Zentrum, hässlicher geht's kaum. Ja, und sag mal an, die großen Mariannenplatzfeste immer am 1. Mai. Die Rauch-Haus-Leute waren doch die Initiative, oder?

Bernhard: Ja.

Kai: Ist daraus dann der 1. Mai der Autonomen entstanden?

Bernhard: Weeß ick nich, aber wir wollten am 1. Mai uns der Kreuzberger Bevölkerung ein bisschen näher vorstellen, det war so der Grundgedanke. Wir wollten durch Stände vermitteln, dass wir nicht nur irgendwelche Drogenabhängigen und Penner und Gammler sind, dass wir auch arbeiten gehen und dass wir versuchen, gemeinschaftlich zu leben, zusammen, das wollten wir den Kreuzbergern vermitteln, durch Musik, durch Theaterspielen, und das haben wir eigentlich auch ganz gut hingekriegt.

Kai: Ihr wurdet, sagen wir mal, von der »ganz normalen Bevölkerung« angenommen.

Bernhard: Ja natürlich. Wir haben ein Riesenseil auf den Platz gelegt und ein Tauziehen veranstaltet, auf der einen Seite wir Freaks und auf der anderen die Kreuzberger Arbeiter. Die Scherben haben dann Karamba – ey, Karibikmusik gemacht und so.

Kai: Ja, wir haben uns als Mexikaner verkleidet und haben mexikanische Lieder gespielt.

Bernhard: Ja genau.

Kai: Ich weiß sogar noch die Titel, die wir gespielt haben: »La Bamba«, »Olé O'Cangaceiro« und »Guantanamera«.

Bernhard: Und wir hatten uns ein Magierzelt gemacht, icke, Jako, Harald, Benno, Antje. Ick hab Karten gelegt, Renate Friedrich war auch mit dabei. Die hat Glücksplätzchen verkauft, also jeder hat irgendwas gemacht, irgendwie.

Kai: Ja, das war klasse – und das Fest gab's mindestens zweimal mit 'nem Scherben-Konzert dabei – 1972 und 1973.

Bernhard: Hast du noch Fragen?

Kai: Ja. Also ihr alle, du ja auch zum Teil und die anderen Besetzer, ihr seid ja mehr oder weniger aus 'ner gesicherten, vorgegebenen Existenz ausgebrochen, und da find ich immer interessant zu wissen: Wenn du jetzt zurückblickst: Würdest du sagen, das war gut so, dass ich den Weg eingeschlagen hab, oder sagst du eher: Naja schade, ich hätte meine

Betonbauerlehre fertig machen sollen, dann hätt ich jetzt vielleicht mehr Rente und hätte 'ne Eigentumswohnung oder so.

Bernhard: Also ich bereue nichts. Es war wunderbar, es war gut, dass ich euch getroffen habe, das HCT damals, det hat mein Leben total verändert.

Kai: Das freut mich zu hören.

Bernhard: Ja, auf jeden Fall, das war sehr einschneidend. Und ich bin froh, dass ich nicht so ein bürgerliches Leben eingeschlagen habe. Durch euch habe ich erst mal gemerkt, dass es noch was anderes gibt. Dieses Theaterspielen, wo ich dachte: Man kann ganz andere Sachen machen, man muss hier nicht fünfzig Jahre arbeiten gehen und seine Rente, und das war's.

Kai: Ja, das war ja das Mantra: »Ich will nicht werden, was mein Alter ist.«

Bernhard: Ganz genau, das war es. – Sag mal, der Rauch-Haus-Song, »Das-ist-unser-Haus«, wann wurde der aufgenommen?

Kai: Geschrieben hat Rio den im März 1972, also erst ein paar Monate später, denn die Rauch-Haus-Besetzung war ja im Dezember 1971. Und aufgenommen haben wir den »Rauch-Haus-Song«, ich meine, im Frühjahr 1972.

Bernhard: Der wurde doch im Rauch-Haus aufgenommen, der Song.

Kai: Nee, der wurde in der Admiralstraße, im Tonstudio von Klaus Freudigmann, aufgenommen.

Bernhard: In der Admiralstraße, da waren viele Leute aus dem Rauch-Haus, und da haben wir auch den BVG-Song »Mensch Meier« aufgenommen.

Kai: Und den »Rauch-Haus-Song« auch. Da gibt's ja noch die kleine Anekdote: Wir wollten immer, dass die Rauch-Haus-Leute alle kommen und den Chor singen. Und es hieß dann ja, die Rauch-Haus-Bewohner wollen eigentlich nicht, weil wir als Ton Steine Scherben nicht linientreu waren, wir waren denen zu flippig. Aber als es dann losging, sind 'ne Menge gekommen.

Bernhard: Und sind sie drauf auf der Platte?

Kai: Ja, viele haben mitgesungen.

Das Interview mit Bernhard Käßner wurde im Dezember 2014 in Berlin geführt.

RAUCH-HAUS-SONG

Text & Musik: Ralph Möbius (Rio Reiser)
Verlag: David Volksmund Produktion und Verlag, c/o Kobrow Musikverlag GmbH, 83553 Jakobneuharting
Originalinterpret: Ton Steine Scherben – 1972

Der Mariannenplatz war blau, soviel Bullen waren da,
und Mensch Meier musste heulen, das war wohl das Tränengas.
Und er fragt irgendeinen: »Sag mal, ist hier heut 'n Fest?«
»So was Ähnliches«, sagte einer, »das Bethanien wird besetzt.«
»Wird auch Zeit«, sagte Mensch Meier, »stand ja lange genug leer.
Ach, wie schön wär doch das Leben, gäb es keine Pollis mehr.«
Doch der Einsatzleiter brüllte: »Räumt den Mariannenplatz,
damit meine Knüppelgarde genug Platz zum Knüppeln hat!«

Doch die Leute im besetzten Haus
riefen: »Ihr kriegt uns hier nicht raus!
Das ist unser Haus, schmeißt doch endlich
Schmidt und Press und Mosch aus Kreuzberg raus.«

Der Senator war stinksauer, die CDU war schwer empört,
dass die Typen sich jetzt nehmen, was ihnen sowieso gehört.
Aber um der Welt zu zeigen, wie großzügig sie sind,
sagten sie: »Wir räumen später, lassen sie erst mal drin!«
Und vier Monate später stand in Springers heißem Blatt,
das Georg-von-Rauch-Haus hat eine Bombenwerkstatt.
Und die deutlichen Beweise sind zehn leere Flaschen Wein,

und zehn leere Flaschen können schnell zehn Mollies sein.

Doch die Leute im Rauch-Haus …

Letzten Montag traf Mensch Meier in der U-Bahn seinen Sohn.
Der sagte: »Die woll'n das Rauch-Haus räumen,
ich muss wohl wieder zu Hause wohnen.«
»Is ja irre«, sagt Mensch Meier, »sind wir wieder einer mehr
in uns'rer Zweizimmerluxuswohnung, und das Bethanien steht wieder leer.
Sag mir eins, ha'm die da oben Stroh oder Scheiße in ihrem Kopf?
Die wohnen in den schärfsten Villen, unsereins im letzten Loch.
Wenn die das Rauch-Haus wirklich räumen,
bin ich aber mit dabei und hau den ersten Bullen,
die da auftauchen, ihre Köppe ein.«

Und ich schrei es laut …

Und wir schreien's laut …

Dieser Song ist wohl in Deutschland einer der bekanntesten zum Thema Hausbesetzungen und wurde im Original auf der Ton Steine Scherben-LP »Keine Macht für Niemand« veröffentlicht. Die Interpreten waren Rio Reiser am Klavier und Gesang, RPS Lanrue am Schlagzeug, Kai Sichtermann spielte Banjo, und einige Bewohner des Rauch-Hauses sangen im Chor. – Wer waren »Schmidt und Press und Mosch«? Der Immobilienmakler Günter Schmidt mit seiner Firma Schmidt & Press GmbH und der Bauunternehmer Heinz Mosch waren wesentlich an der Erbauung des Berliner Spekulationsobjektes Neues Kreuzberger Zentrum beteiligt.

Stärke

»Die Vielfalt, Unberechenbarkeit und scheinbare Unlogik sowie die anspruchslose theoretische Fundierung dieser verfassungsfeindlichen und/ oder sicherheitsgefährdenden Bestrebung namens *Häuserkampf* sind für ihre Träger nicht etwa ein Dilemma, sondern Voraussetzung und Grundlage ihrer Stärke und Beweglichkeit.«

Aus: Senator für Inneres, Landesamt für Verfassungsschutz, **Der »Häuserkampf« in Berlin (West)**, Berlin 1983, S. 55.

Anti-Ideologen

»Wir kämpfen für uns und führen keine Stellvertreterkriege. Wir kämpfen nicht für Ideologien, nicht fürs Proletariat, nicht fürs Volk, sondern für ein selbstbestimmtes Leben.«

Aus der Zeitschrift **»radikal«** (Berlin) Nr. 100, 1/1982, S. 12.

Aufruf zu Teach-In und Demonstration, Berlin, Oktober 1972

Flugblatt, Berlin, Dezember 1971

Auf der Suche nach meinem Ort

Angie Olbrich erzählt von ihren Erlebnissen aus der Zeit kurz nach der Rauch-Haus-Besetzung

Es war ein schmutziger kalter Dezembertag, der 10. Dezember 1971 in West-Berlin. In der Schule traf ich meine Freundin Flippi, die mir erklärte, dass sie nicht mehr nach Hause zu ihren Großeltern wollte, da mächtig Ärger auf sie wartete. Da sprach sie mir aus der Seele. Ich hatte mein Zuhause ebenfalls satt, war schon zweimal abgehauen, aber sie hatten mich zweimal gebastet. Wir hatten tolle Leute kennengelernt an der Gedächtniskirche. Hier hingen sie alle rum. Outlaws, Hippies, Trebegänger, Obdachlose. Hier saßen sie im Sommer, rauchten Joints, manche spielten Gitarre und sangen. Hier war Peace angesagt. Hier konnte ich einfach sein, wie ich war: ein Hippie-Mädchen, noch nicht mal 14 Jahre. So ging ich an jenem Dezembertag nach der Schule nicht nach Hause, sondern zum Bahnhof Zoo.

Doch wie sollte es weitergehen? In der Schöneberger Steinmetzstraße gab es damals eine Kneipe, die hieß Kaffee kaputt, die war bis morgens um sieben Uhr geöffnet. Da trieb sich alles herum. Es gab alte Sofas, und so drückte ich mich in eine Sofaecke. Das Schwierigste war, mir die geilen Kerle vom Hals, sprich von meinem noch jungfräulichen Körper zu halten. Meine Schutzengel waren im Dauereinsatz, die Gefahrenantenne war ausgefahren, und ich roch den Braten immer, bis auf einmal. Es war im Kaffee kaputt gegen Morgen. Da stand so ein kleiner untersetzter Mann mittleren Alters vor mir und meinte, ich hätte es nötig, mich mal richtig auszuschlafen. Ich könne bei ihm in der Pension in einem Zimmer für mich allein schlafen, bräuchte keine zu Angst haben, und es wäre gleich um die Ecke. Ich war froh, denn wo sollte ich so früh morgens hin, mitten im Dezember? Also nahm ich an. In dem Moment, als wir die »Pension« betraten, wurde mir schlagartig klar: Das ist ein Riesenfehler, aus der Nummer kommst du so leicht nicht raus. Es gab dort einige sehr junge Frauen, etwas älter als ich, dazu ein paar Zuhälter. Schließlich brachte mich der untersetzte Typ in ein großes Berliner Zimmer, rechts und links stand jeweils ein Bett. Ich legte mich komplett angezogen bis auf meine Stiefel in das rechte Bett, stocksteif, total verkrampft, er neben mich. In dem anderen Bett fingen ein Zuhälter und seine etwas ältere Hure an zu vögeln – ekelhaft. Der Kerl neben mir begann, an mir zu fummeln, und ich, bretthart, fing an, mich zu wehren. Er: »Wenn du dich so anstellst, können wir dich auch zu fünft auf den Tisch spannen.« Da sagte die Frau vom Nebenbett: »Nun lass doch das Kind in Ruhe«, und sie rauchte eine Zigarette am Fenster. Ich weiß nicht mehr wie, plötzlich hatte ich meine Stiefel wieder an und bin aus dem Fenster vom Hochparterre gesprungen. Ich hab mir nichts Ernsthaftes getan, bin einfach gerannt. Wochen später traf ich die Prostituierte noch mal am Bahnhof Zoo, und sie sagte: »Kind, lass dich hier nicht mehr blicken, der sucht dich immer noch.«

So konnte es nicht weitergehen, und ich beschloss, in meiner hoffnungslosen Lage nun doch in das »Georg-von-Rauch-Haus« zu fahren; das war am 8. Dezember besetzt worden und existierte schon eine Woche – ohne Razzia. Das hatte sich rumgesprochen.

Es war am frühen Abend des 15. Dezember 1971, als wir dort ankamen. Das Haus war voll erleuchtet, und überall waren junge Menschen, Freaks. In diesen frühen Tagen nach der Besetzung war es noch möglich, ohne Plenumsbeschluss dort einzuziehen. Unten im Haus war gleich vorne am Eingang ein offenes Zimmer, und an der Tür stand groß INFO gesprayt; hier mussten sich alle anmelden. Der Eingang zu diesem Zimmer wurde später besser bewacht, denn es kamen im Laufe der Zeit 'ne Menge blöder Kerle, die dachten, da gibt's Frischfleisch, sprich junge Mädchen. Wie ich es geschafft habe, weiß ich nicht mehr, aber ich bekam ein großes, schönes Zimmer in der zweiten Etage. Dort gab es auch eine Matratze mit Kissen und Decken. Ich erinnere mich noch, wie unendlich froh ich war, weg von der Straße zu sein und nun in Sicherheit. In unserem Stockwerk wohnten hauptsächlich Trebegänger, und es gab einen großen Raum, quasi ein Wohnzimmer für alle. In der ersten Etage wohnten die Lehrlinge und Arbeiter, außerdem eine junge Ärztin, Christine hieß sie, und eine Frau namens Bijou mit ihrem kleinen Sohn Krishna. Das waren Leute, die großenteils auch ein bisschen Geld hatten, weil sie arbeiteten, im Gegensatz zu uns Trebegängern, wir hatten gar nichts. Auch dort im ersten Stock gab's einen großen Raum, in dem die Plena abgehalten wurden, und außerdem noch eine Küche. Die wurde jedoch immer abgeschlossen, damit niemand die Vorräte stibitzte. Deshalb sind wir da des Öfteren nachts eingebrochen, denn teilen wollten oder konnten die meisten anderen nicht, soweit ging die Liebe dann doch nicht. Wir sind ja auch nicht verhungert. Täglich gingen wir auf Diebestour, um uns Klamotten und was wir brauchten zu besorgen. Ein Phänomen im Rauch-Haus war, dass man selbst genauso schnell beklaut wurde, wie man sich was besorgt hatte. Das war schon krass in der Anfangszeit.

Wer damals im Parterre wohnte, weiß ich nicht mehr. Vielleicht die Sozialarbeiter. Im Untergeschoss – hier wohnten unter anderem ein paar Heroin-Junkies und auch zwei oder drei junge Franzosen – befand sich die große Küche, und ich meine mich zu erinnern, dass wir dort auch zusammen gegessen haben. Also die Bereiche waren nicht immer klar getrennt, im Großen und Ganzen aber doch.

Es dauerte nicht lange, dann bekamen wir von außen – ich glaube vom Senat – Geld, so dass wir Essen kaufen konnten, es war ja kurz vor Weihnachten. Da gingen die Sozialarbeiter rum und fragten jeden von uns, was wir uns zu Weihnachten wünschten. Ich wünschte mir 'ne lila Cordhose mit Schlag, und ich habe sie sogar bekommen, und gepasst hat sie auch noch. Das war großartig. Es war eine schöne Zeit, denn wir konnten machen, was wir wollten, saßen viel zusammen, es wurde Gitarre gespielt, gesungen und getanzt, Pläne wurden geschmiedet, Geschichten erzählt, die Nacht zum Tag gemacht. Wenn man spätnachts durch die Flure lief, hörte man von überall Liebesgeräusche. Da war was los, da wurde 'ne Menge ausprobiert. Was für eine Freiheit!

Doch es gab auch Schattenseiten. Einerseits hatten wir immer große Angst vor Razzien. Deshalb waren wir bis an die Zähne bewaffnet, sprich auf den Fensterbänken hatten wir Steine zum Runterschmeißen und für die Haustür was zum Verbarrikadieren – solche Sachen. Auf meiner Etage lebte auch ein Halbrusse, der hatte irgendein Leiden, ich glaube Kinderlähmung. Er hatte eine Balalaika und einen kleinen Hund. Er spielte auf den U-Bahnhöfen und brachte oft etwas zu essen für uns mit, sehr, sehr lieb, und eines Tages bekam der Hund Staupe und starb. Das war furchtbar. Andererseits kamen Menschen aus der Bevölkerung und brachten uns Dinge, die wir gebrauchen konnten. Zu mir kam eine ganze Zeitlang einmal in der Woche eine ältere Dame, um mit mir Kaffee zu trinken und sich mit mir zu unterhalten.

Soweit ich weiß, war ich eine der zwei oder drei Jüngsten im Haus. Die Sozialarbeiter bemühten sich sehr, uns zu legalisieren; wir sollten wieder in die Schule gehen – was man eigentlich nicht will in dem Alter. Ich kam dann zusammen mit Karin Baukhage auf eine Gesamtschule in Neukölln-Britz, ganz weit draußen. Natürlich sind wir nicht regelmäßig hingegangen. Ich weiß nicht warum, aber irgendwie hatte ich bei dem Rektor der Schule und unserem Klassenlehrer, Herrn Nimah, einen Bonus. Herr Nimah war damals einer der ersten linken Lehrer, sehr, sehr nett. Der hat Karin und mich eines schönen Tages überraschend morgens im Rauch-Haus besucht, um uns zur Schule abzuholen, weil wir einige Zeit lang nicht dagewesen waren, und da lagen wir noch im Bett.

Wir ganz Jungen haben im Rauch-Haus von den politischen Sachen nicht viel mitbekommen, außer dass einige von den Älteren meinten, wir müssten frühmorgens in die Fabriken gehen und die Arbeiter agitieren. Das waren so KPD-Leute; damals gab's ja diese vielen K-Gruppen. Die haben uns Jugendliche sowieso nicht ernstgenommen, aber den Scheiß sollten wir machen. Ich fand das ganz furchtbar, so dogmatisch und lustfeindlich. Gegenüber vom Rauch-Haus, quer über den Mariannenplatz, war das besetzte Jugendzentrum, das ist inzwischen abgerissen. Dort haben wir Silvester gefeiert, und da habe ich Kai, Lanrue und Rio von Ton Steine Scherben zum ersten Mal gesehen. Und ich weiß noch, ich kam morgens aus dem Jugendzentrum, da war auch wieder so 'ne Diskussion gewesen, und ich war ziemlich verzweifelt, weil ich mir dachte: Stell dir mal vor, die kommen jetzt an die Macht, das ist ja noch schlimmer als das, was jetzt ist, wirklich, dass hab ich da mit meinen gerade vierzehn Jahren gedacht. Vieles war sehr dogmatisch. Es fing ja schon mit diesen vielen Plänen an: Essensplan, Kochplan, Putzplan, Dieses-und-jenes-Plan, Reglementierungen. Das fand ich gar nicht schön. Und die Dogmatiker hatten natürlich immer recht, besonders gegenüber uns Teenagern. Andererseits ist es auch nicht einfach, so viele Menschen zusammenzuhalten ohne Pläne. Und die gab's bei den Scherben gar nicht, und ich glaube, das war eines der Geheimnisse, warum die Scherben-WG am Tempelhofer Ufer so lange existiert hat. Und natürlich die Musik, dieses gemeinsam Dinge machen: *Zusammen leben, zusammen arbeiten,* war die Ansage.

Irgendwann, ich glaube im April 1972, hat die »Berliner Abendschau« eine Reportage über uns im Rauch-Haus gemacht und ausgestrahlt, und die war super positiv, sehr wohlwollend, und wir waren alle gut drauf. Am nächsten Morgen, so gegen fünf Uhr, wache ich auf, weil mir jemand die Decke wegzieht. Mein ganzes Zimmer voll mit Polizei, die Gänge voll mit Polizei, auch draußen, alles voll mit Polizei – ich habe einen Schock gekriegt. Ich konnte das nicht verstehen. Eine super Sendung, und am nächsten Morgen sind die Bullen im Haus. Es war ganz, ganz furchtbar. In meiner Wut, Verzweiflung und Eitelkeit hab ich mich wahnsinnig umständlich unter meiner Decke angezogen. Die sollten keinen Fetzen Haut von mir zu Gesicht bekommen, das war gegen meine Ehre. Die in ihren Schutzanzügen mit Helmen, Schilden und Schlagstöcken, völlig bescheuert, so schwer bewaffnet. Ich hab meine Katze angeschrien, sie solle abhauen, denn die haben alle Tiere, die sie fangen konnten, mitgenommen. Meine Katze haben sie nicht gekriegt, die kam später zu mir zurück. Auf den Gängen gab es schreckliche Szenen, denn die Bullen haben fast alle festgenommen, besonders die Jugendlichen. Und ich hab mich so heftig gewehrt, so geschrien, gebissen, getreten, bin völlig ausgetickt; die müssen Angst bekommen haben oder waren einfach entnervt. Die haben wohl gedacht, jetzt knallt sie durch, das tun wir uns nicht an. Denn sie haben mich losgelassen. So war ich die Einzige unter den Jugendlichen, die nicht abgeführt worden ist. Irgendjemand von den Bewohnern flüsterte etwas laut: »Hoffentlich lassen die Bullen den Garten in Ruhe.« Und schwupps wurde unser Garten gründlich umgegraben – lustig. Gefunden haben sie gar nichts. Aber das Haus war vollkommen verwüstet.

Im Nachhinein stellte ich mir die Frage, ob die davon Wind bekommen hatten, dass bei uns zu dieser Zeit Anne Reiche, Bommi Baumann und Knolle manchmal übernachteten. Die gehörten zu der »Bewegung 2. Juni« und wurden steckbrieflich gesucht. Aber genau in dieser Nacht waren sie nicht da.

Dann kamen die Vorbereitungen für das erste 1.-Mai-Fest auf dem Mariannenplatz, 1972. Das war 'ne tolle Idee, mit den ganzen Anwohnern, türkischen Familien, Arbeiterfamilien und so weiter zu feiern. Es sollte ein großes Volksfest werden. Zur Planung trafen wir uns im Jugendzentrum.

Da hieß es, da muss 'ne Abordnung zu Ton Steine Scherben gehen und fragen, ob sie auf dem 1.-Mai-Fest spielen, und ich dachte: Da will ich mit, weil ich wissen möchte, wie so 'ne Pop-Band wohnt, wie die leben. Und gerade vorher hatte ich mir 'ne Jeans mit Schlag bei Hertie geklaut, das war damals hypermodern, und habe in stundenlanger Kleinarbeit den Saum ausgefranst – todschick. So sind wir zu den Scherben ans Tempelhofer Ufer gefahren und es wurde sehr ernsthaft diskutiert. Ich hab mich dann so hingestellt, dass man meine Fransen bewundern konnte, typisch Teenie.

Inzwischen war wieder jemand ausgezogen, und der hatte mir sein großes Zimmer überlassen mit einem riesigen Matratzenlager. Das hab ich den Scherben zur Verfügung gestellt, falls es auf dem 1.-Mai-Fest zu spät werden würde, um ans T-Ufer zu fahren. Dann kam das Fest, die Scherben haben gespielt, und Jörg Schlotterer von den Scherben hatte immer so einen furchtbaren Hunger. Der war einfach nicht satt zu kriegen. Er kam dauernd zu mir. Ich betreute den Würstchen-, Bouletten- und Getränkestand, und er bekam gratis die angebrannten Teile, das waren doch einige. Ich glaube, ich war keine so gute Grillmeisterin, und Geld hatte Schlotterer ja auch nicht. Aus dieser Begegnung wurde meine erste Liebesgeschichte.

Für Anne Reiche habe ich eine Perücke besorgt und sie geschminkt. So konnte sie unerkannt das Fest besuchen. Zu der Zeit hatte ich ein Verhältnis mit Bommi Baumann und besuchte die drei – Anne, Bommi und Knolle – in ihrem Versteck. Wie immer alles sehr konspirativ, auf Umwegen, gucken, ob man auch nicht verfolgt wurde. Einmal saßen einige aus dem Rauch-Haus, ein paar von den Scherben und Anne, Bommi, Knolle und ich zusammen und schmissen einen Trip. Das Ergebnis war, dass ich stundenlang fürchterlich lachen musste, weil das alles so dermaßen skurril war. Die nächsten Tage hatte ich schlimmen Muskelkater in den Wangen und im Bauch. Zu den Drogen im Rauch-Haus, wie ich das in Erinnerung habe, kann ich sagen, ja, es wurde gekifft, das galt aber als Softdroge. Was heute kaum jemand weiß, damals gab es noch kein genmanipuliertes Gras, und was wir rauchten, war bei weitem nicht so stark wie das Zeug heute. Kann mich nicht erinnern, dass jemand 'ne Psychose davon bekommen hat. LSD wurde auch von vielen genommen. Alkohol war bei den meisten kein Thema. Aber wir hatten auch ein paar Heroin-Junkies, die lebten im Haus eher zurückgezogen und die sind im Laufe der Jahre alle gestorben – soweit ich weiß. Vom Grundgefühl her war es in dieser Zeit eher so, dass wir Erfahrungen machen und uns nicht einfach nur zudröhnen wollten. Das angesagte Thema hieß: *Bewusstseinserweiterung.* Ich habe auch nie 'nen ganzen Trip geschluckt, wollte immer die Kontrolle behalten, und deshalb wollte ich auch nie Heroin. Es war alles so spannend. Wir haben vieles zusammen gemacht in der Zeit, als ich dort war. Wie viele waren wir? Vielleicht fünfzig oder sechzig?

Vor ein paar Jahren war ich mal in Berlin beim Rauch-Haus, um es jemand zu zeigen, und war perplex, denn es hatte sich äußerlich gar nichts verändert. Es sah immer noch so aus wie früher.

Als wenn die Zeit stehengeblieben wäre. Nur, dass ich jetzt niemand mehr dort kannte. Einige, die damals mit mir dabei waren, kenne ich heute noch, und wir haben ab und zu Kontakt. Andere sind gestorben. Nun habe ich gehört, dass das Haus saniert wird, weil es gebrannt hat. Aber es ist schön, dass es das Rauch-Haus immer noch gibt.

Die Musikerin Angie Olbrich erzählte uns ihre Geschichte im Mai 2015 in Boren, Schleswig-Holstein.

Wind

»Und wenn der Wind von vorne kommt, dann haste so diesen leichten Geruch, nicht vom Haschisch, sondern vom Leben, das du gerne leben möchtest.«

Aus: Ingrid Müller-Münch, Wolfgang Prosinger u. a., **Besetzung – weil das Wünschen nicht geholfen hat**, Reinbek 1981, S. 90.

Der 22. September 1981

Stimme eines Paten

Michael Cramer erzählt

Kai: Du hast mal im besetzten Haus geschlafen?
Michael Cramer: Ja. Ich war Lehrer am Albrecht-Dürer-Gymnasium in Neukölln, und es gab eine starke Solidaritätsbewegung mit den Hausbesetzern. Als die Räumung drohte, sind von unserem Kollegium drei Lehrer am Abend als *Paten* in das besetzte Haus Winterfeldtstraße 20/22 gefahren und haben dort übernachtet.

Am nächsten Tag hatten wir Sportfest, ich bin ja auch Sportlehrer. Und die Aufsichten für uns drei waren schon eingeteilt. Die anderen beiden mussten um neun Uhr da sein, ich erst um elf Uhr. Meine Kollegen sind um sieben Uhr aufgestanden und haben um acht das Haus verlassen. Ich war dann noch da, als um etwa neun Uhr die Räumung begann. Der Journalist Stefan Aust, der damals für »Panorama« arbeitete, war mit seinem Kamerateam dabei. Alles wurde gefilmt, weshalb wir vorzüglichst behandelt wurden, aber ich kam nicht mehr rechtzeitig um elf nach Neukölln zum Sportfest.

Kai: Du bist voll in die Räumung reingeraten.
Michael: Ja, voll in die Räumung. Bin dann mit anderen rausgetragen worden, und die Personalien wurden aufgenommen. Wir wollten den Besetzern unsere Solidarität erweisen und die Räumung verhindern. Letzteres gelang uns nicht, aber wir wurden geschont. Weil eben das Fernsehen da war.

Das war auch der Tag, an dem der Berliner Innensenator Heinrich Lummer nach der Räumung des besetzten Hauses in der Bülowstraße den kleinen Napoleon machte. Es war auch der Tag, an dem der 19-jährige Klaus-Jürgen Rattay in der Potsdamer Straße von einem Linienbus totgefahren wurde.
Kai: An dem Tag war das?
Michael: Genau, am 22. September 1981. Und natürlich hatte ich damals mit meinem Schulleiter permanent einen politischen Dissens. Ich hatte zwar schon gelernt, mit sehr konservativen Kolleginnen und Kollegen bei Elternsprechtagen zum Beispiel zusammenzuarbeiten, aber mit meinem Schulleiter, der mir

anfangs wohlgesinnt war, gab es in den Gesamtkonferenzen mit mir als aktivem GEWler (Gewerkschaft Erziehung und Wissenschaft) einen scharfen Dissens.

Und beim Sportfest: Alle wussten, wo ich war, nur er nicht. Meine Kollegen haben dann unter der Hand meine Vertretung so organisiert, dass sie eben länger gearbeitet haben. Keiner merkte es, und alles lief gut. Das werde ich denen nie vergessen, das war schon toll. Die fragten natürlich am nächsten Tag, wie das war mit der Räumung, und ich hab dann alles erzählt.

Kai: Schöne Solidarität.

Michael: Wunderbar, das war super. Also jetzt nicht nur unsere GEW-Kollegen, auch die Konservativen, die das wussten, haben mich gedeckt.

Kai: Am Winterfeldtplatz waren ja mehrere Häuser besetzt.

Michael: Ja, und die Nummer 20/22 hatte einen Balkon. Der war im vierten Stock, und da standen wir alle und sahen dann auch, wie die Polizei kam. Über den Auftritt des kleinen Napoleon Lummer war ja auch Weizsäcker sauer, der damals Regierender Bürgermeister von West-Berlin war. Und vor Weizsäcker war ja Hans-Jochen Vogel (SPD) Regierender Bürgermeister. Der war Minister in Bonn und kam nach Berlin, weil Stobbe seinen Senat nicht durchkriegte. Und Vogel hat gesagt: »Ich komme nach Berlin, weil ich von Berlin überzeugt bin. Auch wenn ich nach den Neuwahlen nicht mehr Regierender Bürgermeister bin, bleibe ich in Berlin.« Das hat er dann auch gemacht. Und er hatte vorher praktisch die neue Berliner Linie entwickelt, nach der die Häuser nur dann geräumt wurden, wenn die Sanierung schon genehmigt und die Umbauten konkret geplant waren. Und das waren nur ganz wenige.

Diese Berliner Linie hat Weizsäcker dann mit seinem CDU/FDP-Senat übernommen, den er vom 11. Juni 1981 bis 84 geleitet hat. Diese Jahre waren die Hauptphase der Hausbesetzerbewegung. Und die war letztlich auch erfolgreich. Die Kahlschlagsanierung wurde gestoppt, unsere Parole: »Lieber instandbesetzen als kaputtbesitzen« wurde politische Realität.

Kai: Der Spruch ist von Benny Härlin, sagt er.

Michael: Das glaube ich gern, das passt zu ihm, wie ich ihn kenne.

Das Gespräch mit Michael Cramer,
seit 2004 Mitglied des Europäischen Parlamentes,
wurde im Mai 2015 in Berlin geführt.

Besetzerchor

Mitte der 1980er Jahre im bürgerlichen Teil Kreuzbergs, Berlin 61.
Im Haus Mehringdamm 2 gibt es ein Zentrum im Hinterhof, wo Fahrräder repariert, Demos vorbereitet und gute Punkkonzerte veranstaltet werden. Aus einer verrauchten schummrigen Kneipe, wo stets 'ne Menge Flugblätter und Solidaritätsaufrufe ausliegen, führt der Weg in einen Raum, in dem auch ein Chor singt; der Besetzerchor, so wird er jedenfalls allgemein genannt. Ein Bekannter erzählt mir, dass diese Leute sich hier regelmäßig treffen. Da ich noch nicht so viele Menschen in Berlin kenne, mich etwas einsam fühle und auch Lust habe zu singen, frage ich naiv: »Wann proben die denn, kann ich da mal mitsingen?«
Prompt schaue ich in ein entgeistertes Gesicht:
»Das ist alter Hausbesetzeradel, Mann! Da musste von Anfang an dabei gewesen sein, man wird eingeladen. Keine Chance, Alter.«

Eine Erinnerung vom damaligen Neuberliner Ingo Rose.

Fest auf dem Mariannenplatz, Berlin-Kreuzberg, 16. Juli 1983
© Manfred Kraft/Umbruch Bildarchiv

Es lebe Teddy Podgorski

Hannah Brückners Hausbesetzung

Es war im Winter 1980/81 in Berlin, Hannah war damals 22 Jahre alt. Sie war allein mit Jacques, ihrem Hund, und grottenarm. Ihr Freund hatte sie aus der Wohnung geworfen, sicherheitshalber das Schloss ausgewechselt, sie saß buchstäblich auf der Straße. Die Prüfungen an der Lette-Schule standen bevor, sie brauchte ein Dach überm Kopf, brauchte Ruhe, um zu lernen. Kurzfristig kam sie bei einer Freundin unter, und bei der hörte sie, dass eine Hausbesetzung anstand, Bülowstraße 54, in Schöneberg. Sie ist sofort dorthin, und als sie ankam, da war das Haus schon besetzt – von einer Punkgruppe, die nicht besonders einladend wirkte. Aber sie machte nicht gleich wieder kehrt, guckte sich erst mal um, und da hieß es dann: Der eine Typ kennt einen anderen Typen, und die wollen das Haus nebenan besetzen, die Nr. 52. Und die brauchen noch Leute, die mitmachen, vor allem Frauen. Das weibliche Element war zu schwach vertreten, und das fanden alle nicht gut. Hannah ging also zum Besetzerplenum und bewarb sich da. Ja, das klingt komisch, aber man musste sich regelrecht bewerben, also sich vorstellen und erklären, warum man dabei sein wollte bei der Besetzung und sich da auch einbringen und so. Und die nahmen Hannah sofort – trotz Hund. Am selben Tag übrigens wurde auch Martina (Name auf Hannahs Wunsch geändert) aufgenommen, und die beiden freundeten sich an.

Die Häuser, um die es ging, Bülowstraße 52, 53, 55, waren heruntergekommene, einstmals schöne große Mietwohnungshäuser, so knapp hundert Jahre alt, aus der Zeit vor dem Ersten Weltkrieg wie der größte Teil des erhaltenen Altbaubestandes in Berlin. Da gab es eine Menge Wohnraum – das Vorderhaus, zwei Seitenflügel und dazu noch das Hinterhaus, Gartenhaus genannt. Die Häuser gehörten der Neuen Heimat, dem Wohnungsbauunternehmen des Gewerkschaftsbundes, diese Leute waren also die Ansprechpartner oder auch die Gegner der Besetzer. Erst mal waren sie vor allem Gegner, denn die jungen Leute hatten schließlich deren Eigentum besetzt. Wie gesagt, die Häuser waren in keinem guten Zustand – die Neue Heimat wollte sie entmieten und abreißen, beziehungsweise entkernen, also die Seitenflügel und die Hinterhäuser plattmachen und die Vorderhäuser womöglich luxussanieren. In den Seitenflügeln und in den Gartenhäusern gab es schon Leerstand; nur in den Vorderhäusern wohnten noch Altmieter – die auch wirklich alt waren. Es ging um die üblichen Methoden der Entmietung: Es wurde nichts mehr gemacht, die Außenklos blieben Außenklos, die Ofenheizungen blieben Ofenheizungen, der Putz rieselte von den Wänden, und die Neue Heimat wartete darauf, dass die letzten Mieter verstarben. Da sprangen die Besetzer nun dazwischen. Sie zogen in die leeren Wohnungen der Seitenflügel und fingen an, sie herzurichten. Sie machten zweierlei: Sie zeigten, dass man in diesen alten Häusern, deren bauliche Substanz stabil war, mit ein bisschen Investition und Renovierung noch gut leben konnte, und auch, dass sie das nicht hinnehmen wollten, diese gemeine Masche, bewohnbare Häuser verfallen zu lassen, damit man dann einen Grund hat, sie abzureißen und Neubauten hinzusetzen, die mehr einbringen. Diese Politik wollten sie konterkarieren. Aber sie wollten ja auch irgendwo wohnen – und zwar möglichst billig. Für Hannah galt das unbedingt. Sie fand die Kritik an der Neuen Heimat und am Senat richtig und unterstützenswert, aber sie wollte auch ein Zuhause für sich und Jacques.

Strom wurde illegal angezapft. Polizeilich angemeldet haben sich die Besetzer als Untermieter eines gewissen Teddy Podgorski. Der unterschrieb alle Mietverträge – aber es gab ihn gar nicht, jedenfalls nicht als »Vermieter«. Die Einwohnermeldeämter haben sich daran nicht gestoßen, die Anmeldungen wurden akzeptiert. Und sie wussten auf dem Amt wohl auch nicht, dass ein Teddy Podgorski beim ORF für die Sendung »Aktenzeichen xy ungelöst« zuständig war, die jungen Leute also sozusagen Untermieter eines fiktiven Gangsterjägers waren. Aber die Hauptsache war die Arbeit an den Räumen. Unter den Besetzern waren immer einige, die als Handwerker was drauf hatten. Die kriegten das hin: in die alten Bäder Klos einzubauen und Duschen. Die Küchen wurden auf Vordermann gebracht, die Wohnzimmer gestrichen, die Flurdecken abgehängt – na, was eben so passiert, wenn jemand in eine verlassene, verwahrloste Wohnung kommt und sie bewohnbar machen will. Das war irre anstrengend, sagt Hannah, aber irgendwie auch toll. Es war das, was das Wort: *instandbesetzen* ausdrückt. »Wir haben im vierten Stock angefangen und dann runterrenoviert bis zum Parterre.« Man lernte schnell und viel, learning by doing, auch wenn man handwerklich zuvor kaum Erfahrungen gesammelt hatte. Hier ging es um das Haus, um die Message, dass Wohnraum erschwinglich sein muss und nicht aus Profitgründen zerstört werden darf. Das war eine wichtige, zugleich private und politische Aufgabe, und dafür nahmen die Besetzer schon mal 'ne Bohrmaschine in die Hand. Die Altmieter waren meistens auf Seiten der Besetzer, denn sie hatten ja auch was davon: Der Abriss wurde verhindert. Hannahs Besetzergruppe – es waren zwölf Leute – bestand überwiegend aus Studenten, zwei Handwerker waren dabei und eine Krankenschwester. Es gab *ein* Telefon fürs ganze Haus.

Dann kamen immer neue Leute dazu. Sozial wurde es kompliziert, denn man hatte auch den Anspruch, eine echte Wohngemeinschaft zu sein. Es ging den Instandbesetzern nicht darum, alleine vor sich hinzuwohnen, sie wollten auch zusammen essen und ihr Projekt diskutieren, sie hatten ja eine WG-Utopie: die kollektive Wohnform. Dabei ging es zwar ganz pragmatisch auch um billigen Wohnraum für Studenten und andere Arme, aber das war nicht alles. Man verstand das Ganze auch als eine Kampfansage an den Senat und die Neue Heimat und die Gesellschaft, die es zuließ, dass es immer mehr Vereinzelung gab, vor allem in den Städten. Und man darf nicht vergessen: Was da passierte, war illegal. Es hatte Verhaftungen gegeben. Ein paar Genossen aus der Besetzerszene waren im Knast gelandet, und der politische Arm der Bewegung war damit beschäftigt, diese Leute rauszuholen.

Es gab damals über hundert besetzte Häuser in Berlin. Und die standen untereinander in Kontakt. Jede Woche radelte Hannah nach Charlottenburg zu einem Treffpunkt, wo Vertreter der meisten Häuser hinkamen, und da führten sie dann ihre Strategiediskussion. Verhandelt man mit den Hausbesitzern? Ja oder Nein? Ja – aber nicht bevor die Einsitzenden wieder freigekommen sein würden. Oder: Ja, aber nur in der Gruppe – keine Spaltungen, keine Vereinzelung. Das war die Strategie: bündeln und verhandeln. »Gemeinsam sind wir stark«, und wir sind solidarisch. Wenn da aber Einzelne antanzen mussten für einen Mietvertrag oder so, einzelne Untermieter von Teddy Podgorski – das sah dann schon anders aus, und das wollte die Mehrheit der Besetzer eben nicht, und das machte sie auch nicht.

Wie war die rechtliche Situation? Ziemlich unübersichtlich. Die Stadt besaß den größten Teil des Bestandes der besetzten Häuser – circa 85 Prozent. Ein anderer Teil, darunter Hannahs Haus, gehörte der Neuen Heimat. Die hatte im Ausland Milliarden versenkt, sie machte erst mal gar nichts und wartete auf ein Ende der Mietpreisbindung. Praktisch spielte sie den Erfüllungsgehilfen der Senatspolitik – Entmietung, Abriss, Neubau. Aber inzwischen gab es die Hausbesetzerszene, und die erregte Aufsehen. Die Stadt beschloss ein Moratorium, also: erst mal gar nichts zu tun, es sei denn, es drohten größere Schäden oder Gefahren. Und dazu kam es dann auch. Die Punkbesetzer verheizten das gesamte Treppenhaus, das war schon eine gewisse Verwahrlosung im zweiten Stock. Exkremente hatten sich durch den Fußboden gefressen. Die Instandbesetzer kämpften nicht nur gegen den Senat, sondern auch gegen den Verfall. Hannah: »Für die Renovierungsarbeiten gingen wir nach Kreuzberg in ein Lagerhaus, wo lauter Sachen – Fenster, Dielen, Waschbecken, Badewannen, Kabel, Verteilerdosen und so weiter – abgeliefert wurden, und luden das Zeug auf unseren Kombi. Wir bekamen auch Sachspenden – von ganz normalen Leuten und von Handwerksbetrieben. Ich weiß noch: Nach der Fertigstellung des Badezimmers im vierten Stock gab es eine große Party. Es war eine Dauerrenovierung, low prize, voll von public happiness, blödsinnig und interessant, immer alles begleitet von politischen Diskussionen.«

Und dann kam ein Signal von der Neuen Heimat: Wir müssen reden! Ein Treffen wurde veranstaltet von Gewerkschaftern, Leuten aus der Neuen Heimat und den Besetzern. Die Standpunkte waren natürlich sehr kontrovers. Bei der Neuen Heimat merkte man gleich: Die wollten sich nur irgendwie aus der Affäre ziehen. Sie strebten eine funktionierende Rechtsform an. Auf keinen Fall wollten sie in irgendetwas Illegales reingezogen werden. Die Grundidee war: Was die Kosten der Sanierung betrifft, so sollten die Besetzer 15 Prozent per Arbeitsleistung übernehmen, den Rest wollte die Neue Heimat aufbringen. Damals verfügte die Neue Heimat über dreißig Objekte, die besetzt waren. Das war nicht wenig. Die Leute in der Bülowstraße 52 waren stark vernetzt, und das Haus war gut in Schuss. Denen bot die Neue Heimat später einen Pachtvertrag an. Die machten auch eine gute Öffentlichkeitsarbeit. Sie haben Paten angeworben: Günter Grass und das Künstlerehepaar Christo und Jeanne-Claude gehörten dazu.

Dann änderte sich mit den Wahlen 1981 die Politik. Die CDU kam ran. Nach der Räumung in der Winterfeldtstraße folgten weitere, besonders solche in guter Lage. Die Bewegung schaffte es nicht, genügend Unterstützung zu mobilisieren. Es gab zwar Demos und Randale, aber letztlich war sie dann doch in der Defensive. Und es ging weiter mit den Räumungen.

Die WGs waren zuerst nach *Küchen* organisiert, eine WG, das waren die Leute in einer Küche. Es gab natürlich Fluktuation und Umgruppierungen. In Hannahs WG gab es inzwischen zwölf Bewohner, da war eine Neuaufteilung sinnvoll. Und was passierte? Die Philosophiestudenten, die immer das Wort führten, die wollten nur mit anderen Studenten zusammenziehen. Die Handwerker und die Krankenschwester und die anderen Nicht-Studenten, die sollten in eine andere Küche. Das also war aus der sozialen Gleichheitsutopie geworden! Ein anderer Schritt, der für Konflikte sorgte, war die Gründung einer *Frauenküche,* also das Aufbrechen der Genderfrage mitten in der Hausbesetzerszene. Hannah und ihre Genossinnen kamen damit durch, aber es war schon ein extrem kontroverser Schritt. Die Männer waren richtig sauer. Auch manche Frauen zogen nicht mit. Die Krankenschwester und eine Bankangestellte verließen die Frauenküche. Stattdessen klopften ein paar nette Männer bei den Mädels an, und so waren sie dann doch wieder eine gemischte Gesellschaft.

Hannah allerdings zog aus, kurz bevor der Pachtvertrag 1985 zustande kam. Sie studierte inzwischen, und die WG-Schwierigkeiten wuchsen ihr über den Kopf. Sie wollte ja Leben und Arbeiten verbinden und dann noch kollektive Projekte stemmen, aber das wurde irgendwann einfach zu viel, zumal viele Projekte in den Anfängen steckenblieben, zum Beispiel eine Forschung über Jugendsprache, die das Erdgeschoss angeregt hatte. Und dann war insgesamt die Begeisterung für die Utopie der kollektiven Wohnform irgendwann nicht mehr stark genug. Es gab immer mehr Einzelne, die sich zurückzogen. Sie wollten im besetzten Haus einfach nur wohnen und machten ihre Tür hinter sich zu. Es ging mit den Räumungen weiter, aber auch mit den Verhandlungen, und als Hannah auszog und erst mal nach Italien ging, waren eine ganze Reihe von besetzten Häusern *legalisiert,* das heißt, es gab Verträge mit den Bewohnern.

Dreißig Jahre nach der Besetzung, 2011, regte ein Typ von damals eine Feier zum Jubiläum an. Hannah lebte inzwischen in New Haven, und sie sollte kommen und eine Rede halten. Hat sie gemacht. Mit Martina war sie sowieso noch in Kontakt, und dann sah sie viele von den anderen wieder. Eine Frau aus der damaligen Philosophiestudentenfraktion wohnt immer noch da, schön saniert jetzt natürlich, in einer Maisonettewohnung. Überhaupt machte das Haus einen guten Eindruck, es gab sogar Solarzellen – also war die ganze Mühe der Instandbesetzung nicht umsonst gewesen. Das Jubiläumsfest fand auf dem Dachboden statt, einstmals der Kollektivraum. Günter Grass hatte da mal eine Lesung gehalten. Jemand zeigte 2011 einen Super-8-Film aus den alten Zeiten, man sah Martina und Hannah auf dem Dach als Hexen verkleidet, und sie rührten mit Besen im Schornstein. Es war interessant, zu sehen, wie sich die Leute verändert hatten – oder auch nicht. Manche lebten immer noch in WGs – und erzählten von denselben Konflikten, die sie damals auch schon gehabt hatten. Andere waren von der Besetzerszene in die Grundstückswirtschaft gewechselt oder in die Stadtverwaltung und bemühten sich, eine soziale Politik zu machen. In ihrer Rede hat Hannah versucht, das Ganze historisch einzuordnen und die Entwicklung aus der Zeit heraus zu erklären, sowie das damalige Lebensgefühl noch einmal nachzuzeichnen. Die Besetzerszene entstand ja als Antwort auf eine Krise: Wirtschaftliche Probleme, Wohnungsknappheit, die Babyboomer mit ihrem Aufbruch ins Berufsleben, die sogenannte Lehrerschwemme, eine gewisse Perspektivlosigkeit und die Träume vom gemeinsamen Wohnen und Arbeiten und Widerstand-Leisten. Wogegen? Zum Beispiel gegen Kaputtsanierungen, Stadtautobahnen und die Zerstörung all dessen, was vom gründerzeitlichen Berlin noch übrig war. Hannah: »Ja, wir hatten Erfolg damit, teilweise. Die großen Utopien ließen sich aber nicht in die Wirklichkeit einbauen – doch sie sind deshalb nicht verschwunden.«

Alle haben viel gelernt in der Zeit, als die Bewegung auf ihrem Höhepunkt war. Nicht nur Wohnungen zu renovieren und für zwölf Leute zu kochen – nein, das Wichtigste war die Einsicht: Wir können etwas erreichen, jeder von uns und alle zusammen, wir haben die Power. Wir sind nicht machtlos. Ein Haufen 18- bis 25-Jähriger baut ein Badezimmer und fordert den Senat heraus. Und deren Netzwerke haben eine ganze Weile gut gehalten. Heute ist es Konsens, dass die Hausbesetzer dazu beigetragen haben, in die Wohnungsbaupolitik auch den Respekt vor dem Altbaubestand aufzunehmen. Viele Städte ärgern sich heute über den Kahlschlag, mit dem sie das Zerstörungswerk des Krieges in den Jahrzehnten danach fortgesetzt haben – nur um Neubauten ohne Gesicht hinzustellen, in denen niemand wohnen will. Die Besetzer hatten wirklich Einfluss auf die Politik, sie machten selbst Politik. Das war und das ist schon, ganz abgesehen von vielen persönlichen Lernprozessen, ein toller Erfolg.

Hannah Brückner ist heute Professorin der Soziologie an der NYU, USA. Das Interview mit ihr wurde im Juli 2014 in New Haven geführt.

Die Häuser denen, die drin wohnen

»Legalisierung kann nur heißen, dass der bestehende gesetzliche Rahmen gesprengt werden muss: Legalisierung von Instandbesetzung! Das heißt, wenn Häuser länger als drei Monate leerstehen, können sie von Wohnungssuchenden besetzt werden und gehören dann denen, die drin wohnen.«

Aus: **»radikal«** Nr. 100, 1/1982, S. 12.

Völlig unterschiedlich

»Die Situation des Inseldaseins in den besetzten Häusern, hervorgerufen durch eine von der Umwelt völlig unterschiedliche Organisation des Lebens, wesentlich höherer persönlicher Inanspruchnahme und totaler Rechtsunsicherheit, bringt es doch fast zwangsläufig mit sich, dass Ausbrüche von Aggression sich auch gegen die eigenen Mitbewohner richten.«

Aus: Frauencafé Moabit, **Frauenbewegung und Häuserkampf – unversöhnlich?**, Berlin 1982, S. 43.

Fassadenreinigung am Haus Adalbertstraße 6, Berlin-Kreuzberg, Juni 1980

»Oh, hier ist Platz, hier können wir alles machen«

Interview mit Christine Ziegler von der Berliner Regenbogenfabrik

Barbara: Die Regenbogenfabrik ist heute in Insiderkreisen sehr bekannt. Wann wurde sie besetzt?

Christine: Der erste Tag war der 14. März 1981. Als wir hier besetzt haben – oder sagen wir besser: reingegangen sind mit der Absicht, instandzubesetzen –, war es ja so, dass Schlag auf Schlag Häuser besetzt wurden. Denn das war ja deutlich nach dem 12. Dezember 1980, was da losgetreten war …

Kai: Ich sag mal kurz etwas zu diesem Datum: Am 12. Dezember 1980 wurde von der Polizei die Besetzung der Häuser am Fraenkelufer verhindert, woraufhin es zu dreitägigen Straßenschlachten kam. Es gab viele Festnahmen und einige hohe Haftstrafen. Und am 20. Dezember gab's 'ne Soli-Demo, an der 15 000 Menschen teilnahmen.

Das alles sorgte für Aufsehen und Ärger und war mit ein Grund dafür, warum es anschließend zu einer neuen großen Welle von Hausbesetzungen kam.

Christine: Genau, und da kam bei uns nur noch die Polizei vorbei und sagte: »Ach, ihr seid das 114. Haus«, also es wurde einfach nur noch registriert. Das war die Zeit, wo es mit dem sozialliberalen Senat unter Bürgermeister Dietrich Stobbe langsam, aber sicher den Bach runterging, wo es um Neuwahlen ging, weil die mit dem Bauskandal Ärger hatten. Dieses Machtvakuum hat uns schon ganz gutgetan. Schließlich wurden es immer mehr Häuser, die besetzt wurden, ich denke 170 bis 200, das kommt ungefähr hin.

Barbara: In der Hochzeit gab es in Berlin 180 besetzte Häuser – und circa vierhundert im ganzen Land.

Christine: Es war nicht immer übersichtlich. Es gibt auch ein paar höhere Zahlen, aber ich tendiere auch zu 180 in Berlin. Und das 114. Haus zu sein war ja ganz prima. Wir sind erst mal reingegangen, wirklich so von heute auf morgen, weil es von uns als Gruppe nicht von langer Hand vorbereitet war. Es war auch eine Besetzung *gegen* die Spekulantengruppe Vogel & Braun. Das war eine GmbH & Co KG, die innerhalb kürzester Zeit sehr viele Häuser, ich glaub fast an die hundert, aufgekauft hat. Das roch wirklich nach Durchstecherei. Wie kriegen die das hin? Die Pläne – gar nicht klar! Doch für diesen Häuserblock der Lausitzer Straße wusste man, die Baugenehmigung steht kurz bevor. Und dann haben wir hier ein Stoppschild gesetzt und auf die Möglichkeit hingewiesen, innerhalb eines ganzen Blocks relativ viele Häuser gleichzeitig zu besetzen, zu denen eben auch diese Industriebrache hier gehörte. Das war verlockend.

Kai: Wie würdest du eure Gruppe beschreiben?

Christine: Die meisten kamen aus den großen Versammlungen, die es damals gab. Also einige waren bei der BI SO 36, der Bürgerinitiative, die schon länger im Kiez aktiv war. Es gab aus dem Stadtteilzentrum eine Gruppe von alleinstehenden Frauen mit Kindern, die in Einzimmerwohnungen hausten. Es gab 'ne Jugendhandwerksgruppe der IG Metall, also alle möglichen Leute, die sich getroffen und gesagt haben: »Okay, dann ist es morgen so weit, jetzt geh'n wir rein.« Ich bin da voll reingestolpert, hatte bei der Handwerksjugendgruppe mitgemacht, und wir fanden Besetzer natürlich cool. Diese Mischung von politischem Kampf und Abenteuer, die hat's gebracht.

Barbara: Die Industriebrache, was war das? Was war da drauf?

Christine: Die Regenbogenfabrik ist ein Dampfsägewerk gewesen, das ist wirklich Urschleim der industriellen Revolution von Kreuzberg. Gerade hier am Landwehrkanal gab es relativ viele Sägewerke. Man musste die Stadt ja erst bauen. Die haben mit Schiffen die vielen Ziegel und Hölzer hierhergebracht, und das Holz wurde dann hier gesägt. Hier ist sozusagen die Stadt aus sich selbst heraus entstanden.

Als die Häuser dann gebaut waren, wurden die Sägewerke langsam abgewickelt. An einer Stelle entstand so was wie 'ne Pianofabrik, also hier um die Ecke, in der Reichenberger, Ecke Ohlauer Straße ist ja dieses große Bechstein-Werk – ein »Palast« mit fünf Stockwerken. Andere wurden zu Möbelschreinereien. Unser Sägewerksbesitzer hat lange so weitergemacht, der wollte das vererben, aber sein Sohn ist im Krieg gefallen, und dann hat er verkauft.

Barbara: Aus welchem Jahr stammt der Bau?

Christine: Aus dem Jahr 1877. Aber dass hier vorher das Dampfsägewerk war, ist deshalb super, weil so ein Sägewerk ja auch einen Lagerplatz braucht. Das ist der Grund, warum das Fabrikgelände nicht zugebaut wurde. Fast 1000 qm Freifläche zu haben, ohne dass man was abreißen muss, das ist was Besonderes. Wir sind heute als Regenbogenfabrik auch ein Denkmal der Entwicklung der Kreuzberger Mischung. Es ist ein Fabrikgebäude, das nur aus dem Erdgeschoss und dem ersten Stock besteht. Die meisten heutigen Fabrikgebäude sind als vierstöckige Bauten entwickelt worden, das war die Verdichtung, die im zweiten Schwung einsetzte. Aber der Antrag des Dampfsägewerksbesitzers, auf vier Stockwerke zu erhöhen, hatte sich verzögert und kam nicht mehr durch. Denn da hatte man bereits begriffen, dass die Verdichtung auch Nachteile hat. Vorne das Wohnhaus und hinten die Arbeit, das wird die Kreuzberger Mischung genannt.

Barbara: Wie war denn nach der Besetzung das Verhältnis von Wohnen und Arbeiten im Kulturzentrum?

Christine: Das ging relativ schnell Hand in Hand. Als besetzt war, waren wir viele Leute, so fünfzig bis sechzig sprangen da schon rum. Da hat sich nach 'ner Weile rauskristallisiert, wer Unterstützer war, wer wirklich bleiben wollte und wer gesagt hat: »Um Gottes willen, wie sieht es denn hier aus, ich geh gleich wieder« – also das hat nur ein bisschen gedauert. Gleich in der ersten Woche wurde ein Hoffest gefeiert. Wir mussten alles aufräumen, weil Schrott rumlag und Giftfässer da waren, wirklich Gift vom Feinsten. Es liefen unglaublich viele Kinder auf dem Hof rum, und man musste dafür sorgen, dass es ihnen gutgeht. Damals gab es ja viel mehr Kinderleben auf der Straße als heute, die waren ja nicht weg, nicht in irgend 'ner Kinderbetreuung verstaut. Ja gut, es gab das Jugendhaus Chip hier in der Reichenberger Straße, aber das war auch alles. Wir haben mal durchgezählt, es waren 145 Kinder im Block, und für die gab es keinerlei Infrastruktur. Ich habe einen Kollegen, der im Block aufgewachsen ist, der sagte: »Ich war vor euch da, und wir haben zwischen den Giftfässern gespielt und uns nichts dabei gedacht.«

Dann bildete sich die erste Jugendgruppe, die es hier gab, das war der »1. FC Regenbogen«. Johnny, der heute immer noch da ist, war hier Trainer. Die sind dann losgezogen und haben irgendwo Fußball gespielt. Es war von Anfang an immer die Mischung ganz verschiedener Ideen und damit auch die Chance, als Projekt überhaupt wahrgenommen zu werden. Wir haben da hinten ein zweites Hinterhaus besetzt, das ist jetzt nicht so spektakulär. Also die, die das ausbaldowert hatten, die haben immer was von Siebenzimmerwohnungen erzählt. Sie haben nicht bedacht, dass im zweiten Hinterhaus die Zimmer halt klein sind, und die sieben Zimmer ergaben sich, weil man die drei vorhandenen Küchen auf den Stockwerken mit zu Zimmern erklärt hat. Das Gute an dem Haus war, es gab noch drei Mietparteien, das heißt, wir hatten sofort Wasser, Strom und Telefon. Also so 'n Luxus hatte auch nicht jedes Haus.

Barbara: Was war denn das vorgesehene Schicksal dieses Hauses und der Fabrik? Sollte ein Abriss erfolgen?

Christine: Der Eigentümer damals, die GmbH & Co KG von Vogel & Braun, hatte diese Blockecke hier gekauft. Er besaß in der Lausitzer Straße auch noch die Nummern 23, 22a und 22, da wollte er die Vorderhäuser sanieren, die Seitenflügel und Hinterhäuser abreißen, die Fabrik sowieso, und auf dem Fabrikgelände sollte eine neue Innenbebauung entstehen. Ein fünfgeschossiger Neubau mit Tiefgarage und allem Drum und Dran. Der Widerstand innerhalb der Besetzerszene war ja auch deshalb da, weil die Wohnungsbaupolitik der 80er Jahre keinen guten Ruf hatte. Es gab unglaublich viel Wohnungssuchende, und es gab gleichzeitig Leerstand, das ist der Unterschied zu heute: Wohnungssuchende haben wir auch ohne Ende, aber es ist nichts mehr leer.

Kai: Was stand bei euch damals leer?

Christine: Das Hinterhaus bestand aus zwei Hälften, und es waren noch drei Wohneinheiten belegt; heute wohnen wir mit 33 Leuten drin. Hier im Vorderhaus standen einzelne Wohnungen und der Laden leer, den konnten wir auch irgendwann noch besetzen. Auch das Vorderhaus von der Fabrik, die Nr. 22, das war noch frei; leider haben wir das nicht besetzt, weil wir erst mal nicht genug Leute waren. Später gab's andere Ideen, nämlich so ein deutsch-türkisches Selbsthilfeprojekt da reinzunehmen, und weil türkische Arbeiter aufenthaltsrechtlich gesehen nicht so gute Karten hatten, wollte man da nicht illegal reingehen. Aber das war ein Fehler, im Nachhinein betrachtet, man hätte lieber zur rechten Zeit besetzen sollen.

Barbara: Was ist denn da reingekommen?

Christine: Das wurde irgendwann doch besetzt, aber nachdem Lummer die Berliner Linie unterlaufen hatte, war's nicht zu halten. Wir waren drei Tage drin und stolz auf jeden extra Tag, doch dann wurde es geräumt und saniert.

Heute wohnen im Vorderhaus 22 inzwischen auch welche von uns. Nach und nach haben wir Wege gefunden, mit der Hausverwaltung zu kooperieren und von daher vermieten die auch gerne an uns, an den Verein Regenbogenfabrik. Da wohnen Leute, die hier auch arbeiten.

Barbara: Verein? Ihr habt dann einen Verein gegründet?

Chistine: Das war relativ schnell klar, dass man diesen juristischen Personenkram braucht. Eigentlich ist das nicht so unsere Welt gewesen, denn wir kamen ja ganz klar aus der »Tradition« der 68er- und Alternativbewegung mit Kollektiv und alles einstimmig. Da passte es nicht wirklich, sich mit einem Vorstand und der Mitgliederversammlung rumzuschlagen. Doch das, was wir wollten, kriegst du in keine Satzung geschrieben. Also von daher leben wir immer zwei Leben, unser internes und das, was notwendig ist, um halt nach außen hin vertretbar zu sein.

Wir hatten relativ schnell auch Helfer, die uns beraten haben. Dass das Café ein eigener Verein ist, dass das Kino ein eigener Verein ist, weil da ja eine Gewinnerzielungsabsicht besteht, auch wenn man's nie hinkriegt, und dass durch so was unter Umständen die Gemeinnützigkeit gefährdet ist, das hat man uns schon beigebracht. Wir waren auch pragmatisch. Ist ja logisch.

Kai: Also ihr gehörtet zu den Verhandlern?

Christine: Ja, ziemlich bald. Es gab auch die Geschichte mit dem Kinder-, Kultur- und Nachbarschaftszentrum, was wir dann irgendwann erklärtermaßen auch waren. Aber diese Idee war nicht fertig in unseren Köpfen. Das war ein bisschen anders als bei der ufaFabrik in Tempelhof, die gab's ja schon ein bisschen länger, die hatten vorher schon Pläne gehabt und manches bereits im Vorfeld durchgekaut. Wir waren ein zusammengewürfelter Haufen, die alle irgendwas im Kopf hatten, und wir sagten dann auch: »Oh, hier ist Platz, hier können wir alles machen.« Alles hat sich aus dem Alltag heraus entwickelt. Wir brauchten natürlich was für Kinder, dass wir 'nen Café brauchten, damit man mit den Nachbarn in Kontakt kommt, war auch klar – all das entwickelte sich beim Tun und aus den eigenen Bedürfnissen heraus. Ich erinnere mich, dass es auch im großen Rahmen bis hin zum lokalen Besetzerrat Akzeptanz für die Entscheidung gab, dass hier verhandelt wird, um Nachbarschaftsstrukturen zu sichern.

Barbara: Wer kam auf den Namen Regenbogenfabrik?

Christine: Das wissen wir nicht. Ich hab keine Anekdote dazu gefunden. Es kam ziemlich schnell. Aber es war damals noch nicht en vogue, dass Regenbogen schwul-lesbisch heißt, das war es nicht. Eher so nach dem Motto »der Regenbogen hat alle Farben, außer Braun«, aber das würde ich heute auch nicht mehr so sagen, da wir inzwischen zwei afrikanischstämmige Kinder haben, und es war natürlich das politische Braun gemeint. Es ist einfach ein schöner Name und bietet sich immer wieder an, um bunte Sachen zu machen.

Barbara: Wie lief das ab, dass ihr euch entschlossen habt zu verhandeln?

Christine: Genau, es war eine der ganz schweren Fragen. Ich glaub, jede Bewegung kämpft irgendwann damit. Du musst versuchen, diese Brücke zu schlagen und sie so lange wie möglich zu halten zwischen denen, die radikaler an die Sache rangehen, und den anderen, die schon Erfahrung haben und ihre Ziele durchsetzen wollen. Und ich finde, dass wir es 'ne Weile geschafft haben, die Balance zu halten. Aber bei uns allen war es eine ganz große Zäsur, dass Leute, die nicht verhandeln wollten, es nicht mehr ausgehalten haben und in ein anderes Haus gegangen sind. Wie die Besetzer aus dem Turm, Leuschnerdamm 9, zum Beispiel, die gesagt haben: »Wer will denn schon ein Stück Kuchen, wenn er die Bäckerei haben kann?«

Das ist ja der Klassiker, die Maximalforderung zu erheben, sich nicht abspeisen zu lassen. Aber: Andere Häuser gibt's halt nicht mehr – uns gibt's noch. War nicht einfach und auch durchaus nur mit vielen Abstrichen zu kriegen. Wir haben bis zum August 1984 gebraucht, um überhaupt einen Vertrag zu bekommen.

Barbara: Was ist mit dieser GmbH & Co KG? Sind die immer noch Eigentümer?

Christine: Jetzt nicht mehr, das ist eine längere Geschichte. Wir haben mit Vogel & Braun verhandelt, es ging hin und her. Mal haben sie gesagt: »Ja, die Fabrik, da kann man eine Lösung finden, aber die Wohnhäuser, das geht gar nicht«, und ein halbes Jahr später haben sie wieder gesagt: »Wir haben hier ein Gewerbegebiet, hier muss geräumt werden« – Berliner Linie. Also, das war ein ordentliches Hoch und Tief. Dann sind sie aber zunehmend unter Druck geraten. Da kamen Steuerhinterziehungssachen raus, einer von den Kommanditisten, der war auch im Knast deswegen. Es war schon alles nicht immer so ganz koscher. Dann ist hier irgendwann ein relativ breites Bündnis aufgebaut worden über den Bezirk, denn im Sommer 1981 wurde über die Alternative Liste der parteilose Werner Orlowsky Baustadtrat in Kreuzberg ... und Klaus Franke war Bausenator, und bei dem im Vorzimmer sind immer die Gespräche gelaufen, und die Kinder sind einfach mitgekommen – also es waren ganz wilde Geschichten.

Über das Verhandeln könnte Anette (Anette Schill, Regenbogen-Urgestein, kürzlich verstorben) natürlich tausendmal besser erzählen. Die Verhandler hatten immer nur das Mandat, unsere Ideen reinzubringen und sich anzuhören, was die andern dazu zu sagen hatten. Wir hatten immer wieder Plenum – wir hatten pausenlos Plenum –, da ging es so hin und her, und 1984 wurde endlich der Vertrag unterschrieben, der *Legalisierungsvertrag.* Er ist, glaube ich, ein 24-Seiten-Werk und betrifft wirklich alles, was hier existiert: das Hinterhaus, den Seitenflügel, das Café, das ist alles ein Konglomerat.

Kai: Hattet ihr auch Anwälte eures Vertrauens?

Christine: Der Bernd Häusler war unser Anwalt, der war wirklich ganz extrem gut, der hat diesen Vertrag mit formuliert, auch im Hinblick darauf, dass der irgendwann mal nicht mehr gilt. Denn der Vertrag lief ja erst ein Jahr, dann fünf Jahre und hat sich dann immer noch mal verlängert.
Kai: Als ihr den Vertrag unterschrieben habt, war das eine Erleichterung?
Christine: Ja, einfach weil es wirklich unglaublich stressig war. Wir waren zwar auch ein Haus, das immer ein bisschen arg zu den Lieben gehörte, das war schon fast peinlich, weil wir ja nie durchsucht worden sind. Den Druck hatten wir tatsächlich nicht. Ich meine, mit Kindern im Haus hast du es auch nicht so gerne. Es war schon ein Riesenfest, dass dieser Verhandlungspunk nun endlich vorbei war – jetzt geht's voran, jetzt kann man es aufbauen, jetzt kann's für die Kita auf der Fabrik endlich mal 'ne Finanzierung vom Senat geben und so weiter. So nach und nach endlich aus dieser puren Ehrenamtlichkeit raus. Man will ja auch mal wieder was andres machen. Leute hatten ihr Studium liegengelassen, meine Ausbildung ist den Bach runtergegangen, all so was. Es sollte mal wieder ein anderes Leben geben.
Kai: Wart ihr euch im Wesentlichen immer einig?
Christine: Nee. Bald ist die zweite Zäsur gekommen. Die erste kam von den Nichtverhandlern, die ausgezogen sind. Die zweite kam von Leuten, die gesagt haben: »Ja, aber ich hab doch besetzt, weil ich Politik machen will, ich mach doch hier nicht den Pinsel-Heini, ich will doch nicht ein Haus renovieren.« Und dann saßen wir da und hatten wieder ein Drittel Leute auszutauschen. Das war 'ne ganz enorme Zäsur, weil das Haus bis dahin immer in einer Gruppe organisiert war.

Die Fabrik hat sich dann konsolidiert, indem sich diese einzelnen Gruppen herausgebildet haben: Fahrradwerkstatt, Holzwerkstatt, Café und Kino gab's von Anfang an auch. Mit unserer Gewinnerzielungsabsicht war es übrigens damals nicht so weit her. Inzwischen sind wir durchaus bereit, Profit zu machen, wenn's unter der Überschrift »not-for-private-profit« ist; wenn wir das für 'ne sinnvolle Sache wieder investieren, ist ja nichts dagegen zu sagen.
Barbara: Wir haben von andern besetzten Häusern oder Zentren gehört, dass sie immer ihre Jubiläen gefeiert haben, zehn Jahre, zwanzig, dreißig, vierzig Jahre.
Christine: Das haben wir schon immer gerne gemacht. Es war ja auch klar, Feiern sind immer Öffentlichkeitsarbeit. Wie schwer diese Arbeit ist, merk ich, weil ich jetzt auch Öffentlichkeitsarbeit mach, und ich hab gar nicht gewusst, was wir damals für ein Pfund hatten, weil wir so gut vernetzt waren und die BI SO 36 da war; die hatte ja auch die rote große Kiezzeitung »Südost Express« herausgegeben, und da hatten wir aufgrund unserer verrückten Legalisierungsgeschichte eine Art Dauerabo drin. Es war prima, wie einfach das damals war. Wir hatten den Kuno Haberbusch, der hier mitbesetzt hatte. Wir hatten also 'nen engagierten Journalisten schon gleich mit drin – es war schon praktisch.
Barbara: Würdest du sagen, das ist immer noch ein lebendiges Projekt, wo noch Power drin ist?
Christine: Ja – ja, ich finde schon, auch wenn wir älter werden – pfff ...

Barbara: Wie würdest du deine eigene Funktion hier beschreiben?

Christine: Ich verdiene mein Geld hier als Assistentin im Büro. Es gibt eine Kollegin für die Öffentlichkeitsarbeit, die die Homepage pflegt und die braucht Assistenz. Die Fabrik bezahlt Silkes Job, und mein Job wird bezahlt vom Integrationsamt aus diesen sogenannten Ausgleichsgeldern; also Firmen, die jemand einstellen müssten und das nicht wollen, müssen ja Ausgleichsabgabe zahlen.

Barbara: Und was macht Silke?

Christine: Die pflegt die Homepage, die schickt die Newsletter raus und, ja, Speiseplan und dies und jenes. Zusammen machen wir die Plakate für die Veranstaltungen, holen die ganzen Infos rein. Es geht ein bisschen in Richtung Veranstaltungsmanagement. Ich bin ja für sie Hand und Fuß, ich hol die Informationen rein. Die Silke arbeitet hinten im Büro, sie ist auch eine Mitbewohnerin von uns und lebt im Rolli, weil sie halt ’ne spastische Lähmung hat. Im Büro vorne, wo Anette gearbeitet hat, sind die beiden Peters, die haben vorher schon mit Anette dort zusammengearbeitet, die versuchen das Büro in ihrem Sinne weiterzumachen. Anette, die eben so ein Kraftzentrum war und in alle Richtungen zugleich …

Barbara: Wann ist sie gestorben?

Christine: Im letzten Oktober. Die hatte sich das Infobüro so ein bisschen auf den Leib gestrickt. Das war einfach so ein Netzwerkknoten für uns. Das müssen wir langsam wieder aufbauen. Wir müssen halt entdecken, was sie alles gemacht hat und was wir auch gut machen können und was wir anders machen können. So ein Netzwerk wird natürlich von einem Projekt wie der Regenbogenfabrik gebraucht, und keiner machte das so wie Anette Schill, und wenn es die leckere Erdbeermarmelade aus ihrem eigenen Garten war, die sie immer mitgebracht hat.

Kai: Ich war einmal bei einem Fest hier im Hof, da verkauftet ihr Bücher. Was ist das für ein Fest?

Christine: Ja, wir haben uns drei Feste ausgedacht. Das eine ist das Frühlingsfest. Da geht es eher darum, dass die Leute mit ’nem grünen Daumen ihren Spaß haben, Pflanzen austauschen, die sie gerade mühsam gezogen haben, und Saatgut. Da kommen welche von der »Keimzelle«, das sind zwei Leute von einem Bio-Gärtnereibetrieb in Brandenburg, und verkaufen. Das finde ich ein total tolles Fest. Da kommen die wildesten, die verschiedensten Leute zusammen. Das machen wir eher ein bisschen kleiner. Es gibt was zu essen, Musik, sogar ein Puppenspiel diesmal, weil da geht es wirklich nur um diesen Grünkram.

Und dann haben wir zwei weitere Feste. Das eine ist der »Tag des offenen Denkmals« am zweiten Sonntag im September. Und das ist deshalb so praktisch, weil das ein prima Marketing-Ding ist; da kommen Leute, die würdest du sonst nie hier sehen. Der Senat macht einen Katalog, nicht mehr so toll wie früher, aber immerhin stehen da alle drin, die sich anmelden und an diesem Tag ihre Pforten öffnen. Da sind halt Leute, die auf verschiedene Themen anspringen. Wir stehen unter Denkmalschutz, und das ist auch wichtig. Das ist klasse, das ist ein Etikett, das kann man benutzen. Wir haben mit der unteren Denkmalschutzbehörde guten Kontakt. Die geben uns zwar kein Geld, aber sie verbieten uns auch nichts.

Das dritte Fest ist der Winterbasar. Den haben wir, weil der Denkmaltag so gut lief. Da haben wir gedacht, wir können die Leute noch auf andere Art locken. Das ist so kurz vor Weihnachten. Das heißt natürlich nicht Weihnachtsbasar. Es sollen ja alle kommen können, ob sie nun Atheisten sind oder nicht oder zu anderen Glaubensrichtungen gehören. Da haben wir ähnlich wie beim Denkmaltag im Hof einige Stände, wo man was kaufen kann, beziehungsweise verkaufen, wo man zu futtern kriegt und 'nen Glühwein, und Kultur gibt es natürlich auch. Die Feste sind super wichtig. Das sind Zusatzeinnahmen, die wir da generieren, das macht Spaß, das bringt die Leute hier rein, die sind uns ganz gewogen, auch wenn's mal laut wird. Die Feste selber im Hof, die machen wir knallhart nur bis 19 Uhr. Erst mal hat man dann selber genug, und zweitens müssen wir noch aufräumen, und die Nachbarn haben ihre Ruhe.

Kai: Wer ist denn jetzt eigentlich der Eigentümer eurer Fabrik?

Christine: Also diese GmbH & Co KG hatte 'ne Nachfolgegesellschaft und noch 'ne Nachfolgegesellschaft und noch eine. Diese GmbH & Co KG war ja so ein Steuersparmodell und in den 80er Jahren sehr en vogue. Klassischerweise sprach man immer vom westdeutschen Zahnarzt, der keine Lust hatte, Steuern zu zahlen, also hat der ein Haus in Berlin gekauft. Das war ja ein unglaublicher Verlust, in Berlin ein Haus zu kaufen. Deshalb kriegte er eine Verlustzuweisung. Und der andere Punkt war eben, dass sie diese Kommanditisten reingeholt haben, um immer wieder Geld zu haben, um neue Häuser zu kaufen und und und … Die Idee ist, dass irgendwann das Haus chic ist und Mieteinnahmen abwirft und dann auch wieder ordentliche Steuern gezahlt werden. Die Steuersparer haben aber immer wieder Tricks gefunden, diesen Verlust weiter zu realisieren. Manche Zahnärzte hatten aber auch Pech. Die mussten irgendwann trotzdem Steuern zahlen. Das war 'ne ganz skandalöse Geschichte. Was heute Bankenskandal genannt wird, das haben die alle hier viel früher gemacht. Wir hatten unseren Bankenskandal ja schon 2001 mit Klaus-Rüdiger Landowsky und so weiter. Diese Stadt ist so systematisch ruiniert worden. Deswegen war es damals völlig klar, dass wir so viel Zuspruch als Besetzer hatten. Illegales Volk, aber die Nachbarn fanden doch viele Besetzer cool. Selbst die Bild-Zeitung fand uns zwei Wochen cool, aber länger nicht. Jetzt gehört die Fabrik dem Land Berlin, und wir sind die Erbpächter. Denn, wie ich schon sagte, im Dezember 2011 – also dreißig Jahre nach der Besetzung – wurde endlich ein sogenannter Erbpachtvertrag für die Regenbogenfabrik unterschrieben, mit einer Laufzeit von dreißig Jahren.

Barbara: Dann wünschen wir euch für die nächsten 26 Jahre viel Glück.

Christine: Danke!

Das Interview mit Christine Ziegler wurde im Mai 2015 im Café der Regenbogenfabrik geführt.

Alternative und Autonome

»Der große Teil der alternativ orientierten Hausbesetzer betrachtet die Häuser als Freiräume, in denen sie ein anderes (Über-)Leben entwickeln wollen. Dabei arbeiten die meisten auf eine Legalisierung hin für den Preis der Anerkennung der Macht. Die Autonomen dagegen erklären die Häuser für enteignet und wollen sie nicht zum Mittelpunkt ihres Lebens machen, sondern zum Ausgangspunkt, um weiter zu kämpfen.«

Aus: **»radikal«** Nr. 9/1981, S. 5.

Statistik

»Die Berliner Polizei nahm von Mitte Dezember 1980 bis Ende Januar 1982 604 Personen bei Gewalttätigkeiten auf der Straße vorläufig fest; gegen 156 wurden Haftbefehle erlassen. Bis Ende Januar 1982 wurden im Zusammenhang mit Straßenkrawallen 4902 Ermittlungsverfahren von der Polizei eingeleitet. Die Zahl der Ermittlungsverfahren wegen Straftaten in und aus besetzten Häusern belief sich auf 793.«

Aus: Senator für Inneres, Landesamt für Verfassungsschutz, **Der »Häuserkampf« in Berlin (West)**, Berlin 1983, S. 32.

Flyer, Berlin, frühe 1980er Jahre

Hausfassade, Berlin-Kreuzberg, 1983

mand
ohnen
allein!

Im Garten des besetzten Hauses Kohlfurter Straße 46, Berlin-Kreuzberg, August 1983
© Peter Homann/Gegendruck

HÄNDE WEG

Oben: Besetztes Haus am Richardplatz 8, Berlin-Neukölln, Juni 1982
© Michael Kipp/Umbruch Bildarchiv
Unten: Demo am 4. Februar 1981 © Michael Kipp/Umbruch Bildarchiv

Räumung und Abriss eines besetzten Hauses in der Goltzstraße, Berlin-Schöneberg, 1982
© Peter Homann/Gegendruck

Vorige Seite:
In der Küche am Richardplatz 8, Berlin-Neukölln, Februar 1981

Anlässlich zahlreicher Durchsuchungen in besetzten Häusern (u. a. in der Goltzstraße, Bülowstraße, Lützowstraße und am Winterfeldtplatz, Berlin-Schöneberg) kommt es zu Protesten und Sitzblockaden. © Michael Kipp/Umbruch Bildarchiv

Demonstration anlässlich einer Truppenparade, Berlin, 24. April 1982
© Wolfgang Sünderhauf/Umbruch Bildarchiv

»Frühlingserwachen«, Demonstration der Berliner HausbesetzerInnenbewegung, 20. März 1982
© Wolfgang Sünderhauf/Umbruch Bildarchiv

Oben: Wegen der befürchteten Räumung der Goltzstraße 30 kommt es auf dem Winterfeldtplatz am 26. Mai 1981 zu Auseinandersetzungen zwischen der Polizei und ca. 1000 Demonstranten. © Michael Kipp/Umbruch Bildarchiv
Unten: Proteste wegen der Räumung in der Danckelmannstraße 43-45 in Berlin-Charlottenburg, Juni 1983 © Wolfgang Sünderhauf/Umbruch Bildarchiv

Oben: Fassade am KuKuCK (Kunst- und Kulturcentrum Kreuzberg), Anhalter Straße 7, Berlin-Kreuzberg, August 1984 © Manfred Kraft/Umbruch Bildarchiv
Unten: Barrikadenbau wegen der befürchteten Räumung des Hauses in der Goltzstraße 30. Winterfeldtplatz, Berlin-Schöneberg, 26. Mai 1981 © Michael Kipp/Umbruch Bildarchiv

Räumung eines besetzten Hauses in Berlin-Kreuzberg, März 1989
Nächste Seite:
Polizist mit Hund während der Durchsuchung besetzter Häuser in Berlin-Kreuzberg, April 1981

Großdemonstration am 7. Februar 1981 für die Freilassung inhaftierter HausbestzerInnen, Berlin-Schöneberg
© Michael Kipp/Umbruch Bildarchiv

LALÜ LALA!

Exkurs:

Die Bauwagenburg – einfach nur Freiheit
Die Geschichte von Crazygaga Kalinka

Ob im Wohnwagen, im Zirkuswagen oder im Bauwagen, Schätzungen gehen davon aus, dass es in Deutschland ungefähr an die hundert Wagenburgen gibt, in denen »Aussteiger« jeden Alters leben. Die genaue Zahl liegt im Dunkeln. Der Trend geht in Richtung Legalisierung, das heißt, immer mehr Städte und Gemeinden sind bereit, diese alternative Lebensform zu tolerieren, und weisen den Wagenburglern bestimmte »Sonderbauplätze« abseits von Wohngebieten zu. Neben dem »Wagendorf der Pankgräfin« in Karow sind in Berlin die »Wagenburg Lohmühle« in Treptow und das »Wagendorf Wuhlheide« in Karlshorst heute am bekanntesten.

Geboren und aufgewachsen bin ich bei meiner Oma in einem kleinen Dorf in der Pfalz, 25 Kilometer von diesem Oggersheimer Helmut Kohl entfernt. Nach der Schule wollte ich Tierpflegerin lernen, aber meine Oma meinte: »Man muss nehmen, was kommt! Du nimmst, was kommt!« Ich sollte dann Bäckereifachverkäuferin werden, aber wer will das schon? Nachdem ich ein Jahr lang die Regale meiner psychisch kranken Chefin ausgewischt hatte, knallte ich ihr das Vileda-Tuch vor die Füße und ging … für immer.

Danach bin ich auch endgültig raus von Zuhause, der Generationskonflikt war zu groß. Ich zog nach Bad Dürkheim in ein Haus voller Naturfreaks und Hippies. Etwas später hab ich auch lange Zeit mitten im Wald in einem Hexenhäuschen ohne Strom und Wasser gelebt – Natur pur.

Ende der 1970er Jahre entdeckte ich für mich die Songs von Ton Steine Scherben, fuhr zu deren Live-Konzerten nach Berlin. Gepennt hab ich in besetzten Häusern, war echt cool. 1981/82 zog ich dann ganz nach Berlin. Dort angekommen, bin ich in die Oranienstraße gezogen. Kreuzberg 36 fand ich toll: die bunte Mischung, Multikulti, die Straßenfeste, Demos, Fuck the system!

Irgendwann hatte ich eine Wohnung in der Adalbertstraße, direkt am Mariannenplatz, Ecke Waldemarstraße, ganz legal mit Miete und so. Dann besorgte sich mein Punkerfreund Panne einen kleinen Bauwagen: Schlafplatz, ein Ofen, Küchennische, was braucht man mehr? Die Idee fand ich geil und besuchte Panne oft in seinem Wagen. Ich half mit, als in einer Nacht- und Nebel-Aktion der Wagen mit ein paar Freunden ans TWH (Tommy-Weisbecker-Haus) gerollt wurde, wo schon ähnliche Wagen mit anderen Freaks standen. Später mussten die dort weg, die Bewohner zogen auf das gegenüberliegende freie Gelände. Schließlich hielt auch ich es in meiner Mietwohnung nicht mehr länger aus: Ich tauschte mein Quartier gegen einen Wohnwagen und zog auf den

Bauwagenplatz am Tommy-Haus. Der Senat duldete uns ein paar Jahre, doch mit der Begründung, dass dieser Platz ein Baugelände sei, wurden wir dann auch dort vertrieben. »Die Stadt muss sauber bleiben«, war das Motto.

Anfangs wussten wir nicht, wohin. Dann tauchte die Idee auf: An der East Side Gallery gab es ein schmales Gelände am Spreeufer, direkt hinter der Mauer. Hier befand sich im Kalten Krieg das Niemandsland zwischen West- und Ost-Berlin. Und da zogen wir 1991 mit circa fünfzehn Leuten hin und besetzten den ehemaligen Todesstreifen. Zuerst war es toll dort, die Sonnenuntergänge an der Spree … Mit den Jahren kamen aber immer mehr Leute, und es entstand Kriminalität, es gab Drogenhandel, und sogar ein Mord passierte.

Es kam, wie es kommen musste: Am 17. Juli 1996 stand kein Kaffee auf dem Frühstückstisch, sondern die Polizei vor der Tür – der Berliner Innensenator Schönbohm ließ grüßen. Man gab uns ein paar Minuten fürs Einpacken persönlicher Dinge, und dann wurden wir abgeführt. In Zweierreihen, von den grünen Männchen eskortiert, ging es zum Zwangsröntgen wegen TBC-Gefahr. Hinter dem Röntgenbus befanden sich Tische mit Sozialarbeitern, die uns Zimmer anboten. Gepennt haben wir erst mal auf der Wiese am Bahnhof und bei Freunden.

Dann sollten wir ein Ersatzgelände in Staaken bekommen. Also sind wir mit drei Bauwagen nach Staaken gefahren und wurden von den Anwohnern »herzlichst« mit Basey's (Baseballschlägern) begrüßt. Das Angebot von der Polizei, wir könnten unter ihrem Schutz in unseren Wagen übernachten, lehnten wir dankend ab.

Wohin nun mit uns? Also ab nach Karow (im Norden von Berlin-Pankow). Abgestellt wurden wir auf einem kleinen Platz hinter der großen Wagenburg, die es dort damals schon gab. »Sollten die doch selber sehen, wie sie klarkommen.« Der Plan der Politiker ging auf.

Wir wurden von den Altbewohnern erst mal mit dem Nötigsten versorgt: Trinken, Essen und das Wichtigste: Wasserleitungen und Toiletten. Nach ein paar Wochen bekam ich ein Platzangebot »von drüben« und zog im November 1996 auf das Wagendorf Pankgräfin e. V. Dort haben wir uns als Verein organisiert und einen Pachtvertrag vom Bezirk bekommen. Die »kleine Wagenburg« nebenan wird seit damals geduldet, und das finde ich gut so.

Heute bin ich über fünfzig Jahre alt, und ich habe die Hälfte meines Lebens im Bauwagen gelebt. Ich könnte nie wieder in einer Wohnung wohnen. Ich würde mich fühlen wie ein eingesperrtes Tier im Käfig. Übrigens geh ich immer noch auf Demos, nicht mehr für den Häuserkampf, sondern für Tierrechte.

Wenn man so wohnt wie wir, muss man dazu bereit sein, nur noch mit freakigen Menschen zu tun zu haben. Doch auch innerhalb einer Wagenburg mit Aussteigern gibt es Leute, die du spießig findest. Es bilden sich dann wie von selbst kleine Grüppchen mit Gleichgesinnten, mit denen du dich besonders gut verstehst.

Hier bei uns in Karow leben zur Zeit circa 75 Erwachsene und 38 Kinder. Das Kollektiv entscheidet über alle möglichen Belange mit einer Zweidrittelmehrheit. Das Positive am Leben in der Wagenburg ist: Du hast keinen Big Boss, der dir sagt, wo's längs geht! Der Vorteil zu einem Haus ist die mögliche Flexibilität. Wenn du umziehen willst oder musst, dann brauchst du nur einen Trecker, und schwupp, weg bist du.

Und echt: Was gibt es Schöneres, als morgens draußen zu frühstücken und abends am Lagerfeuer unter dem Sternenhimmel einzuschlafen. Ich liebe meine kleine Welt, und ich mach sie mir so, wie sie mir gefällt!

Crazygaga Kalinka hat uns ihre Geschichte im Dezember 2014 in Berlin-Karow erzählt.

Moderne Vorstellungen

»Das Äußere der Wagenburg wird von einer Anhäufung baurechtswidriger Bau- und Wohnwagen sowie Bretterbuden geprägt. Dies widerspricht den modernen Vorstellungen von einem geordneten Zusammenleben in der Großstadt, zumal in der Innenstadt, insbesondere auch dem ästhetischen Empfinden der übrigen Bevölkerung in direkter Nachbarschaft.«

Aus der Begründung des Bezirksamtes Berlin-Mitte für die Räumung der Waldeburg in der Waldemarstraße 1993, zitiert nach: amantine (Hg.), **»Die Häuser denen, die drin wohnen!«**, Münster 2012, S. 40.

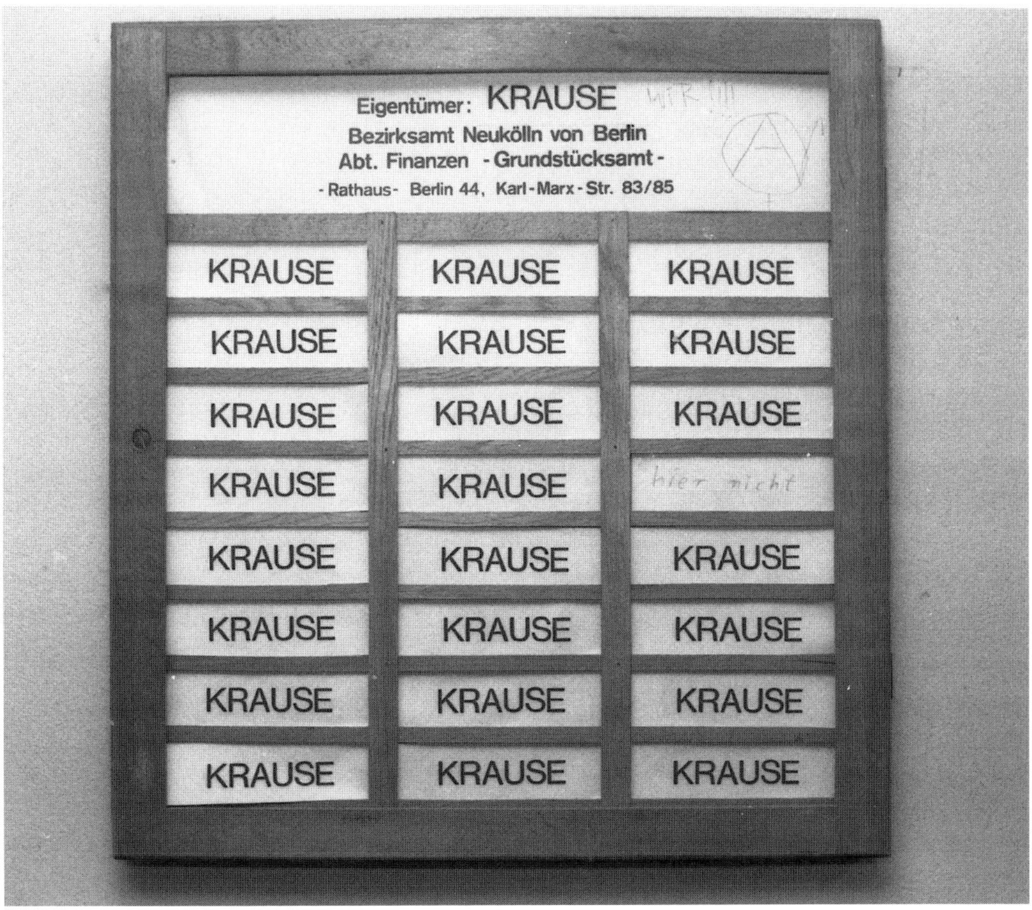

Stiller Portier im besetzten Haus Richardplatz 8, Berlin-Neukölln, Juni 1982
© Michael Kipp/Umbruch Bildarchiv

FRANKFURT

»Wir wollen alles«

Wohnungskampf in Frankfurt am Main

»Dann kam das Stadtplanungsamt und sagte: ›Wissen Sie, paar Geschosse mehr, darauf kommt's nicht an, wenn wir einmal bei sechzehn sind. Seien Sie so nett: Kaufen Sie doch dazu die Schumannstraße 61, 63, 65, 67, und reißen Sie die ab.‹ Ich sollte auch gegenüberliegend die 62 und 64 erwerben. Dann habe ich angefangen, das dazu zu erwerben, und ich habe bis auf die 61 und 64 auch tatsächlich alles erworben.«[21]

So berichtet der Kaufmann Ignatz Bubis, damals Mitglied des Direktoriums des Zentralrats der Juden, im Jahre 1985. Er war nicht der einzige jüdische Investor, der von der Stadt Frankfurt dazu gedrängt wurde, seinen Grundbesitz zu *arrondieren,* also ordentlich hinzuzukaufen, bis die Fläche groß genug war, um darauf einen Hochhauskomplex zu errichten. Das bereits 1968 als »Fünf-Fingerplan« bekannt gewordene Konzept sah Zonen intensiver Bebauung entlang und parallel bestehender oder geplanter Hauptverkehrslinien im Westend vor, das waren die Taunusanlage, der Kettenhofweg, die Bockenheimer Landstraße, der Reuterweg und Oberlindau. Man sprach von einer *City-Erweiterung,* gemeint waren weitere Bürotürme aus Glas und Stahl, denn der tertiäre Sektor brauchte mehr Platz, um mit seinem Finanzdienstleistungszentrum Bankiers aus aller Welt an den Main zu locken. Es ging um nichts weniger als um Frankfurts Zukunft, meinte der Magistrat. Die hatte im Bahnhofsviertel schon begonnen, eine Skyline zeichnete sich ab, und nun wollte das Banken- und Börsenimperium – es gab seinerzeit vor Ort schon über dreihundert Banken – in die bürgerlichen Wohnviertel hinein expandieren.

Das Dumme war nur, dass dort, wo sich die Politiker, Investoren, Bankhäuser und Versicherungsgesellschaften ihre neue Wirkungsstätte vorstellten, schon Häuser standen: stabile, attraktive Gründerzeitwohnhäuser und prächtige alte Villen. Es hatte hier nicht viele Kriegszerstörungen gegeben. Die Altbauten standen dort der Zukunft, so wie Stadt und Investoren sie sich wünschten, im Weg. Was tun? Im Fünf-Fingerplan hieß es wolkig, dass der Bauverwaltung ein nicht näher definierter Ermessensspielraum zugebilligt werden solle. Im Klartext hieß das: Abriss der alten Substanz. Es hieß ferner: Mit der im Gesetz festgelegten Geschossflächenziffer brauche man es nicht so genau zu nehmen.

Das Frankfurter Westend war von dieser zum »Fingerplan« geronnenen Vision eines Geschäftszentrums zentral betroffen. Hier trat dann auch kritisch die »Aktionsgemeinschaft Westend« (»AGW«) auf, eine Bürgerinitiative honetter Frankfurter, die sich zum Anwalt der urbanen Aura ihres beliebten Viertels gemacht hatten. Mit Aufklärung und friedlichen Demonstrationen versuchte die BI der Umwidmung und Umwandlung ihres Quartiers entgegenzuwirken. So beschreibt die AG Westend ihre Anfänge im Jahre 1969:

»... über 700 Bürgerinnen und Bürger finden sich zum Schutz des Stadtteils zusammen. Arbeitsgruppen erarbeiten alternative Planungen für den Stadtteil. Sprechstunden, Mietergespräche und Hausbesuche finden statt. Der Zustand sämtlicher Häuser im Stadtteil wird erfasst. Die AGW setzt sich für den Schutz von Grünflächen, Bäumen und Vorgärten im Stadtteil ein.«[22] Bis heute wirkt die AG der Stadtzerstörung entgegen. Sie war es, die den Hausbesetzern das Ziel steckte – wenn sie auch deren Methoden missbilligte.

Es war wie in vielen anderen Städten auch: Um eine Abrissgenehmigung zu erhalten, mussten die Haus- und Grundeigentümer, ob nun städtischer, gewerkschaftlicher oder privater Provenienz, nachweisen, dass ihre Liegenschaften sich nicht mehr zum Drinwohnen eigneten. Und sie halfen auf dieselbe Weise nach wie auch in Köln, Berlin, Hamburg und andernorts: Sie unterließen fällige Reparaturen, kündigten ihren Mietern, beschleunigten durch mutwillige Beschädigung den Verfall, den ein Leerstand ohnehin nach sich zieht, oder überbrückten die Zeit bis zur Abrissgenehmigung durch Einquartierung von Migranten zu Wuchermieten. Diese *Gastarbeiter* sollten die Häuser *kaputt wohnen*. Danach wollte man auch die Kurzzeitmieter auf die Straße setzen, den Altbau niederreißen und mit der Errichtung eines gleißenden Turmbaus beginnen. Dessen Hauptzweck: eine saftige Rendite abzuwerfen, ein Mehrfaches des bescheidenen Mietzinses, den ein längst abgeschriebenes Gründerzeithaus eintragen könnte. Und natürlich sollten sie der Stadtkasse hohe und wachsende Summen an Gewerbesteuer zufließen lassen.

Bei interessierten Geschäftsleuten sprach sich der Cityerweiterungsplan herum, woraufhin sich die Bodenpreise in der Frankfurter Innenstadt 1970 – verglichen mit 1950 – um das Sechzigfache erhöhten. Vier Jahre später sprach man schon von einer 200-fachen Erhöhung. Angesichts einer solchen Wertsteigerung wurde auch der zögerlichste Investor aktiv, und wer bis dahin ein ehrlicher Makler oder seriöser Finanzier gewesen war, verwandelte sich in einen Spekulanten.

Eine solche Strategie barg starkes Empörungspotenzial, wenn man erst mal angefangen hatte, offen darüber zu sprechen. Das geschah in Frankfurt durch die AG Westend und die in der

Studentenbewegung politisierten jungen Leute um den SDS (Sozialistischer Deutscher Studentenbund). Es geschah hier früher und lauter als anderswo, weil sich auf dem überschaubaren Areal der relativ kleinen Innenstadt und der angrenzenden alten Wohnviertel die Interessen von Big Money mit den Wohnbedürfnissen und dem Protest der Bevölkerung besonders hart im Raume stießen. Immer mehr Altmieter wurden aus dem Westend und aus anderen bürgerlichen Vierteln herausgedrängt. Immer mehr Studenten, Rentner und Gastarbeiter suchten dringend eine bezahlbare Bleibe. Die Anzahl der Pendler erhöhte sich dramatisch, sprich: eine wachsende Anzahl von Arbeitern und Angestellten sah sich gezwungen, an den Stadtrand auszuweichen. Unter diesen Umständen ließ sich Leerstand nicht vermitteln, Abriss von Häusern, die billig nutzbar gewesen wären, erst recht nicht. Das war die Situation, aus der heraus er entstand: der Frankfurter Häuserkampf.

Am 19. September 1970 wurde in der Eppsteiner Straße 47 ein schön gestalteter Mietwohnungsbau vom Ende des 19. Jahrhunderts, ein Eckhaus, besetzt. Es gehörte dem Spekulanten Simon Preisler und sollte nach der Entmietung abgerissen werden. Zur Geschichte dieser Besetzung äußert sich im Folgenden Lelle Franz. Was nicht geklärt werden konnte, ist, ob dieses Haus wirklich, wie oft gesagt wird, *das erste besetzte Haus* in der Bundesrepublik war, denn es gab im Jahre 1970 noch weitere Besetzungen, so in Köln in der Roßstraße und in West-Berlin im Märkischen Viertel. Aber die Eppsteiner Straße 47 wurde nicht geräumt und nicht abgerissen, sie ist immer noch von – inzwischen legalisierten – kritischen Mietern bewohnt und darf insofern, finden wir, aufgrund der Nachhaltigkeit der einstigen Besetzungsaktion die Würde des *Ersten Hauses* beanspruchen.

In rascher Folge wurden danach die Häuser Corneliusstraße 24 und Liebigstraße 20 besetzt, ferner machten von italienischen Zuwanderern getragene Mietstreiks auf die kriminellen Strategien der Spekulanten aufmerksam. Der regierende SPD-Magistrat mit Oberbürgermeister Walter Möller reagierte eher verwundert als wütend; man hatte andere Sorgen (Landtagswahl) und verzichtete deshalb zunächst auf harte Gegenmaßnahmen. Die Resonanz auf die Besetzungen bei Presse und Bevölkerung war erst mal positiv: Ja, es sei nicht legal, die Häuser in Beschlag zu nehmen, aber es sei legitim, so der Tenor. Die Stimmung änderte sich, als die Hausbesetzerbewegung an Zulauf gewann, der Häuserkampf militanter wurde und 1972 Möllers Nachfolger Rudi Arndt, von Hause aus ein linker SPD-Mann, aber dem Fünf-Fingerplan und dessen Urheber Baudezernent Hans Kampffmeyer verpflichtet, das Ruder übernahm. Der Magistrat agierte als verlängerter Arm der Investoren, deren Gewinnstreben er schützen zu müssen meinte – Arndt saß im Vorstand der Hessischen Landesbank (HLB), die günstige Kredite an Baulöwen vergab. »Wie kaum eine zweite Bank neben den Großbanken hat die HLB an der Zerstörung Frankfurter Wohngebiete verdient und die Spekulation mit Unsummen angeheizt«, heißt es in einem Flugblatt des von den Besetzern ins Leben gerufenen »Häuserrats«.

Die Besetzer fühlten sich im Recht und schritten von einer Tat zur nächsten, der Ton ihrer Verlautbarungen wurde schärfer. Aber es ging ihnen nicht nur darum, *ihre* Häuser zu verteidigen, um die städtische Politik und darüber hinaus den Kapitalismus anzugreifen, sie wollten auch eine Gegenkultur errichten: zusammen wohnen in Wohngemeinschaften, statt vereinzelt in der Schlafstadt, eigene Läden, Clubs und Institute gründen, in denen es keine Chefs und keine Unterordnung geben sollte, ein Privatleben führen, dass sich seiner politischen Bedingungen bewusst ist und diese verändern will. Solche Utopien stammten aus der Studentenbewegung, deren Frankfurter Köpfe – allen voran Daniel Cohn-Bendit und Joschka Fischer – am Häuserkampf teilnahmen, weil hier endlich mal nach all der heroischen revolutionären Theorie konkrete Praxis möglich war. Die ungeheure Erbitterung, mit der die Häuserkämpfer nicht nur in Frankfurt auf Räumungen reagierten, lag auch an der Zerstörung von alternativen Lebenszusammenhängen, die den Einzelnen viel, wenn nicht alles bedeuteten. Vergleiche hierzu das folgende Gespräch mit Daniel Cohn-Bendit.

Nachdem noch zu Möllers Zeiten das Haus Grüneburgweg 113 geräumt und militant, aber vergeblich verteidigt worden war, erreichte der Häuserkampf am Kettenhofweg 51 (Eigentümer: Abraham Markiewicz und Fischel Neufeld) eine neue Eskalationsstufe. Das Haus war 1972 besetzt worden, ein Jahr später drohte die Räumung. Als die Polizei mit schwerem Gerät anrückt, stößt sie erstmals auf Barrikaden aus Mülltonnen, Sperrgut und Autowracks und auf vermummte Besetzer und Sympathisanten, die entschlossen sind, nicht zu weichen. Die Zugänge zum Haus sind verrammelt, selbst das Dach ist gegen Einstieg gesichert. Der erste Vorstoß der Polizei misslingt – sie kommt nicht ins Haus. Stattdessen wird sie drei Tage später in eine Straßenschlacht gezogen, die kein Ende nehmen will, viele Verletzte fordert und erst der Auftakt ist für eine ganze Serie von Demos und offensiven Aktionen. In der Bevölkerung wächst einerseits die Solidarität – bis zu 5000 gehen auf die Straße – andererseits aber auch die Distanz, denn gewalttätige Aktionen wecken keine Sympathie. Die konservative Presse spricht von *Bürgerkriegsnestern* und rückt die Häuserkämpfer – wie dies später überall in der Republik geschieht – in die Nähe von Terroristen, so dass Anklagen nach § 129a (Unterstützung einer terroristischen Vereinigung) möglich werden. Polizeipräsident Kurt Müller, eigentlich ein besonnener Mann, unterstellt den Besetzern die Absicht, einen Großbrand zu entfesseln. Schließlich wird – im April 1973 – die Räumung in der Nacht vollzogen. Die Rebellen – »Der Wohnungskampf geht weiter!« – kontern mit Anprangerung von *Vermieterterror* und verkünden ihre Entschlossenheit, sich notfalls weiter mit schwerer Krawallerie gegen Räumungsattacken zur Wehr zu setzen. Die Studenten, Migranten und Spontis von der Frankfurter Betriebsgruppe Revolutionärer Kampf wollen die restlichen, zum Teil seit 1971 besetzten Häuser im Westend und anderswo um jeden Preis halten.

Der »Block« an der Ecke Bockenheimer Landstraße 111–113 und Schumannstraße 69–71, ein Areal mit vier herrschaftlichen Mietshäusern, Baujahr 1902, für das der populäre Ignatz Bubis als Eigentümer auftritt, wird im Februar 1974 zum Schauplatz der dramatischen Entscheidungsschlacht im Frankfurter Häuserkampf. Die Besetzer hatten 1971 einen befristeten Nutzungsvertrag mit Bubis geschlossen, bis der dann doch die Abrissgenehmigung erhielt und ans Werk gehen wollte. Die Besetzer des Blocks wussten: Die Räumung ist angeordnet. Und sie rüsteten sich. Monatelang haben Fehlalarme sie um ihre Nachtruhe gebracht, heldenhaft haben sie und ihre Unterstützer sich mittels Demos, Versammlungen, Verschwörungen und allseitiger Verschanzung ihrer Häuser auf den Abwehrkampf gegen das Polizeikommando vorbereitet. Bis sie schließlich, zermürbt vom spannungsreichen Warten auf den Tag X, am 21. Februar 1974 um 4.21 Uhr von einer martialischen Polizeitruppe regelecht überrollt werden: »Gegen 2.30 Uhr morgens ziehen die Einsatzwagen scheinbar erfolglos ab, um zwei Stunden später mit Wasserwerfern, Materialfahrzeugen mit Schweißgeräten, Motorsägen und Kompressoren sowie Spezialwagen mit Flutlichtmasten wiederzukehren. Die Häuser werden von helm- und schildbewehrten Mannschaften vor herbeieilenden UnterstützerInnen abgesperrt, andere Beamte stürmen mit Leitern und Motorsägen die verbarrikadierten Wohnungen, zerschlagen das gesamte Mobiliar und nehmen alle BesetzerInnen fest.«[23] Die Besetzer sind noch gar nicht alle draußen, als auch schon die Zerstörung der Häuser beginnt. Das Abrissunternehmen hatte an der Ecke gewartet. Im Morgengrauen war aus den vier Häusern ein von Staubwolken umwaberter Trümmerhaufen geworden. An der Demonstration zwei Tage später nahmen circa 6000 Menschen teil. Sie zogen schleppenden Schrittes fürbass – voll Schmerz im Bewusstsein ihrer Niederlage. Als der Zug beim Block angekommen war, schlug die Trauer in Wut um. Es kam noch einmal zu einer gewaltigen Straßenschlacht, beide Seiten – Bullen und Rebellen – schenkten einander nichts.

Was eine *militärische* Niederlage für die Hausbesetzer war, entpuppte sich als moralische Niederlage für die Gegenseite, für Magistrat und Investoren. Abriss war nur vertretbar und auch nur erlaubt, wenn außer der Genehmigung ein Plan zur Neubebauung vorlag, der auch sofort umgesetzt werden konnte. Das aber war in der Bockenheimer Landstraße/Schumannstraße nicht der Fall. Geschlagene elf Jahre lang war die berühmt-berüchtigte Ecke eine Mondlandschaft. Man konnte daran sehen, dass es nicht nur die Besetzer waren, die – mit all ihren guten Gründen – stur auf ihrem Standpunkt beharrten, sondern ebenso die Besitzer. Und deren Gründe waren alles andere als ehrenhaft.

Der Frankfurter Häuserkampf währte nur vier Jahre, in seinen besten Zeiten waren nicht mehr als etwa zwanzig Häuser besetzt. Nach der spektakulären Räumung des Blocks im Februar 1974 erwies sich das Protestpotenzial als aufgebraucht, die Besetzerbewegung verlief sich. Als es Anfang der 1980er Jahre von Freiburg bis Hamburg und Berlin noch mal richtig zur Sache ging, erlebte auch die Mainmetropole eine neue Besetzung: In einem Vorort wurde ein aufgelassenes Bahnareal besetzt und der »Freistaat Nied« ausgerufen. Das Echo in der Bevölkerung, auch unter jungen Leuten und Studenten, blieb jedoch schwach. Selbst Räumung und Abriss führten zu keiner neuen Protestbewegung.

Trotz dieses – im Vergleich etwa mit der Hamburger Hafenstraße oder den Besetzungen in Berlin-Kreuzberg und Köln-Ehrenfeld – fast schmählichen Endes der Frankfurter Hausbesetzerbewegung, kann man heute sagen, dass sie erfolgreich war. Eine Verfügung gegen die Zweckentfremdung von Wohnraum, im Zuge der Häuserkämpfe erlassen, verhinderte künftig die schlimmsten Auswüchse. Viele historische Bauten blieben erhalten, im Westend kann man immer noch spazierengehen, und das Hessische Denkmalschutzgesetz, von der AG Westend angeregt und 1974 umgesetzt, erwies sich als Schutzschild, wenn der Abriss alter Häuser drohte. Wer weiß, ob die Politik ohne die Militanz der Hausbesetzer auch nur einen Schritt in Richtung auf Bewahrung gewachsener Urbanität gegangen wäre. Dass der Fünf-Fingerplan schließlich zu Makulatur wurde, ist jedenfalls auch das Verdienst der Jungs mit den steinernen Argumenten.

21 **»Wir haben eine Leiche im Keller«.** Ignatz Bubis und Daniel Cohn-Bendit über Juden in Frankfurt und den Fassbinder-Streit. In: »Der Spiegel« Nr. 46 vom 11. 11. 1985.
22 http://www.aktionsgemeinschaft-westend.de/geschichte-des-westends/
23 Wolf Wetzel, **Eyes Wide Shut. Frankfurter Häuserkampf – Wie alles anfing.** In: https://wolfwetzel.worldpress.com/2013/02/19/3829.

Stein

»Sie haben dich/in Beton geboren/und heute beklagen sie,/dass du Betonkind/ Stein in den Händen hast.«

Aus der Broschüre: **Guerilla diffusa – in Bewegung bleiben**, 1981, S. 29.

Tragödie Westend

Reise nach Frankfurt und ein Treffen mit Christoph Kremer

Der Frankfurter Häuserkampf ist mittlerweile ein museales Event, was man daran erkennt, dass es »guided tours« gibt, die durch das Westend zu den wichtigsten Brennpunkten führen. Ungewöhnlich ist das nicht; auch in Berlin gibt es ähnliche Initiativen. Durch Kreuzberg zum Beispiel geleitet ein ehemaliger Polizeihauptkommissar stadthistorisch interessierte Menschen eine Route entlang, an der es etliche besetzte Häuser gab. Und in Hamburg versäumen Touristen selten einen Ausflug ins Schanzenviertel, wo das Autonome Zentrum Rote Flora steht, dessen Fassade nicht nur vom 19. Jahrhundert erzählt, sondern auch von einem Brand, der seinen schwarzen Schatten hinterlassen hat. In Frankfurt treffen wir uns an der Bockenheimer Warte unweit des Palmengartens und der Goethe-Universität. Von hier aus wandern wir durchs Westend zu den Orten, an denen zu Beginn der 1970er Jahre der Häuserkampf getobt hat. Unigebäude gehören dazu, Institute wurden ja auch besetzt, ferner der Grüneburgweg, die Liebigstraße, die Eppsteiner Straße, der Kettenhofweg und die Ecke Bockenheimer Landstraße/Schumannstraße. Die junge Stadtführerin war damals noch nicht geboren, sie schaut öfters auf ihre Kärtchen, damit ihr keine Fehler bei Namen und Daten unterlaufen. Sie ist immer froh, wenn sie eine Anekdote zum Besten geben kann, in der Allzumenschliches zur Sprache kommt. Ihr Publikum, das sind außer uns, Kai und Barbara, noch eine Handvoll weiterer älterer Leute. Jugendliche fehlen, aber die mittlere Generation ist vertreten und aufmerksam. Insgesamt sind wir ungefähr zwölf Personen. Die Älteren schütteln manchmal die Köpfe, nicht nur weil sie es anders in Erinnerung haben, sondern weil ihnen plötzlich bewusst wird, wie lange das alles zurückliegt und wie unzuverlässig Geschichtsschreibung immer ist.

1970. Im Westend sind diese drei Häuser besetzt worden: Eppsteiner Straße 47, Corneliusstraße 24, Liebigstraße 20. Was wird noch kommen? Die Haus- und Grundeigentümer samt ihren Finanziers und erst recht die Stadtplaner im SPD-Magistrat sind ziemlich nervös. Sie planen ein neues, hochmodernes Westend, und die alten Wohnhäuser sollen aus dem Weg. Seit längerem schon macht ihnen die Aktionsgemeinschaft Westend zu schaffen, die Nachtwachen organisiert, um zu verhindern, dass Saboteure im Schutz der Dunkelheit halb oder ganz leerstehende Häuser aufsuchen und dort die Fenster einschlagen, damit bei Frost die Wasserleitungen platzen und die Räume irreparabel geschädigt werden. Wenn ein Haus erst mal einer Ruine gleicht, ist die Abrissgenehmigung schnell zu haben. Und nun belassen es diese Aktivisten nicht mehr bei Nachtwachen – sie gehen in die Häuser hinein und bleiben dort. Oberbürgermeister Walter Möller hat unvorsichtigerweise die erste Hausbesetzung sogar noch hinnehmen, ja sogar fast gutheißen können. Er hat sie, wie damals der »Spiegel« berichtete, »als ein sympathisches Signal des Volkszorns gegen eine von der Stadtplanung leider selbst einst in Gang gesetzte Bodenspekulation verstanden«.[24] Aber jetzt noch ein Haus und noch eins – das führt zu weit. Die Stadt wehrt sich. Sie schickt ihrerseits Trupps los. Peter Brügge über das Westend: »Nachts streift, um ein Vielfaches verstärkt, die Polizei der sozialdemokratischen Stadt durch dieses mittlerweile teuerste und verworrenste Viertel Deutschlands. Zu Füßen zwanzigstöckiger Baustellen, in Seitenstraßen voller schöner, schäbiger alter Häuser, die von ihren Aufkäufern bis zum Abbruch wie Karnickelställe mit Gastarbeitern aufgefüllt werden, fahndet sie rastlos nach Lastgefährten, in denen sich Menschen und Möbel für illegale Hausbesetzungen verbergen könnten.«[25]

Wer war da reingegangen in die Häuser? Es waren Bürgerkinder, Studenten, Spontis und Freaks – aber auch eine bedeutende Anzahl italienischer und türkischer Familien, die ihre *Karnickelställe* nur zu gern verließen, um sich mit den jungen Häuserkämpfern in den eroberten Räumlichkeiten einzurichten. Für die Studenten war es wichtig, sich in Sachen Häuserkampf mit der Arbeiterklasse zu verbünden. Sie wollten nicht nur auf die Wohnungsnot hinweisen, sie wollten sie auch lindern. Sie wollten nicht nur Kritik an den Stadtoberen und deren Einsatz für Spekulanten und Banken üben, sondern den Gebrauchswert der bedrohten Häuser für das Volk (und sich selbst) hinüberretten. Dreierlei war jetzt zu tun: Die Häuser, oft vernachlässigt, mussten wieder in Schuss gebracht werden. Rechtskundige Freunde mussten befragt werden, wie es nun weitergehen könne, ob und wie mit den Eigentümern zu verhandeln sei, ob Mietverträge abzuschließen, wie Räumungen hinauszuzögern oder zu verhindern seien. Aus der Illegalität, so spannend sie zuerst war, sollte ein wie immer gewundener Weg in die Legalität führen. Und die Öffentlichkeit musste unterrichtet werden. Hier geht es, liebe Mitbewohner der schönen Stadt Frankfurt, nicht um Hausfriedensbruch und Randale, sondern um die Verteidigung des Stadtraums mit seiner gewachsenen Struktur. Bei einem Gutteil der Bevölkerung stießen die ersten Frankfurter Besetzungen auf Sympathie – zumal selbst der Haus- und Grundbesitzerverein in sich ging und zugab, dass »leerstehende Häuser zweifellos ein Ärgernis sind und sozial nicht zu rechtfertigen«.[26]

1971. Das Entgegenkommen des besagten Vereins währte nicht lange. So erfolgreich die Frankfurter Besetzerbewegung begonnen hatte, so rapide sollte sie nach wenigen Jahren mit hochschießender Gewalt auf beiden Seiten zu Ende gehen. Die nächste Station im Westend, eine Adresse zähen Kampfes, heißt: Grüneburgweg 113. Über diese erste rein studentische Besetzung fallen höheren Orts keine verständnisvollen Töne. Das Haus, es gehört dem iranischen Spekulanten Ali Selmi, wird geräumt, und über die Schärfe, mit der die anschließenden Straßenkämpfe ausgetragen werden, sind die Besetzer selbst, die Polizei und die Presse bestürzt. – Ein Haus an der Bockenheimer Landstraße kann vorerst gehalten werden. Die Besetzer bereiten die Okkupation gründlich vor.

»Zwei Genossen, die im besetzten Haus Corneliusstraße wohnten, dort aber keine eigenen Zimmer hatten, diskutierten schließlich, frustriert auch von monatelanger Wohnungssuche, die Möglichkeit einer Besetzung. Häuser gab es ja genug. Durch Mundpropaganda – ›Wer ist interessiert, bei einer Hausbesetzung mitzumachen?‹ – kamen nach einer Woche ungefähr vierzig Genossen zu einem vorläufigen Termin, bei dem die Vorstellungen von kollektivem Wohnen diskutiert wurden. Wir kamen überein, uns einige Häuser anzusehen. Das heißt: in der Nacht einzusteigen und sie auf ihre Eignung für unsere Zwecke zu überprüfen. Schon das dritte in der Bockenheimer Landstraße 93 entsprach unseren Vorstellungen. Eben waren die letzten Mieter ausgezogen, und es gab schon die ersten Spuren von beabsichtigter Zerstörung. Das Haus mit seinen über dreißig Zimmern, Keller und Zentralheizung schrie direkt nach einer Besetzung.«[27]

1972/73. Bald darauf wird das Haus am Kettenhofweg 51 besetzt, es gehört dem Immobilienspekulanten Abraham Markiewicz. Die versuchte – vorher angekündigte – Räumung ein Jahr später stößt auf hitzigen Widerstand. In einer der wütendsten Demos, die je stattfanden, verteidigen die Besetzer ihr Haus, die »Schlacht am Kettenhofweg« geht in die Chronik der Hausbesetzung ein. »Die beiden Haus- und die Verandatüren und alle Fenster im Erdgeschoss werden mit dicken Brettern zugenagelt und durch schwere Bohlen abgestützt. Außen wird ein Schrottauto in die Toreinfahrt gestellt, das den Eingang vollkommen versperrt ...«[28] Doch die Häuserkämpfer unterliegen. Vier Tage später räumt ein hoch gerüsteter Stoßtrupp von 700 Mann das Gebäude, die Polizei riegelt das gesamte Viertel ab, man spricht von einer Bürgerkriegsübung. Wenige Tage später ruft der Häuserrat zu einer Versammlung am Beethovenplatz auf – bei Regen in der Uni-Mensa. Es spielt die Band Ton Steine Scherben.

Inzwischen ist der Sozialdemokrat Rudi Arndt Bürgermeister. Ihm fehlt die Toleranz seines Vorgängers, er wünscht Ruhe an der Häuserfront. Das Go-in von Besetzern in einer Bauausschuss-Sitzung amüsiert ihn mitnichten. »Die ganze Wut der Herren kommt daher, dass wir nicht höflich Pfötchen geben, sondern einfach das Wort ergreifen, ohne um Genehmigung zu bitten. Fürwahr, ein *Akt der Freiheitsberaubung,* wie einer der CDU-Stadtverordneten schrie. Nur, so fragen wir uns, wessen Freiheit raubt man, wenn man den Abriss ganzer Wohnviertel beschließt ...?«[29] Die Lage ist so ernst, dass der OB sich dazu durchringt, mit den Häuserkämpfern zu reden – die gehen auch darauf ein und suchen ihn in seinem Amtszimmer im Römer auf. Während sie noch dabei sind, so etwas wie eine Gesprächsbasis herzustellen, klingelt das Telefon. Ein Journalist von der »F.A.Z.« ist dran. Man habe bekannte Hausbesetzer auf das Rathaus zugehen sehen, was denn da los sei, ob er etwa mit den Krawallbrüdern rede? Arndt leugnet. Während seine Gesprächspartner dabeisitzen, erklärt er, dass er nie und nimmer mit diesen Chaoten ein Wort wechseln würde. Die »Welt« vom 3. April 1973: »Wer einen Zeitungsmann, der ihn am Telefon fragt, ob es stimme, dass er mit den Hausbesetzern verhandeln wolle, laut auslacht und mit starken Worten verneint, während die Extremisten-Delegation bei ihm sitzt, dem traut am Schluss niemand mehr.« Die Fronten verhärten sich. Nachdem Eigentümer dazu übergehen, die Eingänge ihrer Häuser zuzumauern, um Besetzer abzuwehren, gehen Hausbesetzer hin und mauern den Eingang des Wohnungsamtes zu. Es kommt zu Razzien, die Polizei wirft Möbel aus geschlossenen Fenstern. Das Selmi-Hochhaus brennt. Wieder liegt ein Geruch von Bürgerkrieg in der Luft.

1974. Am Ende unseres Rundgangs durch das Frankfurter Westend stehen wir an der Ecke Bockenheimer Landstraße/Schumannstraße. Mehr als vierzig Jahre ist es her, dass dieser vier großbürgerliche Häuser umfassende Block, Eigentum des Investors Ignatz Bubis, der hier ein Hochhaus hinsetzen wollte, in einer rabiaten Polizeiaktion den Besetzern genommen und sofort danach dem Erdboden gleichgemacht wurde. Das Bürogebäude, das jetzt dort steht, mit sechs Geschossen – sechzehn waren mal geplant –, kein Hochhaus, ist eines dieser üblichen abweisenden Glas-Stahl-Konstruktionen, durch die man normalerweise hindurchguckt. Jetzt schauen wir alle hin, weil wir ja wissen, was da mal war. Man sollte eine Infowand aufstellen mit großen Abbildungen der einstigen würdigen Bauten.

Unsere Führerin hat noch eine angenehme Überraschung für uns in petto. Sie führt uns an die Ecke Ulmenstraße/Kettenhofweg zum Livingstoneschen Pferdestall. Der neobarocke Prachtbau aus dem Jahre 1880, für Stall und Remise eigentlich viel zu schmuck, sollte ebenfalls einem Bürohochhaus weichen – die Aktionsgemeinschaft Westend hat ihn gerettet. Der Frankfurter Presseclub hat hier seine Räume, es gibt ein feines Restaurant.

Am Abend treffen wir den Anwalt Christoph Kremer – er ist spezialisiert auf Mietrecht, hat seinerzeit öfter Hausbesetzer verteidigt und auch selbst im besetzten Haus in der Corneliusstraße 24 gewohnt. Jetzt lebt er woanders – und es gefällt ihm gar nicht, wie das Westend sich entwickelt hat. »Die Hausbesetzungen und das, was wir Häuserkampf genannt haben«, sagt er, »die haben wohl die Zerstörung des Stadtteils verzögert, sie haben einen kleinen Beitrag geleistet, dass etliche schöne Fassaden erhalten blieben, aber sie haben nicht das Geringste daran geändert, dass heute eine Wohnung im Westend nur für eine sehr kleine Minderheit erschwinglich ist.«

Wir wollen ihn zum Häuserkampf befragen, und er kommt gleich auf die Frankfurter Besonderheiten zu sprechen, auf das, was es nur in dieser Stadt gegeben hat. Da ist zum einen die *Mietstreikbewegung* der italienischen Arbeiter und Zuwanderer. Deren Unterbringung in verwahrlosten Wohnungen, eine Familie mit sechs Kindern in zwei Zimmern, versagende Sanitäranlagen, zwei Mülltonnen für vierzig Parteien – und dann noch Wuchermieten, das war zu viel. In Italien, vor allem in Mailand, arbeitete die »Unione Inquilini« gegen diese Zustände an, ihre Erfahrungen flossen in die Frankfurter Mietstreiks ein. Linke Studenten und Hausbesetzer unterstützten die Mietstreiks, sorgten für juristischen Rat und Publizität des Skandals. Hier war es vor allem der

Hessische Rundfunk, dessen in italienischer und türkischer Sprache ausgestrahlte Sendungen für Gastarbeiter eindeutig Stellung bezogen und zur Ausweitung der Streiks beitrugen. Und die italienischen Genossen – unter ihnen Mitglieder der militanten Turiner Gruppierung »Lotta Continua« – lehrten die linken Studenten, wie man sich auf Versammlungen streitet, ohne den Humor zu verlieren, um bei anschließendem Fest mit Gesang und gutem Essen neue Pläne zu schmieden. Die Mietstreikbewegung war eine der seltenen Gelegenheiten, bei denen Intellektuelle und Arbeiterklasse wirklich kooperierten.

Vor Gericht versuchten die Mieter und ihre Unterstützer den Streik so zu begründen: Sie nahmen die ortsübliche Vergleichsmiete, rechneten aus, wie viel sie darüber hinaus bezahlt hatten, und betrachteten diese Summe als abwohnbares Guthaben. Das war bei Mieten, die bis zu 500 Prozent über der Vergleichsmiete gelegen hatten, schon ein Haufen Geld. Anfangs drangen sie mit dieser Argumentation nicht durch, aber eine neue Generation jüngerer Richter ließ sich überzeugen. Den Streikenden wurde immer öfter recht gegeben – das waren Erfolge, die den Kampfgeist neu anfachten. Christoph Kremer war zu dieser Zeit ein Jurastudent. »Ich habe da zum ersten Mal die Erfahrung gemacht, dass die Juristerei, die mich an der Universität abgestoßen hat, einen Gebrauchswert haben kann. Vielleicht hätte ich mein Examen auch ohne diese Erfahrung bestanden, aber ich bin sicher, dass die praktische Unterstützung der ausländischen Arbeiter, auch bei Ausweisungsverfahren, sehr wichtig war. Weil ich immer etwas aus dem praktischen Leben mit meinem Lernen verbinden konnte.«

Die zweite Besonderheit des Frankfurter Häuserkampfes lag in der Herkunft der Haus- und Grundeigentümer, die mit ihrem spekulativen Vorgehen zu Gegnern der Besetzer wurden: Sie waren fast alle jüdischer Herkunft. Und das erleichterte es der konservativen Presse, den Stadtoberen und auch den sich in ihren Rechten verletzt fühlenden Investoren, mit dem Antisemitismus-Vorwurf beizuspringen. Die militante Minderheit, die da Häuser besetzte und zur Enteignung aufrief, die tue das, weil sie Juden schaden wolle. Ignatz Bubis lässt in seinen Memoiren einen solchen Vorwurf anklingen. Von circa vierzig größeren Grundaufkäufern der citynahen Stadtbezirke waren in Frankfurt 36 Juden. Wie kam das? War das ein Zufall?

Nicht nur Bubis, auch andere jüdische Investoren am Frankfurter Immobilienmarkt erzählen, dass der Magistrat, sprich dessen Baudezernent, sie geradezu gedrängt habe, immer noch mehr und mehr Grund hinzuzuerwerben, ihren Besitz zu arrondieren, damit Hochhäuser – die viel Platz brauchen – gebaut werden könnten. Dass diese Art der »City-Erweiterung« nicht populär war, wussten alle. Könnte es sein, dass die Stadt ein paar Sicherungen einbauen wollte, damit der Plan gelänge? Könnte das Kalkül mitgespielt haben, dass eine Hemmung, jüdische Investoren anzugreifen, die Kritik nachhaltig zum Verstummen bringen würde? Ob man im Römer wirklich so gedacht und gehandelt hat, ist unbekannt.

Und die Hausbesetzer damals? Wie sind sie mit den Vorhaltungen umgegangen? Im Grunde sind sie die Hypothek nie losgeworden. Ihre Motive, das waren der Kampf gegen die Wohnungsnot, gegen Mietwucher, gegen die Stadtzerstörung, gegen Kapitalverwertungsstrategien in »Bankfurt«, die sich über die Lebensinteressen der Menschen hinwegsetzten. Antisemitismus? Nein, meint Kremer. Indessen: Nachgedacht hätten die jungen Besetzer auch nicht richtig. Sie hätten die Situation, in der ihre politischen Gegner zu einem großen Teil Juden waren, reflektieren und sich irgendwie dazu verhalten müssen. Und das haben sie nicht getan. Sie waren zu sorglos, sie waren naiv. Auch wenn sie bei der nächsten Hausbesetzung mit einem großen Plakat an der Tür reagierten: »Gegen die Diskriminierung von Hausbesetzern, Ausländern und Juden!«

Das Theaterstück »Der Müll, die Stadt und der Tod« von Rainer Werner Fassbinder, dessen Premiere ein Jahrzehnt später mittels eines Antisemitismus-Vorwurfs gesprengt wurde, hat die Debatte noch einmal aufgewirbelt. Im Stück gibt es die Figur des reichen Juden, der nicht einmal einen Namen hat und für die Frankfurter Immobilienspekulanten steht. Das sei Antisemitismus in Reinkultur, fand damals Ignatz Bubis. Er traf sich mit Daniel Cohn-Bendit zum »Spiegel«-Streitgespräch.[30] Cohn-Bendit wollte das Stück interpretieren, er hielt nichts vom pauschalen Vorwurf des Antisemitismus. Ob das ein Reflex seiner Erfahrungen im Frankfurter Häuserkampf war?

Wir wohnen im Norden der Stadt bei einer Freundin, die Straßenbahn trägt uns ins Westend und wieder hinaus. Unser, der Gäste, Frankfurt-Gefühl ist angenehm, obwohl wir die Gegend um den Bahnhof ganz schön abschreckend finden. Aber der Campus, die Wohnstraßen, das Café Laumer und das Café Größenwahn – die Reize des Großstädtischen, die typischen Spannungen, die sich ergeben, wenn man als Tourist den Appeal der öffentlichen Plätze und Gebäude auf die vielen Geheimnisse projiziert, die in den privaten Behausungen mit ihren freundlichen Fassaden schlummern, dieses Sirren und Pochen, Geräusche, die der Kreislauf der Metropole macht, diese Reize sind alle noch da. Wahrscheinlich ist es nicht so leicht, eine große lebendige Stadt um ihren Zauber zu bringen. Sie mobilisiert rechtzeitig ein paar Selbstheilungskräfte. In Frankfurt hießen die AG Westend und Hausbesetzung. 24 Häuser sollen es sein, die in den 1970er Jahren den Abrissplänen zum Trotz stehengeblieben sind.

Unser Gespräch mit Christoph Kremer fand im März 2015 statt.

24 **»Aufgeben können wir nicht mehr«.** In: »Der Spiegel« Nr. 47 vom 16. 11. 1970.
25 Ebd.
26 Hans-Joachim Noack, **»Hausbesetzungen in Frankfurt. Kampf wider die Spekulanten. Die Behörden warten ab«.** In: »Die Zeit« Nr. 40 vom 2. 10. 1970.
27 Häuserrat Frankfurt, **Wohnungskampf in Frankfurt**, München 1974, S. 44.
28 Ebd., S. 64 f.
29 Ebd., S. 62.
30 **»Wir haben eine Leiche im Keller«.** Ignatz Bubis und Daniel Cohn-Bendit über Juden in Frankfurt und den Fassbinder-Streit. In: »Der Spiegel« Nr. 46 vom 11. 11. 1985.

Leerstand

»Ein zentrales Problem der Frankfurter Wohnungspolitik ist leerstehender Wohnraum. Hier sollte ein Konfliktfeld weggeräumt werden, das ja zu Hausbesetzungen und Hunderten von Skandalartikeln geführt hatte. Leerer Wohnraum sollte nun verboten werden. Die Polizei legte Listen von leerem, gutem Wohnraum an – aber primär, um ihn vor Besetzungen zu schützen.«

Aus: **Häuserrat Frankfurt, Wohnungskampf in Frankfurt**, München 1974, S. 35.

Einst

»Parmesan und Partisan/wo sind sie geblieben?/Parmesan und Partisan/alles wird zerrieben«

Matthias Beltz, Kabarettist

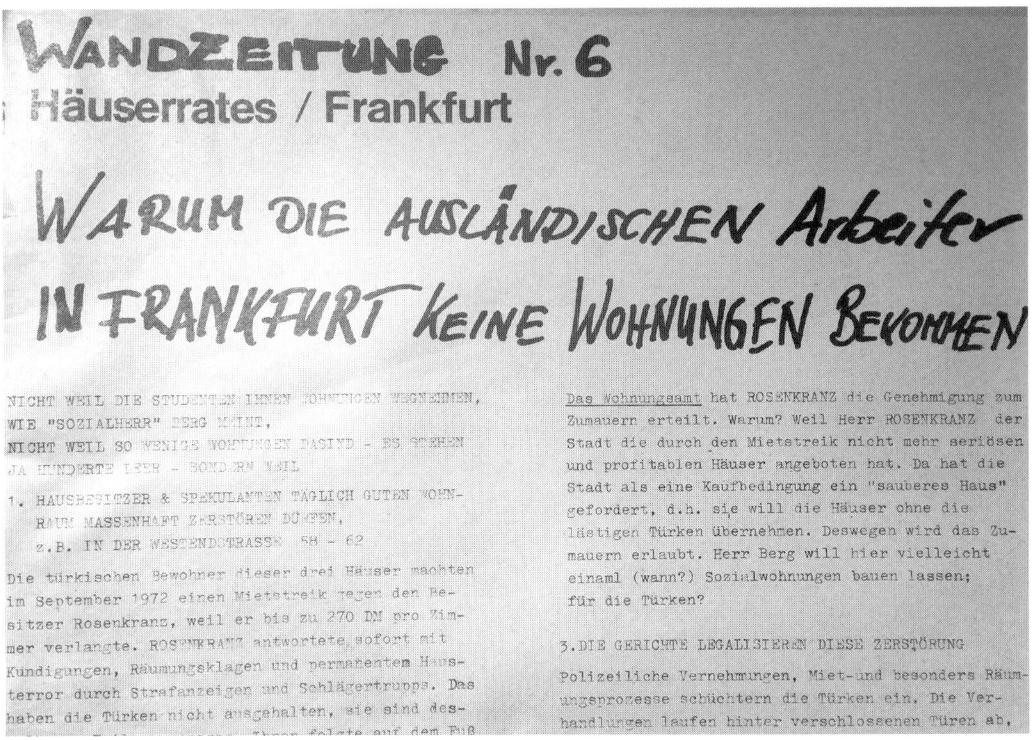

WANDZEITUNG Nr. 6
Häuserrates / Frankfurt

WARUM DIE AUSLÄNDISCHEN Arbeiter IN FRANKFURT KEINE WOHNUNGEN BEKOMMEN

NICHT WEIL DIE STUDENTEN IHNEN WOHNUNGEN WEGNEHMEN, WIE "SOZIALHERR" BERG MEINT,
NICHT WEIL SO WENIGE WOHNUNGEN DASIND – ES STEHEN JA HUNDERTE LEER – SONDERN WEIL

1. HAUSBESITZER & SPEKULANTEN TÄGLICH GUTEN WOHNRAUM MASSENHAFT ZERSTÖREN DÜRFEN, z.B. IN DER WESTENDSTRASSE 58 – 62

Die türkischen Bewohner dieser drei Häuser machten im September 1972 einen Mietstreik gegen den Besitzer Rosenkranz, weil er bis zu 270 DM pro Zimmer verlangte. ROSENKRANZ antwortete sofort mit Kundigungen, Räumungsklagen und permanentem Hausterror durch Strafanzeigen und Schlägertrupps. Das haben die Türken nicht ausgehalten, sie sind des-

Das Wohnungsamt hat ROSENKRANZ die Genehmigung zum Zumauern erteilt. Warum? Weil Herr ROSENKRANZ der Stadt die durch den Mietstreik nicht mehr seriösen und profitablen Häuser angeboten hat. Da hat die Stadt als eine Kaufbedingung ein "sauberes Haus" gefordert, d.h. sie will die Häuser ohne die lästigen Türken übernehmen. Deswegen wird das Zumauern erlaubt. Herr Berg will hier vielleicht einaml (wann?) Sozialwohnungen bauen lassen; für die Türken?

3. DIE GERICHTE LEGALISIEREN DIESE ZERSTÖRUNG

Polizeiliche Vernehmungen, Miet-und besonders Räumungsprozesse schüchtern die Türken ein. Die Verhandlungen laufen hinter verschlossenen Türen ab,

Wandzeitung des Frankfurter Häuserrates
(Archiv, Berliner Geschichtswerkstatt e. V.)

Ohne Hausordnung

Eppsteiner Straße 47

Ein Besuch bei Lelle Franz

Das erste besetzte Haus der Bundesrepublik macht mit seinem Schmuckgiebel und seinen schmiedeeisernen Balkongittern einen fast vornehmen, jedenfalls bürgerlich-freundlichen Eindruck. Es steht für genau die Art von Gründerzeitbauten, denen – sofern, wie hier, modernisiert wurde – die Wohnträume der Mittelschicht von heute gelten. Im Jahre 1905 wurde es erbaut; die Mietshäuser und Villen aus jener Zeit fasst man gern pauschal unter den Begriff Jugendstilbauten zusammen, auch wenn, wie hier an der Eppsteiner Straße 47 in Frankfurt, die typischen Linien des Jugendstils gar nicht zu finden sind. Frau Lelle Franz, die hier wohnt und mit der wir verabredet sind, wird uns erklären, dass es eher die Schwünge des Barock sind, die diese Fassade kennzeichnen. Der Baueifer in den Jahrzehnten vor dem Ersten Weltkrieg hat sämtliche bekannten Stile zitiert und gemischt, und an der Eppsteiner Straße 47 ist ein ausgesprochen einladendes, eine Spur theatral wirkendes repräsentatives Wohngebäude dabei herausgekommen. Es steht heute unter Denkmalschutz.

Lelle Franz hat ihre Wohnung entsprechend eingerichtet: mit unendlich vielen Büchern, gemütlichen Sofas und einer Katze. Sie bietet Kaffee an und stellt erst mal klar, dass sie sich nicht zur berühmt-berüchtigten Häuserkampfszene in Frankfurt der 1970er Jahre rechnet. Ihre politische Heimat waren unter anderem der SDS und die Aktionsgemeinschaft Westend, bei der sie bis vor zwei Jahren im Vorstand saß. »Wir sind die älteste Initiative überhaupt in Deutschland.« Der Rabatz um des Rabatzes willen, den später der »Schwarze Block« und andere militante Gruppen in die Häuserkampfbewegung hineintrugen, war ihr immer suspekt. Was hat er denn letztlich bewirkt? Die AGW hingegen, Ende der 1960er Jahre bereits ins Leben gerufen, hat wirklich etwas bewegt, etwas verändert. Franz: »Das war eine Bürgerinitiative, die aus lauter gesettelten Westend-Bürgern bestand. Da waren Anwälte, Ärzte, alte Westendler dabei, die hier noch wohnten und die gesagt haben: Wir müssen eine Struktur schaffen, die sich dagegen sperrt, dass das Westend immer weiter kaputtgemacht wird. Da gab es diesen Entwicklungsplan, den Fünf-Fingerplan, diese bescheuerte Phantasie der Stadt Frankfurt, hier so eine Dienstleistungsmetropole innerhalb der alten Stauffermauern zu erschaffen.«

Die Stadt aber kümmerte sich nicht um Altertümer, sie wollte hoch hinaus und Frankfurt eine Skyline verpassen – egal, wie viele Gründerzeithäuser dabei draufgingen. Die Grundstücksspekulanten kauften die Altbauten auf und versuchten, sie zu entmieten – das übliche Vorgehen, nur hier in Frankfurt früher und frecher als woanders. Lelle Franz erinnert sich an einen Baustadtrat, der noch vor etwa zwei Jahren zu ihr, der AGW-Aktivistin, am Telefon sagte: »Gnädige Frau, die Investoren sind unsere Kunden, und ihre Interessen müssen wir genauso berücksichtigen wie die Interessen der Bürger.« Franz weiß noch, was sie geantwortet hat: »Sie sind Leiter der städtischen Bauaufsicht, das ist eine Behörde, die für die Interessen und für den Schutz der Bürger da ist. Von wegen: Die Investoren sind unsere Kunden …!«

Unterm Schirm des städtischen Wohlwollens kaufte seinerzeit auch der Investor Simon Preisler sein Westend-Areal zusammen, das Haus in der Eppsteiner Straße 47 gehörte dazu. Sein Pech: Eine alte Dame, der eines der Häuser in der Straße gehörte, wollte nicht verkaufen. Jetzt wusste der Investor nicht weiter, es entstand eine schöpferische Pause. Die AGWler waren sich im Klaren: Wenn Preisler sein Konglomerat zusammenhätte, dann würde er abreißen. Und sie nutzten die Preisler'sche Ratlosigkeit und gingen dazwischen. Am 19. September 1970 arrangierten sie die Besetzung der Eppsteiner Straße 47, eines damals teilentmieteten, verwahrlosten Hauses. »Das ganze Erdgeschoss war leer, da hausten die Penner, die machten ihr Feuerchen auf dem Parkettboden. Und im ersten Stock wohnte eine italienische Familie, die ist da so vorübergehend reingesetzt worden.« Die Aktivisten von der AGW hatten ihre Wohnungen. Ihnen ging es nicht um eine Bleibe, sondern darum, die Zerstörung des Westends aufzuhalten. In Frankfurt-Höchst gab es eine riesige Obdachlosensiedlung, auch in Offenbach lebten Leute in Notunterkünften und Eisenbahnwaggons, dahin sind die AGWler aufgebrochen. »Wir sind da hin und haben den Leuten dort, die wir kennenlernen durften, gesagt: ›Es gibt ein wunderschönes Haus, da stehen mehrere Wohnungen leer, und wenn ihr das riskiert, da einfach illegal reinzugehen …‹ Also das war schon eine ganz verrückte Geschichte. Es gab ja kein Beispiel, es gab noch keine Besetzungen, nichts, wir waren die Ersten.«

Bei Nacht und Nebel organsierten Lelle Franz und ihre Freunde den Umzug mehrerer Familien aus den Baracken in Höchst nach Frankfurt ins Westend; sie sorgten sogar dafür, dass die Presse stillhielt, bis alles in trockenen Tüchern war und dann auch die Polizei vorfuhr. Verständnis und Zustimmung selbst seitens der Ordnungshüter waren groß; die erste Besetzung in der Bundesrepublik verlief gewaltlos. Sogar das Landesamt für Denkmalpflege wurde eingebunden, die Eppsteiner Straße 47 kam auf die Liste der zu schützenden Objekte als »einziges Jugendstil-Eckhaus im nördlichen Westend«.

Einige Jahre später, 1976, zog auch Lelle Franz mit ihren Kindern ins besetzte Haus. Das gehörte Simon Preisler bald nicht mehr. Denn der hatte sich bei einem Hochhausprojekt übernommen, hatte zu hoch hinauf gebaut und musste Strafe zahlen. Dafür hatte er das Geld nicht, und so gab er seinen Besitz in der Eppsteiner Straße an die Stiftung »Soziale Wohnhilfe«, die von der Stadt unterstützt wurde. Etliche der ursprünglich zum Abriss bestimmten Häuser gehörten der Stiftung, und dafür wurde eine funktionierende Verwaltungsstruktur gebraucht: die städtische gemeinnützige Gesellschaft für Wohnheime und Arbeiterwohnungen, kurz »Wohnheim« genannt. Das waren also jetzt die neuen Vermieter und Ansprechpartner. Lelle Franz und ihre Mitbewohner, unter denen es heute außer ihr keine Erstbesetzer mehr gibt, haben sich öfter mit der Wohnheim anlegen müssen, auch Prozesse geführt, denn es gab immer noch die Entmietungs- und, wer weiß, vielleicht auch noch Abrissstrategie, jetzt von Seiten der Stadt. Franz und die anderen Bewohner erhielten zu Beginn sogenannte Überlassungsverträge, die schließlich in reguläre Mietverträge umgewandelt wurden. »Unser Anwalt Christoph Kremer hat gesagt, wenn ihr immer fleißig jeden Monat diesen Obolus, der für den Überlassungsvertrag anstelle einer Miete vorgesehen ist, entrichtet, dann ist es ein Vertrag. Das war der absolute Spitzenrat! Zwei WGs, die später hier eingezogen sind, die haben gedacht, dass ist hier alles so anarchistisch, da brauchen wir nichts zu bezahlen, und die wurden rausgeklagt.«

Die Wohnheim hat unverdrossen versucht, das Haus loszuwerden – samt der rebellischen Quasimieter. Es kamen auch immer mal ein paar Interessenten vorbei, darunter üble Spekulanten. Franz: »Denen haben wir gesagt: ›Wissen Sie was, die Wohnheim erzählt Ihnen, das ist ein ehemals zum Abriss bestimmtes Haus, das erste besetzte überhaupt, und die Leute, die hier wohnen, sind alle nicht ganz koscher. Aber die irren sich. Wir haben gemeinsam einen Anwalt – das war damals schon der Christoph Kremer –, der ist einer der besten Mietrechtsanwälte von Frankfurt. Wir haben Geld, wir haben Einfluss, uns kriegen Sie hier nicht raus.‹ Und da sind alle abgesprungen.« Inzwischen wurde das Haus grundsaniert, die Mieten sind gestiegen, linke Vögel leben darin, etablierte Leute, seltsame Typen und eben immer noch Lelle Franz. In einem sind sich die Bewohner einig: »Die Wohnheim hat zwei Jahre lang versucht, eine Hausordnung aufzuhängen. Wir haben sie immer wieder abgehängt.«

Auf unsere Frage, ob sich dann nicht doch aus der Eppsteiner Straße heraus Kontakte zur Hausbesetzerszene ergeben hätten, erzählt Lelle Franz von der leerlaufenden Militanz zum Beispiel in der Bockenheimer Landstraße Nr. 93: »Eine Gruppe von Studenten ist da reingestürmt, es gingen erst mal alle möglichen Fensterscheiben zu Bruch. Das war nicht zu vermitteln. Wir (von der AGW) haben von Anfang an dieses Grundprinzip gehabt, ordentliche Bürgerkinder, die wir waren: Alles, was wir machen, muss zu vermitteln sein. Das war ein politischer Slogan. Da muss selbst ein ganz konservativer Bürger noch ein Quäntchen Verständnis für aufbringen können, dass da besetzt wird.« Aber es gab dann auch ein Vorgehen der Gegenseite, das selbst ordentliche Bürgerkinder in helle Wut versetzte. »Gerade im Zusammenhang mit dem Abriss des Blocks, Schumannstraße/Ecke Bockenheimer Landstraße. Ich weiß noch, da kam die sogenannte

Putzgruppe dazu, die war dann immer da, mit Johnny Klinke und Joschka Fischer, und da gab es eine richtige Straßenschlacht auf der Bockenheimer … Und dann hat sich immer mehr rumgesprochen, was die Vorgeschichte ist. Ignatz Bubis wusste, dass er da gar nicht mehr bauen konnte, da ging ihm nämlich schon das Geld aus. Den Abriss hat er sich von der BfG-Bank finanzieren lassen, also das muss man sich mal illustriert vorstellen. Und dann kam ich an der Putzgruppe vorbei, und einer von ihnen hat gesagt: ›Lelle, wir gehen jetzt zur BfG, ist dir klar, was wir da machen?‹ Ich hab gesagt: ›Ich geh mit. Also, das mit dem Abriss, das ist etwas, das find ich so grauenhaft, da lass ich mich auch für verhaften.‹ Der Freund hatte in beiden Taschen einen Pflasterstein – der, den er mir gegeben hat, der steht noch da oben im Regal. Es war eine sehr lustige Geschichte. Wir sind zur BfG, und ich hab meinen Stein gegen die Scheibe geschmissen, und die hat dann so 'n bisschen ping-püng gemacht, und da fiel der Stein auf derselben Seite auch schon wieder runter.« Lelle wurde ausgelacht, man drohte ihr an, sie nie wieder mitzunehmen. »Da gehört nämlich schon eine ungeheure Kraft dazu, so eine Scheibe einzuschmeißen.«

Das Café Laumer ist gleich um die Ecke. Wir möchten Lelle Franz dahin einladen, aber sie lehnt höflich ab. Immer noch hat sie viel zu viel zu tun. Wir sind froh, dass sie uns diese Stunden für ein Gespräch gewährt hat.

Wir trafen Lelle Franz, Psychologin und Medizinerin, im März 2015 in Frankfurt am Main.

»Ein richtiges Leben im falschen System«

Gespräch mit Daniel Cohn-Bendit

Barbara: Dany, du bist damals in Frankfurt dabeigewesen. Wie war das aus deiner Sicht mit den Hausbesetzungen, und was ist geblieben?

Dany: Für den Häuserkampf in Frankfurt gab es zwei Gründe. Ein Impuls ging von den Wohngemeinschaften aus, die nach großen Wohnungen suchten. Im Gegensatz zu Berlin gab es in Frankfurt für WGs kaum passende Wohnungen, und die es gab, lagen über die Stadt verstreut in verschiedenen Häusern, die dann verkauft wurden oder die abgerissen werden sollten, um Hochhäuser zu bauen. Am symbolträchtigsten war in diesem Zusammenhang in Frankfurt der »Block« in der Bockenheimer Landstraße/Ecke Schumannstraße. Zuerst waren das gemietete Wohnungen, dann wurden sie von den Mietern besetzt, weil die Leute, die dort in WGs lebten, nicht rauswollten. Das hing vor allem mit der linken Spontiszene und der Vorstellung: »Es gibt auch ein richtiges Leben im falschen System!« zusammen. Man hat versucht, den Sozialismus nicht auf eine unerreichbare Zukunft zu verschieben, sondern Lebensformen zu entwickeln, die den Herrschenden nicht einfach unterworfen sind. Das war ein Netz von unheimlich vielen WGs, aus dem sich die Alternativszene entwickelte. Die Besetzungen verliefen immer nach demselben Muster. Ein Haus war bewohnt und sollte abgerissen werden, oder es hat sich herausgestellt, dass es Häuser gab, die leerstanden. Die wurden dann besetzt. Beides lief parallel. Das war der eine Strang. Der andere Strang hat sich daran geknüpft, dass es immer mehr Migranten gab, Italiener und andere, die aus ihren Wohnungen rausmussten, weil diese Häuser nach dem gleichen Prinzip abgerissen werden sollten. Die Migranten haben sich dann dem linken Milieu angeschlossen. Das waren die zwei Pfeiler oder Standbeine des Häuserkampfes in Frankfurt.

Daraus entwickelte sich eine urbane Bewegung, die das ganze Problem der Stadt im Auge hatte. Die Hauptparole lautete: »Diese Stadt, so wie sie ist, ist sie Mist.« Ja, es war also im Grunde genommen die Forderung nach einer humanen Stadt. Das mündete in einem Kampf gegen alle möglichen Dinge, die damit einhergingen, wie die Fahrpreiserhöhung zum Beispiel. Was sich in Frankfurt dann entwickelt hat, geschah über mehrere Jahre hinweg. Kurz zusammengefasst: Von der SPD wurde ein großes Kitaprojekt entwickelt, das kollektiv geführt werden sollte, und als die CDU dann wieder drankam, wollte sie dieses Projekt wieder in normale Strukturen mit Leitungen und so weiter überführen. Dagegen gab's Widerstand von den Kindertagesstätten. Auch das »TAT«, das »Theater am Turm«, sollte geschlossen werden. Im Zusammenhang mit den Häuserkampfbewegungen oder im Anschluss daran hat sich eine städtische Bewegung entwickelt, die verschiedene Probleme aufgegriffen hat.

Natürlich hat sich mit dem Häuserkampf, wie immer bei solchen Bewegungen, auch eine sehr militante Substruktur entwickelt. Hatte die überhaupt noch die Frage des Wohnraumes im Kopf oder gab es mehr den Wunsch nach einer radikalen Konfrontation mit dem herrschenden System? Die größte Auseinandersetzung gab es um die Schumannstraße/Bockenheimer Landstraße, symbolisch einer der entscheidenden Orte, wobei die Vorbereitung der Räumung eine wichtige Rolle gespielt hat.

Barbara: Du meinst die ständigen Fake-Räumungen der Polizei? Die haben erst so getan, als wollten sie räumen, und dann sind sie wieder abgehauen, um auf diese Weise die Besetzer …

Dany: … mürbe zu kriegen. Ja, das haben sie öfter gemacht. Doch auch am Tag der realen Räumung haben ziemlich militante Kämpfe stattgefunden. Es ist schwierig, das im Nachhinein zu beschreiben, zwischen realer und gespielter Empörung zu unterscheiden. Oder was heißt *gespielt,* ich würde sagen, da gab es den Wunsch, über diese unmittelbare Empörung hinaus eine grundsätzliche Auseinandersetzung zu haben, um mit dem System zu spielen.

Barbara: Das wurde nicht überall verstanden, diese spielerische Seite.

Dany: Nun, das war nicht so spielerisch. Es schien nur so. Da haben sich dann Gruppen in Lederjacken und schwarzen Helmen und so weiter …

Kai: … der *Schwarze Block …*

Dany: … das waren die Vorboten des Schwarzen Blocks, aber im Grunde genommen war das eine sehr traditionelle Form von Militanz. Da müsste man jetzt mal sozialpsychologisch rangehen. Was bedeuteten diese Kriegsspiele für junge Männer oder junge Menschen im Hinblick auf ihre Identität? Das ist kompliziert. Der Häuserkampf war für die Spontiszene politisch deswegen wichtig, das hab ich vorher angedeutet, weil der Zusammenhang zwischen Kämpfen und Leben klargemacht werden sollte. Für die traditionellen Marxisten ist es der Kampf für eine bessere Gesellschaft in der Zukunft, und die Spontis wollen diese Zukunft vorwegnehmen. Leben im Hier und Jetzt, das wurde sehr theoretisiert in diesem Zusammenhang.

Der Frankfurter Häuserkampf offenbarte ein weiteres Problem. Es war so, dass sehr viele der Häuser, die gekauft wurden, um abgerissen zu werden, in den Händen von jüdischen Besitzern lagen, und die Stadt hat von Anfang an sehr klug diese Arbeit der Räumung gern Juden überlassen. Fassbinder hat das in seinem Theaterstück »Die Stadt, der Müll und der Tod« thematisiert, dessen für 1985 in Frankfurt geplante Uraufführung dann zu einer anderen politischen Auseinandersetzung geführt hat, wo es um Antisemitismus ging. Antisemitismus oder nicht, richtig ist, dass es innerhalb der Bewegung auch antisemitische Tendenzen gab. Ich denke dabei zum Beispiel an ein von den Italienern gemachtes Plakat, auf dem es hieß: »Die Schweine von heute werden die Schinken von morgen sein.« Das gab eine irrsinnige Auseinandersetzung. Ich weiß noch, dass ich mich unheimlich drüber aufgeregt habe, und das haben sie dann zurückgezogen. Schwer zu sagen, wie bewusst oder unbewusst sie diesen Slogan in die Welt gesetzt haben, sie haben jedenfalls nicht nachgedacht. Aber es gab ja auch in der Bevölkerung eine antisemitische Stimmung, die das begleitet hat. Das muss man einfach so sehen. Zum Beispiel stand da in der Frankfurter Innenstadt ein Hochhaus, Selmi-Hochhaus hieß es (offizieller Name: City-Haus I), und das hat mal gebrannt. Alle Leute waren überzeugt, Selmi ist ein Jude. Aber nein, er war ein Iraner (Ali Selmi), kein iranischer Jude, sondern ein Iraner – aber so war die Stimmung.

Einer der bekanntesten reichen Juden war Ignatz Bubis, der dann später Vorsitzender der Jüdischen Gemeinde geworden ist. Deswegen hat ihn ja Fassbinder in seinem Stück *den reichen Juden* genannt. Auf die Frage: »War der Fassbinder Antisemit?« würde ich sagen: »Das glaube ich nicht.« Doch Tatsache war, dass viele in der Jüdischen Gemeinde es anders empfunden haben. Das ist so eine Nullpartie, die du nicht entscheiden kannst, weil diese Dimension in Frankfurt gefährlicher Sprengstoff war. Aber in dem Fassbinder-Stück gibt es meiner Meinung nach eine Passage, in der die Problematik dieses Konflikts sehr gut auf den Punkt gebracht wird. Also irgendwie wird da ein Haus geräumt, da ist deutsche Bevölkerung drin, und die werfen dem Juden vor: »Du bist völlig emotionslos, du hast überhaupt kein Mitleid mit den Menschen.« Und dann fordert der Jude: »Als uns die Wohnungen genommen wurden, 1933, hat jemand von euch Mitleid gehabt? Hat jemand von euch irgendwas gesagt?« Ich fand das deswegen so gut, weil mein Vater, der 1950 zurück nach Deutschland kam und ein Anwaltsbüro in Frankfurt hatte, sagte: »Klar, die Juden in Frankfurt, die nach dem Krieg kamen, waren erbarmungslos. Aber das war ihr gutes Recht. Warum sollten sie Mitleid haben?« Ja, aus ihrer Sicht war das so, und das führte zu einem sozialen Konflikt. Ich glaube, das Perverse an der Geschichte war, dass man das in der SPD-Stadtführung damals genauso gesehen hat: Wenn es Juden sind, die diese Arbeit mit den Aufkäufen und den Räumungen übernehmen, dann sind sie schwerer angreifbar. Die verantwortlichen Politiker haben sich hinter den jüdischen Hausbesitzern versteckt, um einen Teil der Stadt zu sanieren, oder sagen wir, einen Teil der Stadt zu dieser Hochhausstadt zu entwickeln, die sie gewollt haben. Denn im Gegensatz zu Berlin oder München, wo es kaum Hochhäuser gibt, ist das Stadtgebiet von Frankfurt klein. Und ab dem Moment, wo Banken da sind, die Büros brauchen, ist eine Hochhausplanung irgendwie logisch, sonst kriegste das ja nicht unter. Aber es ist auch nicht überall ein Riesenhochhaus entstanden, wenn man an die berühmte Schumannstraße denkt, da steht jetzt ein sechsstöckiges Haus. Also, das war eine schwierige und sehr heikle Geschichte mit den jüdischen Besitzern, eine

Sondersituation in Frankfurt, die eine wichtige Rolle gespielt hat.

Barbara: Hast du selber auch in einem besetzten Haus gewohnt?

Dany: Ich hab in einem Haus gewohnt, das wir zuerst gemietet hatten und das dann geräumt werden sollte.

Kai: Wo war das?

Dany: Im Stadtteil Westend, Niedenau 51, glaube ich. Es war eine Riesenwohnung, wir haben zu acht oder zu neunt drin gewohnt. Weil wir die Miete aber weiter auf ein Sonderkonto einbezahlten, mussten sie die Räumung unterbrechen. Es gab eine lange Auseinandersetzung. Eines Morgens kam dann doch die Polizei und wollte alles räumen. Da hatten sie sogar Sozialarbeiter dabei, um die Kinder gleich mitzunehmen. Die wollten sie in einem Heim unterbringen. Das war eine ganz, heute sage ich abstruse, aber in dem Moment schreckliche Situation! Es gab einen Vater in unserer Wohnung, der stand da mit seinem Kind auf dem Arm. Da kam die Sozialarbeiterin und sagte: »Geben Sie mir das Kind mit« – völlig irre. Na ja, also da hab ich gewohnt. Aber die Räumung unseres Hauses verlief dann doch glimpflich, und irgendwann sind wir alle rausgegangen.

Barbara: Gibt es das Haus noch?

Dany: Ja, das gibt's noch. Das Haus wurde nicht abgerissen, es wurde instandgesetzt, da sind jetzt Eigentumswohnungen drin.

Kai: Ich habe von einem »Tribunal gegen Spekulanten und Profitgeier« gehört, das im April 1972 stattfand. Gibt's dazu was Schriftliches?

Dany: Ja, dazu hat im Volksbildungsheim eine öffentliche Debatte stattgefunden. Das war ja immer das gleiche Spiel, die Polizei behauptete, sie sei angegriffen worden, und die Demonstranten behaupteten dasselbe. Beides ist richtig, und beides ist wahr. Und dann gab es ein Tribunal über die Spekulation, die Vertreibung von Mietern, die Opfer von Demonstrationen und so weiter. Ja, es gibt ein kleines Büchlein darüber.

Barbara: Du sagtest vorhin, die Spontis, die Linken, die wollten in den besetzten Häusern auch eine Utopie verwirklichen, anders leben, anders wohnen, anders arbeiten und so weiter. Das kommt überall in der Häuserkampfbewegung vor. Und zu dieser Utopie gehörte ja auch so was wie Basisdemokratie. Es gab die Häuserräte, es gab Plena …

Dany: … ja, der Häuserrat. Also der Häuserrat war nicht nur die Vertretung der besetzten Häuser, sondern er war natürlich so eine Art Führung. Der Häuserrat hat versucht, den Kampf basisdemokratisch zu koordinieren.

Barbara: Da gibt es sehr unterschiedliche Meinungen. Manche sagen, dass das im Grunde nicht funktioniert hat, sondern dass sich häufig kleine informelle Gruppen herausgebildet haben, die dann den Ton angegeben haben.

Dany: Also, ich würde sagen, es gab den Häuserrat, es gab den RK (Revolutionären Kampf), und es gab eine informelle Führung, nicht demokratisch gewählt, die aber einflussreich war. Doch natürlich gab es auch Häuserratsplena.

Kai: Und da konnte sich jeder melden?

Dany: Ja, genau.

Kai: Die Straßenschlachten waren in Frankfurt besonders heftig.

Dany: Ja, in der Frankfurter Spontiszene hatten sich Gruppen herausgebildet, das waren im Grunde genommen die Vorläufer der Autonomen. Und aus diesen Gruppen entwickelte sich über den Häuserkampf der praktische Kampf für Wohnraum, eine antikapitalistische, radikale, revolutionäre Strategie. Nicht umsonst hießen wir »*Revolutionärer Kampf*« und nicht »Sozialistisches Büro«.

Barbara: Das gab es ja auch.

Dany: Und natürlich haben sich dann aus diesen Gruppen als Antwort auf Polizeiinterventionen kleine Selbstverteidigungsgruppen gebildet, der Wunsch junger Männer, ihren Mann zu stehen mit allen Gewaltphantasien, die man so haben kann. Anfang der 1970er Jahre gab es in der Frankfurter Szene eine Radikalisierung, die sich ziemlich schnell verselbständigt hat. Das hat sich in den Jahren nach dem Tod von Ulrike Meinhof 1976 weiterentwickelt, wo sich diese Kompromisslosigkeit zugespitzt hat, wo es dann in Frankfurt eine sehr gewaltsame Demonstration gab, ein Polizeiauto wurde angezündet, und Polizisten wurden schwer verletzt. Es gab Massenverhaftungen, es gab eine Bewegung gegen diese Verhaftungen, und es gab einen Kampf bei uns: für oder gegen Militanz.

Das war 'ne harte Auseinandersetzung. Und das ist so eskaliert, dass 1976, beim Pfingstkongress des Sozialistischen Büros in Frankfurt, Joschka Fischer seine berühmte Rede gegen die RAF gehalten hat, in der er dazu aufforderte: »die Bomben wegzulegen und die Steine wieder aufzunehmen …« Also eine Deeskalation. Irgendwo ist die Militanz der falsche Weg. Die Logik war im Grunde genommen: Hier ist Dead End!

Kai: Das gab es in Berlin auch. Wir von Ton Steine Scherben haben ernsthaft darüber diskutiert, ob wir unsere Gitarren gegen 'ne Knarre eintauschen.

Dany: Ja, ich weiß, die Hinwendung zum Wahnsinn war da. Aus dieser Spontimilitanz sind Gruppen hervorgegangen wie zum Beispiel die »Bewegung 2. Juni«. In diesen Bewegungen gibt es eine berechtigte Empörung, aber aus einer solchen Empörung heraus artikulierten sich ganz bizarre Strategien, die auch andere Beweggründe haben. Und so wurde diese Empörung irgendwann instrumentalisiert für ein politisches, nicht klar formuliertes, aber irgendwie empfundenes Ziel. Das war das Problem.

Barbara: In Stuttgart gab es unter den Hausbesetzern eine starke Unterstützerszene der RAF. Das Gefängnis von Stammheim, in dem die Mitglieder der RAF inhaftiert waren, lag ja am nördlichen Rand der Stadt.

Dany: Ja, aber die gab es innerhalb der Bewegung überall. Die RAF-Leute faszinierten als wirkliche, von mir in Anführungsstriche gesetzte Revolutionäre. All diese Unterstützer, das war der Humus. Es gab die Roten Hilfen und …

Barbara: … die Anwälte waren auch dabei …

Dany: … die Anwälte, Klaus Croissant beispielsweise. Sehr interessant ist ja, dass der Klaus Croissant in den 1980er Jahren für die Stasi gearbeitet hat. Es gab in Frankfurt auch eine Frau, Brigitte Heinrich, sie ist mittlerweile tot, die eng mit ihm zusammengearbeitet hat. Die Welt ist kompliziert, das wollt ich damit nur angedeutet haben.

Kai: Gab es Leute im Knast, um die ihr euch kümmern musstet in Frankfurt?

Dany: Gab es, ab und zu. Die große Verhaftungswelle setzte nach dieser Ulrike-Meinhof-Demonstration ein, da wurden auf einen Schlag zehn, fünfzehn Leute verhaftet. Da hat die

Polizei einfach einen Riesenfehler gemacht. Der Polizeipräsident ist damals, nachdem dieses Polizeiauto gebrannt hat, im Fernsehen aufgetreten, hat zehn Fotos in die Kamera gehalten und gefragt: »Wer hat die beim Werfen eines Molotowcocktails gesehen?« Unter den Festgenommenen waren Joschka und andere. Und der Fehler war, dass es die gar nicht gewesen waren, und das ist auch ziemlich schnell rausgekommen. Nur einer blieb dann länger im Gefängnis, der hieß Gerard Strecker, der war zwar in der »Bewegung 2. Juni«, hatte aber mit dieser speziellen Sache überhaupt nichts zu tun. Das war der doppelte Fehler. Und das hat der Bewegung dann die Möglichkeit gegeben, ihr Handeln voller Inbrunst zu rechtfertigen. Viele waren der Meinung, dass sie mit ihrer Militanz im Recht waren: »Freiheit für den Unschuldigen«, lautete die Parole, und mit einem Hungerstreik und der Besetzung des Hessischen Rundfunks und so weiter wurde erreicht, dass der Strecker auch freigelassen wurde. Das war eine große Bewegung. Ansonsten gab es natürlich RAF-Unterstützer, die zum Teil selbst im Knast saßen, aber das war eine sehr kleine Gruppe, weil der Kampf gegen die RAF dann sehr hart geführt wurde. Damit meine ich den politischen Kampf innerhalb der Szene, und dabei habe ich einen nicht geringen Beitrag geleistet.

Kai: Hat sich die Linie der Frankfurter Polizei auch entsprechend verändert? Es gab ja in Berlin zwei Strategien, erst eine weiche, dann eine harte. In Hamburg gab es irgendwann die Pawelczyk-Doktrin, benannt nach dem damaligen Hamburger Innensenator Alfons Pawelczyk, die besagte, dass jedes besetzte Haus innerhalb von 24 Stunden geräumt werden sollte.

Dany: Naja, das Problem gab es überall. Die Polizeiführung und die Stadträte standen irgendwann auf dem Standpunkt, dass es keinen Sinn macht, monatelang zu verhandeln. Die haben gesagt, wenn die da trotzdem nicht rausgehen, ist es besser, die Besetzungen zu verhindern – lieber ein Ende mit Schrecken als ein Schrecken ohne Ende. Wobei das juristisch nicht so einfach war. Aber das war schon die Linie, die sich – nach einer bestimmten Zeit – fast überall durchgesetzt hat.

Im Nachhinein würde ich sagen, die Polizeiführung hat durchaus versucht, eine vorsichtige Taktik zu fahren. Die Polizisten vor Ort waren auch junge Männer, und wenn die sechs Stunden rumstehen mussten, hatten die Wut im Bauch. Also ich glaube nicht, dass man im Nachhinein sagen kann, die Polizeiführung hat die Parole ausgegeben: »Schlagt drauf.« Aber die Logik eines solchen Einsatzes ist eben die, dass am Ende die Polizei genervt ist und nach dem Motto verfährt: »Jetzt machen wir mal kurzen Prozess.« Es gab auch Situationen, wo sie eine ganze Straße gesperrt und dann eine wilde Jagd auf Demonstranten veranstaltet haben. Sehr oft waren das übrigens fremde Polizisten. Die wurden von irgendwoher zusammengezogen, und die waren dann noch saurer. Die dachten sich wahrscheinlich: »Ich komme aus Stuttgart, was soll ich in Frankfurt?« Dieses »Tribunal gegen Spekulanten und Profitgeier« hat sehr verschiedene, sehr, sehr üble Geschichten hervorgebracht. Das ist ja meine These der zornigen jungen Männer, die sich auf beiden Seiten gegenüberstehen.

Barbara: Ich würde gern noch wissen, wo du heute die Verdienste der Hausbesetzerbewegung siehst?

Dany: Ich glaube, dass die Verdienste in dieser urbanen Debatte liegen, die im Grunde genommen mit dem Häuserkampf und dem Kampf gegen die Fahrpreiserhöhung ihren Anfang nahm. Das war die Voraussetzung für die ganze ökologische Kritik an der Stadtentwicklung, die daraufhin einsetzte. Und es ist meiner Meinung nach auch kein Zufall, dass dann die Grünen am Anfang in Frankfurt von den Wählern auch als diejenigen angesehen wurden, die jetzt das Thema Stadtentwicklungskritik politisch neu besetzen. Die Frage zu stellen, welchen Zusammenhang es gibt zwischen Wohnen und Arbeit und Leben in einer Stadt. Hinzu kommt die Verkehrsfrage, die Frage nach der richtigen Infrastruktur und die Einsicht, das ungezügelte Wachstum zu bremsen. Darin sehe ich die absoluten Verdienste. Der Häuserkampf in den Städten war einer der ersten nachhaltigen Kämpfe, bei dem es im Kern um nachhaltige Stadtentwicklung ging. Natürlich hat man das damals so nicht formuliert, aber wenn man ein bisschen Abstand gewinnt, kann man das so sagen.

Kai: Die Häuserkämpfer haben sich auch gegen die Entwicklung gestellt, dass arme Leute an den Stadtrand in Wohnsilos gedrängt wurden.

Dany: In Frankfurt war die Sache ein bisschen anders, weil die Mittel- und Oberschicht aus der Stadt rauszog. In der Innenstadt gab's eine Mischung aus Unter- und Mittelschicht, aber auch viele Migranten. Im Stadtkern von Frankfurt sind die Banken, da wohnt praktisch niemand mehr, und die Stadtteile drum herum sind gemischt und über Jahre hinweg so geblieben. Doch in den letzten zehn Jahren hat eine gegenläufige Bewegung eingesetzt. Die Wohlhabenden wollen zurück in die Stadt, und damit gibt es eine Gentrifizierung. In so einer Stadt wie Frankfurt gibt es wenig Platz, und da wird natürlich das Problem des billigen Wohnraums zentral. Da kommt Berlin erst langsam hinterher. Berlin ist ja bis vor kurzem sehr billig gewesen.

Barbara: Klar. Doch zurück nach Frankfurt. Der Kettenhofweg …

Dany: … das war eine der ersten Besetzungen …

Barbara: … noch vor der Bockenheimer Landstraße …

Dany: … ja, der Kettenhofweg, da gibt's die berühmten Bilder vom Joschka, mit Helm und so …

Barbara: … und war Joschka Fischer und warst vielleicht auch du und die heute noch prominenten Kämpfer aus jener Zeit, waren die mehr so Häuserkampftouristen, die mal hier, mal dort im Brennpunkt gestanden haben, oder haben die wirklich vor Ort gewohnt?

Dany: Ich hab eine Zeitlang in so einem Haus gewohnt, aber Joschka hat nicht in 'nem besetzten Haus gewohnt, und ich eben nur partiell, für zwei Jahre. Aber Touristen? Nein, das war ein innerer Lebenszusammenhang, man hatte seinen Freund, seine Freundin, die dann von auswärts ins besetzte Haus kamen. Es war eben auch eine Subkultur. Das muss man so sehen.

Kai: Und wie war bei euch der Einfluss des Auslands, der holländischen Kraker, die Entwicklung in der Schweiz …

Dany: Nein, das spielte keine Rolle, der Einfluss des Auslandes, das waren die Italiener, war die Turiner Gruppe »Lotta Continua«, die waren proletarischer orientiert als wir, und die haben die Kontakte zu den Migranten hergestellt.

Kai: Noch eine Frage zur Subkultur: Wir haben festgestellt, dass von der Hausbesetzerbewegung sehr viele künstlerische Impulse ausgingen, die Graffiti, 'ne bestimmte Art von Musik und so weiter.
Dany: Ja, das gab es. Aus Berlin kamen die Scherben, die zur Musikgruppe dieser Zeit geworden sind.
Kai: Wir haben öfters in Frankfurt gespielt.
Dany: Das habt ihr, ja. Generell war Rockmusik wichtig, also die Rolling Stones waren genauso stark die Musik der Bewegung wie die Scherben, muss man ehrlich sagen, »Street Fighting Man« oder »Satisfaction«. Oder auch Patti Smith, also das war ja die Musik der Zeit.
Barbara: Noch ein Schlusswort – ein Fazit, bitte.
Dany: Die politischen Folgen des Häuserkampfs – daraus wurde dann ja die Anti-AKW-Bewegung. Ich hab das beobachtet: Die Bewegung selbst ebbte irgendwann ab, und dann war der Katzenjammer groß. Aber das ist immer so, muss wohl so sein. Ich vergleiche die Bewegungen, alle Bewegungen, mit dem Meer: Das geht auf und ab, geht hoch und wieder runter. Das ist wie Ebbe und Flut. Man wünscht sich, dass die Bewegung stark bleibt, dass sie oben bleibt, aber das geht nicht, die Ebbe kommt unweigerlich. Für uns war wichtig, in die Institutionen reinzugehen und so die Politik weiterzuführen, um das zu stabilisieren, was die Bewegung angestoßen, was sie ins Rollen gebracht hatte. Dazu brauchten wir eine politische Kraft, und so kamen die Grünen dann gerade richtig. Du kannst dich wehren – »Wer sich nicht wehrt, lebt verkehrt« –, aber das verebbt irgendwann. Die Bewegung macht die Partei nicht überflüssig. Bewegungen haben ja oft was gegen Parteien, und Parteien haben manchmal was gegen Bewegungen. Aber man braucht sie beide.

Daniel Cohn-Bendit ist ein deutscher Publizist und Politiker von Bündnis 90/Die Grünen und Europe Écologie-Les Verts. Das Gespräch mit Dany fand am 7. April 2015 in Berlin statt.

Schwarzer Block

»Treffen Meldungen zu, dass in Frankfurt Gewalttätigkeiten von dem sogenannten Schwarzen Block ausgingen, der ein Zusammenschluss von Angehörigen der undogmatischen Linken, Rockern, Punks und Mitgliedern der Terrorszene sein soll, und um wie viele Personen handelt es sich hierbei? Das Hessische Ministerium des Innern hat hierzu Folgendes mitgeteilt: Der sogenannte Schwarze Block ist als militante Gruppierung anzusehen, von der Widerstand, Sachbeschädigungen pp ausgehen. Er setzt sich aus circa zweihundert Personen zusammen. Die Zahlenangaben sind schwankend.«

Anwort der Bundesregierung auf eine Kleine Anfrage der Abgeordneten Spranger, Dr. Dregger, Dr. Miltner unter anderem zur Beteiligung von Terroristen und Kommunisten an Hausbesetzungen und gewalttätigen Demonstrationen, 9. Wahlperiode Drucksache 9/417, 1981.

Nächtliche Szene in der Schumannstraße/Ecke Bockenheimer Landstraße am 21. Februar 1974. In einer Blitzaktion haben mehrere hundert Polizisten am frühen Morgen vier seit 1971 besetzte Wohnhäuser im Frankfurter Westend geräumt.

HAMBURG

Recht auf Stadt

Häuserkampf in Hamburg

In der Zeit des Deutschen Kaiserreiches, zwischen 1871 und 1918, lebte und wirkte in der Freien und Hansestadt Hamburg der Bildungsreformer und Kunsthistoriker Alfred Lichtwark, der den Plan, Arbeiterwohnungen in der Hafengegend abreißen zu lassen, um stattdessen eine Art Speicherstadt zu errichten, mit den Worten kritisierte: »Freie und Abrissstadt Hamburg«. Mit dieser Äußerung wurde Lichtwark zum Visionär einer verfehlten Stadtplanungs- und Sanierungspolitik, die in den 1970er Jahren und den Jahrzehnten danach nicht nur an den Wohn- und Lebensbedürfnissen der sozial benachteiligten Bürger vorbeiging, sondern zum Teil auch an den Menschen der Mittelschicht. Die negative Lichtwark-Vision wurde um so mehr Wirklichkeit, als Klaus von Dohnanyi 1983 vom *Unternehmen Hamburg* sprach. Damit meinte Hamburgs damaliger Bürgermeister, nicht die Bedürfnisse der Stadtbewohner sollten an erster Stelle einer Stadtentwicklungspolitik stehen, sondern die wirtschaftliche Entwicklung – also Wachstum. Bei solch einem Ansinnen bringen Kritiker dann schnell Stichworte wie Lobbyismus und Neoliberalismus in die Diskussion ein, die nichts Gutes ahnen lassen. So gesehen ist es wenig verwunderlich, dass Hamburg zu den Städten in Deutschland gezählt werden muss, in denen Hausbesetzungen eine bedeutende Rolle spielten.

Welche Häuser wurden in Hamburg zuerst besetzt? Der ehemalige Aktivist Karl-Heinz Dellwo meint, es wären drei Hausbesetzungen gewesen, und sie hätten alle Ende 1970 stattgefunden, und zwar in der Neuen Großen Bergstraße, in der Funkstraße und in der Karolinenstraße. Doch jedes der Objekte wurde schnell von der Polizei wieder geräumt.

Die erste erfolgreiche Aktion in der langen Geschichte der Hamburger Hausbesetzungen war eigentlich gar keine Besetzung, denn die Bewohner der studentischen Wohngemeinschaften im Eckhaus Haynstraße 1–3/Hegestraße 41 im Stadtteil Eppendorf besaßen Mietverträge. Als sie jedoch im Laufe des Jahres 1970 von den Abrissplänen des Eigners, der Baufirma »IHA Hausbau«, erfuhren, schlossen sie sich zu einer tatkräftigen Gemeinschaft zusammen und wehrten sich über

Jahre erfolgreich gegen verschiedene Räumungsklagen. Im Jahre 2009 wurde das noble Etagenhaus aus den Jahren 1912/13 sogar unter Denkmalschutz gestellt. Wenn das kein Triumph ist!

»Erstgewinn is Kattengewinn« (der erste Gewinn ist »für die Katz«, also vergebens) – diese alte Spruchweisheit aus Norddeutschland bewahrheitete sich zumindest in der Anfangszeit, denn viele der Besetzungen endeten mit Räumungen. Und im Gegensatz zu Frankfurt am Main, wo es, wie schon geschildert, in den frühen 1970er Jahren in Sachen Hausbesetzungen zu heftigen Auseinandersetzungen kam, waren die Aktivitäten in Hamburg damals eher zurückhaltend, wenn auch nicht harmlos. Als schlagzeilenträchtig und exemplarisch für eine der sechs Besetzungen der 1970er Jahre kann die des leerstehenden Hauses in der Ekhofstraße 39 (später: Petra-Schelm-Haus) im Stadtteil Hohenfelde angesehen werden, die im April 1973 durch etwa fünfzig bis sechzig Aktivisten erfolgte. Karl-Heinz Dellwo: »In der Ekhofstraße trafen sich viele unterschiedliche Gruppen und politische Zusammenhänge, die sich sonst allenfalls bei Großveranstaltungen trafen. Das waren vor allem: Die undogmatische Linke, die unabhängige ›Rote Hilfe‹, die trotzkistische ›GIM‹, die ›Proletarische Front Wilhelmsburg‹, die ›Schwarze Hilfe‹, Studierende, Auszubildende, arbeitslose Jugendliche sowie einige Schüler und Jugendliche aus dem Treber- und Rockermillieu.«

Hier und an anderen Orten der Hansestadt ging es den Besetzern oft nicht nur darum, für sich selbst günstigen Wohnraum zu ergattern oder Räume für soziale und kulturelle Einrichtungen wie zum Beispiel ein selbstverwaltetes Jugendzentrum zu finden, sondern generell auch um den Versuch, den Prozess einer fragwürdigen Umstrukturierung auszubremsen.

Was zur Zeit als Gentrifizierung bezeichnet wird, gab es in jenen Tagen schon in Hohenfelde und anderswo. In Hohenfelde plante die BeWo-Bau, eine Tochter der gewerkschaftseigenen Neuen Heimat, alte Häuser mit günstigen Mieten, die nicht maßlos erhöht werden durften, der Abrissbirne zuzuführen und die alteingesessenen Mieter umzusiedeln: Willkommen triste Stadtrandsiedlung – adieu lebendiger Kiez!

In einem Flugblatt, herausgegeben vom »Komitée Ekhofstraße 39«, wurden die Beweggründe von damals detailliert aufgeführt:

»Wir haben das Haus in der Ekhofstraße 39 besetzt

- weil die Mieten zu hoch sind - sie schlucken ein Drittel bis oft die Hälfte des Lohnes

- wegen des Spekulantentums - sie lassen die Häuser verwahrlosen, holen trotzdem bis zum Schluss die überhöhten Mieten raus, dann kriegen sie wegen Verwahrlosung die Abbruchgenehmigung, schmeißen uns raus und bauen die großen Büroriesen oder Eigentumsbauten hin, um noch mehr Profit zu machen

- weil im Stadtteil ein Treffpunkt gebraucht wird - sowas wie einen Marktplatz gibt es nicht mehr, die Leute wollen ihren Klönschnack halten und sich nicht vereinsamen lassen, wie in den Betonsilos Mümmelmannsberg, Osdorfer Born oder Lohbrügge
- weil wir uns nicht an den Stadtrand ›sanieren‹ lassen - von wo aus man stundenlange Anfahrzeiten hat bei ständig steigenden Fahrpreisen
- weil die Jugend ein Zentrum braucht - ein Zentrum, in dem sie selbst bestimmt, sich selbst verwaltet und eigene Initiativen entwickeln kann«.

An Stelle des alten Hauses in der Ekhofstraße sollte ein neues Hochhaus mit fünfhundert chicen Komfortwohnungen errichtet werden, mit Kaufpreisen beziehungsweise Mieten, die sich nur Wohlhabende leisten konnten. Grund genug für den SPD-Innensenator Heinz Ruhnau, der außerdem auch den Posten des Beiratsmitgliedes der Neuen Heimat Nord innehatte, das besetzte Haus Ende Mai 1973 nach fünf Wochen räumen zu lassen. Doch war das nicht eine seltsame Verquickung: Beiratsmitglied der Neuen Heimat zu sein und gleichzeitig auch noch Innensenator? Müsste es da nicht zu einem Interessenkonflikt kommen? Denn die Neue Heimat war ja zu jener Zeit noch ein Wohnungsbauunternehmen, das dem DGB, also der Gewerkschaft, gehörte, und der hatte sich auf die Fahnen geschrieben, »Menschen unabhängig von Alter, Geschlecht, sozialer Herkunft oder kulturellem Hintergrund die Möglichkeit zur gesellschaftlichen Integration zu geben und vor sozialer Ausgrenzung zu bewahren«. Doch wahrscheinlich sah Heinz Ruhnau zwischen diesen gewerkschaftlichen Idealen und den Bedürfnissen der Hausbesetzer keinen Zusammenhang, denn die Polizei kam mit fünfhundert Beamten. Ein bewaffnetes Einsatzkommando leistete ganze Arbeit und verhaftete einen Großteil der Besetzer. Drei von ihnen wurden zu Gefängnisstrafen von bis zu sechzehn Monaten verurteilt. Nach erfolgter Räumung wurde das Haus in der Ekhofstraße abgerissen, das Hochhaus mit den geplanten Komfortwohnungen jedoch nicht erbaut. Man könnte meinen, dies sei eine Niederlage der Hausbesetzer gewesen. Doch der Schein trügt, Senat und Polizei hatten zwar eine Schlacht gewonnen, aber nicht den Hamburger Häuserkampf. Der sollte erst noch richtig losgehen. Denn die revolutionäre Szene innerhalb der Subkultur hatte jetzt Witterung aufgenommen. Man machte einen Gegner aus, der auf soziale Ungerechtigkeit und Zerstörung von Urbanität mit lässiger Ignoranz reagierte. Und nicht nur die Aktivisten stellten sich auch deshalb die Frage, was das denn wohl für Verdienste waren, für die Heinz Ruhnau später, 1989, das Große Bundesverdienstkreuz mit Stern überreicht bekam?

In den 1980er Jahren stieg die Zahl der öffentlich bekannt gewordenen Hausbesetzungen in Hamburg und Umgebung auf über dreißig an, wobei der Stadtteil St. Pauli am meisten betroffen war, gefolgt von Altona-Altstadt. Und der Hamburger Senat setzte weiter auf Härte. Der neue SPD-Innensenator Alfons Pawelczyk, mit einer Unterbrechung von 1980 bis 1987 im Amt, setzte konsequent die später nach ihm benannte Doktrin um, dass innerhalb von 24 Stunden jedes neu besetzte Haus durch die Polizei geräumt werden müsse, um, wie er argumentierte, Berliner Verhältnisse zu verhindern. Dieses resolute Vorgehen kam während der 1980er Jahre knapp zwanzigmal erfolgreich zur Anwendung. Doch weder die *Knüppel aus dem Sack*-Philosophie der machthabenden Politiker noch die überaus tendenziöse Berichterstattung der Springer-Presse, allen voran die »Bild«-Zeitung, konnten verhindern, dass die Bevölkerung immer mehr Verständnis für die *kriminellen Chaoten* aufbrachte. Sogar konservative Institutionen wie die Denkmalpflegebehörde verbündeten sich mit den Rebellen.

Zwei Besetzungsobjekte aus den 1980er Jahren erreichten weit über Hamburgs Stadtgrenzen hinaus Berühmtheit: die Häuser in der Hafenstraße in St. Pauli ab 1981 und das Autonome Zentrum Rote Flora im Stadtteil Sternschanze ab 1989.

In den 1990er Jahren kam es in Hamburg noch zu dreizehn weiteren Hausbesetzungen, wovon zehn wieder geräumt wurden. Zwischen der letzten Hausbesetzung im alten Jahrtausend, 1998, und der ersten Besetzung nach der Milleniumswende im Jahre 2009 lagen immerhin elf Jahre Enthaltsamkeit der Okkupanten. War der Häuserkampf in Hamburg eingeschlafen? Mitnichten, denn der Slogan »Recht auf Stadt«, den der französische Soziologe Henri Lefèbvre bereits 1968 postuliert hatte und mit dem er den Prozess einer Transformation im Sinne einer neuen urbanen Lebensweise einforderte und umschrieb, stieß auf Widerhall. Im Laufe der Jahrzehnte entstand in vielen internationalen Großstädten, auch in Hamburg, eine neue lebendige städtische Bewegung, an der Menschen aus verschiedenen Bevölkerungsschichten teilnahmen. Mit ihrer Forderung: »Die Stadt gehört allen!« versuchten die Reformer im Kleinen und mit unspektakulären, legalen oder halblegalen Aktionen Veränderungen herbeizuführen. Gleichzeitig war sowohl innerhalb der Besetzerszene, bei den Eigentümern als auch im Senat die Bereitschaft gewachsen, mehr auf Diplomatie zu setzen und lösungsorientiert aufeinander zuzugehen. Auch hinsichtlich der Wohnraumverwaltung veränderte sich etwas. Nach der 1982 durch den »Spiegel« publik gemachten Affäre und dem daraus resultierenden Zusammenbruch der Neuen Heimat fiel der Hamburger Wohnbestand 1988 dem kommunalen Wohnungsunternehmen »GWG« (heute »SAGA GWG«) zu. Und durch Beschluss der Bürgerschaft entstanden Organisationen wie die »Stattbau Hamburg« (1985) und die »Lawaetz-Stiftung« (1986), die beide einer sozialen Stadtentwicklung verpflichtet sind und dem Senat unterstehen und deren Aufgabe es unter anderem ist, alternative und innovative Wohnprojekte zu fördern, zu realisieren und zu betreuen.

So gesehen hatte das drittes Besetzungsobjekt, das über Hamburgs Stadtgrenzen hinaus bekannt wurde, bessere Voraussetzungen als seine beiden Vorgänger. Die Rede ist vom Gängeviertel in der Innenstadt, das wegen der verwinkelten schmalen Gassen so heißt. Im Sommer 2009 besetzten Studenten und Künstler die geschichtsträchtigen Terrassenhäuser und Hinterhoffabriken im

Stadtteil Neustadt, die von Verfall und Abriss bedroht waren. Diese Besetzung verlief jedoch ganz anders als in den Jahren zuvor. Sie begann mit einem zweitägigen Fest im Hof der zum Teil unter Denkmalschutz stehenden Häuser. Die Akteure luden Bevölkerung und Medien dazu ein und feierten so die Besetzung als Happening. Bis zu dreitausend Besucher sollen gekommen sein. Bei so viel Öffentlichkeit traute sich die Politik nicht zu räumen, und außerdem hatten sich die Besetzer gut vorbereitet und ein Nutzungskonzept ausgearbeitet, in dem Kunst und Kultur eine wichtige Rolle spielen sollten. Trotzdem war die Nichträumung für einige wohl eine Überraschung, denn hinterher soll eine Besetzerin gesagt haben: »Ja Scheiße, jetzt haben wir hier zwölf Häuser.« Doch schließlich handelten die Künstlergemeinschaft »Komm in die Gänge« und der Senat 2011 ein Kooperationsabkommen aus, das zum Ziel hat, das Gängeviertel zu einem Ort des kulturellen Austausches zu machen und für die im Viertel aktiven Menschen Wohn-, Arbeits- und Lebensraum zu bieten. Dass die verantwortlichen Politiker nicht mehr *nur* auf große Leuchtturmprojekte setzen, darauf weist die Kultursenatorin Barbara Kisseler hin: »Mit der Unterzeichnung des Gängeviertel-Vertrags setzt die Stadt nicht nur ein Zeichen für den Denkmalschutz, sondern zeigt neue Wege für die Gestaltung von Stadtentwicklung auf. Es hat sich aber auch gezeigt, dass die Stadt in der Lage ist zu lernen und der Initiative ›Komm in die Gänge‹ sehr entgegenzukommen.« Das hört sich erst einmal gut an. Doch was soll man von der freundlichen Ansage noch halten, wenn man erfährt, dass alle Hausbesetzungen, die nach der Gängeviertel-Besetzung stattfanden, und das waren zwischen 2010 und 2014 mehr als zehn, polizeilich geräumt wurden?

Solche Personen

»Ist es zutreffend, dass in Hamburg seit Oktober 1980 dieselben Personen an Hausbesetzungen (›Mieter helfen Mietern‹) und an Demonstrationen für RAF-Gefangene teilgenommen haben, und wenn ja, in welchem Umfang?« Die Behörde für Inneres in Hamburg hat hierzu Folgendes mitgeteilt: »Unter den 32 festgestellten Hausbesetzern befanden sich keine, die bei Demonstrationen für RAF-Gefangene aufgefallen sind. Solche Personen sind aber in der Nähe besetzter Objekte erkannt worden.«

Antwort der Bundesregierung auf eine Kleine Anfrage der Abgeordneten Spranger, Dr. Dregger, Dr. Miltner unter anderem zur Beteiligung von Terroristen und Kommunisten an Hausbesetzungen und gewalttätigen Demonstrationen, 9. Wahlperiode Drucksache 9/417, 1981.

Häuser an der Hamburger Hafenstraße, Silvester 1996

Hafenstraße – alles in die Waagschale

Eine Hausbesetzer-Geschichte unter Mitarbeit von Volker Gajewski und Ulv Völker

Was war im November 1987 in Hamburg geschehen? Wie konnte es zu solch einer dramatischen Situation kommen, dass Klaus von Dohnanyi, der Bürgermeister einer Milllionen-Metropole, sich genötigt sah, seine politische Existenz in die Waagschale zu werfen, um einen *Friedensvertrag* mit einer Gruppe von Hausbesetzern schließen zu können?

Angefangen hatte alles mit einer *schleichenden*, also gewollt unbemerkten Hausbesetzung in Hamburg. Unter den Besetzern hatte sich herumgesprochen, dass einige Wohnungen in dem renovierungsbedürftigen Haus der St. Pauli Hafenstraße 116 im Süden des Stadtteils St. Pauli, gleich um die Ecke der Reeperbahn, leerstanden. Die ersten Besetzer kamen im Herbst 1981, andere stießen in der Silversternacht 1981/82 dazu. In der ersten Jahreshälfte 1982 wurden nach und nach acht weitere leerstehende Häuser besetzt. Der Grund, die Besetzung nicht an die große Glocke zu hängen, war die seinerzeit angewendete Praxis, jedes besetzte Haus in Hamburg innerhalb von 24 Stunden mit Polizeigewalt zu räumen.

Die neun Häuser, um die es in dieser Geschichte geht, stehen etwas erhöht, oberhalb des Hamburger Hafens, und haben einen schönen Blick auf die Elbe. Der Kampf um ihre Erhaltung wurde unter dem Schlagwort »Hafenstraße« zu einem Symbol für den Widerstand gegen staatlich toleriertes Spekulantentum und den Kampf um Autonomie und bezahlbaren Wohnraum. Nicht alle Häuser stehen in der Hafenstraße. Neben den Gebäuden in der Hafenstraße 108–125 ging es auch um jene in der parallel gelegenen Bernhard-Nocht-Straße 16–24. In einigen Wohnungen lebten damals alte Menschen mit langjährigen Mietverträgen, aber auch junge Mieter wie Studenten oder Jusos mit kurzfristigen Nutzungsverträgen. Es war hier in der Hansestadt ganz ähnlich wie in vielen Städten Westeuropas: Die Eigentümer, in diesem Fall die stadteigene Wohnungsbaugesellschaft »SAGA« (»Siedlungs-Aktiengesellschaft Altona«), ließen die Gebäude aus der Gründerzeit absichtlich verrotten, weil sie die lieber abreißen und stattdessen neue Bürogebäude bauen wollten, denn mit solchen Maßnahmen ließ sich viel Geld verdienen. Sich diesem spekulativen Leerstand und den Abrissplänen zu widersetzen, aber auch die eigene Wohnungsnot zu lösen, das waren die Hauptgründe für die Besetzung.

Als die Luxussanierer von der SAGA Anfang 1982 die Besetzung ihrer Gebäude bemerken, kommt es zu einer ersten Räumung. Doch bereits wenige Tage später werden die Häuser von den Besetzern erneut in Beschlag genommen, diesmal spricht man von *Instandbesetzung*. Es folgt ein offener Brief an den Bausenator Volker Lange, in dem statt einer Räumung eine Nutzung und die Selbstverwaltung der Häuser durch die Besetzer gefordert wird. Im Sommer lenkt der Senator ein und sagt eine Prüfung der Bausubstanz durch einen Gutachter zu. Das Ergebnis ist für die Aktivisten eine Offenbarung, denn es kommt heraus, dass es viel billiger ist, die schönen, um 1900 erbauten Gebäude zu sanieren und instandzusetzen, als sie abzureißen und neu zu bauen. Eine politische Konsequenz des Gutachtens bleibt aus, stattdessen folgen im Herbst desselben Jahres einige Scharmützel: Im Auftrag der SAGA werden die Fenster eines Hauses zugemauert; als Antwort darauf mauern die Hausbesetzer den Eingang des Verwaltungsgebäudes der SAGA in Altona zu. Eine Hundertschaft der Polizei sucht in Wohnungen nach Sprengstoff und findet nur »wenig Kleinkram«, aber es gibt Festnahmen. Erneut fordern die Bewohner eine Selbstverwaltung und erfahren als Antwort den Senatsbeschluss, den sogenannten »Sechserblock« (auch »Sechserhäuser« genannt) abreißen zu lassen. Der Sechserblock besteht aus drei Häusern mit einer Sechs in der Nummer, zwei in der St. Pauli-Hafenstraße 116 und 126 sowie eins in der Bernhard-Nocht-Straße 16. Dagegen gibt es Aktionen und eine öffentliche Demonstration. Im November gewährt der neue Bausenator Günter Apel den Hafenstraßenbewohnern 260 000 D-Mark. Mit der Annahme des Geldes verpflichten sie sich, die Häuser winterfest zu machen und die Elektrik zu reparieren – bis zum Sommer des Jahres 1983 fließen circa 200 000 D-Mark. Trotzdem kommt es wieder zu Ausschreitungen und Hausdurchsuchungen mit Festnahmen durch die Polizei.

Wenn von Hausbesetzern die Rede ist, sind meistens sehr allgemein Spontis wie Punks und Autonome oder auch Aussteiger und Drop-outs gemeint. Was waren das für Menschen, die sich in der Hafenstraße zusammengefunden haben? Nonkonformistische Freigeister? Das Nachrichtenmagazin »Der Spiegel« vermutete neben einigen Studenten »Leute vom Kiez, Obdachlose, Sozialhilfeempfänger und entlassene Strafgefangene sowie jugendliche Ausreißer«[31].

Volker Gajewski, waschechter Hamburger, der als Abiturient mit neunzehn Jahren Anfang 1983 in ein besetztes Haus in der Hafenstraße zog, meint: »Anfang der 80er sind die ersten Leute da richtig rein, um gezielt und geplant eine Hausbesetzung zu machen; andere haben es aus schlichter Obdachlosigkeit gemacht, da gab's ja viele, die gar nicht unbedingt den direkten politischen Hintergrund hatten, sondern weil sie schlicht sofort 'ne Wohnung brauchten. Es gab Leute, die ohnehin auf St. Pauli groß geworden sind. Das ist eben St. Pauli Süd, das Übliche, was aufm

St. Pauli Kiez dann so los ist, auch ohne Hafenstraße. Das gab's früher und heute genauso. Da gab's 'ne Überlappung mit unserer Struktur, mit Läden oder auch anderen Zusammenhängen aus dem Kiez. Also Hafenstraße kann man nicht ohne den Stadtteil St. Pauli denken.« Ulv Völker, der ursprünglich von der Westküste Schleswig-Holsteins kam und durch ein sogenanntes »Häusertreffen« (Treffen von Besetzern verschiedener Häuser) das erste Mal im Oktober 1985 in der Hafenstraße aufgeschlagen ist, ergänzt: »Das war sehr unterschiedlich. Es gab auch größere Gruppen. Also auch Leute, die sich aus Kindheit und Schule schon kannten, sind eingezogen. Das war vielleicht auch das, was am Ende die Mischung gemacht hat. Dass es eben nicht so eine homogene Gruppe Gleichaltriger war. Die Hafenstraße hat über verschiedene Zeiträume die verschiedensten Leute angezogen.«

Der Streit zwischen Besetzern und Senat beziehungsweise der Wohnungsbaugesellschaft scheint unversöhnlich zu sein und geht auch 1983 unvermindert weiter. Mit ihrer wiederholten Forderung nach einem unbefristeten Generalnutzungsvertrag für alle Häuser können sich die Bewohner nicht durchsetzen. Ende November erklären sie sich schließlich unter dem Druck einer drohenden Räumung bereit, Einzelmietverträge zu akzeptieren. Es sind Mietverträge mit dreijähriger Laufzeit, befristet bis zum Ende des Jahres 1986. Denn für die Baubehörde ist und bleibt die Sache klar: Die Hafenstraße ist kein alternatives Wohnprojekt, sondern lediglich eine Übergangsnutzung. Sie muss zum Teil saniert, zum Teil der Abrissbirne zugeführt werden. Bei der Vertragsunterzeichnung bewiesen die Besetzer Humor, der angeblich nur dem damaligen Bürgermeister Klaus von Dohnanyi aufgefallen ist. Später sagt er dazu: »Die Bewohner kamen und unterschrieben den Vertrag mit ›B. Setzer‹ – und niemand hat's gemerkt.«[32]

Die Hamburger »GAL« (»Grün-Alternative Liste«) verhilft den Bewohnern im Frühjahr 1984 zu einem großen Gerüst, mit dem sie nicht nur eine Seitenwand – die Brandmauer – des Hauses Bernhard-Nocht-Straße 16 renovieren, sondern auch bunt bemalen. Zu sehen sind kreative Graffiti wie das Anarchosymbol, schwarzer Stern mit Kuhfuß und Bolzenschneider, Comicfiguren, ein Haschischbaum, die LSD-Formel und vieles mehr. Für das Hamburger Abendblatt ist das riesige ganzflächige Wandbild ein »buntes Bild voll Horror«, für die Bewohner ein deutlich sichtbares Symbol für ihren existenziellen Widerstand. Ulv: »Das war eine wunderbare Konfliktlinie, du stellst ein Gerüst auf, für das wir keine Genehmigung gekriegt haben. Es wurden Parolen gemalt, die womöglich einen strafbaren Inhalt hatten. Dann gab es mehrere Versuche der Polizei, das Bild zu übermalen, weil das natürlich auch ein sehr starkes Symbol war.«

Im Sommer werden erneut Abrisspläne für die Häuser des Sechserblocks und die Bebauung am Rande des Hafens bekanntgegeben, als Resultat eines Architektenwettbewerbs, den die Stadt ausgeschrieben hat. Als im Dezember Gefangene der RAF für ihre Zusammenlegung in einen unbefristeten Hungerstreik treten, kommt es zwischen Weihnachten und Silvester zu solidarischen

Aktionen durch die Bewohner in Form von Veranstaltungen und Demos. »Zusammenlegung aller politischen Gefangenen in große Gruppen«, heißt das Motto.

Die Hafenstraße kommt nicht zur Ruhe. Im Gegenteil: Das Jahr 1985 beginnt mit brennenden Barrikaden, einem weiteren Manöver der Hausbewohner, die sich mit den Gefangenen der RAF solidarisch zeigen wollen. Zur selben Zeit treffen sich Verantwortliche der Stadt und basteln an einem *Tabula-rasa-Plan,* der vorsieht, bei einer Inspektion der Häuser bewusst Konfliktsituationen herbeizuführen, um die Bewohner zu strafbarem Fehlverhalten zu provozieren; somit gäbe es Gründe, die Mietverträge zu kündigen, um die Häuser zu räumen und abzureißen. Volker: »Ab 1984/85, kann man sagen, sind die Auseinandersetzungen Schritt für Schritt eskaliert, und dann hatten wir eine Kampf- und Mobilisierungsphase. Die Hafenstraße wurde zum Politikum, zu 'nem hamburgweiten Zankapfel.« Ulv: »Da war klar, dass das kein Projekt ist, dem man Verträge gibt, ein Gerüst hinstellt und dann wird's gemütlich; da war klar, dass es doch politischer wird.«

Ein weiteres Mal unterstützt die Hamburger GAL die Besetzer, diesmal mit einer Spende, die dazu beiträgt, dass im Erdgeschoss und Keller des besetzten Hauses aus dem Sechserblock in der Bernhard-Nocht-Straße 16 der Veranstaltungsraum Störtebeker für Partys und Konzerte entstehen kann. Das Störtebeker wird im Juni als antifaschistisches Zentrum eingeweiht. Ulv: »Volker saß bei einem Häusergruppentreffen und meinte: ›Alles schön und gut, aber irgendwie fehlen uns noch 'n bisschen Räume‹, denn er hatte immer schon ein Faible für Baustellen und war gerade dabei, das Störtebeker-Zentrum zu bauen. Und ich in meinem jugendlichen Leichtsinn – ich hab vom Bauen ja auch ein bisschen Ahnung – habe dann versucht, mich durch das Haus zu arbeiten und das bis zu den Silvestertagen fertig zu kriegen. Später sind wir dann in die Wohnung über dem Störtebeker gezogen.«

Im März wollen Vertreter des Senats eine Begehung der Häuser unternehmen, damit sie anschließend eine Unbewohnbarkeitserklärung verkünden können, die den Abriss ermöglicht. Da zuvor Mitarbeitern der SAGA der Zutritt zur Überprüfung einiger Wohnungen verwehrt worden war, kommen die Senatsvertreter nun mit einem großen Polizeiaufgebot, das die Begehung ermöglicht. Dabei machen Polizisten Treppen und Türen kaputt, beschlagnahmen ein Baugerüst, räumen eine Wohnung und montieren Stromzähler ab. Anschließend wird die Unbewohnbarkeit festgestellt, Räumung und Abriss werden beschlossen.

Die Bewohner wehren sich mit juristischen Mitteln und schlagen dem inzwischen dritten neu im Amt sich befindenden Bausenator Eugen Wagner ein Kriegsbeil in die Tür seines Büros. Außerdem brechen einige Aktivisten nachts in die Büros des zuständigen Bezirksamtes ein und lassen Aktenordner mitgehen. Nach Sichtung der Akten ist klar: Es hat tatsächlich einen Tabula-rasa-Plan gegeben, und eine Feststellung der Unbewohnbarkeit durch Sachverständige konnte nicht belegt werden. Die Veröffentlichung dieses Sachverhaltes verunsichert die Hardliner des Senats. Eine sofortige Räumung ist erst einmal abgewendet, nicht zuletzt auch wegen der großen Solidarität im Umfeld der Hafenstraße. Allem Widerstand zum Trotz bauen, sanieren und renovieren die Bewohner weiter an ihren Häusern – die Instandbesetzung lässt sich nicht aufhalten. Ulv: »Es gab die skurrilsten Situationen. Wenn die mal 'nen Einsatz geplant hatten, wussten wir zwar nicht wann, aber wir wussten, dass ein Einsatz kommen könnte. Einmal kam jemand in die ›VoKü‹, das ist die ›Volxsküche‹, ein beliebter Treffpunkt aller Bewohner im Parterre des Hauses St. Pauli, Hafenstraße 116, in der man günstig essen kann. Also, da kam einer und meinte: ›Ich muss mal mit jemand reden, ich hab 'ne ganz verrückte Story, die werdet ihr kaum glauben. Ich bin Fensterputzer, und wir putzten auch bei der Polizei, und da hab ich so 'ne Besprechung mitgehört.‹ Wir hatten auch ganz oft *geliebte Dokumente*, so würde man das ja heute nennen, wo dann irgendwas draufstand, was gerade in Planung ist. Das war der Beginn dieser ganzen Whistleblowerei. Und das führte dazu, dass sich die Verantwortlichen nicht mehr in ihren eigenen Räumen getroffen haben, sondern dass sie wirklich konspirative Treffen an irgendwelchen Orten gemacht haben, damit nicht jemand im Büro mitkriegt, dass da jetzt was besprochen wird.«

Unterdessen versucht die Regenbogenpresse, die Bewohner zu kriminalisieren. Im Oktober behauptet die »Hamburger Morgenpost«, dass sich in der Hafenstraße Leute aus dem Umfeld der RAF aufhalten. Wenig später gibt Christian Lochte, Chef des Hamburger Verfassungsschutzes, der »taz« ein Interview, in dem er behauptet: »Wir haben festgestellt, dass RAF-Frauen ihren Wohnsitz dorthin [in die Hafenstraße] verlegt haben.«[33] Für die Bewohner wie für sympathisierende Gruppen ist dieses Interview so etwas wie eine Denunziation von einer linken, vermeintlich solidarischen Zeitung. Als Reaktion darauf wird das Hamburger Büro der »taz« demoliert.

Das Katz- und Mausspiel zwischen den circa 100 bis 120 Hafenstraßenbewohnern und deren Mitstreitern auf der einen Seite und der Amtsgewalt der Stadt Hamburg auf der anderen nimmt 1986 deutlich an Schärfe zu. Wollte man alle diese Auseinandersetzungen auf allen Ebenen und in all ihren Facetten schildern, müsste man ein eigenes Buch darüber schreiben. Im November 1986 sollte in Hamburg die nächste Bürgerschaftswahl stattfinden, und das Thema »Innere Sicherheit« wurde heiß diskutiert. Innerhalb des SPD-geführten Minderheitssenats gab es einen gemäßigten Flügel und eine Hardlinerfraktion. Doch alle möchten an der Macht bleiben, und zum Wahlkampf gehört natürlich auch wahltaktisches Verhalten. Volker: »Es war eine Wahnsinnsspaltung in der Stadt. Ich meine, wir hatten ja auch Eltern hier, das hat ja auch teilweise Familien zerrissen. Es war ein Riesenkonflikt, Stadtthema, und das nicht nur mal so 'ne Woche, sondern über einen langen, langen Zeitraum.«

Medien und Politiker der Opposition heizen das Klima mit Blick auf die Hafenstraße an, es fallen Sprüche wie »Straße der Angst« oder »Keimzelle der Gewalt«. Doch ein großer Teil der Hamburger

Bevölkerung lässt sich durch solche reißerischen Schlagzeilen nicht verunsichern und bekundet seine Solidarität mit der Hafenstraße.

Die SAGA, Bausenator Eugen Wagner sowie der SPD-Fraktionsvorsitzende Henning Voscherau werden nicht müde, öffentlich zu beteuern, dass sie an ihren Abrissplänen festhalten werden, weil die Häuser angeblich unbewohnbar seien. Allerdings brauchen sie dazu gerichtliche Abbruchgenehmigungen, um deren Rechtmäßigkeit aber gerade prozessiert wird. Und die Hafenstraßenbewohner haben gute Anwälte. Wenn die es schaffen, dass sich der Streit vor Gericht mehr als drei Jahre hinzieht, werden aus befristeten Mietern Dauermieter, und dann haben sie das Recht auf einen unbefristeten Mietvertrag. Um dem Argument der Unbewohnbarkeit entgegenzuwirken, decken die Mieter sogar die Dächer von drei Häusern. Ulv: »1986 begannen die ganzen Räumungen. Das Ziel war eben, die drei Sechserhäuser, also die ganzen Häuser, deren Hausnummern auf Sechs geendet haben, die sollten halt weg. Und die Stadt hat versucht, die Häuser leer zu kriegen und sie bei nächstbester Gelegenheit abzureißen. Nur gab's da eben die Problematik mit den bestehenden Mietverträgen und deswegen die Bestrebungen, eine Unbewohnbarkeit festzustellen. Wir haben dann die Strategie entwickelt, der Unbewohnbarkeit dadurch etwas entgegenzusetzten, dass wir ganz konsequent und sichtbar die Räume renoviert haben, was im Laufe der Zeit immer professioneller wurde.«

Zwischen August und November geht es dann richtig zu Sache. Alfons Pawelczyk, Hamburgs »legendärer Prügel-Innensenator«, wie Ulv ihn nennt, macht seinem Alias-Namen alle Ehre. Und auch Ex-Bausenator Volker Lange, der Pawelczyk als Chef der Innenbehörde Anfang September ablöst, weil durch den Zusammenschluss von SPD und FDP eine sozialliberale Koalition entsteht, erweist sich als Hardliner. Bis zu vier, fünf mit Maschinengewehren bewaffnete Hundertschaften fallen, unterstützt vom MEK (Mobiles Einsatzkommando) in die Häuser beziehungsweise Wohnungen der Hafenstraße ein. Es kommt zu mindestens einem halben Dutzend Großeinsätzen, teilweise sogar mit gepanzerten Fahrzeugen und Hubschraubern. Oft wird dabei die nähere Umgebung für Stunden zum Sperrgebiet erklärt, sehr zum Unmut aller dort lebenden Menschen.

Welche Gründe wurden für die Großeinsätze genannt? Mal geht es um ausstehende Mietzahlungen oder darum, angeblich Straftäter festzunehmen, ein anderes Mal soll einem Gerichtsvollzieher Einlass gewährt werden, oder die Verwaltung demonstriert unter dem Vorwand, irgendetwas überprüfen zu wollen, ihr Hausrecht. Dass der Grundsatz der Verhältnismäßigkeit der Mittel befolgt worden ist, darf hier stark in Frage gestellt werden. Volker: »Wir haben damals in einer flotten WG zusammengelebt, im Sechserblock, waren voll eingerichtet und hatten Mietverträge, trotzdem sind wir geräumt worden, und die Möbel sind in hohem Bogen aus den Fenstern geflogen.« Die Wohnungen werden von den Polizisten regelrecht verwüstet; sie versuchen, sie unbewohnbar zu machen, indem sie Dachpfannen in die Kamine werfen, damit nicht mehr geheizt werden kann, sie zerstören sanitäre Anlagen, kappen Stromleitungen und besprühen Lebensmittel und Betten mit Reizgas. Ulv: »In der Zeit haben sich die ganzen Überfälle von denen ereignet, sie haben auch die Türen rausgerissen, alle Haustüren, am besten vor dem Winter, dann war's arschkalt; wir haben dann wieder neue Türen reingebaut, aber wir haben im Prinzip in der Zeit nur auf Koffern gewohnt, mit leichtem Gepäck, falls ein Einsatz ansteht. Vor dem Winter haben wir dann wegen der gemachten Erfahrungen gewisse Konzepte entwickelt. Ich bin Schlosser und hab 'ne Stahltür gebaut, da haben dann tatsächlich zwei MEK-Einheiten mit einem Polizeischlosserwagen davor gestanden, den Presslufthammer rausgeholt und haben die Wand drumherum weggestemmt, die Tür war aber weitgehend unbeschädigt. Das kam vor und nicht nur einmal.«

Neben einigen kleineren Demos gab es in dieser Zeit eine besonders große Demonstration am 20. Dezember 1986 mit circa 12 000 Menschen in der Hamburger Innenstadt. Die Parole lautete: »Solidarität mit der Hafenstraße! Keine Räumung, kein Abriss! Schluss mit dem Polizeiterror!« Dazu Volker: »Ich erinnere mich an diese Demo, das war in Hamburg ein Wahnsinnsding, weil da die Grünen mitgezogen haben, die Jusos, die ›Grauen Panther‹ waren dabei und der autonome Schwarze Block, so groß, wie er noch nie aufgelaufen ist, drei- bis viertausend Leute mit Helmen, das hat es in Hamburg vorher jedenfalls noch nie gegeben. Viele haben auch Angst gehabt vor dieser Demo, sonst wären noch mehr gekommen. Aber die, die gekommen sind, waren entschlossen, das mit uns durchzuziehen. Viele bezeichnen diese Bündnisdemo mit zwölftausend Leuten als Wendepunkt.« Ulv: »Das Besondere an dieser Demo war eben auch, dass die Polizei die Spaliertechnik immer wieder verfeinert hat. Gerade bei kleinen Demos mit drei Reihen Spalier; sobald irgendwas war, gab's gleich richtig was drauf, so dass es fast gar nicht mehr möglich war, zu demonstrieren.«

Im Polizeijargon heißt diese Spaliertechnik *einschließende Begleitung*, das heißt, der Demonstrationszug wird durch ein Spalier von Polizisten mehrreihig umrahmt. Es gibt Gerichtsurteile, die solch ein Vorgehen als rechtswidrig eingestuft haben. Ulv: »Und bei dieser Demo haben wir ganz klar gesagt, wir werden dieses Spalier nicht hinnehmen. Wir haben dagegen mobilisiert und gesagt: Wenn die Polizei Spalier aufzieht, werden wir dagegen angehen, mit allem, was irgendwie geht. Und wir konnten das Spalier verhindern.« Volker: »Es war 'ne Riesen-Bündnisdemo gegen Polizeiterror. Das kam uns natürlich sehr zupass, dass sich da ein Bündnis formiert hat, und wir sind mit eingestiegen. Es gab auch welche von uns, die waren dagegen. Aber alle, die unbedingt wollten, dass wir uns durchsetzen, von denen waren die meisten dafür. Wir wollten Bündnispolitik machen, ohne die eigene Identität aufzugeben, und das mündete dann in dieser Demo. Und das war dann tatsächlich die erste gewonnene Schlacht. Da war das Spalier weggeknackt, und daraufhin hat Bremen über mehrere Jahre Hundertschaften für Hamburg verweigert, weil die die Hauptbetroffenen waren.« Ulv: »Da ist fast eine Hundertschaft aufgerieben worden, und da haben die gesagt, da fahren wir nicht wieder hin.«

Volker: »Da gab's richtig Schwerverletzte, auch bei uns, das war alles nicht nur witzig. Hinterher saßen wir, wie immer nach solchen Großereignissen, zusammen und dachten, jetzt gucken wir mal, was in den Medien, in der ›Tagesschau‹ oder hier im ›Hamburg Journal‹, kommt. Dann war das gar nicht erstes Thema. Erstes Thema waren acht zeitgleiche Kaufhausbrandanschläge in Hamburg mit Säurezündern; mit der Erklärung, dass das ein Vorgeschmack sei, falls die Hafenstraße geräumt würde. Ich glaube, drei Kaufhäuser haben gebrannt und vier wurden mit hohem Sachschaden versehen, weil die Sprinkleranlage losgegangen war. Wir dachten, da kommt jetzt unmittelbar 'ne Riesenrazzia, aber die kam nicht. Trotzdem sind Leute von uns damals aufs Land gegangen, weil sie vermuteten, die gucken sich das nicht mehr länger an, jetzt greifen die sich den Sprecher von unserem Lautsprecherwagen, der auf der Demo mitgefahren ist, oder sonst was. Das waren Badewannenfüllungen voll mit Adrenalin.«

Wer hinter diesen acht Brandanschlägen steckte, ist nie richtig aufgeklärt worden. Zur selben Zeit bekunden über dreihundert Sympathisanten der Hafenstraße in ganzseitigen Zeitungsanzeigen ihre geistige Verbundenheit mit den Bewohnern. Unter ihnen Promis wie der Politiker Daniel Cohn-Bendit, der in der Hafenstraße einen »Freiraum für kollektive Lebensformen« sieht, der Unternehmer Jan Philipp Reemtsma, der die Bewohner mit Geldspenden unterstützt, und der Musiker Udo Lindenberg.

1987 sollte dann das alles entscheidende Jahr für die Hafenstraße werden. Volker: »Es kam ja immer eins zum andern, man kann das nicht so schematisch hafenstraßenmäßig sehen. Erst mal waren wir nicht alle gleich, und zweitens gab's auch das volle Kulturprogramm der 1980er Jahre in den Häusern. Da gab's Konzerte und alles Mögliche, also die Leute waren nicht alle eine Gruppe, es gab überlappend viele große Gruppen und Lebenszusammenhänge. So wie unsere Sechserblock-WG später da oben, das waren bestimmt zwölf, dreizehn Leute. Wir haben uns nicht nur um die Häuser gekümmert, sondern auch noch um die WG-Situation, um den Kampf gegen die Bullen und die Neonazis. Also, es wurde auch gerungen bei den 120 Leuten, die da gewohnt haben. Da gab's natürlich auch interne Konflikte, das wurde versucht im Kollektiv zu lösen, das war unglaublich intensiv.« Ulv: »Zum Beispiel hatten wir jahrelang ein riesen Drogenproblem, und da sind natürlich auch Leute auf der Strecke geblieben. Andersrum muss man auch sagen, viele Leute, die damals 'n Drogenproblem hatten, sind heute Therapeuten. Wir hatten eben doch ziemlich viele Leute, die sich dann auch gefangen haben in ihrem Leben.«

Außer den vielen abgehaltenen Plena wurde irgendwann in dieser Zeit der »Initiativkreis zur Rettung der Hafenstraße« ins Leben gerufen. Ulv: »Die entscheidend wichtige Ebene war, dass wir auch versucht haben, uns öffentlich und politisch zu verhalten. Das war nicht einfach. Pressearbeit war erstens nicht unbedingt jedermanns oder jederfraus Sache, und zweitens gab's unterschiedliche Meinungen, wie nun der öffentliche Ausdruck sein sollte. Das gelang dann zunehmend besser durch diesen Initiativkreis zur Rettung der Hafenstraße, der dann auch 'ne wichtige Institution geworden ist. Das war ein fester Personenkreis, der eine starke Gruppenstruktur hatte, ohne ideologische Grenzen. Diese Leute hatten bessere Drähte in Richtung Medien und auch zum bürgerlichen Lager als wir. Sie hatten sich die Hafenstraße zum Schwerpunkt gemacht, und zwei, drei, vier von uns waren immer mit dabei, wenn die zusammenkamen. Ohne die wären wir höchstwahrscheinlich weg vom Fenster gewesen.«

In diesem Initiativkreis wurde Anfang 1987 ein Konzept entwickelt, dass mit dem Namen »Tag X« in die Annalen eingegangen ist. Volker: »Mit dem gleichen Bündnis wie bei der großen Demo haben wir dann den Tag X organisiert, das war der 23. April 1987. Dieser Tag hat die Stadt lahmgelegt. Zwanzig verschiedene Gruppen, unter ihnen Jusos und Autonome, haben morgens um 10.00 Uhr zugeschlagen. Das waren dreißig Aktionen gleichzeitig. Wir als Hafenstraße haben unsere eigentliche zentrale Aktion abblasen müssen und haben uns in kleine Gruppen aufgeteilt, das war dann für uns eigentlich schon 'ne Niederlage, aber trotzdem war der Tag X unglaublich stark, weil er nicht verpfiffen worden ist. Die Leute haben den tatsächlichen Zeitpunkt erst ein paar Stunden vorher gesagt bekommen. Es gab die vielfältigsten Aktionen, Radiosender besetzt, CDU-Parteizentrale Altona verwüstet, die Jusos haben im sogenannten Senatsgehege, wo nur der Senat reindarf, Feuerlöscher entleert. Ein Gerichtsvollzieher, der bei uns Räumungstitel vollstreckt hat, der wurde selber geräumt. Die Villa des innenpolitischen Sprechers der CDU wurde mit Farbeiern und Hämmern bearbeitet. Viele Ampeln der Innenstadt flächendeckend auf gelbes Blinklicht geschaltet. Und das alles zeitgleich, das hat so richtig Wellen geschlagen.«

Auch in Kopenhagen und Amsterdam solidarisieren sich Menschen mit den Hafensträßlern in Form von Aktionen. Die Räumungs- und Abrissbefürworter sind überrascht und völlig fassungslos. Der außerparlamentarische Widerstand hat funktioniert und ist bis auf Weiteres erfolgreich, so das Resümee des »Initiativkreises zur Rettung der Hafenstraße« zum Tag X. Volker: »Nach dem Tag X, mein ich, haben sie's auch erst mal seingelassen und uns damit die Chance gegeben, die Häuser so richtig nachhaltig festzumachen. Es kam dann im Sommer 87 zur Wiederbesetzung schon geräumter Wohnungen, und dann wurden die Häuser regelrecht zu Festungen ausgebaut.«

Dieter Kunzelmann, schon seit den 1960er Jahren Aktivist und »Chef-Provokateur« an vorderster Front, erkannte rückblickend, dass »die Kreativität und Phantasie der Hausbesetzer atemberaubend war, ihre Basis und Anhängerschaft vielleicht gerade deswegen stärker als die der antiautoritären Bewegung. Trotz aller Hetze konnten sie auch auf Sympathien in der Bevölkerung setzen.«[34] Volker: »Man muss auch zu dem Lebensgefühl von damals sagen, dass wir irgendwann bereit waren, unglaublich viel zu riskieren, alles in die Waagschale der Freiheit zu schmeißen. Ganz viele Diskussionen drehten sich darum, wie weit man gehen kann.« Für manche Bewohner werden die Konfrontationen mit der Polizei zu einem Kampf gegen das System und damit zu einer Art Lebensphilosophie.

Ab dem Spätsommer kommt es zum wochenlangen Verhandlungspoker: verschiedene Vertragsentwürfe zu verschiedenen Bedingungen werden von der einen Seite formuliert und von der anderen Seite abgelehnt und umgekehrt. Während sich die Fronten immer mehr verhärten, wappnen sich die Bewohner zur alles entscheidenden Schlacht, auf die es hinauszulaufen scheint. Auf den Dächern der besetzten Häuser werden Stacheldrahtrollen ausgelegt und Harpunen installiert, damit soll eine Polizeiokkupation per Hubschrauber erschwert werden. Türen und Fenster in Parterre werden gründlich verbarrikadiert, Stolperfallen gebaut, die Treppen verengt, die Treppenhäuser mit Metall und Beton so versperrt, dass kaum ein Durchkommen möglich ist. Volker: »Wir hatten eben auch Erfahrung. Im Sechserblock sind sie bestimmt zwanzigmal durch unsere Türen gekommen, und jedes Mal haben wir nachgerüstet und wussten dann auch, was sie können und was ihnen Schwierigkeiten macht. Wir hatten genug Energie und Hass aufgebaut, das so zu bauen, dass das wirklich schwer geworden ist reinzukommen.«

Ulv: »Aber dann hat auch 'ne große Solidarisierung stattgefunden. Das war das Ergebnis von diesen vielen Gesprächen, von diesen ganzen Veranstaltungen und Diskussionen. Wir haben eben mit vielen Leuten geredet. Die Problematik Hafenstraße wurde langsam ein Thema, was auch die ganze Stadt erfasst hat. – Wir hatten ja in der Zeit fast ein viertel Jahr 'nen Piratensender am Laufen – ›Radio Hafenstraße‹ lief auf 96,8 Megahertz und war natürlich illegal. Damals war das ein schwerer Straftatbestand, heute wäre es eine Ordnungswidrigkeit, die vielleicht einen Tausender kostet. ›Radio Hafenstraße‹ hat den Stand der Dinge kontinuierlich wieder zurückgetragen. Der Sender war in fast ganz Hamburg zu hören. Das war 'n Riesending. Es gab einfach ein Selbstverständnis, so was zu machen, da waren sich alle ziemlich einig. Die Frage war eher die Risikoabschätzung. Wir haben zu allen gesagt, ihr könnt hierher kommen, ihr könnt uns hier besuchen, es gibt die VoKü, es gibt Essen, kommt her, guckt euch das an, redet mit den Leuten. Das hatte dann zwischendurch Volksfestcharakter, hatte ich manchmal den Eindruck. Der Sender wurde auch immer wie blöde gesucht. Da ist die Polizei rumgefahren und hat gehorcht, in welcher Kneipe wird dieser Sender gehört.« »Radio Hafenstraße«, der nach eigener Einschätzung »der bekiffteste Sender der nördlichen Hemisphäre« war, wird für die Aktivisten zu einem wichtigen Sprachrohr.

Als SPD-Fraktionsführer Henning Voscherau am 11. November 1987 die Verhandlungen für endgültig gescheitert erklärt, befürchten die Bewohner, dass die gewaltsame Räumung nun unmittelbar bevorsteht. Der Kulminationspunkt scheint erreicht! Es kommt daraufhin zur Errichtung von meterhohen Barrikaden – die *Barrikadentage,* die eine Woche dauern sollten. Sperrmüll, alle möglichen Gegenstände aus Beton, Stahl, Holz, alte Kühlschränke und Waschmaschinen, alles, was nicht niet- und nagelfest ist – inklusive Schrottautos –, wird von den Bewohnern vor die Häuser geschleppt. Straßen werden aufgerissen, der Berufsverkehr kommt zum Erliegen.

Ulv: »Es gab ja noch die Pollerkrise.« Volker: »Da hatten Leute im Zuge der Befestigung einfach dicke Betonblöcke, so Panzersperren, mitten auf den Gehsteig gesetzt, was natürlich ein schwerer Eingriff ins Hamburger Wegerecht ist.« Und auch die Gegenseite bleibt nicht untätig. Der für die Polizei zuständige Innensenator Volker Lange und sein Vorgänger Alfons Pawelczyk, als Bundesbevollmächtigter immer noch Mitglied des Senats, organisieren einen der größten Aufmärsche der Nachkriegsgeschichte: Mindestens 5000 uniformierte Einsatzkräfte aus der ganzen Republik – vielleicht auch viel mehr –, unter ihnen MEKs, der BGS (Bundesgrenzschutz) und die Anti-Terroreinheit GSG 9, stehen mit schwerem Gerät wie Wasserwerfern, Räumfahrzeugen etc. *Gewehr bei Fuß*. Dazu noch eine tausend Mann starke Eingreifreserve. Ganz St. Pauli Süd wird umzingelt. All das dient nur dem einen Ziel: die Häuser zu räumen und gleich danach abreißen zu lassen. Es darf keinen rechtsfreien Raum geben. Volker: »Sie standen wirklich schon an den Barrikaden, den einen Samstag, die Räumpanzer, die standen so, dass irgendwie, wenn einer zu laut hustet, dann wären sie gleich reingebrettert.«

Die Stadt Hamburg ist in zwei Lager gespalten: in Befürworter und Gegner der Hafenstraße. Es droht ein Bürgerkrieg mit einem unkalkulierbaren Risiko. Die »Tagesschau« meldet den Konflikt über einige Tage an erster Stelle. Ganz Deutschland ist elektrisiert. Volker: »Das Fax stand nicht still, es gab Solidaritätsaktionen im Minutentakt. Eine ziemlich wichtige Geschichte war dann wahrscheinlich auch, dass der damalige Bundespräsident Ritschi Weizsäcker sich unmissverständlich für eine friedliche Lösung ausgesprochen hat, denn das, was da in der Luft lag, politisch betrachtet, war unbeschreiblich. Wir hätten die Häuser natürlich nicht geräumt, und am Ende hätten sie uns da rausgeholt, aber der Preis wären möglicherweise zwei, drei Tote oder vielleicht noch mehr gewesen. Das war zunächst unsere größte Sorge. Wir hatten auch tierisch Angst. Doch irgendwann bist du so in Wallung, dass du die einfach ablegst. Es war eine Wahnsinnsanspannung. Manche saßen auch da und haben geheult. Aber die andere Seite hatte sicherlich auch Angst, dass da ein Szenario entsteht, was für die nächste Generation ein Grund für 'ne Guerillabewegung gewesen wäre und diesmal mit einem Bündnis im Hintergrund. Wir haben gesagt, dass wir bereit sind, uns zu verteidigen, und das hat uns auch jeder geglaubt. Wir haben aber auch gesagt, dass wir im Grunde genommen 'ne biblische Lösung fordern – wenn die uns nicht mehr räumen wollen, gibt es auch mit uns eine Lösung.«

In dieser nahezu ausweglosen Situation erklärt der SPD-Bürgermeister Klaus von Dohnanyi den Fall zur Chefsache. Gegen den Widerstand der Law-and-Order-Fraktion in der Bürgerschaft – des rechten SPD-Flügels und der FDP – unternimmt er einen letzten Versuch. Am Dienstag, dem 17. November 1987, bietet Dohnanyi den Hafensträßlern einen neuen Pachtvertrag an; allerdings verbunden mit einem Ultimatum: Innerhalb von 36 Stunden müssen die Barrikaden abgebaut werden und muss die Zugänglichkeit der Häuser gewährleistet sein, dann würde es keine Räumung geben. Wörtlich fügte Dohnanyi hinzu: »Dafür verpfände ich mein politisches Wort.

Dafür werde ich mein Amt als Bürgermeister in die Waagschale werfen.« Mit dieser Verknüpfung von seinem politischen Schicksal und dem Vertragsangebot an die Hausbewohner erreichte er tatsächlich einen kaum noch für möglich gehaltenen Stimmungsumschwung. Noch am Abend desselben Tages, dem Dienstag, wird auf dem Plenum der Bewohner beschlossen, das Dohnanyi-Angebot anzunehmen. Am darauffolgenden Mittwochmorgen beginnt der Abbau der Barrikaden.

Ulv: »Ja, das war dieser Punkt. Ab wann können wir ihnen trauen? Und das war eben Dohnanyi. Mit seiner Ansage: ›Hiermit verpfände ich mein Amt‹ oder so hat der sich voll in die Waagschale geworfen. Es war klar, wenn die da Scheiße bauen, dann hat ein hanseatischer Bürgermeister gelogen. Dann mussten wir alles wieder abbauen, diese Barrikaden. Dann gab's diesen Plan eben, was abgebaut werden muss mit Nachprüfung und so. Immerhin haben wir zugestanden, dass LKA-Beamte die Häuser betreten können und einmal gucken, so was eben.« Am Donnerstag, dem 19. November 1987, gehen tagsüber ein Architekt des Vertrauens der Hafenstraße und der Beauftragte des Senats, der Bauprüfer Adolf Lührs, in alle Häuser, um die Begehbarkeit der Wohnungen zu überprüfen. Ulv: »Der arme Herr Lührs, unser Bauprüfer, der stand da auch nur und sollte so 'n Katalog erstellen und sagen, was innerhalb von zwei Wochen abgebaut werden muss. Dem ist nur der Unterkiefer runtergeklappt, was der alles gesehen hat. Zum Beispiel hatten wir 'ne massive genietete Zugbrücke gebaut, mit schweren Ketten zum Hochziehen, und die Seiteneingänge waren mit solchen dicken Balken versperrt.«

Am Donnerstagabend unterschreibt der Erste Bürgermeister der Hansestadt Hamburg einen überarbeiteten 22-seitigen Pachtvertrag (der am 1. Januar 1988 rechtskräftig wird) und übergibt ihn dem Rechtsanwalt Rainer Blohm, dem Unterhändler der Hafenstraßenbewohner. Damit endet ein sechsjähriger Streit über acht Häuser – jedenfalls vorläufig. Volker: »Wir waren erst mal wirklich total erleichtert, konnten es gar nicht fassen. Danach, das war auf einmal, als wenn alle sich verabredet hätten, mucksmäuschenstill zu sein, und zwar im ganzen Stadtteil. Aber das ist jetzt so lange her. Man hat halt so bestimmte Sequenzen in Erinnerung. Es gab Streit, es gab das Gefühl, dass wir's geschafft haben. Es gab alles Mögliche durcheinander. Man hat sich auch glatte zwei Tage Plenumspause gegönnt.«

Auch unter den Hafenstraßenbewohnern gibt es unterschiedliche Ansichten zu Dohnanyis Angebot. Anne Reiche, seit Sommer 1982 Mitglied der Häusergemeinschaft, resümiert: »In Hamburger Zeitungen war schon von ›Blutbad‹ die Rede gewesen. Das wollte Dohnanyi genauso wenig wie wir. Dann brennt es nicht nur in Hamburg, sondern in der ganzen BRD und auch im Ausland. Dohnanyi müsste abtreten. Ihm war das klar, er wollte das verhindern. Aber uns war das nicht klar, wir haben unsere eigene Stärke nicht gesehen, und deswegen haben wir es nicht drauf ankommen lassen. Wir hätten es vielleicht geschafft, der geballten Staatsgewalt bis zum Morgengrauen standzuhalten, dass sie nicht in die Häuser kommen. Am Morgen wäre halb Hamburg auf den

Beinen gewesen. Wir hätten uns durchsetzen und vielleicht auch einen andern Vertrag kriegen können. Oder hätten gar keinen Vertrag gehabt, lieber keinen Vertrag als den Knebelvertrag. Indem wir aufgegeben haben, hatten wir verloren, mehr als nur diese Schlacht. Leute rannten los, um zu verkünden, dass wir den Vertrag annehmen. Ich war unendlich müde und zerschlagen.«[35] Ganz anders dagegen der renommierte Journalist Erich Böhme, er schrieb dazu: »Ein kluger Entschluss – mag er danach Mal für Mal durch unkluge Eiferer entwertet werden – befreit Belagerte und Belagerer von Furcht und Misstrauen.«[36]

Ulv: »Und denn kam der Winter, und wir sind alle in ein Riesen-Loch gefallen. Ja gut, es gab da noch die Silvestertage, die natürlich gigantisch waren. Wir hatten ein riesiges Bierzelt aufgebaut, da waren 6 000 Leute, ein Kongress, es wurde simultan in verschiedene Sprachen übersetzt. Das war total international. Da haben wir den inzwischen abgeschalteten Piratensender noch mal angeworfen. Dann gab es da die Tradition der Knastdemos, die war auch riesig in dem Jahr.«

Im Mai 1988 verkündet Dohnanyi seinen Rücktritt als Bürgermeister. Sein Nachfolger wird Fraktionsführer Henning Voscherau, und der ist mit dem, was sein Amtsvorgänger da ausgehandelt hat, gar nicht einverstanden. In den nächsten Monaten und Jahren kommt es zwischen Hafenstraßenbewohnern und Polizei zu weiteren Auseinandersetzungen. Zum Beispiel werden auf Betreiben von Voscherau die Hafenstraßenhäuser, die Anfang 1988 ursprünglich der Lawaetz-Stiftung übereignet wurden, im April 1989 der »Hafenrand GmbH« überschrieben, einer extra neu gegründeten Firma. Schließlich kündigt Voscherau im August 1989 den mit Dohnanyi ausgehandelten Pachtvertrag – die Sache geht vor Gericht. Volker: »Das nächst Größere, was dann kam, war die Wende mit dem Fall der Mauer im November 89. Und einhergehend mit der Wende und danach haben wir ein ziemliches Hooliganproblem gehabt. Angriffe auf die Häuser durch Nazis und Hooligans, wenn am Wochenende ein Fußballspiel war. Das gab's früher auch, aber nicht in diesem Umfang.«

Auch 1990 finden die Hafenstraßengegner immer wieder Gründe, die Häuser polizeilich durchsuchen zu lassen. Ulv: »Dann kam eben das ganz große Ding. Es war diese RAF-in-der-Hafenstraße-Geschichte von 1985, die haben sie noch mal rausgeholt. Das machte sich dann an Kalle und Cora[37] fest, wo sie ganz konkret behauptet haben, dass zwei Leute von uns abgetaucht und bei der RAF sind. Und dann ist das passiert, was bei uns schon immer im Kopf war: Eines Tages kommen sie und durchsuchen alle Häuser und drehen jeden Stein um. Das passierte dann eines Morgens, es war der 15. Mai 1990. Ich glaube, es war ein Dienstag – Dienstag ist Schwienstag. Da kam ein riesiger Polizeieinsatz. Ich weiß noch, wie wir am Fenster standen und das sahen: die hatten wirklich alle Einheiten, die sie kriegen konnten, aufgeboten, wie eine Parade, MEK-, SEK-Einheiten aus ganz Deutschland. Und da liefen auch fünfzehn Leute in Zivil mit weißen Handschuhen und Aluköfferchen, und ich denke: Oh, das scheint der Durchsuchtrupp zu sein, dann tippt mir jemand auf die Schulter und sagt: ›Guck mal, da aufm Parkplatz.‹ Da standen drei große Reisebusse, aus denen jede Menge Leute in Zivil mit weißen Handschuhen und Aluminiumkoffern ausstiegen.« Volker: »*Das* war der Durchsuchungstrupp.« Ulv: »So, und dann haben die wirklich alles auf den Kopf gestellt, wirklich alles. Die Beschlagnahmeliste von dem Tag hat fast Telefonbuchstärke.« Volker: »Und wirklich Relevantes haben sie nicht gefunden. Also keine Waffen, keine falschen Papiere oder Sprengstoff. Die Computer wurden alle beschlagnahmt.« Sogar das kritische Wochenmagazin »Stern« reiht sich im September 1990 in den Chor der unbewiesenen Behauptungen ein, Hafenstraße und RAF wären miteinander verquickt. Volker: »Es war ja auf allen Titelseiten, so in der Art wie ›RAF in der Hafenstraße‹, und weil der ›Stern‹ das so groß aufgeblasen hatte mit den Häusern im Hintergrund, ist dann die ›Stern‹-Kantine damals von uns besetzt worden.«

Im Januar 1991 erklärte das Hamburger Landgericht Voscheraus Kündigung des Pachtvertrags von 1987 für rechtmäßig, weil aus den Häusern heraus Straftaten verübt worden seien. Es folgen in den kommenden Monaten verschiedene juristische Streitigkeiten. Das hindert die Hafensträßler nicht daran, Anfang September im Stadion des FC St. Pauli am Millerntor ein Festival auf die Beine zu stellen und zu feiern: »Viva St. Pauli«, bei dem unter anderem Slime, die Toten Hosen und auch Rio Reiser auftraten. Volker: »Es ging um Kultur in diesem Stadtteil und darum, diese Fußballnummern zu kultivieren, und da haben Anne und Heike das gewuppt, Wahnsinnskraftakt gemacht und viele Künstler zusammengekriegt.« Ulv: »Es ging auch darum, ein dezentrales Fest in diesem Viertel zu machen. Das war schon 'ne ziemliche Granate, das Festival. Wir haben unsere Anwaltskosten reinbekommen, und es war sogar noch Geld über.« Anne Reiche, die Hauptorganisatorin des »Viva St. Pauli«-Festivals: »Erst nach Tagen, durch die Reaktionen der Menschen, hab ich die Wirkung erfasst. Wir hatten nicht nur im Viertel überzeugt und Land gewonnen, auch weit darüber hinaus. Das Konzert reflektierte unsere Situation. Wir mussten nicht mehr schreien ›Hafenstraße bleibt‹, das war durch. Wir waren *da*. Wir waren Teil des Viertels, Teil der Stadt. Eine Bereicherung für das Viertel, für die Stadt. Die vielen kleinen Initiativen, die gewachsenen Strukturen, Beziehungen und Zusammenhänge haben gemeinsam ein großes Konzert geschaffen, zusammenbringend, Kultur geschaffen, Lebensfreude vermittelt. Der Sinn des Lebens. Wir hatten uns Respekt verschafft.«[38]

Trotzdem erklärt im April 1993 auch das Oberlandesgericht in Hamburg den Dohnanyi-Pachtvertrag wegen irgendwelcher angeblicher Vergehen der Bewohner für ungültig. Die Lage scheint hoffnungslos. Doch dann geschieht das völlig Unerwartete: Ende 1993, Anfang 1994 kommt es zu einem erneuten Stimmungsumschwung. Einer der Gründe dafür war vielleicht, dass nach der Septemberwahl 1993 die SPD in Hamburg nicht mehr alleine regieren konnte, sondern auf eine Kooperation mit der neu gegründeten »STATT«-Partei angewiesen war, und die wollte den Dialog mit der Hafenstraße weiterführen. Auf jeden Fall ändert Hamburgs Erster Bürgermeister im Februar 1994 seine Meinung diametral und lenkt ein. Voscherau ist bereit, auf Räumung und Abriss zu verzichten, wenn auf einer der Freiflächen neben den Häusern ungestört ein sozialer Neubau entstehen kann. Die Hafenstraßenbewohner willigen ein, und im April beginnt der Bau von 55 Sozialwohnungen.

Ungefähr zur gleichen Zeit entwickelt sich in den Köpfen der Bewohner die Idee, eine Genossenschaft zu gründen, um die Häuser zu erwerben. Es vergehen dann noch einmal fast zwei Jahre, in denen hin und her verhandelt wird, bis es soweit ist. Dann endlich: Im Dezember 1995 verkauft die Stadt Hamburg zwölf Hafenstraßenhäuser[39] an die Genossenschaft »Alternativen am Elbufer«.

Man könnte denken, jetzt wäre alles im grünen Bereich. Aber es gibt auch kritische Stimmen. Anne Reiche: »Eine Genossenschaft war für uns vor zwanzig Jahren eine geeignete Organisationsform, die auch der regierende Senat akzeptieren konnte. Heute ist diese Form für uns zu schwerfällig, überteuert und überflüssig geworden. Wir lassen uns verwalten, statt uns selbst zu verwalten. Wir sind ein ganz normales Wohnprojekt geworden, ohne große Ansprüche und Ambitionen. Für unsern jetzigen Verwaltungsaufwand – Mieten, Einnahmen-Ausgaben, Instandhaltung – brauchen wir keine Genossenschaft. Eine Selbstverwaltung wie beim Mietshäusersyndikat wäre für uns angebrachter und billiger.«[40]

Trotzdem geht es weiter. Bis heute. Es gibt immer noch die VoKü, in der man günstig essen kann. Volker: »Die VoKü hat drei Tage die Woche auf – momentan, glaub ich, sogar vier Tage die Woche –, und es ist ziemlich selten, dass die mal ausfällt. Wenn die VoKü ausfällt, dann weil sie irgendwo anders gebraucht wird. Und das Störtebekerzentrum, unsern Konzertraum, gibt es auch noch.« Ulv: »Naja, aber wegen Mieterbeschwerden nur einmal im Monat ein Konzert, die wollen ihre Ruhe haben, die werten Sechser-Block-Bewohner. Das Ahoi ist ganz gut. Das Onkel Otto läuft auch ganz gut. Das sind die Kneipen oben und unten an der Treppe. Das Otto ist traditionell so der Punkertreffpunkt, das Ahoi ist eher so gemischt.« Volker: »Ein gut funktionierendes Kollektiv, was den Laden seit fünfzehn Jahren betreibt.«

Das klingt eher nach gut organisiert als nach chaotisch. Aber eine »Chaostruppe vom Hafenrand«[41] gibt es trotzdem. Gemeint sind nicht die Hafenstraßenbewohner, sondern die Macher, die für den Bau der Elbphilharmonie verantwortlich sind. Die Elbphilharmonie ist der Name eines seit 2007 im Bau befindlichen Konzerthauses in der Hamburger HafenCity, das ewig und drei Tage nicht fertig wird und stattdessen immer mehr kostet – der Etat dafür stieg von ursprünglich knapp zweihundert auf über achthundert Millionen. Als alternatives Gegenmodell gibt es dazu das nicht kommerzielle Elbdisharmonie-Festival im Herzen von St. Pauli.

Volker, der 1994 aus der Hafenstraße auszog, aber immer noch stark mit der Szene verbunden ist: »Es wird sich dieses Jahr zum siebten Mal jähren, das Elbdisharmonie-Festival. Du hast die Treppe als Zuschauerraum, vorne die Bühne. Wir melden das nach wie vor nicht an, die Polizei weiß ja, dass das stattfindet. Das ist ein fester Termin. ›Elbdisharmonie‹ eben wegen Elbphilharmonie.«

Ulv, immer noch Hafenstraßenbewohner: »Nachmittags fängt es mit Liedermachern an und zum Abend die lautere, tanzbare Musik. Die ganze Veranstaltung wird nur von Freiwilligen organisiert, Bands spielen for fun; immer im August, und was an Geld überbleibt, wird immer für einen guten Zweck gespendet. Letztes Jahr ging es in die Vorbereitung für die Hausbesetzertage, die hier stattgefunden haben, das Jahr davor ging es an die Lampedusas (Flüchtlinge aus Afrika). Da bleibt immer moderat was über. Das ist immer 'ne sehr schöne, sehr entspannte Veranstaltung. Wir können uns teilweise vor Bands gar nicht retten, weil das ein Event ist, das sich rumgesprochen hat. Wir sind schon gespannt, ob wir tatsächlich irgendwann das 10:0-T-Shirt drucken können; 7:0 haben wir ja schon, denn deren Bau steht da und immer noch kein Konzert.«

Die beiden Gespräche mit Ulv Völker und Volker Gajewski fanden im April und Mai 2015 in Hamburg statt.

---

31 Hamburg. **Beil in der Tür**. In: »Der Spiegel« Nr. 45 vom 3. 11. 1986.
32 Kai von Appen, **Mythos Hafenstraße**. In: »taz« vom 15. 9. 2006.
33 Hamburg. **Beil in der Tür**. In: A. a. O.
34 Dieter Kunzelmann, **»Leisten Sie keinen Widerstand!«**, Berlin 1998, S. 148 f.
35 Anne Reiche, **»Auf der Spur«**, unveröff. Manuskript, Hamburg 2015.
36 Erich Böhme, **Der Alleingang**. In: »Der Spiegel« Nr. 48 vom 23. 11. 1987.
37 Karl-Heinz Gerum (Kalle) und Corinna Kammermeier (Cora) wurden 1990 per Haftbefehl gesucht.
38 Anne Reiche, **»Auf der Spur«**, a. a. O.
39 Ursprünglich waren es neun Häuser; doch als diese 1995 von der Genossenschaft Alternativen am Elbufer gekauft wurden, mussten drei Häuser, in denen Altmieter gewohnt hatten, mit dazu gekauft werden. Diese drei Häuser haben zu dem Komplex der ehemaligen SAGA-Häuser dazugehört. Doch die SAGA hatte die Altmieter Ende der 1970er Jahre nicht rausbekommen, als die Häuser entmietet wurden. Die Stadt hätte Schwierigkeiten gehabt, die Häuser an jemand andern zu verkaufen, weil das alles ein Gebäudekomplex war, das heißt also, die Genossenschaft musste die drei Häuser mit dazu kaufen, das war die Bedingung.
40 Anne Reiche, **»Auf der Spur«**, a. a. O.
41 Christian Rickens, **Untersuchungsbericht zur Elbphilharmonie: Die Chaostruppe vom Hafenrand**. In: »Spiegel Online« vom 7. 1. 2014.

Freiheit

»Vielleicht ist Freiheit nur der kurze Moment, wo der Pflasterstein in die Hand genommen wird, bis zum Zeitpunkt, wo er auftrifft, das heißt der Moment der Veränderung, der Grenzüberschreitung, der Bewegung.«

Aus: **»radikal«** Nr. 98(I), 9/1981, S. 5.

Collage aus einem Fanzine, frühe 1980er Jahre
(Archiv, Berliner Geschichtswerkstatt e. V.)

»Flora für alle, sonst gibt's Krawalle«

Andreas Blechschmidt, Urgestein der Roten Flora, erzählt die Geschichte von Hamburgs Autonomem Zentrum

Das Flora-Theater ist 1888 als Varieté-Theater eröffnet worden. Das, was jetzt noch steht, ist der Rest des historischen Empfangsgebäudes. Ursprünglich befand sich dahinter ein riesengroßer Zuschauerraum für zweitausend Menschen. Es gab einen richtigen Theateraufbau, Bühnenhaus links und rechts und Garderoben, eben alles was zu einem vollwertigen Theater gehört. Die Flora hat als einziges Hamburger Theater den Zweiten Weltkrieg unbeschadet überstanden, wurde nach 1943 nicht mehr bespielt und erst 1949 wiedereröffnet. Danach wurden dort Operetten aufgeführt, das war so der Versuch, an die alte Tradition anzuschließen. 1953 ist das Gebäude zum Kino umgebaut und zehn Jahre später an das städtische Verwaltergewerbe »Sprinkenhof AG« veräußert worden. Die haben es übernommen und an das Warenhaus »1000 Töpfe« verpachtet. Das war bis 1987 so.

Ab den 1980er Jahren ging der ganze Musical-Run in den Städten los, um Touristen anzulocken – Musicals als Standortfaktor. Ab 1986 lief das Musical »Cats« auf der Hamburger Reeperbahn. Das war aus Investorensicht ein Durchstarter gewesen. Der Produzent Friedrich Kurz von der »Stella AG« hat dann für das Musical »Das Phantom der Oper« einen neuen Spielort gesucht und ist auf die Flora gestoßen. Kurz hat sinngemäß etwa gesagt:

»Kuck mal hier, liebe Stadt, wir machen eine Win-win-Geschichte. Ihr stellt mir ein Gebäude im Schanzenviertel zur Verfügung, und ich mach euch hier ein geiles Musicaltheater. Ihr wisst, das ist eine boomende Branche, ein Leuchtturmprojekt. Ihr habt den stadtentwicklungspolitischen Impuls, dass das runtergekommene Schanzenviertel aufgewertet wird, und ich verdiene Geld.« Die Stadt fand das super – so, wie die Sozialdemokraten eben heute ticken –, und Friedrich Kurz hat das Grundstück für, ich glaube, eine Million D-Mark an die Hand bekommen, ein absoluter Witzpreis.

Zu dem Zeitpunkt, Oktober/November 1987, gab es eine kleine Initiative von zwanzig, dreißig Leuten, die haben gesagt: Das geht nicht. Wenn das hier wirklich wahr wird, geht's abwärts. Denn das Schanzenviertel vor 25 oder 28 Jahren war wirklich noch wie Berlin-Kreuzberg in den 1970er Jahren: migrantisch geprägt, viele WG-Haushalte, viele Studenten, viele Altmieter – noch sehr kleinteilige Gewerbestrukturen, lokal, ein bisschen so die Idylle, der so viele nachgejagt sind. Allen war klar, wenn hier ein Musicaltheater mit zweitausend Besucherplätzen hinkommt, mit damals achtzig D-Mark pro Eintrittskarte, dann ist das eine Umstrukturierung – heute sagt man Gentrifizierung. Nur bedeutet diese Einsicht leider noch lange nicht, dass man so ein Projekt verhindern kann.

Es war tatsächlich so, dass Friedrich Kurz die alte Bausubstanz komplett abreißen wollte. Es sollte nur noch dieser historische Kopfbau bestehen bleiben. Eine Sanierung des Gebäudes kam nicht in Frage, weil sie erstens zu teuer war – Beton in Neu ist einfacher – und zweitens der Raum zu klein war. Hinter dem Kopfbau sollte ein moderner siebenstöckiger Betonklotz mit neuester Bühnentechnik hin, damit rechtzeitig 1989 zum »800 Jahre-Hamburger-Hafen-Geburtstag« dort das Musical »Phantom der Oper« Premiere haben könnte. Das wollte man als großen Sommerevent zelebrieren. Was man nicht verhindern konnte war, dass im April 1988 eben diese Abrissarbeiten durchgeführt worden sind, eines der großen Projekte in der langen Geschichte der *Freien und Abrissstadt Hamburg*. Eine historische Theaterbausubstanz wurde einfach plattgemacht: der denkmalschutzwürdige Crystallpalast. Und da hatte man eigentlich das Gefühl, der Käse ist gegessen. Im Grunde ist das jetzt hier ein Durchmarsch.

Doch ein paar Wochen später gab es die ersten Überlegungen der sogenannten Flora-Gruppe, die diesen Widerstand am Anfang organisiert hat. Das waren damals Menschen zwischen Ende zwanzig und Anfang/Mitte dreißig aus dem autonomen Spektrum. Zum Teil kamen die aus dem klassischen RAF-Unterstützungsumfeld, oder es waren undogmatische militante Linke, die sicherlich auch im Anti-AKW-Kampf in Brokdorf, aber auch im Kampf um die Hafenstraße aktiv waren. Ich war damals noch ein Jungspund, ein Jungautonomer, aber für mich war das immer so eine wahrnehmbare politische Kraft in der Stadt, mit klugen Leuten.

Also, wir wollten den Abriss nicht widerspruchslos hinnehmen. Es sollte kein Spaziergang und kein Selbstläufer werden. Ich denke, dass im tiefsten Inneren niemand wirklich geglaubt hat, das Projekt verhindern zu können. Anfang Mai 1988 gab es ein nicht angemeldetes Straßenfest, wo dann schnell die Polizei mit einer Hundertschaft draufgefahren ist und man wieder weggescheucht wurde. Es gab jedoch immer wieder kleine kreative Aktionen am Bauplatz und an dieser riesengroßen Baugrube, dass man am Morgen die Bauarbeiter immer so ein bisschen behindert und genervt hat. Da ist dann irgendwann eine ganz merkwürdige Dynamik draus entstanden, die man nicht erklären kann. Das ist kein Erfolgsrezept gewesen. Man weiß nicht, warum die

Hamburger Hafenstraße gerettet worden ist, im Nachhinein ist das ja auch absurd. Das ist für mich verbunden mit der Frage: Wie konnte es eigentlich sein, dass man damals am Ende ein Projekt mit einem Gesamtvolumen von achtzig Millionen D-Mark verhindert hat?

Ich glaube, es hat ganz viel mit einer seltsamen Form von Psychologie zu tun. Irgendwann bekommt man plötzlich das Gefühl, wir können hier wirklich Sand im Getriebe sein, hier gerät etwas aus dem Tritt. Der Versuch der anderen Seite, die Deutungshoheit zu übernehmen und ein Bild militanter Chaoten, die hier sinnlose Gewalt ausüben, heraufzubeschwören, hat nicht funktioniert, weil es eine Resonanz im Stadtteil gab, denn auch die Alteingesessenen hatten Sorgen, was passiert hier eigentlich? Eine alte Gewerbezeile mit Nachkriegsbauten wurde plattgemacht, damit dort ein Parkhaus gebaut wird. Gewerbetreibende sind einfach mit dreimonatiger Kündigungsfrist rausgeflogen und verstanden plötzlich, was hier abgeht. Es gab so psychologische Fettnäpfchen, vor denen man sich hüten sollte. Alte Bäume sind abgeholzt worden, wo doch der Deutsche sich am meisten empört, wenn es an die Eichen geht, in dem Fall war es eine Linde. Bei den Alteingesessenen und in der Öffentlichkeit gab es Sympathien für die Protestler. Das war zu merken. Okay, die sind zwar jetzt nicht alle für die autonome Szene zu rekrutieren, aber es gab eine stillschweigende Zustimmung: »Irgendwie ist es auch nicht schlecht, wenn da nachts ein Bagger brennt«, oder: »Es ist doch mal gut, zu merken, dass das hier nicht glatt läuft.« Klar, hätte man die Leute zur Gewalt befragt, hätten sie wahrscheinlich mies über Autonome geredet, aber jetzt in diesem konkreten Fall vor der eigenen Haustür hatten sie das Gefühl, irgendwie ist es gut, was die jungen Leute da nachts treiben. Nachts sind Leute der Flora-Gruppe hin mit Beton und haben die Baustelle ein bisschen sabotiert, viele kleine Sticheleien gegen irgendwelche vorbereitenden Baumaßnahmen wurden durchgeführt. Da haben die Bauleute gemerkt: Das ist eine nervige Baustelle, das läuft hier nicht rund.

Das führte einerseits dazu, dass die Polizei immer öfter Einsätze fahren musste, worauf die nicht eingestellt waren. Es gab ja das Hafenstraßentrauma in der Politik und bei der Polizei mit den Barrikadentagen von 1987. Und die »Bild«-Zeitung hatte es messerscharf erkannt: »Droht eine zweite Hafenstraße?« Andererseits gab es bei der Flora-Gruppe dieses dynamische Erfolgserlebnis: Wir können auch was durchsetzen, und wir haben eine gewisse politische Gestaltungsmacht als radikale militant-intervenierende Linke. Das war ein Schwung, den man mitgenommen hat und wo man ein bisschen beflügelt war, weil man auch merkte: Okay, wir haben hier kleine Erfolgserlebnisse, wir haben diese Stimmung im Stadtteil, die Anknüpfungspunkte bietet; das war so die Gemengelage.

Im Juni 1988, samstagmorgens, gab es von uns eine Bauplatzbesetzung. Es wurden schnell Hütten gebaut, eine riesengroße Schaukel aufgestellt und die Ruine in Beschlag genommen, ein Fernseher wurde hingestellt und nachts Fußball geguckt – es gab ein Fußballspiel im Zuge der

Europameisterschaft. Das hatte ein bisschen Brokdorf-Feeling. Am Montagmorgen darauf ist auch gleich geräumt worden, zweihundert Leute sind aber einfach vom Platz gelassen worden – also freier Abzug.

Und danach ging's eigentlich erst richtig los. Anschließend gab's so was jede Nacht. Es war ein richtig milder Sommer, ohne den berühmten Hamburger Regen. Man saß abends beim Bier in den Szenekneipen – von denen es damals ja noch viel mehr gab und die auch wirklich Szenekneipen waren –, und dann ist man gegen halb elf schnell mal zum Bauzaun gelaufen, hat gerüttelt und den irgendwie flach gelegt. Bis anschließend zwei Hundertschaften Bereitschaftspolizisten vor Ort waren und da rausgehopst sind und die Schildkröte gemacht haben, saßen wir längst schön beim Bierchen und haben uns den Aufmarsch der Polizei angeguckt, untermalt mit süffisanten Zurufen wie: »Zu spät!« Wir waren ein bisschen wie die Gallier – die Römer fahren auf, und alle machen sich lustig. Die kamen sich natürlich vor wie die letzten Deppen, und das waren sie aus polizeilicher Sicht auch. Diese Auseinandersetzungen führten schließlich dazu, dass die Polizei die Baustelle 24 Stunden lang bewachen musste. Aber während Polizisten vorne den Bauzaun geschützt haben, sind gleichzeitig hinten Leute rein und haben die Baustelle wieder sabotiert. Da hat selbst die Polizei gemerkt: Das können wir nicht leisten; wir können nicht mit vier Hamburger Hundertschaften eine Baustelle bis zum Ende der Bauarbeiten bewachen, denn es gab ja auch noch den normalen Alltagsbetrieb zu bewältigen.

Die Flora-Gruppe hatte mittlerweile ein großes Umfeld. Es gab damals ein regelmäßiges Flora-Plenum einmal in der Woche, zu dem ich als Jungautonomer auch hingegangen bin.

Aus diesem diffusen Kreis des Flora-Plenums haben sich verschiedene Gruppen gebildet. Ich habe mich mit zwölf, dreizehn Leuten zusammengefunden, die sich regelmäßig zweimal in der Woche getroffen haben, um eine mobile VoKü zu machen – also eine Volxküche. Wir haben in irgendeiner WG gekocht und sind mit unseren Nudeln mit roter Soße vor die Baustelle gezogen. Das war für die Polizei wieder Nervkram. Sie wussten nicht, was geht hier ab. Gibt es wieder Stress? Das heißt, sie mussten präsent sein, aber so richtig verhindern kann man es auch nicht, wenn Leute einfach vor der Baustelle ihre Suppe schlürfen. Das war ein Hase-und-Igel-Spiel, das die Polizei damals mit ihrem Konzept nicht so richtig gewinnen konnte.

Dann kam der 12. September 1988. Der Investor teilt mit, er zieht sein Projekt an dieser Stelle zurück, weil es offenbar politisch nicht durchsetzbar ist. Wenn man jetzt schon zur Bauphase unter Polizeischutz bauen muss, wie soll das denn bei der Eröffnung werden. Der hatte die Schnauze wirklich voll. Der Investor und die Stadt waren sich bereits über ein Ersatzgrundstück handelseinig, ein Plan, der hinter den Kulissen eingefädelt worden war. Ein neues Flora-Theater sollte am Holstenbahnhof gebaut werden, da wo jetzt das neue Musicaltheater auch steht. Und siehe da, ein entkerntes Restgebäude mit dem riesigen Bauplatz und eine große Grube standen plötzlich leer da! Wir haben uns das angeschaut, ein bisschen nach links und rechts: »Das darf ja wohl nicht wahr sein! Krass! Verhindert! Abgefahren!« Das war schon toll. Auf der einen Seite die typische Investorennummer mit Friedrich Kurz von der Stella, die Banken und Geldgeber im Hintergrund und alle, die ihre Finger mit im Spiel hatten, denen man allen Scheiß der Welt zutraut; sie haben kalte Füße bekommen, hatten Sorge, dass vielleicht irgendwann der Rohbau brennt. Auf der anderen Seite die Flora-Gruppe, schon mit ein bisschen Hybris, strotzend von Selbstbewusstsein, da war das Gefühl, jetzt ist irgendwie alles möglich. Der Slogan von damals »Den Widerstand in den Vierteln organisieren« hatte funktioniert, und da hatte natürlich auch eine gehörige Portion Revolutionsromantik eine Rolle gespielt.

Das große Projekt ist verhindert worden, und jeder ist in seinen Alltag zurückgekehrt. Dadurch ist dieses breite Bündnis von Bürgern und Autonomen, alternativen Gruppen und Gewerbetreibenden wie ein Kartenhäuslein zusammengefallen. Es blieb eine Gruppe von etwa fünfzig Aktivisten übrig, also mehr als nur der Kern der Flora-Gruppe. Das war das Flora-Plenum, das sich seit dem Sommer 1988 regelmäßig getroffen, Aktionen besprochen und gemeinsam durchgeführt hat. Das war wie ein Resonanzraum mit einem großen Zusammenhang, der ist nach der Verhinderung aber auch wieder ein bisschen eingedampft worden, und anschließend gab es gefühlt eine Gruppe von dreißig bis vierzig Menschen, die dann gesagt haben, okay, wir wollen hier jetzt dranbleiben. Zu diesem Zeitpunkt stand das Restgebäude einfach leer, der Baugrund war mit einem relativ massiven Zaun, Marke Wackersdorf, gesichert. Also den konnte man auch nicht mehr umschmeißen. Das war noch während der laufenden Bauarbeiten gemacht worden, da wurde nebenbei die ganze Kanalisation verrammt.

Im Winter 1988 wurde ein erstes, sehr vorläufiges Konzept für die Rote Flora vorgestellt. Es gab Zeichnungen, was man so alles machen könnte mit einem kleinen provisorischen Erweiterungsbau auf dem Dach. Man dachte an ein Stadtteilkulturzentrum, denn der Slogan hieß: »Flora für alle, sonst gibt's Krawalle.« Das umzusetzen war aber sehr schwierig, weil man nicht die Ressourcen hatte, das jetzt zu stemmen, und da ist uns unfreiwillig die Integrationspolitik der SPD zu Hilfe gekommen. Die Verantwortlichen haben das wohl politisch diskutiert und gesagt, gut, die Hafenstraße war für uns nicht glorreich, und jetzt sind wir schon wieder auf die Schnauze gefallen. Vielleicht müssen wir mal diese renitenten Strukturen auflösen und Angebote formulieren, um zu versuchen, die Leute von der Roten Flora einzubinden; eventuell kriegen wir das dann besser in den Griff. Also weg mit Polizei und Haudrauf, das kommt irgendwie nicht so gut an. Tatsächlich hat dann im Sommer 1989 der damalige Oberbaudirektor Egbert Kossak, der hier in Hamburg eine Institution war, über Mittelsmänner Kontakt mit dem Flora-Plenum aufgenommen und das ungefähr so vermittelt:

»Also passt mal auf, wir würden für euch 30 000 D-Mark Sondermittel zur Verfügung stellen, damit könnt ihr das Erdgeschoss dieses leerstehenden Gebäudes notdürftig instandsetzen, und dann könnt ihr sechs Wochen Stadtteilzentrum auf Probe machen, damit ihr mal zeigt, was für Vorstellungen ihr habt. Es gibt nämlich ein Interesse der Stadt, einen städtebaulichen Wettbewerb über ein Stadtteilzentrum Flora zu initiieren, an dem ihr auch teilnehmen könnt. So kann man doch vielleicht ein Nutzungskonzept entwickeln, und da könnt ihr auch ein Teil von werden.« Der Plan war: Der Senat wollte ein Stadtteilzentrum mit einem bunten Mix von Altentagesstätte, Beratungsangeboten und Kinderladen; dann hätte auch die ungewaschene autonome Szene ein paar Räume bekommen, wo sie sich austoben darf. Weil wir ja nun die ganze Zeit am lautesten gekräht hatten, durften wir auch schon mal zeigen, was wir wollen. Dafür haben wir dann tatsächlich einen Verein gegründet, den Flora e.V. Der Verein hat einen sechswöchigen Nutzungsvertrag mit dem Bezirk abgeschlossen, über eine legale befristete Nutzung. Der Deal war, dass wir das Gebäude zum 31. Oktober 1989 wieder verlassen, anschließend hätte es diesen Wettbewerb gegeben, und im Frühjahr 1990 wäre vielleicht irgendwas entstanden – das war die Idee der Stadt.

Wir haben dann diese 30 000 D-Mark Sondermittel relativ zügig bekommen und über den Flora e.V. mit den Hamburger Elektrizitäts- und Wasserwerken befristete Nutzungsverträge abgeschlossen. Den gesamten Erdgeschossbereich – der war teilweise noch entkernt und ohne Außenmauern – haben wir mit einer provisorischen Holzwand wind- und blickdicht gemacht, provisorisch Elektrik verlegt, eine Toilette gebaut und Wasserleitungen. Während dieser sechswöchigen Probeschicht haben wir einen Cafébetrieb organisiert, Ausstellungen, Konzerte, natürlich alles noch sehr improvisiert. Dort wurden auch zwei wichtige grundsätzliche politische Entscheidungen gefällt. Die erste lautete: In der Roten Flora soll niemand wohnen, sondern wir nutzen das als einen kulturellen politischen Raum von Gegenöffentlichkeit. Der soll als Kulturzentrum funktionieren, aber es gibt hier weder eine Hausmeisterwohnung noch eine Groß-WG im ersten Stock, sondern das wird hier alles als politischer Ort genutzt. Der zweite wichtige Beschluss war: Es gibt keine bezahlten Stellen. Wer sich in der Flora engagiert, wer hier Türe macht, wer Theater oder Konzerte organisiert, wer baut, wer hier Teil der Strukturen ist, darf aus seinem Engagement in der Roten Flora keinen persönlichen Geldvorteil ziehen. Wir wussten aus den ganzen Besetzerprojekten in Amsterdam, aber auch in Berlin, dass es da, wo Leute sich auch mit ihrer Ökonomie reproduzieren, andere Interessenlagen gibt. Wir haben da zwei Pflöcke eingerammt, hinter die wir auch nicht zurückwollten. Das waren zwei kollektive, sehr kluge politische Entscheidungen. Und eins stand für uns von vorneherein fest: Wir gehen hier nach sechs Wochen nicht freiwillig raus. In der Erwartung, dass wir nun auch geräumt werden würden, wollten wir noch einmal eine Konfrontation führen, um deutlich zu machen: wir sind nicht käuflich und nicht zum Nulltarif zu haben. Denn es gab eine Utopie, die sicherlich nicht völlig durchdacht war und nicht elaboriert, nicht kapitalismuskritisch fundiert, sondern aus dem Bauch heraus kam; ich denke so ein bisschen an »die undogmatische Linke – at it's best«, aber trotzdem richtig. Also ein politischer Instinkt war im Raum. Wir dürfen uns jetzt nicht vergackeiern lassen und nicht auf die Schleimspur der Integration kriechen. Dieses Bewusstsein war da, ohne dass wir geglaubt hätten, alles durchsetzen zu können. Aber wir wollten doch sagen: Wir wollen hier jetzt nicht Integrations-Ringelpiez-Spielchen mitspielen.

Am 31. Oktober 1989, das war ein Samstag, haben wir die Flora besetzt – »Flora für alle«. Wir haben ein Manifest geschrieben und es im Stadtteil verklebt. Wir erwarteten, dass spätestens am Montagmorgen die Hamburger Bereitschaftspolizei vor der Tür steht und uns aus dem Laden rausschmeißt. Und dann gingen die Tage ins Land. Jede Nacht haben wir Wachen organisiert – da müsste doch jetzt mal was passieren. Und das große Rätsel ist, warum nichts passiert ist. Wir glauben, dass der Bezirk Altona, zu dem wir gehören, nicht schon wieder Stress wollte, nicht schon wieder Polizei und Straßenschlachten, und das deshalb nicht sofort an die Senats-SPD gemeldet hat. Die Bezirksgrenze verläuft quasi zwanzig Meter vor der Roten-Flora-Treppe. Im Bezirk Mitte, der ja auch für die Hafenstraße verantwortlich war, hätte es vorher schon gar nicht dieses befristete Vertragsangebot gegeben, die hätten auf jeden Fall am Montag vor der Tür gestanden und uns rausgeschmissen. Das sind diese Ungleichzeitigkeiten und Absurditäten, dass wir zwanzig Meter auf der richtigen Bezirksgrenze lagen. Irgendwann hat die »Bild«-Zeitung noch den zu erwartenden Artikel geschrieben: »Was ist da los? Die Chaoten tanzen dem Senat schon wieder auf der Nase rum, die hätten da doch schon wieder raus gemusst!« Und noch bevor das irgendwelche Wellen schlagen konnte, kam der 9. November 1989: Mauerfall! Plötzlich knatterten tausend Trabis auf der Hamburger Reeperbahn, und alle waren aufgeregt. Da ging es nicht mehr um die Rote Flora am Schulterblatt 71 in der Hamburger Sternschanze.

Diese seltsamen Verkettungen führten dazu, dass auf einmal rein rechtlich ein Duldungsstatus für die Flora eingetreten ist. Also durch Dulden war dieser befristete sechswöchige Vertrag in ein unbefristetes Vertragsverhältnis übergegangen. Selbst die Verträge mit den Elektrizitäts- und Wasserwerken sind weitergelaufen, was den Versorgern egal war – Hauptsache, sie bekommen ihr Geld, und bezahlt haben wir auch weiter. Das hieß aber, die Polizei konnte gar nicht mehr nach dem Ordnungsgesetz spontan räumen, denn es lag kein Hausfriedensbruch, keine Vertragsbrüchigkeit vor. Jetzt war klar: Leute, ihr habt's versiebt, nun müsst ihr uns hier rausklagen. Eine Räumungsklage hätten wir zwar verloren, aber die neue Situation gab uns nun wieder Raum für Mobilisierung. Verteidigen wir die frisch erkämpfte, besetzte Rote Flora!

Im November/Dezember 1989 sah es so aus: Wir haben ein Haus erkämpft und starten jetzt durch. Die Leute sagten: Geil, hier kann ich wirklich einen Raum mitgestalten, es gibt keine Miete, man macht einfach – muss vorher klären, dass die Unkosten reinkommen, und wenn was übrigbleibt, geht das an das Gesamtprojekt, damit können die Betriebskosten wie Strom und Wasser finanziert werden. Denn wir haben von Anfang an gesagt, wir beantragen keine Fördergelder, sondern wir erwirtschaften dieses Geld selbst. Das war auch einer der Gründe, warum der Konzertbetrieb schnell wichtig für uns wurde, weil klar war, wir müssen Einnahmen generieren, aber nicht, weil da einer was dran verdienen will, sondern weil wir uns selbst die Unkosten finanzieren wollen. Das hat total gut geklappt, es war echt Selbstverwaltung. Das Plenum der Flora hat selber dort stattgefunden und war so strukturiert: die Konstitution der Flora ist ein Delegiertenplenum, das quasi über alle Belange organisatorischer, aber auch politischer Art diskutiert, als Konsensbetrieb. Und alle, die in der Flora aktiv sind, schicken Delegierte zum Plenum. Das war unser Selbstverständnis.

Ganz am Anfang gab's auch die Entscheidung: kein Alkoholverkauf! Das hatte einen pragmatischen Grund, weil es ein paar Genossinnen und Genossen gab, die bekennende trockene Alkoholiker waren. Das führte allerdings dazu, dass die Leute sich alle ihre Bierdosen mitgebracht haben und sich alle Imbisse rund um die Flora eine goldene Nase verdient haben, und wir standen hinterher in einem Meer von leeren Bierdosen (das Dosenpfand kam erst Anfang 2003).

Es gab erbitterte Diskussionen – dafür stand die Flora auch immer –, und es sind Leute gegangen, weil sie etwas scheiße fanden. Aber man muss ehrlich sagen, dass wir dann doch in das reingerutscht sind, wofür ja das linke Milieu auch steht: Fraktionierung, Streitereien, Dissense, Machtfragen, Männer/Frauen-Probleme, Hierarchien. Die einen haben mehr zu sagen als andere, diese ganzen Konflikte, die dann auch in der Flora stattgefunden haben. Ich will das aber nicht denunzieren, wir waren eben Teil einer Streitkultur. Das Tolle an diesem Projekt war, dass es ein politisches Projekt war. Die Rote Flora stand für eine radikale und ich glaube in der Außenwahrnehmung auch ehrliche Haltung. Deswegen mussten wir uns in diese Konflikte begeben. Aber die Flora war zum Glück auch immer ein Ort der Kultur und der subversiven Szene, die das Haus auch als ihren Ort angenommen hat.

Der Musik- und Konzertbetrieb war ein wichtiger Baustein und lief super. Die Flora war einer der ersten Orte, an dem die Dub- und Reggae-Musik im großen Stil laufen konnte, denn es gab in Hamburg bis dahin für diese Szene – wie die Black-Community – nur ein paar Discos. Es gab in der Flora dienstags das sogenannte Dub-Café, wo von 16 Uhr nachmittags bis abends 23 Uhr nur Dub-Musik lief und wo natürlich gekifft wurde. Da brauchte man nur durch die VoKü zu gehen und konnte passiv kiffen. Da hat man als Nichtkiffer, wenn man sich da eine Stunde aufgehalten hat, seinen THC-Wert signifikant erhöht. Die gesamten Oberstufen der letzten fünfzehn Jahre aus dem Hamburger Innenstadtbereich sind da hingegangen, selbst ein Jan Delay, jetzt Superpromi, ist als Oberstufenschüler dagewesen und hat im Dub-Café nachmittags seine Zeit verplempert. Für viele war die Flora ein Ort ihrer Jugend, was vielleicht auch ein bisschen erklärt, dass es einen großen, diffusen Sympathisantenkreis gibt. In den 1990er Jahren gab es Konzerte unter anderem mit den Absolute Beginner (eine Hip-Hop-Musikgruppe aus Hamburg), als die noch keiner kannte, sowie mit der berühmten Ami-Band Rage Against the Machine. In den letzten Jahren haben wir die Außenübertragung entdeckt, da stehen dann auch schon mal tausend

Leute vor der Flora und hören sich die Musik an. Als die Beginner im August letzten Jahres (2014) zum 25-jährigen Jubiläum der Roten Flora zum zweiten Mal spielten, kamen 7000 Menschen, drinnen in der Flora waren 500, und 6500 standen davor. Das war schon abgefahren, ein absolutes Highlight.

Der Erfolg des Musik- und Konzertbetriebs hatte aber auch seine Schattenseiten. In den Jahren 1994/95 fing es an, dass Leute gesagt haben: Ihr seid jetzt kommerziell orientiert, da die Flora auch Ort der Technopartys wurde. Der ideologische Vorwurf lautete: Aha, das ist hier jetzt nur noch so ein Partytempel, nicht mehr die Rote Flora, sondern die *Goldene Flora,* die sich dumm und dämlich verdienen will. Außerdem haben die Eventerfolge das Schanzenviertel aufgewertet, wodurch die Flora ungewollt in die Falle der Standortpolitik getappt ist – sogar ihre Resistenz gegen Vereinnahmung ist zum Standortfaktor geworden. Das ist die Tragik der Entwicklung der Roten Flora. Selbst die Handelskammer hat die Rote Flora wegen ihres Standortfaktors gelobt, bizarrer geht's kaum.

Der nächste politische Angriff war im Frühjahr 1992 erfolgt. Die damalige Stadtentwicklungssenatorin Traute Müller von der SPD ist auf die Flora zugekommen und hat gesagt: »Hier wird jetzt in einer Frist von sechs Wochen ein Nutzungsvertrag verhandelt, denn diesen vertragslosen Zustand akzeptieren wir nicht länger. Wenn wir nicht zu einer Einigung kommen sollten, werden wir das Projekt in dieser Form beenden, weil es hier keine rechtsfreien Räume in der Stadt geben kann.« Das war die markige Ansage. Denen war schon klar, dass sie uns mehr Raum zugestehen müssen als ursprünglich geplant, als wir noch am Wettbewerb von 1989 teilnehmen sollten, es war aber auch klar, dass uns da eine Kindertagestätte reingeholt werden sollte.

Dazu muss man sagen, dass wir in den ersten drei Jahren tatsächlich Sanierungsgelder von der Stadt gefordert haben, allerdings mit der Idee: Wir wollen das Gebäude in Eigenleistung von Grund auf instandsetzen, bleiben aber die Betreiber. Nun waren wir bereit, uns auf einen Vertrag einzulassen, mit der Absicherung, dass wir einen akzeptablen, für uns zu wuppenden Mietpreis bekommen. Aber wir wollten keine staatlichen Fördergelder haben. Es war dann unsere Idee, dass der Verein Flora e.V. formaljuristisch eine Rolle einnehmen könnte. Der Verein ist ja auch heute noch unverdrossen in Amt und Ehren, spielt aber keine politische Rolle in der Konstitution des Projektes, sondern wird als Struktur am Leben erhalten, damit die Betriebskosten über den Verein abgewickelt werden können. Die Verhandlungen mit Traute Müller wurden dann auch geführt, und ich finde – und das soll nicht eitel klingen –, dass wir das gut hingekriegt haben. Wir haben versucht, das als kollektiven Prozess zu organisieren, es gab Vollversammlungen, und wir haben eine Verhandlungsdelegation gebildet. Weil die Grünen damals noch linke, fortschrittliche Menschen in ihren Reihen hatten, haben wir Christina Kukielka, die wirklich eine linke Grüne war, gebeten, uns zu den Verhandlungen zu begleiten, uns quasi auch ein bisschen Supervision zu geben und uns politisch zu beraten. Immerhin sollten wir mit einer Senatorin und ihren politischen Beamten am Verhandlungstisch sitzen, da mussten wir uns aber auch briefen lassen und uns nicht selbst überschätzen. So haben wir intern Konsenslisten entwickelt: Was ist für uns eine rote Linie, was ist für uns taktische Verhandlungsmasse? Es war ein Versuch, ein ernsthafter Verhandlungspartner zu sein, und das ist uns am Ende auch gelungen. Falls der Senat geglaubt haben sollte, dass er uns an die Wand verhandeln kann und dass das ein Selbstläufer wird und wir da nur mit am Katzentisch sitzen, so hat das nicht funktioniert. Die Verhandlungen haben nicht sechs Wochen gedauert, sondern von August bis Dezember 1992.

Zum Beispiel haben wir es geschafft, politisch darzustellen, dass die Einrichtung einer Kindertagesstätte nicht sinnvoll wäre, das konnten wir inhaltlich mit dem Kostenaspekt nachweisen. Außerdem gab es zu dieser Zeit keinen Bedarf. Die Kinderladenidee war irgendwie aufgesetzt und eine reine Befriedungs- und Gängelungsmaßnahme. Das hat Traute Müller irgendwann verstanden, und auch Leute in der Außenwahrnehmung haben das verstanden. Schließlich war es tatsächlich so, dass die Verhandlungen im Dezember 1992 für gescheitert erklärt wurden. Und jetzt kommt wieder diese Absurdität: »Verhandlungen gescheitert!«, hieß ja: »Wir werden diesen rechtsfreien Raum beenden.« Nun war es aber so, dass ausgerechnet in dieser Phase die Hamburger Bürgerschaftswahlen aus dem Jahre 1991 nach einem Urteil des Hamburger Verfassungsgerichts wiederholt werden mussten, weil die CDU eine rechtswidrige Wahlliste erstellt hatte. Das war im Frühjahr 1993. Und natürlich wusste die interne SPD-Führung: Die Flora zu räumen, das ist kein Polizeieinsatz am Montagmorgen, und nach vier Stunden ist das Thema durch. Es würde auf jeden Fall noch mal zu einer heftigen Konfrontation kommen und kein gutes Licht auf die Verantwortlichen werfen. Und so etwas vor den Wahlen? Keine gute Idee!

Wir hatten also mal wieder das Glück auf unserer Seite, und so war dann erst mal Ruhe im Karton. Unser Projekt lief weiter mit allen Höhen und Tiefen. Im November 1995 hat die Flora gebrannt. Da ist im Archiv der sozialen Bewegung im ersten Stock – das es immer noch gibt – Feuer ausgebrochen. Es gab Indizien, dass es möglicherweise Brandstiftung gewesen sei, es gab aber auch Hinweise, dass da einfach ein Kopierer abgebrannt ist. Das Archiv selber ist tatsächlich total ausgebrannt, das Feuer ist aber zum Glück in das Dach gestiegen und hat das Restgebäude verschont. Die Feuerwehr hat engagiert gelöscht, was man auch anders hätte erwarten können, doch hinterher war das Gebäude durch das Löschwasser geschädigt. Und dann steht man da an einem kalten Novembermorgen vor der gefühlt ausgebrannten Flora – die noch raucht. Aber auf einmal ging irre was ab, denn innerhalb von ein paar Wochen haben wir knapp 40 000 D-Mark zusammengekriegt. Es ist ja eigentlich absurd, dass ein besetztes Haus unter den Augen der Stadt wieder aufgebaut wird. Da jedes Gebäude seit 1676 zwangsversichert ist, hat uns die Stadt sogar die Feuerkassengelder, die auf dem Haus lagen, teilweise als Sofortgelder ausgezahlt, so dass wir quasi mit diesem Spendenaufkommen in der Lage waren, das Gebäude in Eigenleistung wieder aufzubauen. Es kamen von »Axt und Kelle« (eine Gesellenvereinigung verschiedener Handwerker) professionelle Zimmermannsfrauen und -männer, die ein Notdach gebaut haben, was jetzt immer noch auf dem Haus liegt – das war toll anzusehen.

Mittlerweile war es dann aufgrund der anderen Wandlungs- und Veränderungsprozesse im Stadtteil von Seiten des Senats auch so – Stichwort Gentrifizierung: Wir sind eigentlich froh, dass wir die ganzen linken Zecken in der Roten Flora haben, da sind die beschäftigt, da haben wir sie im Blick. Vielleicht hatten die plötzlich Angst, dass wir die Rote Flora verlassen und das nahegelegene riesengroße leerstehende Gewerbeobjekt – Stichwort: sozialer Wohnungsbau – in Besitz nehmen und da weitermachen. Es gab über Mittelskanäle doch tatsächlich ernsthaft ein Angebot der Innenbehörde: Wenn wir für Solikonzerte die Alsterdorfer Sporthalle haben wollen, dann wäre da sicherlich auch was machbar. Selbst das »Hamburger Abendblatt«, das ja reaktionär ist, hat in seiner Ausgabe für den nächsten Tag geschrieben: »Was wird aus Hamburgs Roter Flora? Ein Brand hat das Gebäude vernichtet, wie geht es jetzt weiter …« Die Berichterstattung hatte schon diesen Nachrufcharakter. Der Brand hat uns auch gestärkt. Weil dieses Unglück vielen Leuten wieder den Elan gab: Wir machen mit und bauen wieder mit auf.

Zwei Jahre später war es aber schon wieder ein bisschen lethargisch im Projekt. Das änderte sich mit der beginnenden Auseinandersetzung um eine Drogenszene, die im Rahmen der Sicherheits- und Sauberkeitskonzepte aus der Hamburger Innenstadt vertrieben worden war. Dadurch hat sich die ganze offene Drogen- und Junkieszene mit den Dealern und denen, die da dranhängen, zu uns ins Schanzenviertel verlagert und war nun ein Thema. Stichwort: Romantisierung des Stadtteils – unser Viertel verteidigen gegen Umstrukturierung. Die Bürgerseele im Schanzenviertel rief nämlich nach der Polizei, die als Feindbild den schwarzafrikanischen Dealer ausgemacht hatte. Nun gab es eine rassistische Mobilisierung im Stadtteil, wo wir immer gedacht hatten, wir seien gegen solche hässlichen Geschichten gefeit. Das war dann ein Punkt, wo sich die Flora wieder als politischer Akteur richtig reingeschmissen hat. Wir haben mit sehr viel Engagement wichtige politische Arbeit auf die Reihe bekommen.

Wir haben dann die Flora selbst als Projekt neu diskutiert und festgestellt: Die Flora ist eben kein Freiraum. Dieser Mythos vom linken alternativen Stadtteil, wo wir uns wie ein Fisch im Wasser bewegen, ist eine romantische Projektion, die einfach nicht stimmt. Hier gibt es genauso viele rassistische Arschlöcher, die Unsinn verbreiten, wie woanders auch, vielleicht mit einer anderen Gewichtung, aber das muss man einfach mal so sehen. Wir mussten uns mit der ganzen Widersprüchlichkeit der sozialen Fragen auseinandersetzen. Wie nehmen wir eigentlich die Dealer vor der Tür wahr? Wie ist unser Verhältnis zu den Junkies, die ja auch keine revolutionären Subjekte sind, da sind teilweise auch ziemliche Arschlöcher dabei.

Das war für die Flora noch mal eine wichtige Politisierung, weil wir dadurch viel mehr verstanden haben. Die Flora ist kein Selbstzweck, und wir müssen sehen, dass der städtische Raum verteidigt werden muss; da hängen auch die Privatisierungs- und die Sauberkeitsdebatten dran. Die Verwertung des öffentlichen Raumes – wem gehört der öffentliche Raum? Wer hat eigentlich das Recht, überhaupt hier zu sein, Flüchtlingsproblematik, Gentrifizierung als kapitalistische Verwertung des öffentlichen Raumes. Und die Rote Flora als Bollwerk gegen all das Schlechte da draußen – so 'ne These greift einfach zu kurz. In diesem Zuge gab es auch den anderen Impuls, von dem ich schon gesprochen hab: Uns wurde bewusst, dass die Flora in ihrer Resistenz und Widersprüchlichkeit eben auch ein Standortfaktor geworden ist. Es gab militante Aktionen gegen Polizeikontrollen, die ganze Bandbreite von Interventionen, zum Beispiel der Stadtteilaktionstag gegen Polizeipräsenz – das hat mobilisiert. Das war sehr lebendig, dadurch sind viele Leute wieder reingekommen in die Flora-Gruppe. Das waren politisch ganz spannende Zeiten, wodurch wir den Grundstein gelegt haben, dass die Flora sich danach nicht politisch überlebt hat.

Wir hatten uns mittlerweile einem Vertrag widersetzt, und nachdem die ersten Vertragsverhandlungen gescheitert waren, war klar: Es geht einfach viel besser ohne Vertrag, im Zustand der Besetzung. Das Thema mit staatlichen Sanierungsgeldern streichen wir von der Prioritätenliste – das wäre ein Rückschritt. Das hat dazu geführt, dass die rechte Presse, allen voran die »Bild«-Zeitung, schlimme Kampagnen gegen die Flora losgetreten hat, von wegen »rechtsfreier Raum« oder »Chaoten greifen unsere Beamten an«. Und dann quakt es plötzlich aus der Hamburger Handelskammer: »Die Räumung der Flora steht für uns überhaupt nicht auf der Agenda. Wir wollen schon deutlich sagen, es geht nicht, dass die Polizei angegriffen wird, und natürlich müssen hier rechtsstaatliche Verhältnisse herrschen. Aber grundsätzlich ist die Flora aus unserer Sicht gerade in dem sich entwickelnden Schanzenviertel ein wichtiger standortpolitischer Impuls. Wir haben mit der Flora weniger ein Problem, wir fordern vielmehr ein vernünftiges drogenpolitisches Konzept der Stadt.« Da bleibt einem der Mund offen stehen, wenn ein Handelskammervertreter sich für die Rote Flora einsetzt; ehe man sich's versieht, befindet man sich im Würgegriff der herzlichsten Umarmung.

Schon Ende des Jahres 2000 begann der Bürgerschaftswahlkampf für die Wahlen im September 2001, und es wurde immer klarer, die Rote Flora als rechtsfreier Raum wurde der neue Platzhalter für den Chaotendiskurs: »Die Verbrechenshauptstadt Hamburg« und »die Rote Flora als die große Wunde der SPD, die das Innere nicht im Griff hat«. Ein gewisser Ronald Schill, auch genannt »Richter Gnadenlos«, der seit 1996/97 angefangen hatte, ein politischer Akteur zu werden, konnte sich durch diese Konfliktlage noch mal neu als Populist inszenieren. Und da hat auch die SPD kapiert, dass sie aufpassen muss, denn sie drohte ihren Erbpachthof Hamburg zu verlieren. Die Innere Sicherheit ist die offene Flanke der SPD. Der Innensenator wurde abgelöst, und Olaf Scholz – heute Bürgermeister – wurde Innensenator. Dann hat die SPD das letzte halbe Jahr noch probiert, das Steuer rumzureißen; es gab Brechmitteleinsätze in Hamburg, die haben wirklich auf den letzten Drücker noch versucht, den dicken Macker in Sachen innerer Sicherheit zu spielen.

In dem Zusammenhang haben sie uns sogar noch einen Vertrag zu unseren Konditionen angeboten. »Ihr könnt haben, was ihr wollt«, war die Ansage, »ihr könnt weiter wirtschaften, und wenn ihr keine Fördergelder haben wollt, ist das auch okay. Klar, ein paar minimale Spielregeln muss es zwar geben, aber wir wollen euer Projekt nicht angreifen, ihr seid euer eigener Träger mit dem Flora e.V. als Vertragspartner.« Das war alles nur, damit sie sagen können: »Wieso rechtsfreier Raum? Das haben wir gelöst, das innenpolitische Problem!« Uns war klar, dass sich daraus über kurz oder lang eine ganze Latte von Eingriffsmöglichkeiten ergeben würde. Das Ordnungsamt, die Gewerbeaufsicht, der ganze Reigen würde uns ins Haus stehen, weil es da plötzlich einen legalen Vertragspartner als Ansprechpartner gäbe. Und erst recht, wenn Schill oder die CDU drankäme oder wer auch immer die SPD ablösen würde. Und schützen würde uns so ein Vertrag vor gar nichts, denn der kann uns ja gleich wieder gekündigt werden. Darüber gab es in der Flora erbitterte Debatten, weil klar war: Es steht Spitz auf Knopf, was gespielt wird, ist offensichtlich. Sind wir uns wirklich sicher, dass wenn wir nein sagen, die SPD uns doch nicht noch schnell räumen lässt? Womit sie natürlich ein hohes politisches Risiko eingeht, weil immer klar ist, eine Räumung kurz vor den Wahlen ist nicht populär. Aber kann es auch sein, dass wir die SPD in ihrem neuen Law-and-order-Profil stärken? Wenn sie durchgreift, werden wir dann zu unfreiwilligen Wahlhelfern der SPD? Was wollen wir eigentlich? Es gab eine reale Angst – »Jetzt verlieren wir die Flora « –, wo es so lange gutgegangen ist und wir so viel Glück gehabt haben mit all diesen beschriebenen Absurditäten.

Wir haben irgendwann festgestellt, dass wir das nicht im Konsensprinzip klären können. Dann gab es zumindest eine Konsensentscheidung darüber, dass wir das Konsensprinzip einmalig aufheben. Am Ende gab es eine Mehrheit, die gesagt hat: keine Verträge! Man kann die Flora auf zwei Arten verlieren. Erstens durch eine kalte Räumung mit Vertrag, weil du irgendwann durch Sachzwanglogik stranguliert wirst und anfängst zu sagen: »Ja okay, jetzt zahlen wir doch Gema.« Du weichst immer ein Stück zurück, so wie die Grünen ihre Koalitionsverhandlungen führen, also immer getreu der Logik des Sachzwangs, in dem Glauben, das große Ganze retten zu können, und am Ende hast du nichts mehr in den Händen außer einer leeren Hülle, die Rote Flora heißt. Du bist erniedrigt und denkst, was ist denn das hier für ein peinlicher Kram. Dann lieber die zweite Art, die heiße Räumung als ein Beispiel dafür, dass man keine politische Kraft hat, das zu verteidigen, was einem wichtig ist. Das ist vielleicht Tugendterror und eine sinnlose Prinzipientreue, aber so ist es dann eben. Deswegen war unsere Entscheidung: kein Vertrag! Dann räumt uns doch! Gucken wir mal!

In dieser Situation – im März 2001 – hat die SPD uns verkauft, was ja nicht dumm war. So ist ein gewisser Klausmartin Kretschmer ins Spiel gekommen. Ein Investor? Nein, das war ein selbstloser Kulturmäzen, der als Anthroposoph die Rote Flora als »Kraftort und Samenbank dieser Gesellschaft erhalten wollte«, so sprach und säuselte er jedenfalls uns gegenüber. Das ist alles hinter unserem Rücken eingefädelt worden. Kretschmer war die privatisierte Variante der SPD-Integrationsversuche. Denn nun konnte die SPD sagen: »Das Problem Rote Flora ist entsorgt, es besteht kein rechtsfreier Raum mehr, was der Kulturmäzen-Investor da mit denen am Schulterblatt macht, ist seine Angelegenheit.« Die SPD hat die Wahlen trotzdem verloren, das hat also alles nichts genützt, und wir hatten plötzlich so einen Investor vor der Nase sitzen. Kretschmer hätte wissen müssen, dass wir keine Privatisierung für dieses Projekt wollen, weil wir das immer gesagt haben. Uns war sogar angeboten worden, die Flora zu kaufen, die hätten uns das Gebäude wahrscheinlich fast geschenkt, nur damit diese Kuh vom Eis kommt. Wir haben aber gesagt: Nö, keine Privatisierung, keine Entpolitisierung des Projektes.

Und aus einer gewissen Instinktsicherheit heraus haben wir sofort das Gefühl gehabt: Nee, mit dem Kretschmer reden wir gar nicht, und haben ihm auch gleich mitteilen lassen: »Pass mal auf, wenn du Freude daran hast, dich als Eigentümer der Roten Flora zu fühlen – geschenkt. Wir können dich nicht davon abhalten, Grundsteuer zu bezahlen – denn das kann nur der Eigentümer – und die Müllgebühr, aber wir werden hier weiterhin auf eigene Rechnung wirtschaften. Lass uns einfach nur in Ruhe. Außerdem hast du Hausverbot!« Denn wer hinter unserem Rücken kauft, ohne uns zu fragen, der kann eigentlich nur Schlechtes im Schilde führen. Wir haben ihn konsequent ignoriert. Er hat dann ein paar Mal versucht, über dritte Personen mit uns Kontakt aufzunehmen, und war auch schwer beleidigt, dass wir so gar nicht mit ihm reden wollten. Unsere Botschaft an ihn war: Wenn du uns in Ruhe lässt, lassen auch wir dich in Ruhe, und wenn du nervig wirst, können wir auch anders. Und das hat auch erst mal geklappt. Ich glaube, seine naive Hoffnung war damals, von uns als großer Mäzen und Retter in der Not gefeiert zu werden.

Kretschmer wollte uns auch Geld für die Sanierung geben und uns angeblich in gar nichts reinreden. Am Anfang sind wir für unsere ablehnende Haltung auch angemacht worden. Manche Leute haben gesagt: »Nun stellt euch mal nicht so an, so schlimm kann der Kerl ja nicht sein, die Flora kann doch eine Sanierung gut gebrauchen.« Das mit der Sanierung stimmte ja auch. Aber wir sind unserem orthodoxen, dogmatischen Stil treu geblieben.

Die SPD hat Kretschmer dieses Gelände mitsamt dem Gebäude für umgerechnet 180 000 Euro verkauft, ein absoluter Witz. Sie haben ihm als Vertragsbedingung auferlegt, dass er zehn Jahre lang nicht verkaufen kann oder nur mit Zustimmung der Stadt und in dieser Zeit auch nur den eigenen Kaufpreis erwirtschaften darf, alles andere hätte er an die Stadt abführen müssen; insofern schon ein kluger Schachzug der Stadt, um erst mal Spekulation mit dem Gebäude zu verhindern. Zehn Jahre sind eine lange Zeit, die ging aber auch vorbei, und die Rote Flora und das Flora-Plenum gab es immer noch. Im Jahr 2009, also circa zwei Jahre vor Ablauf der Zehnjahresfrist, fing Kretschmer an loszulegen: Er sei von der Entwicklung der Roten Flora enttäuscht, das sei ein Ufo im Stadtteil, und er denke darüber nach, das Gebäude doch zu verkaufen, weil wir so undankbar seien. Er vertrat doch tatsächlich die Meinung, wir hätten die ganze Zeit auf seine Kosten gelebt, was völliger Unsinn war. Es gab von ihm verschiedene Überlegungen, zum Beispiel eine Nutzungsmiete zu erheben und einiges mehr. In Richtung Stadt fing er an zu funken, entweder ihr kauft mir das Ding jetzt wieder ab, und zwar für fünf Millionen, oder ich werfe es nach dem März 2011, nach Ablauf dieser Restriktionsfrist, auf den freien Markt, und dann wollen wir mal sehen, was passiert. Aber vielleicht lasse ich die Flora auch vorher räumen, weil ich dann auf jeden Fall einen besseren Verkaufspreis erzielen kann – was zivilrechtlich irgendwie möglich gewesen wäre. Das waren handfeste Drohungen, sowohl an uns als auch an die Stadt gerichtet. Er selbst steckte in riesengroßen finanziellen Problemen, und seine einzige Chance, wieder zahlungsfähig zu werden, war der Verkauf der Flora.

Zu jener Zeit gab es außer der drohenden Räumung der Flora auch den Lampedusa-Konflikt und die Auseinandersetzung um die Esso-Häuser hier in Hamburg. Aus dieser Gemengelage heraus kam es dann am 21. Dezember 2013 zu einer großen Solidemonstration mit ungefähr 10 000 Teilnehmern. »Rote Flora verteidigen – Esso-Häuser durchsetzen! Gegen rassistische Zustände – Bleiberecht für alle!«, war die Kampfansage. Das war 'ne große Nummer, da hat es ordentlich gerumst, da haben alle noch mal gemerkt, die Lokalpresse, die Politik, aber auch die Polizei: Hoppla – die Rote Flora zu räumen ist eine ganz schlechte Idee. Dieser Mythos, der uns seit 25 Jahren auf verschiedensten Ebenen begleitet hat, der ist da voll zum Tragen gekommen. Und in dem Falle auch berechtigterweise.

2014 gab es ein Insolvenzverfahren gegen Kretschmer, weil er – unter anderem – Schulden bei der Steuerbehörde hatte. Und im Zuge dieses Insolvenzverfahrens ist die Rote Flora als Teil der Insolvenzmasse an die Hansestadt Hamburg zurückverkauft worden, für 800 000 Euro. Die Stadt hat dann offiziell die Rote Flora der Lawaetz-Stiftung treuhänderisch in die Hand gegeben. Die Lawaetz-Stiftung ist eine SPD-nahe Stiftung, die viel im Bereich der Stadtentwicklung macht und sich für Betreuungs- und Hilfsangebote auf dem Zweiten Arbeitsmarkt engagiert und das Image eines alternativen Trägers hat. Denen haben wir auch schon das Hausverbot ausgesprochen. Das hat sie jetzt nicht überrascht, sie haben es öffentlich professionell hingenommen.

Das Alltagsleben mit der Flora ist mühselig geworden. Wir haben ein Nachwuchsproblem, das Bachelor-Master-System sorgt eben dafür, dass Studierende heute keine Zeit mehr haben, nebenbei Politik zu machen. Die Flora ist eine autonome Großraumbehörde geworden, wo auch viel konsumiert wird, und das Flora-Plenum ist nicht mehr der Ort, wo politische Kampagnen entwickelt und durchgeführt werden so wie bei der Drogenverbotsgeschichte aus den 90er Jahren, sondern wir verwalten da einen Raum, der wichtig ist. Die Flora ist ein wichtiger ökonomischer Faktor für die linksradikale Szene, weil sie als Veranstaltungsort viele Kampagnen finanziert und unterstützt. Die Lampedusa-Gruppe hat in der Flora einen festen Termin, den sie als Ort der Kommunikation, des Austausches und der Kultur gestalten kann, aber den sie auch als eine Möglichkeit für sich nutzt, um die Gruppenkasse zu füllen.

Was aber wichtig ist: dass die Flora eben nicht die Insel der Glückseligkeit ist, sondern dass die Widersprüche und Konflikte und Probleme sie über die Jahre begleiten. Aktuell geht die Flora insofern den Weg eines alternden Projektes, weil eben viele junge AktivistInnen sich andere Räume suchen. Die Flora gibt es seit 25 Jahren, ein Jubiläum, das wir im Sommer 2014 gefeiert haben. Aber für jemand aus dem Jahrgang 1993 ist sie nichts anderes als dieses schredderige Gebäude am Schulterblatt. So wie der Michel das Wahrzeichen für Hamburg ist, so ist die Rote Flora ein Wahrzeichen für das Schanzenviertel. So wird sie wahrgenommen als ein etablierter Ort, und die Kids wollen sich woanders ausprobieren.

Jetzt versuchen wir gerade, uns neu zu erfinden: Seit einem dreiviertel Jahr bauen wir ganz krass und wollen die Flora an einigen Punkten ganz neu gestalten, um die Raumnutzung anders zu strukturieren und die Cafénutzung zu erweitern. Das Café soll wieder ein professioneller Gastort sein, ohne dass wir professionell sein wollen, um Geld zu verdienen, sondern einfach mit einer guten Infrastruktur, wo Gruppen dann auch wieder Spaß haben, zu kochen und einen Abend zu verbringen. Wir glauben, das könnte das Elixier für gute nächste 25 Jahre für die Flora sein – als besetzter Ort. Denn das ist mittlerweile innerhalb des Projektes unbestritten: Es wird nie eine legalisierte Rote Flora geben. Das kann sich natürlich auch mal ändern. Wenn es dazu eine Debatte gäbe und das entschieden werden würde, dann müsste ich halt gehen. Doch auch wenn die Flora Federn gelassen hat, ist sie immer noch ein Möglichkeitsraum. Wir fühlen uns auf jeden Fall nach wie vor abstrakt gefährdet, obwohl die Kuh inzwischen Eislaufen gelernt hat.

Andreas Blechschmidt ist seit 1989 Flora-Aktivist und einer der Sprecher des Kollektivs.
Diese Geschichte hat er uns im Mai 2015 in Hamburg erzählt.

Krieg den Hütten – Paläste für alle

Hausbesetzerparole

Vor dem Sturm

»Nun das Bewusstsein, dass jederzeit Räumungen - auch in größerem Maßstab - möglich sind, die momentane Ruhe, die Ruhe vor dem Sturm; wie sie in ihren Amtsstuben eifrig und skrupellos ihre Pläne aushecken.«

Aus: Frauencafé Moabit, **Frauenbewegung und Häuserkampf – unversöhnlich?**, Berlin 1982, S. 22.

KÖLN

Hallo Sanierungs-mafia – es geht weiter!

Häuserkämpfe und soziale Bewegungen in Köln

Von Detlef Hartmann

Schon im Übergang von den 1960er zu den 1970er Jahren gab es in Köln ein diffuses, heute kaum noch rekonstruierbares Besetzungsgeschehen, bevor die Bewegung mit den Aktionen in der Marienstraße und den darauffolgenden autonomen Eroberungen ein eindeutiges politisches Profil gewann. Erwähnenswert ist jedenfalls die Besetzung leerstehender Unterkünfte im Sommer 1970 durch Obdachlose und andere, die sich in der »IGO« (»Interessengemeinschaft Obdachlosigkeit«) zusammengeschlossen hatten.

Im groben Überblick kann man sagen, dass die Besetzung der Marienstraße am 3. März 1977 auf Initiative der »SSK« (»Sozialistischen Selbsthilfe Köln«) eine besondere Bedeutung erlangt hat, sie stand am Beginn eines mehrjährigen Zyklus von Hausbesetzungen. Diese Aktionen deckten ein ganzes Spektrum unterschiedlicher Zielsetzungen ab, das von Instandbesetzungen über die schlichte Einnahme von Häusern für eigene Wohnbedürfnisse bis hin zu spektakulären politisch motivierten Besetzungen reichte.

Hervorzuheben ist, dass sich einzelne MariensträßlerInnen in alle damals wichtigen sozialen Bewegungen einbrachten, ganz wie andere Häuserkämpfer in Köln, in der BRD und europaweit. Für die Aktivitäten in der Anti-AKW-Bewegung mag ein Wandgemälde aus dem Marienstraßen-Komplex stehen: Wir sehen einen mehrere Meter hohen gewaltigen Hasen, der die Faust ballt, dazu lesen wir den schlichten Spruch: »Dieser Hase, der ist schlau, er ist gegen Atomkraftbau.« Auch in der Antikriegsbewegung mischten die Leute von der Marienstraße mit. So waren sie auf der Demonstration gegen die Bundeswehr-Rekruten-Vereidigung im Bremer Weserstadion dabei. Vieles lief organisatorisch über das autonome Plenum. Über einzelne BewohnerInnen war die Marienstraße auch in antirassistische und feministische Aktivitäten eingebunden. Praktisch gab es für alles, was Sache war, auch eine Beteiligung aus der Marienstraße. Aber die hochaktiven Zeiten gingen irgendwann zu Ende. Seit den frühen 1990er Jahren gibt es kein Marienstraßenkollektiv im oben dargestellten Sinn mehr. Einzelpersonen leben dort aber noch im Rahmen eines unbestimmten Mischtypus von Besetzung und rechtlich fundierter Duldung.

Eine besondere und bis heute andauernde Bedeutung hatte die Aktion der »Porzer Selbsthilfe gegen Wohnungsnot«. Der Stadtrat hatte für eine Reihe von Wohnblocks mit kleinen Sozialwohnungen den Abriss beschlossen. Die Häuser störten ein angrenzendes Villenviertel. Obdachlose, StudentInnen, Ex-Heim- und Psychiatrieinsassen, Roma und andere besetzten diese Häuser. Sie verhinderten ein Jahr lang den Abriss, ohne Strom und Wasser, und erkämpften einen Erbbauvertrag. Die Porzer Selbsthilfe spielte in den sozialen Kämpfen in Köln jahrelang eine große Rolle, inzwischen hat sie etwas nachgelassen. Wohl vorübergehend, wie mir eine Bekannte neulich versichert hat. Mit einigen der BewohnerInnen bin ich immer noch in gemeinsamen Aktivitäten verbunden.

Die in diesem Band gesondert abgehandelte Besetzung der leerstehenden Gebäude auf dem Areal der ehemaligen Schokoladenfabrik Stollwerck in der Südstadt im Mai 1980 fällt aus dem Rahmen – wegen der Größe des Objekts und auch wegen der zum Teil widersprüchlichen Vielfalt der darin einfließenden Interessen. Auf der einen Seite standen die handfesten Ziele von alternativ orientierten Architekten, die in Kooperation mit Bürgerinitiativen ein Ausbauprojekt verfolgten. Auf der anderen Seite brachten sich nach und nach Linksradikale, Autonome, Punks, arbeits- und wohnungslose Jugendliche und Obdachlose mit ihren Bedürfnissen ein. In meiner Erinnerung profilierte sich die Interessenvielfalt nach und nach zu echten Antagonismen, die aber nur die allgemeinen sozialen Gegensätze widerspiegelten. Manche Freundschaften aus frühen Kampftagen zerbrachen dabei irreparabel. Noch vor Durchführung der geplanten Räumung durch Spezialeinheiten zogen die BesetzerInnen Anfang Juli ab.

In dieser Phase gelangte der linke Sozialtypus des Autonomen und des »Antiimps« (des Antiimperialisten) als radikaler Kern der sozialen Bewegungen zur Reife und bestimmte mehrere wichtige Besetzungen. Ohne den Versuch einer sozialgeschichtlichen Einordnung unternehmen zu wollen, möchte ich ein paar charakterisierende Momente nennen. Autonome und Antiimps agierten militant in antikapitalistischen Bewegungen. Ihnen ging es um ein Handeln in der ersten Person und zwar in Abkehr von der mechanistischen Vorstellung eines politisch-ökonomischen Prozesses aus der Küche der »Kritik der politischen Ökonomie« und des Marixismus-Leninismus. Wer darüber die Nase rümpft, ist nicht auf der Höhe der »postfordistischen Entwicklung« (also der neoliberalen Neudefinition sozialer Konflikte), die dabei ist, die Theorielastigkeit der vergangenen Ära hinter sich zu lassen. Die Autonomen griffen die Manifestationen kapitalistischer Gewalt in vielen Bereichen von Leben und Gesellschaft mit großer Bereitschaft zur Militanz auf. Sie entwickelten dabei eine Vielfalt von Agitationsformen und praktischer Intervention, ließen jedoch schon bald die Tendenz zur Einschränkung auf spezifische Themenbereiche und soziale Felder erkennen. Der Komplexität der Kämpfe hier und anderswo trugen sie nur wenig Rechnung. Aktuelle Konflikte in der Produktion, im Wohnungs- und Stadtsektor, in der Psychiatrie und vielen anderen Bereichen blieben ausgespart. Gleichwohl haben sie viele Beiträge zu der erwähnten Vielfalt geleistet und Entwicklungen angestoßen.

Die Hausbesetzungen der Autonomen vernachlässigten die Verankerung im Viertel und in den lokalen Kämpfen, was sie viel angreifbarer machte als die Besetzungen des SSK. Während der SSK nach einer Besetzung sofort mit den Nachbarn Verbindung aufnahm, stellten die Autonomen ihre Bemühungen um einen Ort für ihre ganz eigenen Debatten und Initiativen in den Vordergrund, sie sahen vor allem sich selbst. Eine Besetzung, die das deutlich zum Ausdruck brachte, fand 1981 in der Kerpener Straße in Köln-Sülz statt. Hier wurde die Aufmerksamkeit für die lokalen Konflikte nicht geweckt, stattdessen lediglich die Selbstorganisation der Autonomen gestaltet. 1984 wurde das Haus geräumt.

Große Bedeutung im Prozess der autonomen Selbstorganisation gewann die Besetzung eines leerstehenden Komplexes in der Weißhausstraße und seine Umgestaltung zu einem autonomen Zentrum. Wie kritisch man auch immer dazu stehen mag, die Entfaltung der autonomen Kultur war enorm. Sie reichte von der Organisation militanter Aktionen und Demos und den dazugehörigen Debatten über den Betrieb von Kneipe, Schwulen-, Frauen-, Lesbencafé bis zu einem regelrechten Kulturprogramm, bestehend aus Musik, Filmveranstaltungen etc. Punk war allgegenwärtig, und Gruppen, die sich erst an Singen und Gitarrespielen gewöhnen mussten, produzierten schließlich gekonnt Texte und hämmerten mitreißende Punkmusik raus. Auch wenn Jugendliche aus allen Gegenden Kölns Zugang zu dieser politisch-kulturellen Zentrale der autonomen Bewegung fanden, der konkrete Bezug zu anderen Bereichen der sozialen Spannungen im Umfeld blieb unterentwickelt. In manchen Aspekten nahm das Projekt die Form eines autonomen Soziotops an – durchaus in Übereinstimmung mit den Wunschvorstellungen der BesetzerInnen nach einem Freiraum für ein selbstbestimmtes Leben, um gegenkulturell eine »herrschaftsfreie Gesellschaft vorwegzunehmen«. Als ob das ginge, vor allem herausgelöst aus der Teilnahme an Kämpfen in anderen Bereichen der Gesellschaft.

Die Besetzung der sogenannten »Villa« in der Ehrenfelder Körnerstraße 1987 setzte dies fort. Die Villa ragte aus dem sonst vom Kleingewerbe der Gründerzeit geprägten baulichen Umfeld als Prunkbau heraus. Die Besetzung machte Spaß, die Autonomen organisierten ihre Zukunftspläne. Sie verzichteten einmal mehr darauf, den durch den SSK und die Marienstraße vorgezeichneten Weg einer Verankerung im Umfeld mitzugehen. Das galt auch für die Besetzung eines Hauses in der Ehrenfelder Hüttenstraße 1985. Alle drei Häuser wurden im Jahr 1988 unter teils massivem Polizeieinsatz geräumt. Wie zum Hohn wies die Stadt Obdachlose, auch Roma, in das geräumte Haus in der Hüttenstraße ein.

Ein anderes Schicksal hatte das Wohn- und Politprojekt in der Ludolf-Camphausen-Straße. Es gehörte der Stadt, die es jedoch verfallen ließ, um das Grundstück im Rahmen der Stadtautobahnplanung einer anderen Verwendung zuzuführen. Nach der Räumung des Hauses in der Kerpener Straße im Jahre 1984 besetzten Autonome die leerstehenden Wohnungen. Sie erreichten den Abschluss eines Vorvertrages mit dem eigens von den BesetzerInnen gegründeten »Verein Wohnen und Leben e. V.«, der dann später in einen unbefristeten Nutzungsvertrag überführt wurde. Nach der Räumung der Weißhausstraße wurde das Haus sehr wichtig, weil bestimmte, für die autonome Linke zentrale Funktionen hierhin verlagert werden konnten: Infoladen, Antifacafé, Volxküche, Frauencafé, Veranstaltungen, Filmabende, Diskussionen. Im Grunde bedeutete es das Zugeständnis eines AZ (Autonomen Zentrums) im Miniformat seitens der Stadt. Es besteht noch heute, und noch immer finden dort wichtige Veranstaltungen statt.

Aus dem Komplex autonomer Besetzungen fällt eine Besetzung in der Viersener Straße in Köln-Nippes im Jahre 1985 etwas heraus. In ihr waren sowohl SSK als auch Autonome engagiert. So mischten sich dort Aktivitäten autonomen Charakters mit längerfristigen politischen Strategien, die in ähnlicher Weise wie in der Marienstraße den Kontakt im sozialen Umfeld suchten, vor allem im Kampf gegen Vertreibung durch Sanierung. Die Viersener Szene zerfiel dann aber in ähnlicher Weise, obwohl auch hier bis heute politisch tätige Aktivisten wohnen.

Schönheit

»Für den Aufbau der neuen Welt gibt es nur das Gesetz der Schönheit und des Weltalls./Die Suche nach Schönheit ist harte Arbeit.«

Text zu einer Fotocollage vom King Kong Kunstkabinett München im Ausstellungskatalog von Manfred Wegner, Ingrid Scherf, **Wem gehört die Stadt?**, Andechs 2013, S. 60.

Kölsch und Hochdeutsch

»Die nevven dir sinn Kääls un Fraue/die losse sich nit mieh versaue,/[…] die losse sich nit mieh verlaade/ die wehren sich jetz, die mischen sich enn.« [Die neben dir sind Kerle und Frauen/die lassen sich nicht mehr versauen,/[…] die lassen sich nicht mehr verladen,/die wehren sich jetzt, die mischen sich ein.]

https://de.wikipedia.org/wiki/Stollwerckbesetzung

»Stollwerck bleibt zartbitter«

Klaus der Geiger erzählt

In Köln waren das eigentlich vor allem Studenten, die die Hausbesetzungen gemacht haben, wegen der Mieten natürlich auch, denn man hatte wenig Geld. Da haben sie einfach die Häuser besetzt, so in der Kerpener Straße in Köln Süd.

Und dann war da, wo ich mehr involviert war, über den SSK, das »Sozialistische Selbsthilfekollektiv Köln«, damals hieß der aber noch »Sozialpädagogische Sondermaßnahmen Köln«. Das Kürzel ist geblieben, aber die haben sich natürlich jetzt so ein bisschen geändert. Damals ging es um Trebegänger und ein paar Sozialarbeiter, die es anders machen wollten, als wie man es ihnen beigebracht hatte. Dann haben die sich einfach selbständig gemacht und haben mit den Jugendlichen Häuser besetzt. Die haben große Demonstrationen organisiert, die waren bis zu achthundert Menschen, alles Jugendliche, Leute zwischen zwölf und zwanzig Jahren, alle aus Heimen abgehauen. Also die Sozialarbeiter vom SSK, die hatten irgendwie 'nen guten Draht zum Jugendamt. Da haben die Jugendlichen so einen Ausweis gekriegt, wo ihre Adresse draufstand, und das sind genau diese Häuser gewesen, die leerstanden damals. Altbauten wie dieses Haus hier, in dem ich wohne, diese alten Dinger, wo damals keiner groß drin wohnen wollte. Die waren ja auch häufig ziemlich marode, muss man sagen, und dann wohnt man da ja nicht gerne drin, wenn die sanitären Anlagen nicht funktionieren und die Elektrizität und einzelne Bleirohre kaputtgehen und kein Wasser mehr kommt und so. Und man fand die alten Kästen auch nicht so schön. Das hat sich ja total geändert, und inzwischen ist ja so 'ne Wohnung wie diese hier super-duper, und alle sagen: Ach, ich wär auch gern im Altbau und so …

Eine richtig große Sache war die Besetzung von der ehemaligen Schokoladenfabrik Stollwerck im Mai 1980 – das war ein Areal von 50 000 qm, also das Ganze war eine Großbesetzung, ne! Und die ging so: Es gab eine Bürgerinitiative, die »BISA«, »Bürgerinitiative Südliche Altstadt«, und da waren drei oder vier Architekten drin, die haben alles Mögliche gemacht, die haben auch angeboten, dieses Stollwerck, das leerstand und als Fabrik aufgegeben worden war, in Wohnungen umzuwandeln. Aber ein Spekulant hatte die alte Fabrik gekauft, Detlev Rüger hieß der, glaube ich. Der hat sie gekauft und weiterverkauft, so machen die Spekulanten das. Die haben irgendwas gekauft, und dann haben sie geguckt, dass das an Wert gewinnt und das Ding möglichst schnell weiterverkauft. Aber dann kamen die BISA und solche Leute, und die haben gesagt: »Wir haben ja auch Wohnungsmangel. Da machen wir doch Wohnungen draus«, und haben auch super hübsche Pläne gehabt, wie man diese Fabrikhallen zusammen mit den Mietern umbauen könnte zu Wohnungen. Und dann hat der Rüger natürlich gesagt: »Nö.« Und die Stadt war's dann, die das Gelände wieder zurückgekauft hat. Und als es wieder in der Hand der Stadt war, haben wir es besetzt.

Ich war dabei. Das war doll. Wir haben 'ne Demo gehabt, runter zum Rathaus, da wurde beraten, was jetzt gemacht werden soll, und dann wurde aber der Plan abgelehnt, unser Plan, dass wir das selber machen wollten, dass wir selber die Wohnungen einrichten wollten, zusammen mit den Architekten. Die Architekten haben tolle Pläne dazu gezeichnet, hochmodern, haben alles durchgeplant, den Schnitt der Zimmer, aber man sollte dann als Bewohner selber bestimmen, wie man es haben wollte. Und das war alles sehr preiswert, die Mieten waren mit umgerechnet drei Euro pro Quadratmeter veranschlagt. Es hätte da ja viel Arbeit dringesteckt, und dafür war es enorm billig. Alles genau ausgerechnet von den Architekten, aber von der Stadt kam dann die Antwort: »Abgelehnt!« Dann sind wir mit der ganzen Mannschaft, fünf- bis sechshundert Leute, vom Rathaus aus vors Stollwerck gezogen. Das Tor ging hoch, und ich bin in dem Moment einfach auf das Tor raufgeklettert – mit noch zwei Leuten –, und auf der anderen Seite, also innerhalb des Geländes, sind wir wieder runtergesprungen. Ich bin ins Pförtnerhäuschen gegangen, hab den Knopf gedrückt, und dann ging das Tor wieder runter. Und der Pförtner, der hat nur so ein großes Gesicht gemacht. War ganz erschrocken und hat nichts gesagt, was sollte er auch sagen. Und dann ging es rund, und dann war'n se alle drin. Das waren Hunderte von Menschen, sechshundert, achthundert Leute, also wirklich 'ne ganze Menge. Die haben natürlich erst mal überall geguckt, dann alles besetzt, und dann haben wir ein Plenum einberufen und all so Sachen. Also das ging. Wir waren ein rechtsfreier Raum. Und anfangs war es natürlich eine unglaubliche Euphorie. Weil es so einfach war. So unkompliziert, zackzack, und schon waren wir drin. Und bei so vielen Leuten haben wir natürlich auch gedacht: Hier kann uns keiner rausschmeißen. Was auch der Fall war, für 'ne ganze Weile, aber nicht sehr lange.

In meinem Buch »Klaus der Geiger, Deutschlands bekanntester Straßenmusiker erzählt« habe ich darüber geschrieben: »Leute aus ganz Deutschland pilgerten zum Stollwerck, machten uns Mut und brachten Ideen ein. Solidaritätskonzerte zum Beispiel mit BAP und Ton Steine Scherben wurden organisiert, und die unvergessene Volksschauspielerin Trude Herr sang ihren alten Hit aus den fünfziger Jahren mit neuem Text: ›Ich will keine Schokolade, ich will lieber die Fabrik, und da bau ich mir 'ne Wohnung, und die geb ich nicht zurück.‹«

Und dann waren diese vielen Menschen eben auch sehr unterschiedlich. Also da waren Leute, die waren absolute Idealisten, die haben zum Beispiel, wenn die Klos, die sanitären Anlagen, wenn die so waren, dass man sie fast nicht mehr benutzen konnte, sind die jeden Tag hin und haben die saubergemacht. Und dann sind die Plena auch gut gelaufen zum großen Teil. Aber da waren natürlich auch andere, die wollten unbedingt immer das Sagen haben. Und sich wichtigmachen, solche waren natürlich auch dabei. Und die anderen, die wirklich gut drauf waren, die waren bescheidener. Die Wichtigtuer, das waren meistens ziemlich arrogante Leute und unbescheiden, die haben sich halt durchgesetzt. Und so ging das dann weiter. Zu Anfang waren die Plena gut, dann wurden sie aber immer schlechter – die Brüllerei ... Die meisten waren irgendwo schon anarchistisch gesinnt und wollten das auch sein. Und dann kam natürlich die Drogenproblematik auf. Das war nicht gut.

Ich hab dort auch gewohnt, aber jetzt nicht jeden Abend, nicht durchgehend. Ich hab ja schon hier gewohnt, nur hin und wieder im Stollwerck. Und so ging das eben langsam schief. Es sind immer mehr Leute ausgezogen. Am Schluss waren eigentlich nur noch die drin, die wirklich obdachlos gewesen waren und die auch Drogen nahmen, ziemlich starke, also Heroin war schon dabei, glaube ich, und alles Mögliche andere, man konnte eigentlich alles da kaufen. Und die Idealisten, sag ich mal, die sind auch weggeblieben. Das Ganze hat sich im Grunde genommen selber aufgelöst.

Ungefähr zwei Monate hat es gedauert, mhm. Ich war eigentlich bis zum Schluss drin. Hab versucht, mit anderen die Besetzung aufrechtzuerhalten. Aber das war irgendwann nicht mehr möglich. Es war zu groß. Es ist ja riesenhaft gewesen. Da hatten gut sechstausend Menschen drin gearbeitet. Da kannste dir vorstellen, wie groß das war. Wir hatten Kommune-Vorstellungen, wollten gemeinsam wohnen; und dafür wurden die Säle, also diese großen, langen Produktionsräume, von den Bewohnern unterteilt. Die haben sich so kleine Zellen gemacht, Zimmer mit Tüchern abgehängt, also das war schon nicht schlecht. Ich hab dann eigentlich immer, wenn ich da schlafen wollte, irgendwo eine Matratze gefunden, ich hab kein festes Domizil da drin gehabt. Ich war aus politischen Gründen drin, nicht, weil ich keine Wohnung hatte. Das ist ein Unterschied. Na ja, und die, die keine Wohnung hatten, die waren wiederum unpolitisch, und denen war die Politik egal. Hauptsache, sie konnten für lau drin wohnen, wo es eigentlich rechtsfrei war, wo sie machen konnten, was sie wollten, und keiner hat sie böse angeguckt. Also untereinander hatten sie dann schon mal Zoff, das ist klar, da gab's schon mal eigentümliche Sachen – aber eigentlich lief's erstaunlich gut. Es wäre wohl auch gut weitergegangen, wenn wir besser zusammengehalten hätten. Das war aber schwer.

Also, die Hauptkonfliktlinien verliefen schon zwischen denen, die überhaupt kein Interesse an der Wohnpolitik hatten, und den anderen, die eigentlich gar nicht im Stollwerck gewohnt haben und aus politischen Gründen dahin kamen. Die beiden Gruppen mussten sich irgendwie auf eine Linie einigen, und das war nicht so einfach. Und dann eben der Dreck. Die Punks zum Beispiel, die waren da mit Hunden und immer besoffen, immer auf Droge, ganz schwer. Aber das meiste stand leer. Die meisten Besetzer hatten ja 'ne Wohnung irgendwo anders, die wenigsten hatten gar keine. Und diese wenigen, die haben auch zusammengegluckt und haben alle irgendwie in einem Raum gepennt, möglichst nah am Eingang.

Es gab tausend Gedanken und Pläne, aus dem riesigen Areal alles Mögliche zu machen. Theater haben wir gespielt, wir haben ein Café aufgemacht. Es war alles da. Strom haben wir von den Falken gekriegt, aus dem Turm. Wasser wurde rangeschafft, also das ging alles. Es war alles da, nur eben unglaublich primitiv.

Im Grunde genommen war allen klar, dass das ein Spekulationsfall von gigantischem Ausmaß war, und wir wussten alle, dass der Rüger die Fabrik für 'n Appel und 'n Ei von der Stadt gekauft hatte und die Stadt sie wieder teuer zurückgekauft hat und dass da wirklich schon der große Betrug von vorneherein gelaufen war. Und Rüger, der ist ja Immobilienmakler, dem kannste das nicht übelnehmen, dass der das so macht, das ist eben so. Aber dass da die Stadt mitzieht und schiebt dem die Gelder in den Arsch und kauft das teuer wieder zurück, das haben die Leute schon übelgenommen. Und dann haben die von der Stadt natürlich am Anfang gesagt: »Ja super, dass das Gebäude besetzt ist, dann geht es nicht zugrunde.« Aber die haben ja keine Ahnung von 'ner Besetzung gehabt, was das heißt, das wussten die nicht. Und als nachher der Betrieb losging, da waren sie erst mal baff. Es war nämlich ein doller Betrieb hier, die Kneipen waren voll, und so hat die Stollwerck-Besetzung im Grunde genommen den Ruf der Südstadt gerettet. Durch diese Besetzung ist die Südstadt berühmt geworden. Und plötzlich attraktiv. Dass hier echt was los war, hat sich rumgesprochen, und dann wollten se ja alle dahin, wo was los war. Karneval ist hier Wahnsinn, glaubste gar nicht, was hier an Karneval los ist. Und die Besetzung, das war Karneval.

Ja, aber es wurde dann ja geräumt. Sie sind da reingefahren mit Baumaschinen, mit Baggern und schwerem Gerät und haben angefangen, die Hallen zum Teil abzuräumen in der Mitte, wo jetzt diese ganzen Häuschen stehen, das haben sie alles plattgemacht. Dann haben sie diesen Turm da, wo das Getreide lagerte – da lagen, ich weiß es nicht genau, so 5000 oder 50 000 Tonnen Getreide drin –, den hamse ausgeräumt und haben ihn gesprengt, den Schornstein auch. Und dann haben se angefangen, die neuen Häuser aufzubauen. Das war eben ihr Konzept. Da war auch einer von denen dabei, die früher in der BISA mitgemacht hatten. Die von der Stadt haben 'ne Ausschreibung gemacht, und da waren auch unsere Architekten dabei, und der eine hat's halt gekriegt. Der hat sich dann eben mit der Stadt eingelassen. Und dann haben se eben die Hallen hier vorne entkernt, also die Fassade haben se stehenlassen.

Das Flugblatt, das wir damals verteilt haben, das hab ich geschrieben, und das fing so an: »Und jetzt kommt der Bagger und räumt alles weg?« und ging so weiter: »Wir haben das Stollwerck besetzt. Wir wussten nicht, was damit auf uns zukam. Wir haben ein Zeichen gesetzt in Köln und weit über Köln hinaus: Es zogen Menschen ein, die sich die Freiheit nehmen, ihre Sehnsucht nach einem Leben ohne die Überwachung durch Polizei, Geld, Beruf und Familienmoral zu verwirklichen.

Es wurden Bilder an die Wände gemalt, die in ihrer Tiefe, Schönheit und Wahrheit in den Museen der Welt nicht zu finden sind. Das ganze Haus steht voller Sprüche, die so klar und wahr sind, wie sie auch der tiefsinnigste Philosoph nicht schreiben könnte. Es wurden Lieder gesungen von einer Art, die alle Zuhörer zum Nachdenken brachte, über ihre, über unser aller Situation. Es wurden Wohnungen eingerichtet, die in ihrer Zweckmäßigkeit und persönlichen Ausgestaltung nicht zu überbieten sind. Es wurden Zukunftsträume geschmiedet, wie wir uns vor dem Geldmoloch und das Viertel vor der *Sanierung* retten könnten. Und jetzt kommt der Bagger und räumt alles weg? Das kann doch nicht wahr sein. Aber es ist wahr.«

Ja, so war das. Und die neuen Häuser – mittlerweile find' ich sie richtig gut. Also abgesehen davon, dass unser rechtsfreier Raum natürlich *die* Nummer gewesen wäre, wenn's denn geklappt hätte. Hat es aber eben nicht. Und dann haben se wirklich das Beste draus gemacht. Sozialwohnungsbau hängt glaube ich auch drin, das war 'ne Bedingung, und so weiter, ja ja, also ein bisschen haben wir schon erreicht. Dass das alles so gekommen ist, das war unser Verdienst, ganz klar. Denn wenn wir nicht besetzt hätten, dann hätten die das abgerissen, das ist völlig klar. So 'ne SPD-Situation war das, und ja, da sollten so und so viele Ausländer rein. Migranten und Deutsche schön gemischt und so, und das hat auch sehr gut geklappt, das muss ich schon sagen. Das gehörte zu unsrem Plan dazu, und das hamse auch übernommen.

Köln ist eben so, also die Leute, die haben eigentlich nichts dagegen, wenn die Häuser besetzt werden, ne, aber andererseits machen sie selber nicht mit. Die Normalos – aber ich glaube, das ist woanders genauso –, die sagen, und das ist eben Köln, die sagen: Einverstanden, aber geht mir nicht auf den Wecker, benehmt euch anständig, dann haben wir nix dagegen. Dat sagen se wenigstens so, ne. Feige, die Kölner sind feige. Nicht wie in Hamburg oder in Berlin. Woanders gab's aber auch tolle Sachen, wie heißt die schnell noch, die Straße da in Ehrenfeld: Marienstraße, das war auch 'ne interessante Nummer, das war auch 'ne tolle Gruppe, ein Freund von mir hat dort gewohnt. Die waren ja sehr stark politisch, die haben drei, vier Häuser besetzt, und die haben se zum Teil immer noch.

Und dann gibt's natürlich das Autonome Zentrum, das ist auch 'ne interessante Nummer. Die waren gut – am Anfang – aber dann … Es ist ja so, Hausbesetzer gibt es immer noch, aber diese Hausbesetzerszene heute, die ist richtig sauber geworden. Die ist nicht mehr so wie vor vierzig Jahren, wo du erst mal mit dem Schlauch deinen Weg freimachen musstest. Nee, das ist jetzt ganz anders. Die sind wirklich sehr, sehr sauber geworden, und dat Jungvolk da, die lassen noch lange nicht jeden mitmachen.

Klaus von Wrochem, klassisch ausgebildeter Straßenmusiker,
erzählte uns seine Geschichte im März 2015 in Köln.

Wer, wenn nicht wir?

»Ich weiß noch, wie ich zu Pfingsten mit jemand an der Ecke gesessen habe und mir das alles anguckte. Und dann hab ich den gefragt, sag mal, wer macht das eigentlich hier alles? Und dann wurde uns erst klar, das sind wohl wir!«

Ein Besetzer der Stollwerck-Fabrik in Köln, in: Ingrid Müller-Münch u. a., **Besetzung – weil das Wünschen nicht geholfen hat**, Reinbek 1981, S. 61.

Wir ziehen ein

»Denn wir haben uns was ausgedacht/dass das Herz im Leibe lacht/denn wir ziehen ins Stollwerck ein/und die Geldgeier kommen da nicht rein/denn das Volk hat Stollwerck hundertfach bezahlt/ob mit Steuer oder Arbeit ganz egal.«

Liedtext von Klaus dem Geiger, nach: Ingrid Müller-Münch u. a., ebd., S. 63.

»Was seid ihr – Menschen?«

Interview mit Chris Striefler über Kölner Hausbesetzungen

Chris: Die »Kölner Wochenschau« war mal ein linkes Projekt, da hat man bei irgendwelchen Aktionen gefilmt und dann versucht, die Streifen in den Programmkinos als Vorfilme, so wie früher die Wochenschau, zu zeigen. Da hab ich noch ein Video von einer Hausbesetzung, in dem ein Teil sich auf das Viertel hier bezieht.

Chris führt den Film vor.

Die ersten besetzten Häuser in Köln-Ehrenfeld waren Werkswohnungen der Mauser-Fabrik gewesen; diese Fabrik wurde umgesiedelt und das Gelände von Franz Kaiser aufgekauft, der war das, was ich einen mittleren Spekulanten nennen würde. Der war schon mehr als gar nix und war vorher schon mal aufgefallen. Er hatte ein Hochhaus, »Westcenter« hieß das, angefangen zu bauen, ist dann aber pleite gegangen, als das im Rohbau war – und den hat dann Günter Kaußen, das ist so ein größerer Spekulant, übernommen. Den Kaiser gibt's jetzt nicht mehr, das gehört alles seinen Söhnen. Der eine Sohn ist auch nicht anders als der Vater. Das ist so einer, der selbst auf der Baustelle mit anpackt und 'nen Baggerschein hat.

O-Ton Video, Kaiser: »Was seid ihr, Menschen? Kriminelle seid ihr!«

Chris: Also, der Typ war voll der Choleriker. Und das Haus hieß Kaiser-Haus.

Barbara: Hieß das wirklich Kaiser-Haus? Oder wurde es von den Besetzern nur so genannt?

Chris: Der Besitzer hieß eben Kaiser. Es gab besetzte Häuser in der Marienstraße und in der Lessingstraße.

Barbara: Und warst du auch dabei?

Chris: Ja, ich hab lange in einem Haus in der Lessingstraße gewohnt und auch in der Marienstraße zwischendurch mal. Im Grunde genommen war das im Gegensatz zu anderen Städten jetzt alles gar nicht mal so hochpolitisch hier. Sondern es ging eher um Sanierung und Wohnraum. Aber immer mit dabei war der SSK, den gibt es jetzt auch noch, ne.

Barbara: Gegründet hat der sich schon in den 1960er Jahren, oder?

Chris: Ja genau. Der SSK war praktisch der Initiator der ersten Hausbesetzungen hier in Ehrenfeld. Die haben die Besetzer auch 'ne ganze Zeit lang begleitet, die kamen auch immer noch zu den Mieterversammlungen und haben uns unterstützt mit Leuten oder mit 'nem LKW, wenn man den brauchte. Ich sag mal, so war es früher, jetzt hat sich einiges verändert, aber im Grunde ist es vielleicht immer noch so. Der SSK war 'ne Selbsthilfegruppe, die es abgelehnt hat, Sozialhilfe für ihre Mitglieder zu beziehen, die teilweise auch in besetzten

Häusern gewohnt haben oder auch in Häusern, die dann so halb legalisiert wurden. Hier in Ehrenfeld zum Beispiel hat Heinrich Böll mal ein Haus gekauft und dem SSK überlassen, da lebten viele Menschen drin, die vom SSK aus der Psychiatrie befreit worden waren. Damals waren da ja noch viel schlimmere Zustände. Die SSKler haben zum Teil die Leute rausgeholt, oder die Leute sind selbst zu ihnen gekommen, auch Heimzöglinge waren dabei. Und eben auch linke Studenten – die haben zusammen gelebt und haben ihre Einnahmen durch Möbellager oder Kohlenausfahren oder Wohnungsentrümpelungen verdient. Das ging relativ geordnet bei denen zu. Klar, die nahmen auch mal politisch Stellung zu anderen Themen, aber sie waren vor allem praktisch orientiert, und es war ihnen wichtig, den Leuten ein Zuhause zu geben und dann die Missstände im Viertel, in den Heimen und in der Psychiatrie deutlich zu machen. Die waren hier im Viertel relativ gut angesehen, die SSKler, und die haben das erste Haus hier in Ehrenfeld, 1977 in der Marienstraße, besetzt. Die kannten die Zustände um die Mauser-Fabrik, und sie haben das vorher angekündigt mit der Besetzung, und man konnte da mitarbeiten. Es gab eben die, die da fest lebten, aber bei politischen Aktionen, da haben dann auch andere Leute mitgemacht.

Barbara: Wie ging das los?

Chris: Das erste Haus wurde besetzt – nicht um da ein Autonomes Zentrum oder so was aufzumachen, sondern einfach, um den Wohnraum wieder seiner ursprünglichen Funktion zuzuführen. Weil es günstiger Wohnraum war, und zum Teil sind da natürlich Aktivisten eingezogen, aber es wurden auch wirklich per Anzeige Leute gesucht, die in Wohnungsnot waren. In einigen Häusern wohnten ja auch noch ein, zwei Mieter, die jetzt nicht mehr diesem üblichen Terror ausgesetzt waren, wie das bei den Entmietungen eben vorkam: Dach kaputtmachen oder Wasser abstellen und solche Sachen. Die wohnten da noch ganz normal, und die waren auch froh, dass sie jetzt wieder Nachbarn hatten. Und das war auch überhaupt keine feindliche Stimmung, auch nicht in der Umgebung.

Und es war so, dass es rein rechtlich gesehen für die Eigentümer schwierig war, dagegen vorzugehen, wegen dieser Wohnraum-Notstandsgesetzgebung. Das bedeutete, dass die Wohnungen gefälligst wieder auf dem Wohnungsmarkt auftauchen und so weit instandgesetzt werden mussten, dass sie vermietet werden konnten. Da hat dann so mancher Eigentümer gesagt: »Tut mir leid, ich bin pleite, ich kann das nicht.« Da haben die Hausbesetzer gesagt: »Okay, dann machen wir das.« Konnte er schlecht was gegen sagen, der Eigentümer, ne. Und die Gerichte, die hatten auch keine Lust, dauernd Häuser zu räumen, und dann passiert wieder nix, stattdessen wurden die Eingänge leerstehender Häuser zugemauert, um Besetzungen vorzubeugen, und die Wohnungen standen leer, und gleichzeitig gab es zu wenig Wohnraum. Also, diese moderate Vorgehensweise, diese *Kölner Linie,* war jetzt nicht irgendwie ein Wohlwollen der Hausbesetzerbewegung gegenüber, nee, es gab schon auch ein bisschen öffentlichen Druck. Im Grunde galt das Entgegenkommen auf der juristischen Ebene auch für die ganzen anderen Häuser. Die Gerichte, die Polizei, die haben lange Zeit nicht mehr ernsthaft versucht zu räumen. Und dann wurden immer mehr Häuser besetzt. Das waren dann erst in der Marienstraße die Nummern 19, 21 und 23 und dann auch in der Lessingstraße die Nummern 11, 23, 33, 35, die alle noch in einem ziemlich guten Zustand waren, wo man wirklich nur die Fenster streichen musste, vielleicht ein neues Stromkabel verlegen, aber die waren nicht wirklich kaputt.

Und da zogen dann ganz verschiedene Leute ein. In das Haus, wo ich gewohnt hab, sind auch zwei türkische Familien eingezogen. Die hatten sich noch vor der Besetzung beim SSK gemeldet, gesagt, dass sie keine Wohnung hätten oder ganz eng zusammenwohnen müssten. Das waren Familien, die jeweils fünf Kinder hatten.

Diese beiden Familien waren jetzt keine Linken oder Kurden oder so. Die eine hatte nachher ein Foto von Willy Brandt im Wohnzimmer hängen, und die andere war noch viel unpolitischer. Die waren einfach nur in Wohnungsnot. Und die hatten auch 'nen Job, das waren keine Arbeitslosen, die hatten einfach wenig Geld, viele Kinder, keine Wohnung und wenig Aussicht, eine zu bekommen. Es war dann so, dass dann erst mal ein paar Leute mit Hilfe des SSK in das Haus gegangen sind, denn man wusste ja nicht, ob die Polizei kommt und räumt, und man wollte die Aufenthaltsgenehmigung der Leute nicht aufs Spiel setzen. Aber die Familien, die haben das von Anfang an mitgetragen, die haben Geld für die Renovierung dazugegeben, haben die Tapete ausgesucht, die sie in ihrer Wohnung haben wollten. Und als sich nach ein, zwei Wochen, in denen sich nichts tat seitens der Polizei, herausgestellt hat, dass das gutgeht, da sind sie eingezogen.

Sagen wir mal so, es lief zu dieser Zeit einfach günstig für uns. Das Wohnraum-Notstandsgesetz, das war Städtesache oder eine kommunale Angelegenheit, das galt noch nicht mal für ein ganzes Bundesland, nur in einigen Regionen, wo die Lage besonders problematisch war wie bei uns. Und dann gab es auf der anderen Seite Leute im SSK, die sich schon länger ernsthaft um Sanierungen und so was kümmerten, die auch ein gewisses Standing in der Öffentlichkeit hatten. Und was noch dazukam, das fand ich toll, da gab es eben diese linken Anwälte, die uns unterstützt haben. Die sind später ganz schön prominent geworden. Das waren der Detlef Hartmann und solche Leute, die haben später auch die RAF-Prozesse gemacht und so was. Die waren einfach dabei und haben uns auch ein bisschen abgesichert, und die Unterstützung scheiterte dann nicht daran, dass man erst mal Prozesskosten vorschießen musste. Und bei uns im Haus war die Situation irgendwann so, dass der Kaiser praktisch pleite war – da wurde die Lage dann noch besser. Der besaß ein seltsames Firmengeflecht und war 'ne Zeitlang mit allem pleite und machte gar nichts mehr und zahlte für seine Grundstücke auch nicht die Grundsteuern an die Stadt Köln. Und irgendein Mitarbeiter der Stadt Köln, wahrscheinlich aus Unkenntnis, hat dann einfach beim Einwohnermeldeamt nachgeguckt, wer wohnt denn da? Und wir waren ja zum Großteil alle angemeldet, ja, früher konntest einfach zum Einwohnermeldeamt hingehen und hast die Unterschrift geleistet und gesagt, du wärst Mieter und würdest 'nen Untermieter anmelden, und fertig war das. Irgendwie ging das. Das war zwar nicht ganz korrekt, aber die haben da kein großes Trara gemacht, und dann warste da gemeldet. Und das haben wir nach und nach durchgezogen. Das war uns wichtig, dass wir gemeldet sind, wir wollten ja legal werden. Und dann hat einer von der Stadt Köln einen Brief verschickt an alle, die gemeldet waren in unserem Haus. Es ging um eine sogenannte Drittschuldnererklärung. Die Stadt schrieb uns, dass unser Vermieter, die Firma Kaiser, insolvent ist und keine Grundsteuer zahlt. Und wir als Drittschuldner können uns nun damit einverstanden erklären, dass wir unsere Miete direkt an die Stadt Köln zahlen zur Tilgung von Kaisers Steuerschulden. Da haben wir natürlich geschrien: »Juchhu! Endlich haben wir so was wie 'nen Mietvertrag!« Und haben dann pro Wohnung Miete gezahlt und immer dazu geschrieben: »Reduziert wegen Renovierungskosten« oder Anwaltskosten geltend gemacht oder so was. Und wir haben dann an die Stadt pro Wohnung zwanzig Mark überwiesen.

Ich hatte später einen Prozess gegen den Kaiser, wegen Hausfriedensbruch, das war dann wieder 'ne andere Geschichte. Wir wollten den besuchen, unseren Vermieter, so ähnlich wie in dem Video, das wir gesehen haben, und mit dem reden – und der hat gleich die Polizei gerufen. Da gab's auf jeden Fall später 'nen Prozess wegen Hausfriedensbruch. Naja, und wir haben argumentiert, das ist doch kein Hausfriedensbruch, das ist ja unser Vermieter, wir wollten zu dem hin und mit dem sprechen. Wir haben ja auch nichts kaputtgemacht. Dann hat der natürlich gesagt: »Nee nee, das sind keine Mieter, das sind Hausbesetzer.« Und beim Amtsgericht Brühl, wo der Prozess inzwischen anhängig war, da hatten sie keine Ahnung. Die haben gefragt: »Haben Sie denn einen Mietvertrag?« Wir haben gesagt: »Nö, aber wir zahlen seit Jahren Miete.« Und die vom Gericht meinten dann: »Ja, das ist eine Art Mietvertrag.« Der Kaiser konnte das nicht abstreiten, ging ja nicht. Denn wir haben ja bei der Stadt eingezahlt. Vorher hatten wir das bei ihm natürlich auch versucht. Aber so doof war der nicht, der hat unsere Zahlungen zurückgeschickt, um uns nicht anzuerkennen, nicht zu legalisieren.

Also für mich persönlich war das die erste Erfahrung, die mit Politik und solchen Dingen zu tun hatte. Ich war da neunzehn oder zwanzig, war zwei, drei Jahre von zu Hause weg. Ich war eher ein Freak, ein Hippie und kam dann hier so hin. Und das war super, fand ich. Das war nämlich so organisiert, dass wir einmal in der Woche 'ne Mieterversammlung in einem der Häuser hatten. Das waren irgendwann an die zehn Häuser, die auf diese Art bewohnt wurden, halb von irgendwelchen Linken und halb von Familien, Ausländern oder Menschen, die eine Bleibe brauchten, sich aber weiter nicht engagierten.

Barbara: Gehörtest du so richtig zu den Besetzern, die da eingebrochen sind, Tür auf mit dem Brecheisen und …

Chris: Die Hausbesetzung lief so ab: Man hat schon vorher geguckt. Meistens hatte man schon 'ne Hintertür aufgebrochen, und an dem Tag, wo's passieren sollte, ist man dann mit 'nem LKW vom SSK vorgefahren, der mit ein paar Möbeln und Renovierungssachen beladen war, und hat als Erstes Blumen in die Fenster gestellt, damit das nett aussah und so. Es wurde auch sehr viel Wert darauf gelegt, dass man mit den Nachbarn in Kontakt kam. Es war nicht verpönt, politische

Statements abzugeben, aber das war erst mal zweitrangig.

Und dann gab es diese Mieterversammlung, wo man einmal die Woche eigentlich hingehen sollte oder mindestens einer aus jeder Wohnung oder aus jedem Haus, dass auf jeden Fall genug da sind, damit das, was besprochen wurde, auch beschlossen werden konnte. Es wurden auch so Sachen geplant wie ein Besuch beim Hauseigentümer oder auch konkrete Renovierungsarbeiten. Da hat sich jeder zu irgendwas gemeldet, je nachdem, was er konnte. Es waren auch ein paar Handwerker dabei, das wurde dann auch richtig fachmännisch gemacht, Wasserinstallationen oder Elektro. Da war zum Beispiel einer dabei, der arbeitete damals als Elektroinstallateur inner Firma. Und der hat über seine Firma praktisch die Zählerkästen abgenommen. Dadurch war wieder eine Voraussetzung geschaffen, dass die Gas/Strom-Versorger hier das überhaupt anschließen konnten. Ohne den Meister ging's ja nicht. Und der Typ – er war zehn, fünfzehn Jahre älter als ich – war damals Elektriker, aber studierte auf dem Zweiten Bildungsweg Medizin, und der war später mein Hausarzt. Der ist jetzt leider verstorben. Er hatte hier an der Ecke 'ne Praxis aufgemacht – ist aber irgendwann da ausgezogen aus dem besetzten Haus und hatte Kinder und so – find ich ganz lustig, wie das dann so weiterging.

Barbara: Wie ist die Lage heute?

Chris: Früher gab's 'ne Menge Initiativen in den besetzten Häusern, aber das ist alles vorbei. Das sind auch heute noch aktive Leute, und viele engagieren sich irgendwo politisch, aber nicht zusammen als Bewohner eines Hauses, ein gemeinschaftliches Auftreten gibt es nicht mehr. Es gibt keine Feindschaft in dem Sinne, aber halt auch keinen großen Zusammenhalt mehr. Wenn jetzt mal irgendwo was ist – klar, dann legt man 'nen Zettel in die anderen Häuser, dann kommen auch mal welche gucken: »Was ist denn da …?«

Barbara: Die Häuser, die im Mittelpunkt deiner Geschichte stehen, in der Lessing- und Marienstraße – die wurden aber nicht geräumt?

Chris: Nee.

Barbara: Da hat man 'nen Modus Vivendi gefunden, »Freiburger Genossenschafts-Modell« oder sich einkaufen und Miete zahlen oder auch keine Miete zahlen, aber es hat sich immer eine Lösung ergeben?

Chris: Das stimmt nicht für alle besetzten Häuser, aber auf jeden Fall ist das bei diesen sechs Häusern so. Und drei davon haben praktisch denselben Status wie früher. Die sind eigentlich besetzt, werden aber geduldet. Die Bewohner haben keinen Mietvertrag, und jedes Mal, wenn irgendwas ist, gibt's wieder Trara. Also drei sind auch noch im Besitz der Kaisers, die in der Marienstraße.

Barbara: Aus welchem Baujahr stammen die Häuser?

Chris: Um die Jahrhundertwende.

Barbara: Also normaler Mietwohnungsaltbau aus der Gründerzeit.

Chris: Ja genau. Für den Kauf gab es Interessenten, weil die billig waren. Es war immer ein Schnäppchen, diese Häuser zu kaufen, denn die wollte ja kaum einer haben. Das war überhaupt noch nicht so wie jetzt, früher war Ehrenfeld noch kein gutes Viertel, ne. Aber die potenziellen Käufer haben dann auch schnell wieder aufgegeben, weil wir Besetzer gesagt haben: »Wir gehen nicht raus.«

Barbara: Kommen wir noch mal zu eurem Gegenspieler, dem Herrn Kaiser. Hat die Stadt Köln nicht auch mitgewirkt in Form von Baupolitik?

Chris: Wie das auch in dem Film gesagt wurde, hat die Stadt den Kaiser, schon bevor das mit den Besetzern losging, unterstützt mit einem großen Millionendarlehen, das nie zurückgezahlt wurde. Unser Haus haben wir damals noch versucht unter Denkmalschutz stellen zu lassen, dass das nicht abgerissen werden konnte. Keins unsrer Häuser wurde damals unter Denkmalschutz gestellt, mit den abenteuerlichsten Begründungen … also zum Beispiel, dass da irgendeine Kohlenluke verändert worden war oder rückseitig nachträglich Fenster eingebaut worden seien. Da konnte man auch nichts gegen machen. Doch Jahre später wurde zum Beispiel das Lessing-Haus zwangsweise unter Denkmalschutz gestellt, und zwar ein Jahr, nachdem wir das gekauft hatten. Dagegen kann man auch nichts unternehmen. Dasselbe Haus. Nur weil da ein anderer Denkmalpfleger dran war, der andere Begründungen hatte.

Barbara: Und ihr durftet nichts ausbauen …

Chris: Wir dachten: »Scheiße, da können wir nichts umbauen.« Die Rechtslage ist so: Du kannst nichts dagegen machen – erst wenn es zum Konflikt kommt. Du willst irgendwas bauen, und die sagen: »Nee«, dann kannste dagegen klagen. Aber so weit ist es nie gekommen. Alles in allem hatten wir viel Glück. Es gab auch andere Beispiele, wo geräumt wurde, aber im Grunde ging es bei vielen Häusern gut aus. Also die Zeit, als Franz Kaiser da auftrat als Figur, der einfach nicht so super clever war, das war ein Glück für uns.

Barbara: Wir lange hast du in der Marienstraße gewohnt?

Chris: Ich hab am längsten in der Lessingstraße gewohnt. Aber ich hab auch mal getauscht, ich hab bestimmt in drei verschiedenen Wohnungen in diesen Straßen gewohnt. Es war ja kein Problem, dass man da unterkam.

Barbara: Und wie viele Jahre sind da zusammengekommen?

Chris: Wenn ich jetzt 56 bin und damals 20 war, also 35 Jahre bestimmt, ne.

Chris Striefler ist selbstfahrender Busunternehmer. Das Interview mit ihm hat im März 2015 in Köln stattgefunden.

Experiment

»Ein Teil der vorstellbaren Utopie eines besseren Lebens ohne Hierarchie und Macht soll hier im Kleinen umgesetzt und erprobt werden. Hier wird kollektives Wohnen erlebbar, als Experiment in dem großen Laboratorium revolutionärer Vorstellungen und Gedankenwelten.«

Aus: amantine (Hg.), **»Die Häuser denen, die drin wohnen!«**, Münster 2012, S. 5.

WIR WOLLEN ALLES

HÄUSERRATS-ZEITUNG

Preis: 20 Pfennige

Gegen Fahrpreiserhöhung und Polizeiterror

Seit letzten Montag versuchen mehrere tausend Demonstranten die Fahrpreiserhöhung zu Fall zu bringen. Sie kämpfen auf der Straße gegen die neuen Fahrpreise, weil inzwischen klar ist, daß alle wortreichen Proteste nach Art des DGB und der JUSOS nichts helfen und nichts ändern. Unsere Forderung ist Nulltarif, weil wir nicht zum Vergnügen mit der Straßenbahn fahren, sondern weil wir zur Arbeit und zum Einkaufen müssen. Immer mehr Banken und Versicherungen machen sich in der Innenstadt breit, Wohnraum wird zerstört, und für die verbliebenen Wohnungen steigen die Mieten. Unser Weg zur Arbeit wird immer länger. Wenn wir den Weg zur Arbeitszeit rechnen, dann haben wir heute wieder den 10-Stunden-Tag.

Wir fordern die Einbeziehung der Fahrzeit als Arbeitszeit!

Sollen doch die den Ausbau der Verkehrsmittel und die Fahrpreise bezahlen, die daran verdienen: die Betriebe und Geschäfte, die großen Unternehmen, die, die von unserer Arbeit leben!

Manche, die auch gegen die Fahrpreiserhöhung sind, sagen, daß Nulltarif unrealistisch ist. Aber: Wenn die Forderung nach Nulltarif unrealistisch ist, dann waren auch die Forderungen z. B. nach dem 8-Stunden-Tag und nach Schulgeldfreiheit unrealistisch. Schließlich wurden diese auch nur durch Kämpfe durchgesetzt und nicht dadurch, daß man sich die Köpfe der Kapitalisten und ihrer SPD-Helfer zerbricht, woher das Geld dafür kommen soll.

Wenn der Rudi Arndt schon mit dem Argument kommt: Wenn Nulltarif, dann weniger Kindergärten, weniger Schulen, dann fragen wir, warum sagt er nicht, wenn Nulltarif, dann weniger Polizei, weniger Bundesgrenzschutz, weniger Militär, weniger Aufpasser in der Straßenbahn. Warum stellt sich für ihn immer nur die Alternative zwischen zwei sozialen Bedürfnissen, warum geht immer nur das eine **oder** das andere. Schließlich gibt es weder vernünftige öffentliche Verkehrsmittel noch genügend Kindergärten, noch genügend Krankenhäuser. Nicht für uns wird geplant, sondern für die Betriebe, den Umsatz, die Spekulanten.

Ausgenommen Straßenbahn

für NULLTARIF

Zeitung des Frankfurter Häuserrates aus dem Jahr 1974 (Archiv, Berliner Geschichtswerkstatt e. V.)

Büro mit Bad für Drop-outs

Detlef Hartmann im Gespräch

Barbara: Detlef Hartmann – warst du »nur« Hausbesetzer-Anwalt, oder hast du auch selbst besetzt?

Detlef Hartmann: Also, ich habe auch Häuser mitbesetzt. Ich bin bis heute bei Besetzungen dabei und habe einen großen Teil meines Lebens in besetzten Häusern gewohnt. Das erste nach meiner Rückkehr aus Berkeley war das in der Ekhofstraße in Hamburg 1973, das hab ich mitbesetzt. Mit verschiedenen Gruppierungen, mit Freunden aus der »Proletarischen Front« (»PF«). Das war eine Besetzung, die sich gegen die Städtebaupolitik der Neuen Heimat richtete, mit der wir uns intensiv beschäftigt hatten. Wir wollten auch Obdachlosen Wohnraum verschaffen. Eva Weber aus unserer Gruppe hatte schon ihre Fühler in Obdachlosenlager ausgestreckt. Es gab allerdings etwas hartleibigere Leute aus dem Umfeld der RAF, die was gegen sogenanntes *Lumpenproletariat* hatten. Wir hätten uns aber durchgesetzt. Doch diese Besetzung ist sehr schnell beendet worden durch eine ziemlich gewaltsame Räumung der Polizei unter Einsatz von Schusswaffen. Die Spuren im Putz sehe ich noch heute vor mir. Die Besetzung war wichtig, auch für das, was ich gleich über die Marienstraße in Köln berichten werde. Denn auch da ging es um Städtebaupolitik in der Nachfolge der Neuen Heimat unter nunmehr geändertem Vorzeichen. Die Neue Heimat war europaweit führend. Sie machte eine umfassende Sozial- und Infrastrukturpolitik und sorgte für die Verknastung und Fabrikisierung von Leben und Alltag als Teil der fordistischen Sozialstrategien. Ich will nicht weiter ausholen, aber in unseren Analysen haben wir minutiös ausgeführt, wie die großen Siedlungen nach Art von Fabriken konzipiert worden sind, von *Lebensfabriken.*

Nach der Besetzung in der Ekhofstraße bin ich mit in den Hamburger Häuserrat gegangen, den gab es in der damaligen Zeit schon. Als eine Art Delegierter bin ich damals in der BRD rumgereist und hab versucht, über die Politik der Neuen Heimat zu recherchieren und aufzuklären. Danach haben meine Freunde und ich den Hauskomplex in der Hayn-/Hegestraße mitbesetzt, in Hamburg-Eppendorf. Dieser Komplex war um die Jahrhundertwende für bessere Kreise gebaut worden, pensionierte Generäle und so 'n Volk. Na gut, 'ne kleine Aufwertung ist ja bei so viel politischer Arbeit auch manchmal am Platz. Wir bewohnten da mit unserem Kater Durruti allerdings nur die Gesinderäume. Das war jedenfalls sehr lustig, und von da aus haben wir viele politische Tätigkeiten entfaltet, Fahrpreis- beziehungsweise

Schwarzfahrkampagnen (die sehr phantasievolle »Schwarzi«-Kampagne), aber auch im Hausbesetzungsbereich. Danach bin ich nach Köln gezogen. Dort fand der Prozess gegen Roland Otto und Karl-Heinz Roth (zwei Aktivisten aus dem Umkreis der »Bewegung 2. Juni«) statt, in dem ich verteidigt habe. Einmal in Köln, habe ich zusammen mit Leuten oder Leute mit mir mehrere Häuser in der Ehrenfelder Marienstraße besetzt. Man kann sagen, dass das eine zentrale Besetzung hier in Köln gewesen ist – am 3. März 1977.

Barbara: Hast du da Chris Striefler getroffen?

Detlef: Na klar, auch sein besetztes Haus gehört zu dem großen Komplex, den wir uns nach und nach unter den Nagel gerissen haben. Für mich als Hamburger war die Kölner Mentalität zuerst etwas gewöhnungsbedürftig. Das änderte sich aber schnell. Ich stand noch vor meinem Umzug eines Tages im Februar in der Straßenbahn, Linie 5 nach Ehrenfeld. Reserviert und gut gekleidet sah ich aus wie der *Mann von Mannesmann,* eine Figur aus der damaligen Werbung, mit schwarzem Köfferchen. Das war mitten im Karneval. Die Bahn war voller Jecken. Die haben spontan einen Verkleidungswettbewerb ausgerufen. Innerhalb von zwei Stationen war ich Sieger und um ein paar Bierflaschen reicher. Da hab hab ich gedacht: Leute, die so was machen, die können nicht ganz schlecht sein, und bin in Köln geblieben. Die Besetzung in der Marienstraße, die kam sehr bald nach meinem Umzug, Besetzer waren der SSK und wir.

Barbara: Heißt es jetzt das oder der SSK?

Detlef: Also es hat angefangen mit einer Vereinigung, die hieß »Sozialpädagogische Sondermaßnahmen Köln«. Da könnte man auch sagen: die SSK.

Barbara: Ja, *die* Maßnahmen.

Detlef: Aber im Grunde genommen ist der SSK von seinen Leuten »der« SSK genannt worden. Mitte der 1970er haben die sich noch mal umbenannt in »Sozialistische Selbsthilfe Köln«. Also, das war eine ganz großartige Gruppierung, bundesweit wohl einzigartig, eher sozial-revolutionär in der Tendenz. Typisch für Köln. Da waren sehr kluge Leute dabei. Eine hervorstechende Figur war Lothar Gothe, langes Haar, charismatische Ausstrahlung, sprühte vor großartigen Ideen und war einfach ein richtig guter Typ, vor allem authentisch. Immer nach unten an den einfachen Leuten orientiert, hat er genauso gelebt wie die anderen und war richtungsweisend für die Politik des SSK. Ich hatte inzwischen ein Anwaltsbüro, zuerst zusammen mit anderen KollegInnen, dann allein, dann mit wechselnder Belegschaft. Das war ein sehr eigenartiges Büro, von Standeswürde wenig zu spüren und sicher ziemlich einzigartig in Deutschland. Ich denke sehr gerne daran zurück. Teilweise war das Büro auf die Zusammenarbeit mit dem SSK ausgerichtet, auch auf die Besetzungsaktivitäten. SSK-Mitglieder, Randständige, Drop-outs kamen wie selbstverständlich zum Duschen und Baden, wenn sie's zu Hause nicht konnten. Es hatte Teil an dem familiären Charakter, der das Zusammenleben in der Marienstraße prägte. Wir fühlen uns bis heute verbunden.

Es war nicht so, dass man als Intellektueller oder als Anwalt in der Marienstraße gleich eine von den besseren Wohnungen kriegte. War ja auch total korrekt. Besetzt wurden zunächst drei Häuser, in schneller Folge eins nach dem anderen. Zu den Besetzern gehörten auch Handwerkslehrlinge, StudentInnen, kurdische und türkische Familien und dann wir aus der Anwaltspraxis, also noch ein paar Intellektuelle. Wir haben zusammengegessen und endlos diskutiert. Wir wollten aus dem fabrikisierten Leben ausbrechen, anders leben, als es der Kapitalismus von uns verlangte und unsere Eltern es vorgemacht hatten. Es wurde lange darüber beratschlagt, ob eine Geschirrspülmaschine angeschafft werden soll. Typen mussten genauso abwaschen und kochen wie Frauen. Wir haben uns in die Mühlen von Diskussionen begeben, in denen man schonungslos mit allen Mängeln und Fehlern zerlegt worden ist. Schmerzhaft zum Teil, wer das damals miterlebt hat, kann ein Lied davon singen. Aber man lernte etwas über sich selbst, man lernte vor allem, sich mit den Augen der anderen zu sehen. Das ist immer gut. Den kurdischen und türkischen Familien waren derartige Übungen in Anbetracht ihrer Lebensvorstellungen erst mal ziemlich fremd, und sie beobachteten das Treiben aus sicherer Distanz. Aber die Kinder kriegten natürlich allerhand mit.

Von den besetzten Häusern ging eine unglaubliche Vielfalt an Aktivitäten aus. Kein Wunder, es war eigentlich selbst schon ein Archipel an Vielfalt, ein kleiner Kosmos. Da gab es natürlich die Krabbelgruppe, wo man aufpasste, dass die Kinder sich nicht zu sehr Vater- oder Mutter-fixiert entwickelten, dieser ganze Erziehungskram. Dann gab es eine Gesundheitsgruppe von MedizinstudentInnen, die versucht haben, alternative Medizin in den Laden reinzubringen. Dann war da eine Handwerksgruppe, die war absolut super. Die konnte selbst völlig totgesagte Autos wieder zum Leben erwecken. Dann gab es eine Sanierungsgruppe, die versucht hat, der Kölner Sanierungspolitik auf die Schliche zu kommen. Besonders wichtig waren die Leute, die sich mit Psychiatrie beschäftigten. Die haben engen Kontakt zum SSK gehalten. Dort war ein Beschwerdezentrum organisiert worden, das den Kampf gegen die Rheinische Psychiatrie aufgenommen hatte. Alle Betroffenen konnten sich dahin wenden, Insassen der Landeskrankenhäuser wurden besucht und betreut, und es wurde auf ihre Entlassung hingearbeitet. Einige von uns haben da mitgemacht. Das passte nahtlos zu unseren politischen Vorstellungen. Ich als Anwalt war da auch gut zu gebrauchen. Die Psychiatrie hatte sich noch immer nicht aus ihrer nationalsozialistischen Geschichte gelöst. Sie hatte sich noch nicht einmal richtig damit auseinandergesetzt. Bundesweit waren damals Initiativen wie das Beschwerdezentrum damit beschäftigt, die nationalsozialistischen Mordpraktiken der Krankenhäuser ans Tageslicht zu bringen, aus den Archiven und den in ihren Kellern abgelegten Akten. Und das galt vor allem für die Aktivitäten der Ärzte, besonders der noch lebenden und ihrer Schüler. Die Spuren der NS-Zeit konnten bis in die höchsten Spitzen der Hierarchie aufgedeckt werden. In einem der Prozesse, die wir damals geführt haben, hatten wir einen Direktor des Landschaftsverbands als Zeugen im Visier. Er hatte eine Position im Ministerrang und war Herr über alle Psychiatrischen Krankenhäuser in der Region. Er hatte sich als Verfasser des Buchs »Rasse und Wehrrecht« hervorgetan. Das Gericht blockte systematisch alle Fragen dazu als »nicht zur Sache gehörig« ab und der Landschaftsverband alle Forderungen nach einer Aufarbeitung. Bis heute wohl, Lothar Gothe kämpft noch immer darum. Damals waren die hohen Herren noch on top, viele Insassen noch immer Opfer einer herabwürdigenden Behandlung. Vollgepumpt mit Chemie, wie Lothar formulierte. Wir haben einige von ihnen rausgeholt. Darunter Jupp Burgold. Er war ein harmloser Eierdieb und wurde als nicht anpassungsbereit in der Psychiatrie verwahrt. Als nicht gemeinschaftsfähig, hätte man zur NS-Zeit gesagt, wie Hunderttausende damals reif für die Vernichtung. Jupp hat noch lange als unser Freund in der Marienstraße gelebt und ist ein bisschen was von dem wieder losgeworden, was ihm die ganze Zeit zuvor angetan worden ist.

Kai: Das muss ja ein großes Haus gewesen sein.

Detlef: Nee, das waren drei Häuser nebeneinander. Ich komm jetzt auf die Geschichte. Die fabrikisierte Gesellschaft war in die Krise geraten. Durch uns, durch alle, die wie wir gegen ihre Disziplinargewalt kämpften. Die ganze Vielfalt des Widerstands von mehr als einem Jahrzehnt gehört dazu. Da waren die jungen Leute, die keinen Bock mehr hatten, die ein Leben für die Arbeit »so süß« fanden »wie Maschinenöl« – wie Ton Steine Scherben gesungen haben. Die mit Rios, Lanrues und Kais Combo den Horror teilten: »Nee, ich will nich' werden, was mein Alter is' …«, die mit dem alten Zausel, der da zu Hause rumsaß, nichts mehr zu tun haben wollten, weil er ein Nazi gewesen war, weil er die Familie tyrannisierte und schurigelte … Für uns hieß das damals: raus aus allem. Den Kampf aufnehmen gegen all das. Gegen die Nazis, gegen den Alten, gegen die patriarchalen Strukturen, gegen die Fabrikgesellschaft, gegen das fabrikisierte Leben. Und *uns* war nicht beschränkt auf die BRD. Gekämpft wurde in ganz Europa, auch in der Tschechoslowakei, in Polen, in den USA, in der ganzen Welt. Das war der Grund für die große Krise des fordistisch organisierten Kapitalismus damals. Der Kampf, die Sehnsucht nach Selbstverwirklichung in einem anderen Leben, die selbstorganisierten Schritte dahin, das war die Krise, und nicht irgendein politisch-ökonomischer Mechanismus. Wir waren ein Teil davon, sogar noch die besetzten Häuser in der Marienstraße.

Gegen all das ist das Kapital in die Gegenoffensive gegangen. Es hat angefangen, die alten Produktionsstrukturen in der Stadt praktisch aufzulösen. Es begann, die Fließbänder in die drei Subkontinente outzusourcen und die Schichten, die davon abhängig waren, auszutrocknen. Die saßen dann in den Vierteln, wo wir die Häuser besetzt hatten. Und das Kapital ging über von der alten Strategie der Integration in die Knastgesellschaft oder Fabrikgesellschaft zur neuen Strategie der Aussonderung derer, die es nicht mehr brauchte. Ein Artikel über Städtebau von uns damals in der »Autonomie« hieß: »Von der Integration zur Aussonderung«. Und das bedeutete, dass ein großer Teil der Leute in den Arbeitervierteln zu überflüssigen Existenzen wurde. Oder eine »mindere Bevölkerungsqualität« darstellte, wie es damals im Behördenjargon hieß. Eine Bevölkerungsqualität, die ausgedünnt, aufgelöst und an die Ränder getrieben werden sollte. In dem Zusammenhang begann man auch, die mietrechtlichen Techniken einzusetzen, die heute die zentrale Rolle spielen. Damals hatten wir noch ein *soziales Mietrecht,* das Mieterhöhungen gewisse Grenzen setzte. Die wurden gesprengt durch die Orientierung an der ortsüblichen

Vergleichsmiete, die auch höhere Mieten einbezog. Das wurde möglich durch Modernisierung, Sanierung und sogenannte Strukturverbesserung. Die Mieten gingen nach oben, und die ärmeren Leute konnten sie nicht mehr zahlen. Wir haben versucht, den Leuten klarzumachen: »Modernisierung heißt Vertreibung«. Das war sozusagen unser Hauptslogan, mit dem wir an die Öffentlichkeit gegangen sind. Wir haben der Stadt Köln wirklich große Schwierigkeiten gemacht. Wir haben Wandzeitungen gemalt, Feste gefeiert, Sanierungsgruppen gebildet, wo die Leute eingeladen wurden hinzukommen, um sich über die Zusammenhänge klarzuwerden. Wir hatten eine Rechtsberatungsgruppe: Zehn findige StudentInnen – Jura und Sozialarbeit – haben kostenlos Beratungen gemacht. Wir haben uns für die Leute praktisch nützlich gemacht. Und darüber hinaus haben wir ihnen gezeigt: »Passt auf, ihr seid nicht die, denen die Verbesserungen, die Sanierungen des Wohnumfeldes gelten, ihr sollt raus, Leute!« Das war der Kern unserer politischen Aktivitäten, und alle haben dabei mitgemacht.

Wir haben dann noch weitere Hausbesetzungen durchgeführt. Erst mal in unserem Umfeld, da wo Chris Striefler damals wohnte. Dann im weiteren Umfeld mit ziemlich militanten Auseinandersetzungen. Ein Haus haben sie uns unterm Hintern zertrümmert und uns rausgeschmissen. Am nächsten Tag hatte die Stadtverwaltung den ganzen Schutt auf den Schreibtischen ihrer MitarbeiterInnen liegen. Das war schon heftig. Es wurde keine Militanz gescheut. Sie war auch kein Selbstzweck, sondern ein Mittel gegen die Vertreibungspolitik.

Barbara: Wie reagierten die Nachbarn, wie reagierte die Bevölkerung, die das doch aus den Augenwinkeln mitbekam? Wie die Presse, die Medien?

Detlef: Die Kölner Medien, mittelmäßig und angepasst, wie sie waren, standen natürlich erst einmal auf der Seite der Stadt. Aber die Journaille war auch neugierig. Wenn sich Widerstand regt und die Leute ihre Betroffenheit zum Ausdruck bringen und Existenzen auf dem Spiel stehen, dann bewegen sich die Medien. Natürlich wurden wir auch im Stadtteil erst mal mit Misstrauen beäugt, auch wegen unserer alternativen Lebensvorstellungen. Aber durch die verschiedenen Feste, die wir gemacht haben, durch die Rechtsberatung und so weiter haben uns die Leute kennengelernt. Es sprach sich rum, dass wir brauchbar waren. Doch, da war 'ne gute Akzeptanz in der Umgebung. Sagen wir mal so: Es gab Leute, die notorisch misstrauisch waren und blieben, aber man kann schon sagen, wir waren verhältnismäßig gut verankert.

Kai: Und der Rat der Stadt?

Detlef: Na ja, der Rat fand das bestimmt nicht super. Wir haben ja auch immer Berichte aus den Sitzungen gekriegt, wir hatten Freunde, die uns erzählten, was in den verschiedenen Gremien so geredet wurde. Aber das war im Grunde genommen gar nicht mal so wichtig. Interessant war die Erfahrung, dass die Rechten, die CDU, die Konservativen viel leichter zu handeln gewesen sind als die SPD. Die SPD war meistens von sozialstrategischen, also ziemlich harten Vorstellungen geleitet, die sie auch gegen die Armen schonungslos durchzusetzen bereit war, während die CDU vielleicht gerade wegen ihrer Distanz immer im

Hinterkopf hatte: »Na, wir wissen nicht so genau, was das Volk denkt, man muss vorsichtig sein.« Die waren uns natürlich nicht gewogen, das kann man wirklich nicht sagen. Aber sie alle konnten uns nicht so leicht loswerden. Ein Grund war: Die hatten eine Hängepartie mit dem Investor Kaiser. Kaiser hatte sich übernommen, war in Insolvenz gegangen und finanziell sehr klamm. Er hatte sich vom Baulöwen zu einer regelrechten Baumiezekatze heruntergewirtschaftet. Es gab natürlich so allerhand Gemauschel im Hintergrund. Das hatte damit zu tun, dass er unter anderem bei der Stadtsparkasse über den Grundstückswert hinaus in der Kreide stand. So wie wir das verstanden, hatten die ein Interesse, die Situation von Jahr zu Jahr ungelöst über die Bücher zu retten. Das alles schuf eine Gemengelage, in der wir uns gut einrichten konnten, und wir wussten genau, wie man so was dann auch über die Runden bringt. Und schließlich war das politische Umfeld für uns günstig. Es sammelten sich allmählich in Köln 'ne ganze Reihe von besetzten Häusern an, mit denen wir im Häuserrat verbunden waren. Und es gab ein ganzes Spektrum von militanten Autonomen, und in dem waren wir gut etabliert. Das heißt, so gerne legte man sich mit Leuten wie uns auch wieder nicht an.

Kai: Was war denn das eigentliche Ziel von diesem Herrn Kaiser? Also wenn der nach seinem Willen hätte schalten und walten können, was hätte der gemacht?

Detlef: Na ja, so klein diese Baumiezekatze war, so sah er sich doch immer noch als den Baulöwen, der ein riesengroßes, profitables Projekt durchziehen wollte. Später hat er dann zusammen mit der Stadt Überlegungen angestellt, Stadthäuser auf dem Areal zu bauen.

Kai: Sollten die Häuser, die ihr besetzt hattet, abgerissen oder erhalten werden?

Detlef: Die sollten abgerissen werden. Natürlich sollte die ebenfalls besetzte Werkskantine von Mauser, wo die Werkstatt und ein Treffpunkt eingerichtet waren, auch beseitigt werden. Das war sein Ziel. So, dachte er, würde er noch einmal zu voller Größe aufsteigen. Aber er hat dann doch schließlich als Miezekatze das Zeitliche gesegnet.

Barbara: Wie schätzt du deine Arbeit als Anwalt heute ein?

Detlef: Sie war nicht auf den Rahmen der Häuserkämpfe beschränkt. Ich habe damals auch in großen politischen Verfahren Linke verteidigt, die dem sogenannten *bewaffneten Kampf* zugerechnet wurden. Auch in *normalen* Strafverfahren jeder Größenordnung, zunehmend über Köln hinaus. Und was die Marienstraße betrifft: Wichtig war mir die Vertretung der Psychiatrieopfer als Nebenkläger in Prozessen gegen die Ärzte, vor allem nach Todesfällen. Und das gehörte in meinen Augen unmittelbar zusammen mit der Nebenklagevertretung der Opfer in den seltenen Verfahren gegen Nazitäter. Höhepunkt war hier für mich das Verfahren gegen Kurt Lischka, Ernst Heinrichsohn und Herbert Hagen. Sie waren die verantwortlichen Organisatoren des im französischen Drancy von den Nazis gebauten Lagers. Hier wurden die in Frankreich ergriffenen Juden für den Abtransport in die Vernichtungslager eingepfercht, darunter auch der Vater meines Mandanten. Er hatte – für uns EhrenfelderInnen sehr wichtig – in den Kriegsjahren zur militanten Ehrenfelder Gruppe der »Edelweißpiraten« gehört, einer Vereinigung des jugendlichen Widerstands. Diese Gruppe wurde in der damaligen

Erinnerungspolitik im Gegensatz zu den Grafen, Freiherren und Bürgermeistern des 20. Juli noch als kriminell eingestuft, weil sie gegen das Recht verstoßen hatte. Das Recht der Nazis, wohlgemerkt. Sie fälschte Lebensmittelkarten und Ausweise unter anderem für ihre Fluchthilfeaktivitäten, beging Diebstähle und verübte Bombenanschläge auf die Gestapo. Diese Nebenklagevertretung, die ich mit einigen jüdischen Freunden vorbereitete, hing übrigens eng mit der Marienstraße zusammen. Denn unsere Sanierungsgruppe hat sich auch an der Kampagne zur Entkriminalisierung der Kölner Edelweißpiraten beteiligt. So haben wir eines Nachts alle Straßenschilder unseres Bezirks täuschend echt in »Bartholomäus-Schink-Straße« umgefälscht. Schink war einer der von den Nazis ermordeten Edelweißpiraten, Freund meines Mandanten in der Nebenklage. Anwaltliche Tätigkeit entstand auch im Zusammenhang mit den Aktivitäten der Knastgruppe, an der Mariensträßler beteiligt waren und die mit anderen Knastgruppen kooperierte.

Kai: Habt ihr mal jemand an den Knast verloren?

Detlef: Einer war immer nah dran, weil er auch mit seiner Militanz etwas unvorsichtig war. Das hat sich aber doch noch regeln lassen. Wir sahen diese Aktivitäten als Beginn und Teil einer sozialrevolutionären Bewegung, und da sind Fragen nach dem Knast erst mal zweitrangig, auch wenn sie nicht gerade vermieden werden. Nun, die Bewohner waren sehr heterogen, einige waren auch mehr alternativ orientiert im Sinne der damals hochkommenden Alternativbewegung, andere waren etwas militanter, aber wir haben uns alle immer gut vertragen. Und wir mögen uns heute noch. Wir waren ein eigenartiger politisch-großfamiliärer Komplex, auch zusammen mit den KurdInnen und TürkInnen. Mit denen sind wir zwar nie verschmolzen, das ging einfach nicht, aber wir haben zusammengehalten und gemeinsame Aktivitäten entfaltet. Auch im Sinne von *gemeinsam leben, gemeinsam kämpfen.*

Um zur Frage zurückzukommen, wie ich die Tätigkeit als Anwalt heute einschätze: als wichtig, aber im Grunde nebensächlich.

Ich habe ein sehr schönes Beispiel für das Verhältnis von Recht und Politik. Unser Hauptfeld war ja der Zusammenhang zwischen Sanierung, Mietrecht und Vertreibung. Nicht nur in Köln, sondern auch darüber hinaus. Wir haben mal, der SSK mit Lothar Gothe als Galionsfigur und spiritus rector, und ich war auch mit von der Partie, eine ganze Vertreibungssanierung in Köln-Pulheim verhindert. Die hatte ein Investitionsvolumen von 600 Millionen Mark, also nicht gerade eine kleine Nummer. Und wurde schließlich vom Oberverwaltungsgericht untersagt.

Kai: Wie habt ihr das gemacht?

Detlef: Ja, das will ich erzählen, das hängt mit der Macht des Volkes zusammen, genauer der betroffenen Menschen. Das war super! Ich hab einen dreißigseitigen Normenkontrollantrag gegen die Sanierungssatzung beim zuständigen nordrhein-westfälischen Verfassungsgericht gestellt, dessen Aufgabe vom Oberverwaltungsgericht in Münster wahrgenommen wurde. Und ich habe gewonnen. Ich, der Anwalt, Zampano I. Natürlich war das ganz anders. Es ging um die *Sanierungsfolgen.* Zentral in dem Zusammenhang war: Wie geht's den Menschen dabei? Durch die Sanierung sollte ein ganzer Stadtkern eines bis dahin ruhigen Städtchens mit beschaulicher Lebensweise umgestaltet, rationalisiert und modernisiert werden. Mit den bekannten Aufwertungs- und Vertreibungsfolgen für die Bewohner. Das wirkte wie eine 20-Zentner-Bombe aus dem Zweiten Weltkrieg, mindestens. Viele der BewohnerInnen wurden regelrecht psychisch krank, *sanierungskrank,* könnte man sagen. Und hier kommt ein hervorragender Kindermediziner ins Spiel, Peter Stankowski. Der hat verschiedene Sanierungskranke untersucht und betreut und Gutachten beziehungsweise Atteste dazu verfasst. Und das haben wir dann alles in den Antrag reingepackt und sind zu dem Termin des Verfassungsgerichts gefahren, meine hervorragend abgefasste Normenkontrollklage in der Tasche. »Wir«, das waren zwei Busse und mehrere Autos, voll mit psychisch angeschlagenen Leuten, Leuten vom SSK, Leuten aus den Unterschichten, Armutsbevölkerung, MariensträßlerInnen, UnterstützerInnen. Ein für das damalige Münster ungewohnter Aufmarsch. So sind wir da rein ins Gerichtsgebäude. Das war eine Oase der Ruhe, wie derartige hohe Gerichte so sind. Eine fallende Stecknadel konnte ungehörigen Lärm machen. Und dann das! Ich selbst war zufällig vor der Meute abgekommen und ging auf dem Weg zum Gerichtssaal durch einen der endlosen Flure. Irgendein aufgeschreckter Richter steckte den Kopf aus der Tür. Er sah an meiner Robe, dass ich zur Zunft gehörte, und fragte mit ängstlich eingefärbter Stimme: »Hör'n Sie mal, was ist das denn? Ist das die APO?«

Es war nicht *die* APO, aber ihr menschliches Substrat, sozusagen. Das Elend und der Wille, das zu beenden, zu verhindern. Und das Gericht hat die Sanierungssatzung dann aufgehoben. Nicht, weil mein Vortrag so großartig war oder mein Schriftsatz so überzeugend, das waren sie schon. Die Aufhebung wurde mit irgendeiner Formalie begründet, über die man nach meiner Einschätzung auch hätte wegkommen können. Sie konnten den wahren Grund aus Staatsraison natürlich nicht nennen. Anwälte wissen, was ich meine, so was kommt alle naselang vor. Entscheidend waren die Menschen. Ihr Elend, die erkennbare Selbstorganisation ihres Widerstands und ihres Willens zur Selbstbehauptung gegen die als Satzung verrechtlichte Gewalt und die daraus gesogenen Profite. Wenn Gerichte so was ausdrücklich zugeben würden, dann würde das System zusammenbrechen. Eine Institution allerdings, eine politische Partei hätte das verratzt. Damit können Gerichte mühelos umgehen. Es war der *Widerstand der Menschen selbst,* der diese Sanierung verhindert hat. Pulheim ist nicht beton-saniert worden. Die Leute konnten da 'ne Zeitlang noch wohnen. Inzwischen werden Vertreibungen durch das weitgehend flexibilisierte Mietrecht ermöglicht. Das System nutzt die private Gier der Vermieter, um die *schlechte Bevölkerungsqualität* durch Gentrifizierung rauszusäubern. Und da haben so manche wohl inzwischen weichen müssen. Aber ich denke, es werden immer noch 'ne Menge von den damaligen Bewohnern geblieben sein. Mir hat das wie schon oft plastisch vor Augen geführt: Es waren die Betroffenen selbst, die das geschafft haben. Ich als Anwalt war zwar wichtig, um die Strategien zu entwickeln und so weiter, aber ich hatte eine Randfunktion.

Trotzdem war die rechtliche Seite immerhin insoweit wichtig, als sie die Gegenmacht der Menschen in die Sprache des Staates und seines Gerichts übersetzt und ihnen gesagt hat: »Hier kommt was Massives auf euch zu, das sich verallgemeinern lässt.« Und da hab nicht nur ich, sondern da haben vor allem so wundervoll eingestellte Leute wie der Kinderarzt Stankowski und Lothar Gothe sehr geholfen. Wir alle waren gegen die Unterwerfung von Leben. Wir haben gesagt: »Warum sollen die Armen weg und die Reichen rein, machen etwa die Mäuse sie zu besseren Menschen? Warum sollen die Alten nicht in ihren Wohnungen bleiben? Dieses ganze Altenheim-Konzept im Rahmen des Stadtentwicklungsplans muss weg.« Dann Kinder: »Warum sollen Leute nicht selber ihre Kitas aufmachen? Warum müssen sie den staatlichen Konzepten von Kindertagesstätten gehorchen?« Das alles summierte sich zur Konfrontation mit der Stadtpolitik, Punkt für Punkt. An allen Punkten, an denen wir entdeckten, dass es der Stadt drauf ankam, haben wir gekontert. Es war nicht nur der Profit, der immer 'ne Rolle spielt für das Kapital und für die Dienste, die der Staat ihm leistet. Aber der Profit wird ja durch Formen von Lebensbemächtigung und -zerstörung gemacht, und um die ging es uns.

Barbara: Wie sah es mit der Basisdemokratie und den Hausplena aus?

Detlef: Die Bemühungen in diese Richtung waren intensiv und lange Zeit erfolgreich. Typen, aber auch Frauen, die sich zu viel rausnahmen, wurden geplättet. Die Diskussionen über undemokratisches Verhalten waren manchmal zermürbend und schienen endlos. Denn auch die KritikerInnen hatten ihre Machtstrategien und gingen manchmal nur andere Wege. Die Gründe hierfür saßen tief, und Herrenmentalitäten suchten immer ein Durchkommen. Die meisten waren froh über das, was sie dabei lernten. Die Versammlungen, die wir über einige Jahre durchgeführt haben, rissen uns allerdings schließlich nicht mehr richtig vom Hocker. Zwischendurch haben wir Wiederbelebungsversuche gestartet, aber es ist eben so, die Sachen nutzen sich zum Teil ab, und Energien lassen nach.

Kai: Und zum Schluss: Was ist draus geworden?

Detlef: Die Marienstraße hat wesentlich dazu beigetragen, dass das Kölner Flächensanierungskonzept aufgegeben wurde. Aber die politischen Sozialstrategien, die die Politik inzwischen prägten, die konnten von der Marienstraße aus nicht mehr durchkreuzt werden. Die waren nicht auf ihrem Schirm, sie war damit überfordert. An den aufkommenden Auseinandersetzungen mit der Flüchtlingspolitik haben zwar noch Marienstraßler teilgenommen, es war aber keine spezifische Marienstraßenpolitik mehr. Unsere Gruppen waren ein Lagerplenum oder setzten sich, etwas radikaler, für »Grenzen auf!« ein. Auch wenn sie in der Marienstraße tagten, eine innere Verbindung mit der alten Marienstraße stellten sie nicht mehr her. Die ist als Kollektiv Anfang der 1990er erloschen, auch wenn da noch immer Leute aus der alten Zeit wohnen. Nun aber weitgehend isoliert. Aber seltsam. Ihre Energien haben doch weiter in den Menschen gelebt und sich in neue Felder übertragen.

Spät in der Geschichte der Marienstraße gab es ein großes Fest unter dem Motto: »Mögen die Wölfe heulen, die Sterne leuchten doch!« Die Wölfe heulen noch immer, jetzt in leicht variierten, aber deutlicheren Tonlagen. Und die Sterne sind nicht erloschen. Sie leuchten nur in neuen Farben.

Das Gespräch mit Detlef Hartmann wurde im Juni 2015 in Köln geführt.

Besetzen – aber wie?

Je nach Art des Vorgehens können Hausbesetzungen still, laut oder offen ablaufen, daneben gibt es auch Schein-, Flächen- und Instandbesetzungen. Die Art der Besetzung bestimmt das weitere Vorgehen. Die stille Besetzung, unbemerkt von Nachbarn, Besitzern oder der Polizei, ist geboten, wenn ein Haus eingerichtet werden soll. Vorteil: viel Zeit und Ruhe. Wird die Besetzung bemerkt, kann sie in eine offene umgewandelt werden. Vorteil dieser Aktionsform: öffentlichkeitswirksam, schafft Klarheit hinsichtlich Räumung oder Duldung. Eine Kombination aus stiller und offener Besetzung gibt vor, das Objekt wäre legal erworben worden. Je professioneller und selbstverständlicher das Vorgehen, desto erfolgversprechender. Eine Scheinbesetzung dient der Öffentlichkeitsarbeit und als Test, wie Behörden und Polizei reagieren. Plakate und Transparente können auch eingesetzt werden, um Ordnungskräfte zu verwirren oder abzulenken. Die Flächenbesetzung als direkte Aktion ist bei aktuellen Konflikten das Mittel der Wahl. Sie kann einen Baustopp auslösen, unerwünschte Vorgänge behindern und den interessierten Bürgern und Medien als Anlaufpunkt dienen. Bei einer Instandbesetzung werden bauliche Maßnahmen zur Erhaltung des Gebäudes durchgeführt. Vorteile: Sicherung der Bausubstanz, Argumente gegen Spekulanten, Akzeptanz in der Bevölkerung.

Quelle: http://deu.anarchopedia.org/Projekte:Hausbesetzung:Besetzungsformen (Stand 2015).

ANDERE SCHAUPLÄTZE I:

FREIBURG, TÜBINGEN, MÜNCHEN

FREIBURG

Wahn und Sinn

Heinz Auweder berichtet vom Häuserkampf in Freiburg

Es liegt an der »Kajo«, an der Kaiser-Joseph-Straße/Ecke Schreiberstraße, in der Innenstadt von Freiburg: das »Dreisameck«. Ein altes Haus, eine wuchtige Abart des Jugendstils. Gegenüber führt eine Brücke über den Fluss Dreisam. Ein Spekulant namens Alois Selz hatte das Dreisameck gekauft, um es abzureißen. Er wollte einen Neubau an die Stelle dieses Karrees setzen. 1977 verschafften sich die ersten Besetzer mit Brecheisen Zutritt zu dem leerstehenden Gebäude in der Kajo 282 und ließen sich da nieder – erst nur mit Schlafsäcken, dann mit ein paar Möbeln, und sie schlossen sogar einen Mietvertrag mit dem Eigentümer. Aber es kam dann so, dass Herr Selz pleiteging und nun doch glaubte, sich mit dem Verkauf des Dreisamecks sanieren zu können. Er fand auch einen Käufer, die Zürich Versicherung. Er kündigte die Verträge und erstattete, als die Bewohner nicht rausgingen, Anzeige wegen Hausfriedensbruch. Das Dreisameck war damals unter Studenten und jungen Leuten eine berühmte Adresse. Es gab dort Wohnungen, aber eben auch einen großen Veranstaltungssaal und eine Kneipe, es war immer etwas los – Debatten, Theateraufführungen, Podien, Konzerte. Der Arbeitskreis »Alternative Kultur« ist dort entstanden. Für die Besetzer und Sympathisanten stand fest: Man musste das Dreisameck verteidigen. Einfach zu weichen, nur weil Herr Selz oder die Polizei es so wollten, das wäre nicht gegangen. 1980 kamen dann angesichts der drohenden Räumung noch weitere Besetzer hinzu.

Die Buchhandlung Jos Fritz in der Wilhelmstraße – benannt nach einem antifeudalen Aufständischen im Vorfeld der Bauernkriege – war auch Versammlungsort und intellektuelles Zentrum in jenen Jahren, und diese Buchhandlung existiert immer noch. Dort treffen wir Heinz Auweder, der an den Häuserkämpfen rund ums Dreisameck und an anderen Orten in Freiburg beteiligt war. Er gehört zu den »Jos-Fritz-Leuten« und damit, so meinte seinerzeit die Polizei, zur *Kommandozentrale* der Häuserkämpfer. »Wir waren immer anlaufbar. Und wenn wir auf eine Demo mussten, machten andere den Laden. Die Politik war wichtiger – sogar wichtiger als der Bücherverkauf. Es war die legendäre Jos-Fritz-Zeit.« Heinz erzählt von den Konflikten, in die die Besetzer gerieten, wenn sie über ihre Zukunft nachdachten und die üblichen Streitereien zwischen Verhandlern und Nichtverhandlern ausbrachen. Er zeigt uns auch das Dreisameck an der Kajo, denn die imposante Fassade ist erhalten geblieben. Dahinter ist alles neu, eine Bank und eine Anwaltskanzlei residieren dort heute. Zur Zeit der Besetzung war es Tempel und Versuchslabor der Gegenkultur: eine gute Mischung von Wohnen und Öffentlichkeitsarbeit, von Kultur und Politik, von alternativer Praxis und endlosen Plenumsdebatten. Die rebellische Jugend der Universitätsstadt hatte sich ihr Zentrum geschaffen, und sie wollte es nicht aufgeben. Entsprechend militant auf Seiten der Besetzer und kriegerisch auf Seiten der Polizei verlief die Räumungsaktion im Juni 1980.

Dass die Polizei im Anmarsch war, erfuhren die Besetzer über ihren internen *Nachrichtenkanal,* eine Telefonkette, mit deren Hilfe Informationen ausgetauscht und Unterstützer mobilisiert wurden. Man hatte extra Beamte aus anderen Orten hinzugezogen, damit erst gar keine Empathie für die Anliegen der aufständischen Jugendlichen aufkam. Übers Dach drangen die Polizisten in das Gebäude ein, die Bewohner flüchteten. Derweil bauten Unterstützer Barrikaden auf der Dreisambrücke und den Zufahrtsstraßen. Immer mehr Studenten und Sympathisanten sammelten sich, immer mehr Polizeikräfte rückten an. Die Kajo blieb tagelang abgesperrt, und hinter der martialischen Sperre stand eine Armee von Uniformierten, um den Abriss des Dreisamecks zu sichern. »Freiburg – Polizeiburg«, so hat man skandiert, und so hieß auch ein Film der Medienwerkstatt Freiburg, der die Geschehnisse rund um das Dreisameck dokumentierte. Nach und nach geriet die halbe Stadt in Aufruhr, es gab täglich Demos mit Tausenden von Unterstützern, und die Staatsmacht ging mit einer in Freiburg so nicht bekannten Härte gegen die jungen Leute vor. Ein Aktivist erinnert sich: »Der Strahl des Wasserwerfers hat uns an die Wand genagelt.« Im Polizeiwagen wurden den Rebellen die Haare abgeschnitten. Diese polizeilichen Übergriffe führten aber auch zu einer weiteren Solidarisierung in der Bevölkerung; schließlich sammelten sich zehntausend auf der Straße, und aus einer militanten Demonstration heraus wurde dann der Schwarzwaldhof an der Talstraße, eine ehemalige Knopffabrik, besetzt.

Hier konnte sich für einige Monate das alternative Leben des Dreisamecks fortsetzen. Heinz Auweder: »Am Abend der Besetzung kam ein Lastwagen mit der Band Wahn und Sinn, die dann ein Solidaritätskonzert spielte.« Das Areal war groß, es sind Werkstätten darin eingerichtet worden, das Café Mocambo, ein Coop-Laden, Probenräume, Wohnungen. Das »Budo-Zentrum«, ein ehemaliges Kampfsportstudio im ersten Stock, wurde zum Versammlungsraum ausgebaut. Man war in Hochstimmung. Der Wunsch, sich und der Welt zu zeigen, dass man selbstverwaltet, selbstbestimmt, selbständig, frei, nach eigenen Regeln – falls man überhaupt welche brauchte – miteinander leben und arbeiten konnte, war mächtig, und die ersten Erfahrungen mit einem Leben in Eigenregie waren tiefgehend. Aber die Enttäuschungen, die bald folgten, waren es auch. Auf den Plena sollten alle mitreden können, aber es waren immer dieselben und die Lautesten, die sich durchsetzten. Von Basisdemokratie konnte keine Rede sein. Und die Furcht vor Verfolgung, die sich in einer Art Spitzeljagd äußerte, machte das Leben auch nicht leichter. Heinz erzählt, dass V-Leute an ihrer inneren Haltung erkannt wurden. Sie verkleideten sich mit Lederjacken und abgerissenen Jeans, aber ihre Einstellung zu den Dingen dieser Welt, die konnten sie nicht so schnell ändern. Und diese Einstellung machte die Zugehörigkeit aus. Man war arm, aufmüpfig, kritisch, anti-konsumistisch, und man solidarisierte sich mit den Menschen, die nicht nur wenig Geld hatten, sondern auch keine Perspektive. Das waren unpolitische Punks, es waren Habenichtse und Obdachlose, man wollte niemand ausgrenzen. Heinz selbst hat nicht im Schwarzwaldhof gewohnt, aber für einige Monate verbrachte er sehr viel Zeit in den Gebäuden.

Die Gewaltfrage wurde täglich diskutiert, und sie war strittig. Die Bewegung war gespalten, der militante Teil der Hausbesetzer verfolgte argwöhnisch die Aktivitäten der Verhandler, die im Sichern der Freiräume den Sinn der Sache sahen, und die Verhandlungswilligen lehnten die kompromisslose Haltung der Hardliner ab. Beide Seiten meinten es ernst mit der Einheit von Arbeit und Leben und von Gemeinsamkeit als Gegenentwurf zur normalen Isolation der Arbeiter und Angestellten. Aber der militante Flügel wollte mehr als das. Sie sahen sich als Pioniere einer neuen Gesellschaft. Und Gewalt, so meinten sie, könne zu deren Geburt durchaus beitragen. So kam immer wieder die Frage auf: Wie weit darf man gehen auf Demos? Barrikaden sind okay als Antwort auf die Brutalität der Polizei – aber wo hört dann die Gegengewalt auf? In der *Scherbennacht,* nach der Räumung eines besetzten Hauses in der Moltkestraße, gingen mengenweise Schaufensterscheiben von Banken, Versicherungen und Geschäften zu Bruch. Im Schwarzwaldhof gab es davor ein hitziges Plenum – der Video-Mitschnitt von dieser Versammlung wurde von den Chronisten selbst vernichtet, denn er enthielt unmissverständlich einen »Aufruf zur Gewalt«. Die Steinewerfer nannten die Aktionen einer Bürgergruppe, die vermitteln wollte, »legalen Scheißdreck«.

Beim Innenressort und bei der Polizei war man inzwischen davon überzeugt, dass sich unter die Besetzer gefährliche Terroristen gemischt hatten, und man wollte den Sumpf trockenlegen. Heinz erinnert sich, dass es RAF-Sympathisanten im Umfeld der Hausbesetzerszene gab. Aber von neuen Zellen konnte keine Rede sein. Die Staatsmacht sah das anders. Die vom baden-württembergischen Innen-Staatssekretär Robert Ruder veranlasste Räumung des Schwarzwaldhofes mit mehreren Hundertschaften folgte am 5. März 1981, unmittelbar nach der Scherbennacht. 91 Personen wurden verhaftet, die Szenekneipe Geier (eigentlich hieß sie Reichsadler) durchsucht und die Medienwerkstatt nach belastendem Material durchkämmt. Glücklicherweise hatte man vorgesorgt.

Die Räumung des Schwarzwaldhofes versetzte die Stadt noch einmal in Aufruhr. Die folgenden Tage wurde durchdemonstriert – über 20 000 gingen auf die Straße und 4000 Polizisten, darunter Sondereinheiten des SEK, wurden in der Stadt zusammengezogen. Kontrollpunkte rund um die Innenstadt wurden eingerichtet, Scheiben splitterten, und aus Freiburg wurde wieder Polizeiburg.

Bilder wie aus einem Bürgerkrieg, aber das solidarische Umfeld machte auch deutlich, dass es Gewalt seitens der Besetzer ablehnte. Vier Aktivisten mussten für längere Zeit als sogenannte Rädelsführer ins Gefängnis. Steckbrieflich gesuchte Terroristen oder gar Bomben und Waffen wurden nirgends gefunden.

Das Autonome Zentrum muss noch erwähnt werden. Das Haus, in dem dieses Zentrum entstand, wurde im Oktober 1981 im Rahmen der sogenannten Herbstoffensive gleichzeitig mit mehreren Wohnhäusern am Glacisweg besetzt. Dort gab es das Crash, einen Musikkeller, der bis heute berühmt ist. Er existiert aber nicht mehr an seinem ursprünglichen Ort, denn vier Jahre nach der Besetzung brach Feuer im Haus am Glacisweg aus. Die Ursache fand man nie heraus.

Wer über Hausbesetzungen oder Hausprojekte in Freiburg spricht, sagt Heinz, darf die Grether-Fabrik nicht vergessen. Sie ist unterm Gesichtspunkt der Langfristigkeit das eigentliche Erfolgsmodell. Die stillgelegte Eisengießerei von 1870 war Teil eines weitläufigen Areals mit vier großen Gebäudekomplexen und circa 2500 qm Nutzfläche. Das alles sollte abgetragen werden und einer Neubebauung Platz machen. Aber bevor die Bagger kamen, gründete sich die Gruppe »Leben und Arbeiten in der Gretherschen Fabrik«, das war 1980. Man wollte die Bebauung so lassen, wie sie war, die Häuser und Hallen in Eigenarbeit sanieren und umwidmen: Verschiedene Gewerke sollten dort einziehen, Kulturzentren entstehen und Sozialwohnungen geschaffen werden. Und genau so kam es. 1982 beschloss der Gemeinderat den Erhalt des inzwischen von der Stadt erworbenen Geländes. Ein Café zog ein, eine Töpferwerkstatt, eine Kita und »Radio Dreyeckland«. Später kamen noch die »Rosa Hilfe« und das Archiv für soziale Bewegungen dazu. Das Projekt war selbstverwaltet, auf dem Maschinenhallenplenum wurden alle Beschlüsse gemeinsam gefasst. Die Bewohner und Betreiber haben einen Erbpachtvertrag mit der Stadt geschlossen, und die Finanzierung wird in einem Syndikatmodell geregelt, das mit seiner Struktur von Kapitalneutralisierung so gut funktioniert, dass die Grether-Leute bis heute als Berater für andere Gruppen, die Selbstverwaltung praktizieren wollen, unterwegs sind. Man wohnt im Areal immer noch zu günstigen Mieten. Heinz zeigt uns das Gelände. Es herrscht eine Atmosphäre wie in einem Film von einer besseren Welt; ein wenig fühlen wir uns an »Christiania« in Kopenhagen erinnert – wie es damals war, in den frühen 1980er Jahren.

Die Geschichte von Erhalt und alternativer Nutzung des Grether-Areals ist deshalb so erfreulich, weil hier auf dem – allerdings sehr langwierigen – Verhandlungswege viel erreicht worden ist. Doch ging es auch bei Grether nicht ohne Razzien ab – der Polizeipräsident sprach von einer »möglichen Gefahr für die innere Sicherheit«. Und man sollte sich nicht täuschen: Ohne die Kämpfe um das Dreisameck und den Schwarzwaldhof, ohne die Bereitschaft der letztlich scheiternden Besetzer dort, ihren Traum von kollektivem Leben mit ihrer unerschütterlichen Präsenz zu verteidigen, hätte es die erfolgreichen Verhandlungen um die Grethersche Fabrik wohl kaum gegeben.

Heinz muss zurück in den Buchladen. Im angeschlossenen Café schreiben wir bei Kirschkuchen auf, was er erzählt hat. Wir sollen uns in der Medienwerkstatt umsehen, sagt er noch, und im Archiv für soziale Bewegungen. Freiburg war, was die Chronik der Häuserkämpfe durch Videoarbeit und Rundfunk betrifft, führend in der Bundesrepublik.

Chaos

»Überall kracht, brennt und kokelt es. Das ist ein herrlicher Erfolg! Während die RAF-Kader geschwächt im Ausland operieren und eine Schlappe nach der anderen einstecken müssen, breitet sich in der BRD eine Zerstörungslust aus, wo die Bullen erst mal ein Konzept suchen müssen. Das BKA steht vor einem chaotischen Haufen von ›Bombenlegern und Krawallanten‹, die unsichtbar sind und das logische Geradeausdenken deutscher Ordnungsfetischisten völlig durcheinanderbringen.«

Aus der Broschüre: **Guerilla diffusa – in Bewegung bleiben**, 1981, S. 25.

Leben

»Dass der Tod uns lebendig findet und das Leben uns nicht tot.«

Freiburger Parole

Exkurs:

»Manchmal fällt auf uns der Frost«

Eine nicht gesendete Radioreportage von Reinhard Hübsch

Reinhard Hübsch: Da wird in Basel, Ende Januar, eine Podiumsdiskussion zum Thema: »Ist der Rechtsstaat in Gefahr?« initiiert. Fünf Monate später treffen sich im Freiburger Paulussaal besorgte Bürger, um der Frage nachzuspüren: »Sind Recht und Ordnung bei uns in Gefahr?« Anlass für beide Veranstaltungen waren die jeweils aktuellen Auseinandersetzungen um instandbesetzte Häuser, um aufbegehrende Jugendliche, die sich hier mit einer Schrift unter dem Titel: »Manchmal fällt auf uns der Frost«, dort unter dem Motto: »Nieder mit dem Packeis« zu Wort meldeten. Der Analogien gibt es, neben den fast gleichlautenden Bürgerfragen und den sich auf Kältebilder beziehenden Jugendslogans, noch mehr. Zwar fand die Basler Veranstaltung nach tumultartigen Auseinandersetzungen nur mehr im kleineren Rahmen statt, doch die dortigen Einschätzungen und Ergebnisse zur Situation in Zürich wie Basel sind mit denen in Freiburg durchaus vergleichbar, und das dürfte für manche überraschend sein. Die Prinzipien der Rechtsstaatlichkeit nämlich, da sind sich zahlreiche Beobachter sowohl in der Schweiz wie in der Bundesrepublik einig, sind nicht etwa durch die aufbegehrenden und in der Minderheit gewalttätigen Jugendlichen in Gefahr. Für den Basler Professor Arnold Künzli, Jurist und Teilnehmer des Januargesprächs, sind selbst die eingetretenen Schäden nicht allein den Jugendlichen anzulasten.

Prof. Künzli: Schauen Sie jetzt die letzten Demonstrationen, die Unruhen in Zürich aus der letzten Woche, die sind meiner Ansicht nach von oben provoziert worden. Erstens hat man die Zeitung der Jugend »Das Brecheisen« beschlagnahmt. Das hat sie bereits wieder provoziert. Zweitens hat man eine zwar nicht bewilligte, aber friedlich verlaufende Kundgebung mit Polizei umzingelt, worauf die Jungen ausbrechen wollten, worauf es eine Schlägerei gab mit den Weiterungen, die bekannt sind. Wenn man der Jugend anders begegnen würde, glaube ich, bin ich überzeugt sogar, könnte man die Gewaltakte auf ein Minimum reduzieren.

Hübsch: Auch das Gefüge der bundesdeutschen Gesellschaft, so Künzlis juristischer Kollege, der Richter am Bundesverfassungsgericht Dr. Helmut Simon, werde nicht ursächlich durch die Jugendunruhen erschüttert.

Dr. Simon: Der Frieden war schon vorher gestört, das ist richtig, und das ist nun wirklich eine alte Erfahrung in unseren Gesellschaften, in unserem Staat, das ist kennzeichnend für unsere ganze Geschichte, dass eine Masse an Macht die Gefahr enthält, diese Macht zu missbrauchen, was Schlimmes damit anzustellen.

Hübsch: Machtmissbrauch. Dieses Wort aus dem Mund des Bundesverfassungsrichters gibt die Richtung an. Wodurch sonst, wenn nicht durch die Jugendrebellion, kann der Rechtsstaat, können Recht und Ordnung gefährdet werden? Die Antworten aus der Schweiz und die aus der Bundesrepublik weisen zwar leichte Akzentverschiebungen auf. Einig ist man sich jedoch darin, dass das Verhalten eben jener Kräfte, die vorgeblich staatserhaltend sind, derzeit eine größere Gefahr für den sozialen Frieden darstellt als jugendliche Ausschreitungen. So sieht Professor Künzli erhebliche soziale Spannungen vom Gebaren der Immobilienspekulanten ausgehen. Boden- und Mietpreissteigerungen könnten zukünftig Unruhen auslösen. In Freiburg dagegen wurde massive Kritik an den Maßnahmen von Polizei und Justiz geübt. Deren Statistiken suggerierten zwar, dass die Jugendrevolten der letzten Monate staatsgefährdend seien. Bei der zuständigen Sonderkommission des Landeskriminalamts Baden-Württembergs sind 525 Strafanzeigen im Zusammenhang mit den Unruhen erfasst. In Basel waren Anfang des Jahres weit mehr als tausend Jugendliche in ein Strafverfahren verwickelt. Doch solche Zahlen, so hört man, täuschten ebenso, wie die oft gravierenden Vorwürfe der Ankläger, als da wären versuchter Raub, schwerer Landfriedensbruch, Gefangenenbefreiung, unerlaubter Waffenbesitz und schließlich, immer häufiger, Anklagen, die sich auf den § 129a des Strafgesetzbuches berufen: Gründung und Unterstützung einer kriminellen Vereinigung. In der Freiburger Diskussion wurden solche Vorwürfe als überzogen und unangemessen zurückgewiesen.

Rechtsanwalt Norbert Müller: Es soll schwerer Landfriedensbruch sein, wenn eine Werbefläche besprüht wird. Das Aufbringen der Farbe, das heißt die Farbe, die Parole, die wird selbst als gewalttätig diagnostiziert und soll als solche abgeurteilt werden. Ich könnte eine ganze Reihe von Beispielen nennen. Vielleicht noch eines, ein ganz markantes: die Vorfälle bei den Straßenfesten auf der Kaiser-Joseph-Straße an diesem Sonntag ganz konkret, da ist angeklagt worden wegen Beteiligung an einer Aktion dort, wegen Nötigung. Das war also um 18 Uhr, da sollen Demonstranten die Straßenbahn genötigt haben, die nicht durchfahren konnte, weil die Leute trotz Aufforderung die Schienen nicht geräumt haben. Und in einem direkten Gespräch hat mir der Polizeidirektor erklärt, dass ihm bekannt sei, dass seit 16.30 Uhr der Straßenbahnverkehr eingestellt worden war. Da fuhr gar keine Straßenbahn mehr.

Hübsch: Es gibt, so Müller und zahlreiche Kollegen, weitere Beispiele für solch ungerechtfertigte Anklagen.

Müller: Ich meine, dass es sich hierbei um eine politische Kriminalisierung handelt, in zweierlei Richtung. Erstens: Wie schon angedeutet, geht es um Disziplinierung. Mit der Wirkung, Protest zu ersticken und eine Gruppe, die Protest organisieren kann, zu zerschlagen. Und die zweite Zielrichtung, die ich ebenfalls in den Raum stellen wollte: Diese Kriminalisierung hat für meine Begriffe auch eine Ablenkungsfunktion. Sie soll ablenken von *den* Chaoten, die mutwillig mit ihrer Profitgier schönen Wohnraum verkommen lassen.

Hübsch: Fast gleichlautend liest sich da die Einschätzung des Basler Jugendblattes »Maulwurf«, das Anfang des Jahres monierte: »Das Ziel dieser Massenprozesse ist klar. Weitere Jugendliche sollen davon abgehalten werden, für ihre Anliegen auf die Straße zu gehen. Denn wer einmal verhaftet wurde, verliert sehr schnell seine Lehrstelle oder fliegt aus der

Schule.« Bei dem Freiburger Gespräch wurden schwere Vorwürfe nicht nur gegen die Justiz, sondern auch in Richtung Polizei erhoben. Schon zuvor hatten Freiburger Richter und Rechtsanwälte in einer öffentlichen Erklärung betont: »In den Ermittlungsverfahren haben Staatsanwaltschaft und Polizei Maßnahmen durchgeführt, die rechtlich mehr als bedenklich sind. Die Polizei brach, ohne Anwesenheit des Geschäftsführers, in den Buchladen ›Jos Fritz‹ ein. Zugleich brach die Polizei in das Freiburger Büro der Berliner ›Tageszeitung‹ ein und durchsuchte es. Wohnungen von Buchhändlern wurden durchsucht – alles im Zusammenhang mit dem § 129 a. Zuvor schon war die Polizei ohne formell richterlichen Durchsuchungsbeschluss in die Medienwerkstatt eingebrochen, hatte sie durchsucht und Videobänder beschlagnahmt. Wir halten die Gesamtheit dieser Maßnahmen für eine weit überzogene Überreaktion der Landesregierung, der Polizei und der Justiz. Wir fordern nachdrücklich, zur Verhältnismäßigkeit der Mittel zurückzukehren, wie es im Grundgesetz ausdrücklich bestimmt ist.« So weit die Erklärung Freiburger Richter und Rechtsanwälte. Ähnliche Schelte war fünf Monate zuvor auch in Basel zu hören. Und die Reaktionen bei Jugendlichen wie bei linksliberal gesinnten Bürgern sind hüben wie drüben fast identisch. Das Vertrauen auf Recht und Gerechtigkeit der Staatsorgane ist am Schwinden. Dazu Auszüge aus der Freiburger Diskussion:

Teilnehmer 1: Verhältnismäßigkeit der Mittel, das ist ja ein Rechtssatz, den sich dieses System gegeben hat und an den es sich in diesen ganzen Auseinandersetzungen niemals gehalten hat. Dieses System, die Polizei, die hat also das Recht gebrochen und erwartet und verlangt, dass die andere Seite sich an die Rechtsgrundsätze hält. Wir haben es also nicht nur mit Regeln zu tun, die ungerecht sind, weil sie einmal ganz bestimmten Interessengruppen eine viel größere Macht einräumen als denen, die was daran verändern wollen. Irgendwie drückt sich das auch in der Fragestellung aus: »Sind Recht und Ordnung gefährdet?« Wir haben also eine Ordnung, und die ist an sich in Ordnung, und jeder, der sie ändern will, ist böse. Das ist ja nicht so. Das zweite Problem an der Sache ist, dass nicht nur die Gesetze an sich ungerecht sind, sondern dass sich die andere Seite, die, die sie angeblich verteidigen, noch nicht mal an sie hält.

Hübsch: Wo ein derart geringes Vertrauen in die staatlich institutionalisierte Rechtsfindung gegeben ist, wo Recht und Rechtsprechung als willkürlich, als nur noch im Dienste ganz bestimmter Interessen gewähnt wird, da ist die Anerkennung von Gewalt als Mittel politischer Auseinandersetzung ein logischer Schluss. Nicht nur Jugendliche, sondern, wie folgende Redebeiträge zeigen, auch ältere Bürger zogen im Freiburger Paulussaal diese Konsequenz:

Teilnehmer 2: Ich stehe grundsätzlich auf dem Standpunkt, dass man seine Ziele gewaltfrei erreichen soll. Aber: Jedes Prinzip, rein durchgeführt, führt zu Unsinn. Die Ausnahme ist absolut notwendig. Ausnahmsweise muss auch mal Gewaltanwendung zulässig sein.

Teilnehmer 3: Also das sind Missstände, von denen hier gesprochen wird, die ja nun längst nicht mehr harmlos sind. Und wir haben es jetzt mit einer Bewegung, mit großer Unruhe zu tun. Es gibt die Friedensbewegung, und es gibt schon sehr lange Jahre eine ökologische

Bewegung, die auch zur Gewalt hat greifen müssen, damit sie überhaupt gehört worden ist. Hätte es diese Gewaltakte, zum Beispiel in Whyl und in Brokdorf, nicht gegeben, dann hätte unser Oberrhein wahrscheinlich schon, teilweise im Bau, neun solcher Kraftwerke zwischen Basel und Karlsruhe.

Hübsch: Nicht nur der nachlassende Glaube an die Institutionen der Rechtspflege nähren die Bereitwilligkeit zum gewaltsamen Vorgehen, auch die vor allem für die Jugendlichen erwiesene Ineffizienz der Arbeit in politischen Gremien, ein daraus resultierendes Gefühl vollkommener politischer Ohnmacht gegenüber einem sich wie ein monolithischer Block darstellenden Apparat lassen eine Haltung aufkommen, die sich in Parolen wie »Legal, illegal, scheißegal« niederschlagen. Wo zentrale Institutionen der parlamentarischen Demokratie wie Exekutive und Jurisdiktion im Bewusstsein der Jugendlichen derart in Misskredit geraten sind, wo selbst ein Bundesverfassungsrichter wie Dr. Helmut Simon auch der dritten Kraft, der Legislative, eklatantes Versagen in zahlreichen Bereichen wie der Wohnungsbaupolitik und Gesetzgebung vorwirft, wenn er sagt:

Simon: Eigentumsformen wie etwa Grund und Boden, der nicht beliebig vermehrbar ist, sind im hohen Maße sozialpflichtig. Oder auch großindustrielles Eigentum, das ist bei der Mitbestimmungsentscheidung ganz deutlich klargestellt worden, ist sozialpflichtig. Die Verfassung geht noch sehr viel weiter. Die sagt nämlich in Absatz 1: »Inhalt und Grenzen des Eigentums werden von dem Gesetzgeber bestimmt.« Die Verfassung hat nur einen Kernbereich geschützt, sie überlässt dem Gesetzgeber gerade in den Eigentumsfragen, die von gesellschaftlichem Interesse sind, im hohen Maße die Gestaltung. Diese Gestaltung ist in der Bundesrepublik nicht genutzt worden. Im Bereich des Bodenrechtes ist da geschlampt worden. Deshalb sitzen wir jetzt in der katastrophalen Situation.

Hübsch: Wenn also die konstitutiven Pfeiler dieses Systems mit derart starken Zweifeln betrachtet werden, dann ist der Begriff *Staatskrise* doch wohl angebracht. Ist da nicht der Rechtsstaat in Gefahr, wenn Jugendliche in Basel von einer Schweizer *Demokratur*, einer Mischung aus Demokratie und Diktatur, sprechen, den Staat in die Nähe des Faschismus rücken, wenn Freiburger Punks die gleiche Vokabel und – das sei hier eingefügt – ebenso unangemessen zur Beschreibung bundesdeutscher Verhältnisse bemühen, artikuliert sich da nicht eine Legitimationskrise westeuropäischer Wirtschafts- und Sozialverfassungen? Ist die Jugendrebellion objektiv ein Angriff auf die Wirtschaftsverfassung der sozialen Marktwirtschaft?

Künzli: Objektiv, würde ich sagen, ja, subjektiv nicht. Denn die Jugendlichen reflektieren das Problem so nicht. Was aber zum Beispiel die Berliner und die Basler gemeinsam haben, ist das Wohnungsproblem. Auch hier sind leerstehende Häuser besetzt worden, und wir hatten auch so etwas wie diese Instandbesetzung, wie man das in Berlin so schön nennt. Auch daraus sind bei uns die ersten Unruhen erst richtig entstanden. Das ist natürlich ein Problem, was ganz eng mit unserem Kapitalismus und unserer Wirtschaftsordnung zusammenhängt. Ich weigere mich, ein Prophet zu sein, aber wenn Sie die Frage so stellen würden: »Sollte man etwas grundsätzlich ändern an diesem System?«, dann würde ich die schon bejahen.

Hübsch: Und ähnlich sieht es auch Erich Holliger, Leiter der Theaterwerkstatt »Kleine Bühne« des Basler Theaters und einer der Initiatoren der »Basler Runde«, der die dortigen Unruhen als logische Fortsetzung der Züricher Ereignisse erklärt.

Holliger: Es ist nicht zufällig, dass die Unruhen am stärksten dort ausgebrochen sind, wo sich Kapital und Kapitalismus am deutlichsten manifestieren, in der Bankenstadt Zürich. Dort sind auch die konservativen Kräfte, die das Bestehende um jeden Preis erhalten wollen, am stärksten, und alle Infragestellungen des marktwirtschaftlichen Freiraums, gerade eben auf dem Immobilienmarkt, werden von diesen Leuten am stärksten bekämpft.

Hübsch: Und den Jugendlichen geht es ja schließlich um mehr als um Wohnraum. Es geht ihnen, wie Professor Künzli es ausdrückte, um grundsätzliche Änderungen. Die Forderungskataloge zeigen das, und die sind, abgesehen von lokalen Differenzierungen, fast identisch. Kollektive Wohn- und Arbeitsformen, selbstbestimmte Produktion, Kampf gegen Atomkraftwerke, contra Nach- und Aufrüstung. Auch soziologisch sind sich jene, die sich gegen die Standards der Elterngeneration aufmachen, hüben wie drüben sehr ähnlich.

Künzli: Es soll sich, aufgrund von Umfragen, tatsächlich um Jugendliche aus anderen Schichten handeln als 1968. Damals waren es primär Studierende. Und jetzt scheint sich diese Jugendbewegung doch auch sehr stark aus Arbeiterkreisen zu rekrutieren.

Hübsch: Der Freiburger Journalist Wolfgang Prosinger hat kürzlich in einem Leitartikel die bundesdeutschen Rebellen ebenfalls mit jenen von 1968 verglichen:

Prosinger: Ist es nicht wie damals, wie 1968? Nein, es ist nicht so. 1981 ist fast alles anders. Der Protest auf der Straße ist gewalttätig geworden. Vorbei sind die Zeiten, da es klar erkennbare Führerfiguren gab. Vorbei ist auch die Zeit, wo Universitäten die Regie über die Revolten hatten. Die neue Protestgeneration läuft nicht mehr gegen allgemeine gesellschaftliche Verhältnisse Sturm, sondern sucht sich konkrete Ziele. Nicht mehr der Kampf gegen das System ist angesagt, sondern der Protest gegen Aktuelles. Gegen bestimmte Formen der Stadtsanierung etwa, gegen den Bau eines bestimmten Kernkraftwerks, gegen konsumorientierte Kulturpolitik. Mehr und mehr gerät dabei das scheinbar Private in den Rang eines Politikums.

Hübsch: Wenn sich dann Linksliberale wie der Schweizer Künzli oder der bundesdeutsche Simon in mancher Einschätzung mit den Jugendlichen einig wissen, wenn dann der Freiburger Rechtsanwalt Siegfried de Witt, Moderator des Paulussaal-Dialogs, oder der Hochschullehrer Rüdiger Scholz davon sprechen, dass in den Forderungen der Jugendlichen auch *ihre* Ziele zum Ausdruck kommen, ist da nicht ein Bündnis möglich? Sowohl in Basel als auch in Freiburg erwiesen sich solche Hoffnungen als Illusion. Insbesondere die Jugendlichen betrachten das Engagement der Etablierten aus vielen Gründen mit Skepsis. Wie in Basel, kam es auch in Freiburg zu teils heftigen Kontroversen – wie hier um die Person von Verfassungsrichter Simon und dessen Kooperationsbereitschaft.

Simon: Es ist auch zu bedenken, wenn man redlich und offen miteinander umgeht …

Zwischenruf: Sie sind überhaupt nicht redlich. Hören Sie doch mal auf mit dem Stuss.

(*Applaus*)

Das ist 'ne vorgetäuschte Redlichkeit, die in Wirklichkeit nicht stimmt. Sie kommen hierher und tun so, als wären Sie sich mit uns einig. Sie sagten vorhin: »Da sitzen wir nun hier.« Ich möcht mal wissen, wo Sie sitzen und wo wir sitzen. Ihre Kritik kostet Sie einen Furz. Sie sind Verfassungsrichter in einer völlig gesicherten Position. Kritik ist für Sie folgenlos in Ihrem persönlichen Leben. Aber die Leute, die hier vielleicht empört sind, denen ist das hier sehr existenziell, denen bringt ihre Kritik möglicherweise Androhung von Knast, von hohen Gefängnisstrafen ein. Das ist der Unterschied.

(*Applaus*)

Simon: Ich stecke das ein, was Sie jetzt gesagt haben. Ich verzichte auf irgendwelche Rechtfertigungen. Ich könnte Ihnen einiges erklären, dass das für mich nicht ganz so billig ist, wie Sie meinen. Aber meinen Sie denn, wenn Sie mich so angreifen, dass wir so einen Schritt in die Zukunft machen?

Hübsch: Soweit die Streiflichter aus der Nordschweiz und aus Baden, die Gemeinsamkeiten aufzeigten. Ist nun in der Schweiz der Rechtsstaat in Gefahr? Sind in der Bundesrepublik Ruhe und Ordnung gefährdet? Die Diskussionen der letzten Monate zeigen zumindest, dass sich im Laufe der jüngsten Auseinandersetzungen bei einem nicht unwesentlichen Teil der Bevölkerung, und zwar quer durch die Generationen, außerordentlich starke Vorbehalte gegen die politisch Verantwortlichen bildeten. Einigkeit übrigens zeigen Schweizer wie Bundesdeutsche, Basler und Freiburger auch in der Einschätzung von zukünftigen Konfliktlösungen. Der Pessimismus dominiert.

Teilnehmer: 4 im Paulussaal: Was mich heute Abend sehr interessiert hat, ist, mit welcher Art und Weise man hier offenbar in der Bundesrepublik dem Staat noch Perspektiven zutraut. Ich mein das jetzt überhaupt nicht zynisch, aber bei uns herrscht das Gefühl vor, vielleicht weil unsere Demokratie in der Zwischenzeit zu alt geworden ist, dass von diesem Staat gar nichts mehr zu erwarten ist.

Diese Radioreportage von Reinhard Hübsch wurde 1981 nicht ausgestrahlt, weil die Redaktion befürchtete, durch die Sendung »Öl ins Feuer zu gießen«.

TÜBINGEN

Vision Offene Jugendarbeit

Das Richard-Epple-Haus in Tübingen

In den Jahren 1972/73 wurden in Deutschland acht Menschen von Polizisten erschossen. Nur zwei von ihnen wurden steckbrieflich gesucht. Für die Todesschützen gab es immer zwei Möglichkeiten, aus der Sache herauszukommen: entweder fahrlässige Tötung, also ein unvorsichtiger Umgang mit der Waffe, oder Putativnotwehr – wenn angeblich das Leben des Schützen in Gefahr war. Obwohl Richter unabhängig sein sollen und die Sachlage es in allen genannten Fällen eigentlich nicht zuließ, stellten sich die Rechtssprecher vorbehaltslos auf die Seite der Polizeibeamten, plädierten auf Notwehr und sprachen die Täter frei.

Eines der wehrlosen Opfer war der 17-jährige Kfz-Mechaniker-Lehrling Richard Epple aus Tübingen. Richard Epple besaß noch keinen Führerschein, als er am Abend des 1. März 1972 angetrunken mit einem Ford 12M durch Tübingen fuhr. Weil er der Aufforderung einer Polizeistreife, anzuhalten, nicht nachkam und bei der anschließenden Verfolgungsjagd zwei Straßensperren durchbrach, feuerte Polizeimeister Hans-Jörg Geigis das Magazin seiner Maschinenpistole auf den mit seinem PKW flüchtenden Epple. Sieben der neunzehn abgegebenen Schüsse trafen den Fahrer. Richard Epple konnte nur noch tot aus dem Wagen geborgen werden.

Es war vor allem Albrecht »Ali« Schmeißner zu verdanken, dass auf dem Marktplatz in der Tübinger Innenstadt für Richard Epple ein kurzes Solidaritäts-Gedenkkonzert mit der Musikgruppe Ton Steine Scherben zustandekam, die gerade in der Nähe auf Tour war. Das Konzert wurde jedoch nach nur wenigen Stücken durch die Polizei als nicht angemeldet unterbunden. Schmeißner war eine wichtige Figur der Tübinger Studentenbewegung und Mitbegründer der Grünen, in deren Bundesvorstand er drei Jahre lang saß.

Zu dieser Zeit gab es in Tübingen noch das unter Denkmalschutz stehende Jugendzentrum »Schwabenhaus«, das jedoch seit Herbst 1971 keinen amtlich bestellten Leiter mehr hatte. Als das Innere des Jugendclubs Mitte April 1972 durch einen Schwelbrand zu einer rauchgeschwärzten Ruine verkommen war, keimte der Verdacht auf, es könne sich um Brandstiftung handeln, denn es gab Pläne, auf dem Grundstück des Schwabenhauses einen Hotelkomplex mit Tagungsräumen und Tiefgarage hochzuziehen. Die jetzt heimatlosen Jugendlichen warteten vergeblich auf die Erfüllung ihrer Forderung nach Renovierung oder nach gleichwertigen Ersatzräumen. Und so entstand die Idee, ein Haus zu besetzen. Zur Vorbereitung dieser Aktion wurde am 23. Juni 1972 die Band Ton Steine Scherben für ein Konzert in der Mensa Wilhelmstraße engagiert.

Mitgemischt hatte neben Ali Schmeißner auch der damals 21-jährige Jürgen Hempel, der dann immerhin fünfzehn Jahre lang in diesem Jugendclub aktiv mitarbeiten sollte. Hempel kann sich heute noch gut an die Geheimhaltung der Pläne erinnern und daran, dass die Polizei bewusst in die Irre geführt worden war. Denn während die Jugendlichen nach dem Konzert in die circa einen Kilometer entfernte Karlstraße marschierten, warteten die Ordnungshüter vergebens auf einem Gelände in der entgegengesetzten Richtung (auf dem heutigen Schiebeparkplatz), weil ihnen zu Ohren gekommen war, das dort befindliche Chemische Institut solle besetzt werden.

Näheres zu dem Ablauf konnte man drei Tage später im »Schwäbischen Tagblatt« lesen: »Es begann am Freitagabend in der Neuen Mensa. Nicht etwa, dass die Agitprop-Gruppe Ton Steine Scherben dort die Initialzündung gegeben hätte. Die Hausbesetzung war schon längere Zeit vorher geplant worden. Aber die Berliner Gruppe hatte hektographierte Zeitschriften mitgebracht, in denen über die gewaltsame Razzia in einem von Berliner Jugendlichen besetzten Schwesternheim berichtet wurde, und zumindest der Name Georg-von-Rauch-Haus war den Tübingern dann Vorbild: Sie gaben dem Gebäude in der Karlstraße Richard Epples Namen (auf Anregung von Ali Schmeißner).

Die Ton Steine Scherben-Leute machten eine aggressiv emotionalisierende Musik. Ihre Texte griffen die Arbeit allgemein an, nicht nur die entfremdete Arbeit. Auch wenn sie diskutierten, sprach aus ihren Beiträgen oft blinder Aktionismus, der aber bei der nachfolgenden Aktion nie die Oberhand gewann. Etwa 400 Jugendliche saßen dicht gedrängt auf dem Fußboden der Neuen Mensa. Vorerst nichts von Hausbesetzung. Ton Steine Scherben heizte ein. Dann Informationen über das Jugendzentrum. Jugendreferent Roland Ensinger meldete sich zu Wort: Die Stadt werde für diesen Abend die Saalmiete übernehmen, teilte er mit, und der Oberbürgermeister lasse zur Zeit ein für das Jugendzentrum in Frage kommendes Objekt prüfen. ›Ihr redet unheimlich viel, ihr prüft unheimlich viel, aber herauskommen tut dabei nie etwas. Das ist überall so‹, meinte ein Mitglied der Agitprop-Gruppe. ›Wir aber haben kein Haus und müssen jetzt überlegen, was wir nachher machen, um eines zu bekommen.‹ Stadtrat Detlev Majewsky forderte darauf eine sachliche Diskussion anstelle von Agitation. Die SPD-Fraktion trete im Gemeinderat, wenn es nur gehe, für die offene Jugendarbeit ein, aber sie sei eben zu schwach. Wenn die Mehrheitsverhältnisse anders wären, wäre es auch die Situation der Jugendlichen. Ein Ton Steine Scherben-Mann: ›Wir wollen ein Haus. Es wurde gesagt, hier sollen ein paar leerstehen!‹ Majewsky: ›Also heute Abend kriegt ihr ganz sicher kein Haus.‹ Ein Mitglied des Jugendzentrum-Fünfergremiums: ›Wir holen jetzt unser Haus!‹ Das war etwa 23.30 Uhr, wenig später hatten sie es.

Das Gebäude Karlstraße 13 füllte sich mit Jugendlichen. Die Räume wurden auf ihre Verwendbarkeit hin geprüft. Man holte Schlafsäcke. Eine permanente Diskussion begann. In der Nacht schliefen etwa siebzig Jugendliche im Haus. Am nächsten Morgen wurden die ›lieben Tübinger‹ dann durch ein Flugblatt darüber informiert, weshalb der ungewöhnliche Schritt notwendig gewesen war: Die Behauptung, es gebe keine Räume, veranlasste uns, vor aller Öffentlichkeit zu beweisen, dass das falsch ist! Außer dem von uns besetzten Haus gibt es noch mindestens zwei andere, die ebenfalls leerstehen!‹«

Schon in den nächsten Tagen kommt es zu friedlichen Übereinkünften zwischen allen Beteiligten. Der Hauseigentümer, die ortsansässige Kreissparkasse, verzichtet auf Druck von Tübingens parteilosem Oberbürgermeister Hans Gmelin auf eine sofortige Räumung. Jürgen Hempel: »Dazu muss man wissen, dass OB Gmelin unangefochten wie ein Patriarch die Stadt regierte, sich je nach Interessenlage die Mehrheiten quer durch die Fraktionen beschaffte. Er hatte schon ein Jahr zuvor bei der ersten Tübinger Hausbesetzung in der Bachgasse betont, in seiner Stadt keine polizeiliche Räumung haben zu wollen, und forderte dann auch vom Landrat den Verzicht auf eine Räumung und von der Kreissparkasse als Eignerin des besetzten Hauses ein Bekenntnis zu ihrer sozialen Verantwortung. Er einigte sich mit ihr zunächst auf eine Anmietung des Hauses bis Ende des Jahres, um es später auch zu kaufen.«

Das ganze Projekt wurde von offizieller Seite als »vorbereitende Maßnahme für die Übernahme in das Programm der städtischen Jugendarbeit« angesehen: in Selbstverwaltung durch die Vollversammlung und in Zusammenarbeit mit Sozialarbeitern. Für Reparaturarbeiten, Personal- und Sachkosten erhält das »Richard-Epple-Haus« (so die damalige Schreibweise) erst einmal 35 000 D-Mark Starthilfe. Unter vorläufiger Trägerschaft der Stadt beginnen die Jugendlichen bereits Anfang Juli mit den Renovierungsarbeiten. Bei der Eröffnungsfeier im Dezember können die Besucher neben einer Diskothek und einer Teestube noch einen Fitnessraum, zwei Probenräume, zwei Spielräume, einen Film- und Fernsehraum, den Solidaritätssaal, den Hausaufgabenraum, einen Leseraum und die Bibliothek bewundern. Jürgen Hempel: »Das Haus sollte am späten Vormittag öffnen und Programm bieten bis in die Nacht mit der Möglichkeit, von zu Hause weggelaufenen Jugendlichen zumindest für eine Nacht eine Bleibe zu bieten, denn es kamen zunehmend Jugendliche aus dem Oberland bis zum Bodensee, vom Schwarzwald oder der Ostalp, schnell hatte sich die Nachricht vom besetzten Haus herumgesprochen.« Erstaunlich, vergleicht man diese friedliche Hausbesetzung mit ähnlichen Aktionen in anderen Städten, wo die Obrigkeit aus Angst vor *rechtsfreien Räumen* mit Ignoranz und Willkür reagierte und damit Gewalttätigkeiten heraufbeschwor. Es ging also auch anders.

Doch es gab nicht nur eitel Sonnenschein, sondern auch jede Menge Konflikte, sowohl interne als auch mit der Stadt. Als ein großes Ärgernis stellte sich die Namensgebung heraus. Stadtrat Wolf-Dietrich Hardung argumentierte noch Anfang 1973 dagegen. Einerseits könne man Richard Epple als Opfer sehen, als einen von vielen, die durch Herkunft und Verhältnisse geprägt und dann zu Rechtsbrechern wurden. Ihn andererseits aber der Stadt, die die Rechtsordnung zu vertreten habe und Arbeitgeber der Polizei sei, als Symbolfigur entgegenzuhalten, hieße die Möglichkeiten überziehen. Das sahen die Jugendlichen ganz anders; sie fanden, es sei ihr gutes Recht, ihr Haus nach jemandem aus ihren Reihen zu benennen, der im Zuge einer bundesweiten Hetzkampagne von einem übereifrigen Polizisten erschossen worden war. Und die Kids hielten dem städtischen Druck nach Umbenennung stand.

Jürgen Hempel: »Der Mobilisierungseffekt dieser Auseinandersetzung um den Namen war zunächst so immens, dass viele Jugendliche dies konzeptionell mit Offener Jugendarbeit gleichsetzten. Auch verlängerte sich das Rauschgefühl erfolgreicher Besetzung, Revoluzzerpathos schwang mit in Wort und Schrift. Auf der anderen Seite war der Gemeinderatsmehrheit aus CDU und Freien Wählern die Namensgebung Vorwand für eine Totalblockade bis hin zu der Bereitschaft, das vermeintlich linke Hirngespinst Offene Jugendarbeit aus der Welt zu schaffen. Hier wie da wurde eine konzeptionelle Arbeit verhindert. Mit Eröffnung der Disco aber waren Hunderte von Jugendlichen in das Haus geströmt, für die die Besetzung zwar nicht unbedingt schon Geschichte war, die aber nicht mehr den Funken des Revolutionären verspürten, sondern einfach nur von zu Hause weg, einfach nur abhängen wollten. Das Haus war quasi ein Spiegelbild der Gesellschaft draußen vor der Tür, auch wenn die meisten Jugendlichen ihre bürgerliche Herkunft mit langen Haaren oder zerrissenen Schlaghosen zu drapieren versuchten.«

Andere Streitpunkte hingen mit den Kosten eines späteren Ausbaus des Hauses zusammen sowie mit der Selbstverwaltung. Dazu noch einmal das »Schwäbische Tagblatt« vom 22. November 1976: »Mittlerweile ist die Karlstraße 13 wohl das einzige Jugendzentrum in Baden-Württemberg, das noch als von den Jugendlichen selbstverwaltetes gilt. Sicher wird die Frage der Organisation während der nächsten Monate akut, und man könnte es der Stadt nicht unbedingt verübeln, wenn sie sich weigerte, ein Haus, in das so viel Geld gesteckt wurde, anonym wegzugeben, sondern wenn sie einen rechtlich verantwortlichen Gesprächspartner forderte. Den Jugendlichen wird wohl nichts anderes übrigbleiben, als irgendwie zwischen Skylla und Charybdis hindurchzusegeln. Und die Skylla, das wäre ein Sozialarbeiter, der im Haus tätig wird, und die Charybdis, das wäre ein Trägerverein der Stadt, der Jugendorganisationen, der Kirchen oder auch aktiver Jugendlicher.« Die jungen Leute sind hindurchgesegelt und hatten mit vielen Stürmen und rauem Seegang zu kämpfen, aber in letzter Konsequenz wurden sie weder von Skylla gefressen noch fanden sie durch Charybdis den Tod durch Ertrinken.

Jürgen Hempel: »Im Dezember 1978 eröffneten wir dann abermals mit großem Echo in der Bevölkerung. Viele Bürger trauten sich ins Haus, das Staunen war groß, denn wir hatten wieder gebaut für die Ewigkeit. Drei Jahre Bauzeit waren es, Jugendliche sind gekommen und gegangen, Freundschaften und Beziehungen an der Dauerbelastung zerbrochen. Drei Jahre lang aber hatte eine Kernmannschaft von zwölf bis achtzehn Jugendlichen durchgehalten. Doch die Probleme ließen nicht lange auf sich warten: In den drei Jahren Bauzeit war uns entgangen, wie viele unserer früheren Weggefährten oder aus der Pubertät nachgewachsenen Jugendlichen harte Drogen, Heroin oder Kokain, zu sich nahmen. Der Schock saß tief, als wir erstmals sahen, wie ein 17-jähriges auswärtiges Mädchen sich auf der Toilette die Nadel setzte. Die Welt war schlagartig eine andere. Das Vertrauen im Haus war nicht grundlegend dahin, aber Misstrauen war im Raum.

Die Krise wurde überwunden, ein verständiger Pfarrer als Zwischenlösung und eine engagierte Rechtsanwältin als langjährige Erste Vorsitzende konnten gewonnen werden. In den nächsten Jahren ging es wie draußen vor der Tür auf und ab, denn von dort kam ja die Abwechslung herein. Es kamen Jugendliche, die das Angebot und die Herausforderung selbstbestimmten und -verantworteten Arbeitens schätzten, andere konnten nichts damit anfangen. Manche fanden es nach wie vor sinnvoll, mit der Stadt und dem Gemeinderat zu streiten, andere aber lehnten es ab, sich mit dem Schweinesystem an einen Tisch zu setzen, und überließen diesen Part mir.

Die Frauen dieser Szene waren programmatisch breiter aufgestellt, waren sie doch auch in der Tübinger Frauenbewegung aktiv. In einer Phase der chronisch leeren Kassen brachte ich die Idee ein, den Frauen die Teestube als Frauencafé anzubieten. Sie nahmen begeistert den Umbau in Angriff, tatkräftig unterstützt von außen. Und gerade die Frauen von außen, die vornehmlich der engagierten Lesbenszene zuzurechnen waren und im sonstigen Leben ganz normal ihre Berufe ausübten, Erzieherinnen oder Krankenschwestern waren, brachten die erhoffte Stabilität. Sie sahen in dem Frauencafé die Chance für ihre Vision eines eigenen Frauen-Kulturhauses irgendwann in der Zukunft und hatten daher durchaus ein Interesse an stabilen Verhältnissen im Haus. Wir schreiben das Jahr 1983, das Frauencafé war im Erweiterten Vorstand vertreten, die Gespräche hatten wieder perspektivisches Niveau. Und durch ein Beschäftigungsprogramm für arbeitslose Haus-Jugendliche wurde unter handwerklicher Anleitung auch eine Disco eingerichtet, die staunen ließ und bis heute noch da steht. Nun fühlte ich mich frei und organisierte meinen Abschied.«

Jürgen Hempel musste zwar noch miterleben, wie die anfängliche Selbstverwaltung 1984 endete, doch zwanzig Jahre später – seit 2004 – ist das Epplehaus wieder selbstverwaltet. Und im Sommer 2012 feierte es sein vierzigjähriges Bestehen mit einem ausgelassenen Vierzigstunden-Fest.

Auf der Homepage des Epplehauses steht zu lesen: »Das Jugendzentrum Epplehaus e. V. wird ehrenamtlich von ca. 30 Jugendlichen und jungen Erwachsenen verwaltet. Tagtäglich sind wir mit der Lösung unterschiedlichster Anforderungen beschäftigt, das Spektrum reicht von **A**bwasch über **F**inanzplanung bis zum **H**erausstellen der Mülltonnen, **M**alen von Transparenten und **G**raffities, **R**enovierungsarbeiten bis **V**eranstaltungsorganisation. Herausforderung heisst für uns nicht ›neues Problem‹, sondern Ideen, Kreativität und Verwirklichung von LebenstRäumen.«

Jürgen Hempel stellte uns seine Erinnerungen an das Epplehaus im September 2015 zur Verfügung.

Das Epplehaus in Tübingen im Frühjahr 2008
(public domain, Wikimedia Commons

Spaziergang an der Hamburger Hafenstraße im Sommer 1987
© Hinrich Schultze/Dokumentarfoto

BESETZ

Vor der Roten Flora am Schulterblatt, Hamburg-Sternschanze, 1988

In der Roten Flora, Hamburg-Sternschanze, 1990
© Hinrich Schultze/Dokumentarfoto

Transparent an einer Fassade in der Hamburger Hafenstraße, November 1987
© Hinrich Schultze/Dokumentarfoto

5,- DM
R SICH
ndienst
Fotos
(Nettealte
orfälle im
afé melden
ENDART
berlin 36 oranienstr. 36
Öffnungszeiten:
Montag - Freitag

Polizisten vor der Roten Flora, Hamburg-Sternschanze, 1988
© Hinrich Schultze/Dokumentarfoto

ESTA
Solidarit
25.6.

Kinder und Polizisten gegenüber der Roten Flora, Hamburg-Sternschanze, 1988
© Hinrich Schultze/Dokumentarfoto

POLIZEI

Räumung eines Hauses in der Schwanthalerstraße 79, München-Ludwigsvorstadt, frühe 1980er Jahre

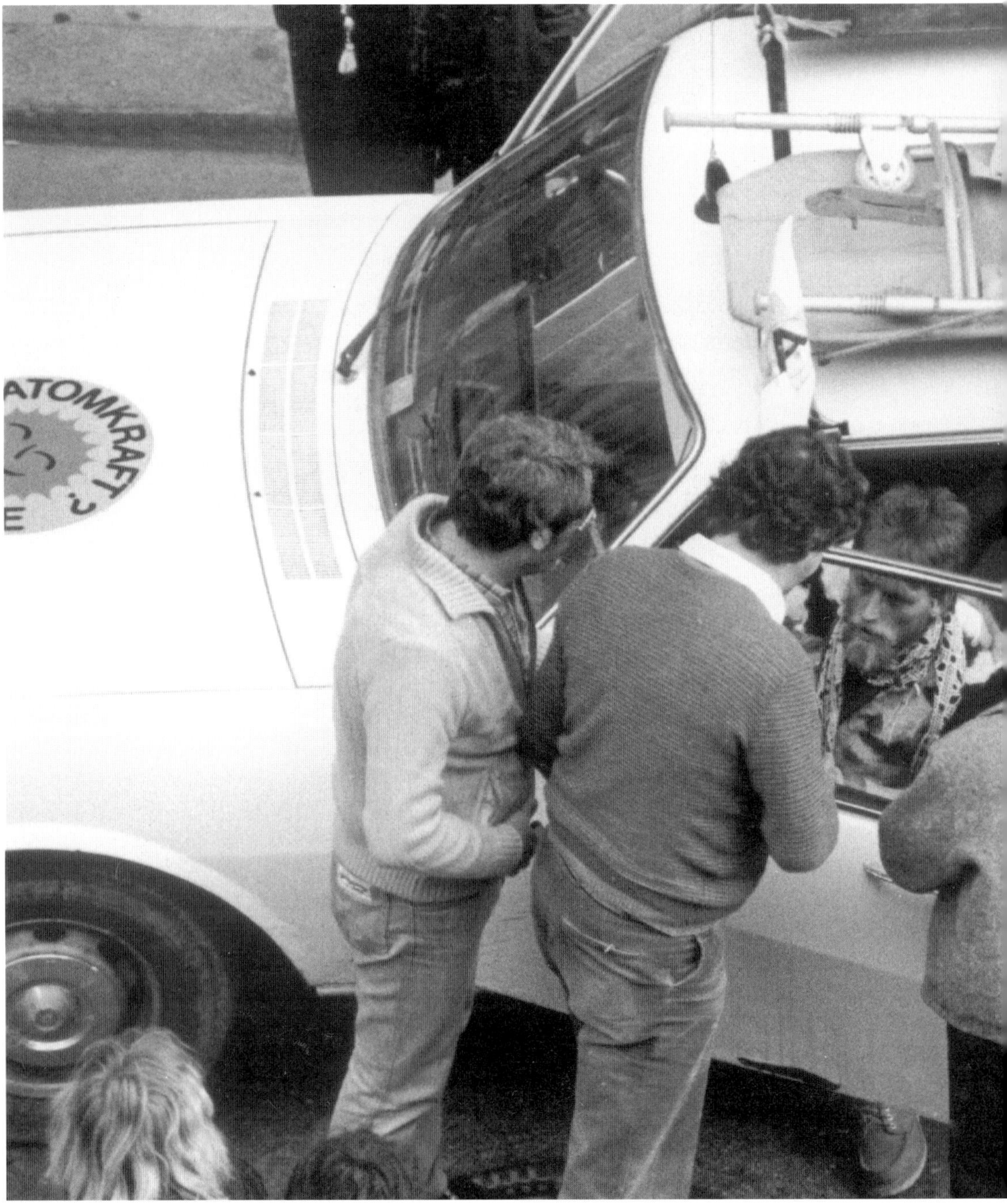

Hausbesetzer in München, frühe 1980er Jahre

Besetzung der Liegenschaften an der Venedigstraße, Zürich, 1971

Transparent an der AJZ-Bretterwand (Autonomes Jugend Zentrum), Zürich, Oktober 1981

Freaks, Hänger
die Stadt
Dörfli
Züriberg
DIE

Sondern wir

»Jetzt sahen die Machtverhältnisse ganz anders aus. Wir hatten das Haus besetzt: Das Jugendamt war gezwungen, mit uns Verhandlungen aufzunehmen. Und nicht die Bürokraten stellten jetzt Forderungen, sondern wir! Verzicht auf Bulleneinsatz, war unsere erste Forderung.«

Aus: **AJZ. dokumentation der brackweder hausbesetzung und der bewegung um das arbeiterjugendzentrum**, Bielefeld 1973, S. 34.

Du wirst sehen

»Die Bullen waren viele, doch bald schon sind wir mehr. / Auch haben sie die Waffen, wir brauchen kein Gewehr. / Wenn erst die Masse kämpft, / dann wirst du sehn, wer rennt. / Dann sind auch bald die Häuser, / die leer sind, nicht mehr leer.«

Ebd., S. 79.

wir haben heute das haus blumenstr.33 bezogen

Es ist ein Wohnhaus!
Es steht leer!
Es gehört der Stadt!
Wir, das sind die Leute, die Anfang Februar die Matthäuskirche am Sendlinger-Tor-Platz besetzt hatten.Aus dem einfachen Grunde, weil wir es satt hatten in Campingbussen zu nächtigen und bei Bekannten und Verwandten um Asyl zu betteln.Wir wollten ein Haus, in dem wir vernünftig wohnen können.Was hat die Stadt gemacht?
Sie hatte nichts besseres zu tun als am 6. Februar (zwei Tage nach der Kirchenbesetzung) besagtes Haus in der Blumenstrasse - per Stadtratsbeschluß - dem Planungsre-

Auszug aus einem Flugblatt zur Besetzung der Blumenstraße 33, München 1980

MÜNCHEN

»46 Demonstranten und ein Dackel«

Hausbesetzungen in München

»Die Fußböden sind gebohnert, Wasser läuft, die Heizung funktioniert«, berichtet das »Blatt«, eine alternative Stadtteilzeitung in München, am 17. August 1973. Sie macht damit auf den guten Zustand des seit neun Wochen leerstehenden »Gasteig-Spitals« in Haidhausen aufmerksam, das nach Plänen der Stadt niedergerissen werden und einem monumentalen Kulturzentrum Platz machen soll. Es handelt sich bei dem 150-Zimmer-Haus immerhin um 5000 qm bestens erhaltener Nutzfläche, auf der sich nach Ansicht der Linksalternativen ein buntes Stadtteilleben entfalten sollte – anstelle des regulierten Ein und Aus in einem abweisenden Kulturbetonklotz. Am 15. Februar 1974 besetzt ein Trupp von 200 Schülern, Lehrlingen, Studenten, Arbeitern, Migranten und Lebenskünstlern das alte Spital und fordert dessen Umwidmung in ein Stadtteilzentrum. Aus dem Flugblatt des Tages: »Das Gasteig stand leer. Jetzt nicht mehr.«

Im Speisesaal findet sechs Stunden nach dem gewaltfreien Go-in gerade die erste Hausversammlung statt, als eine unübersehbare Menge von Polizeiwagen anrückt. An die 700 bewaffnete Einsatzkräfte unter Beteiligung des Bundesgrenzschutzes sollen es gewesen sein, die das Gasteig-Spital stürmen und alle Besetzer abführen. Das alte Spital wird bald danach dem Erdboden gleichgemacht; jahrelang stört und verstört das Gelände die Haidhausener als unschöne Brache.

Dann kommt es, wie die Stadträte, Architekten und Investoren es wollen: Das Glas-Beton-Ungetüm, von Kritikern »Kulturvollzugsanstalt« genannt, entsteht. 1978 wird der erste Spatenstich von Oberbürgermeister Georg Kronawitter vollzogen, 1985 der Komplex eingeweiht. Die Münchner Philharmoniker haben wieder ein Zuhause. Die Haidhausener aber mäkeln, sie finden, das Gebäude passe nicht in die Isarnahe Stadtlandschaft. Viele Jahre später muss Bürgermeister Christian Ude, der sich öfter über das Hamburger Debakel der Elbphilharmonie lustig gemacht hat, zugeben, dass es in München nicht viel besser ausschaut. Der Kulturbunker am Gasteig ist nach nur kurzer Glanzzeit bereits sanierungsbedürftig, die Stadtbibliothek, die Volkshochschule, das Konservatorium werden zu Dauerbaustellen. Die Kosten steigen und steigen.

Das alte Gasteig-Spital wurde 1862 eingeweiht. Bei seinem Abriss, 110 Jahre später, war es noch hervorragend in Schuss. Die damaligen Besetzer, die das Gebäude erhalten wollten, wurden zum Teil zu hohen Geldstrafen verurteilt.

Die Gasteig-Besetzung war nicht die erste in München. Mieterselbsthilfegruppen hatten sich seit Ende der 1960er Jahre im Lehel, in Schwabing, Giesing, in der Maxvorstadt, im Westend und anderswo gebildet. Man begehrte gegen den Abriss von Wohnblöcken im Innenstadtbereich auf. Und im Jahr 1970 organisierte die DKP im Anschluss an eine Demo gegen Wohnungsnot eine Hausbesetzung in der Denninger Straße 23 in Bogenhausen. Es handelte sich um einen seit zwei Jahren leerstehenden Wohnblock, in dem Angehörige der US-Armee untergebracht waren. Ungefähr fünfzig Aktivisten dringen ein und erklären den Block für besetzt. Die Nachbarn bezeugen ihre Sympathie. Viele Schaulustige drängen heran, um die Besetzer zu beglückwünschen. Aber die Münchner Polizeiführung und die Stadtoberen dulden keinen Gesetzesbruch. Vierzehn Stunden nach der Besetzung in der Denningerstraße marschiert die Polizei mit zwei Hundertschaften auf und räumt das Gebäude. 46 Demonstranten und ein Dackel werden festgenommen. Immerhin: nach der Besetzung wurden die Wohnungen hergerichtet und neu vermietet.

Im nächsten Jahr wird auf Initiative der »Roten Hilfe« das Haus in der Friedrichstraße 23 besetzt, das schon länger leersteht und einem Neubau weichen soll. Ein Transparent ruft auf: »Leere Häuser – hohe Mieten – wehrt Euch!« In der Kaiserstraße 43 droht ebenfalls der Abriss, hier wohnen aber noch Leute, die von der Roten Hilfe dabei unterstützt werden, ihr Haus zu verteidigen. Diesmal dauert es etwas länger, bis die Polizei beide Häuser kurz nacheinander räumt: etwa vier Wochen. Sie erscheint erstmals in martialischer Ausrüstung, bewaffnet mit Schilden und Äxten wie die Ritter des Mittelalters. Sie schlägt die Türen ein und verhaftet in der Friedrichstraße 58 inzwischen eingezogene Bewohner. Aber die Besetzer nutzten die knappe Zeit, um die Münchner Gesellschaft über ihre Sicht der Dinge aufzuklären und einen Mieterberatungsladen zu eröffnen. Und als Antwort auf die Räumung zogen die Besetzer, die nicht auf der Wache gelandet waren, gleich weiter und besetzten am nächsten Tag ein leerstehendes Haus in der Adalbertstraße. Hier erfolgte die Räumung allerdings prompt.

Doch es ging nicht immer schlecht aus. So konnte die am Nikolaiplatz in Schwabing gelegene »Seidl«-Villa, errichtet 1905 und benannt nach ihrem Erbauer, am Ende eines Jahrzehnte währenden Kampfes vor der Abrissbirne bewahrt und Anfang der 1990er Jahre als »Bürgerhaus« neu eröffnet werden.

Ende der 1970er/Anfang der 1980er Jahre griff die neue Welle der Hausbesetzungen auch auf München über. Am 1. Februar 1980 wurde die St.-Matthäus-Kirche am Sendlinger-Tor-Platz von circa fünfzig jungen Leuten besetzt, der Pfarrer war vorher gefragt worden und hatte sein Einverständnis erklärt. Hier ging es den Aktivisten vor allem darum, einen öffentlichen Ort zu haben, an dem Diskussions- und Beratungsveranstaltungen stattfinden konnten. Die Themen hießen Wohnungsnot und Spekulantentum. Aber nach drei Tagen war Schluss. Verbliebene Wohnungslose, die der Pfarrer im Gemeindehaus einquartiert hatte, mussten nach massiven Protesten der Behörden das Haus am 19. Februar verlassen. Zwei Tage vorher, am 17. Februar, protestierten 800 Menschen gegen Wohnungsnot. Einige der St.-Matthäus-Aktivisten zogen weiter in die Blumenstraße 33 unweit des Sendlinger Tors und besetzten das dort leerstehende Haus. Der Trupp der »Eroberer« wuchs unterwegs auf hundert Personen an. Die Polizei war bald zur Stelle, sicherheitshalber mit vier Hundertschaften. Sie räumte, verhaftete und nahm Fingerabdrücke. Aus dem Protokoll des Stadtparlaments vom 25. Februar 1980: »Die FDP bezweifelt, ob eine Polizeiaktion dieser Größenordnung und die anschließende erkennungsdienstliche Behandlung verhältnismäßig waren. Die Grünen zeigen sich mit den jungen Leuten solidarisch und überbringen ihnen einen Geldbetrag aus einer Spendensammlung.«

Die nächste Besetzung in der Trogerstraße fand am 4. März statt und wurde ebenfalls umgehend beendet. Es gab noch viele Besetzungen – nachhaltige waren nicht dabei. Die von CSU-Bürgermeister Erich Kiesl ausgegebene Direktive lautete: »Keine Besetzung darf länger als 24 Stunden dauern«, und sie wurde durchgehalten. Oft wichen die Aktivisten freiwillig zurück, und die darauf folgenden Solidaritätsdemonstrationen erreichten zu keinem Zeitpunkt eine solche Personenzahl und Wucht wie in Freiburg, Frankfurt, Berlin und anderen großen Städten. Dabei ging die Sanierungsmafia in der Bayernmetropole genauso vor wie die Spekulanten im Rest in der Republik. Die Stadtteilzeitung »Blatt« (Nr. 157/1979) veröffentlichte eine Liste leerstehender Häuser und schrieb dazu: »Rechtlich gesehen, aber wohl auch nur auf dem Papier, verstoßen alle Besitzer, die ihre Häuser länger als drei Monate leerstehen lassen, ohne dafür ›triftige‹ Gründe zu haben wie zum Beispiel baldige Renovierung oder Abriss, gegen die Zweckentfremdungsverordnung und machen sich somit strafbar. Aber was nützt uns das schon, wenn diese Hausbesitzer mal 'n paar Tausender ›Strafe‹ zahlen müssen und dann ungehindert ihre Gebäude weiter leerstehen lassen.« Hier wie überall erwiesen sich die Paragrafen, die zum Schutz von Mietern und zum Schutz stabiler Bauten vor spekulationsbedingtem Abriss ersonnen worden waren, als Papiertiger.

Und die Hauseigentümer, die auf Spekulationsgewinne aus waren, bewiesen durchaus Phantasie, um den Leerstand zu verschleiern. Dazu gehörte auch die Stadt München, in deren Hand sich viele Objekte befanden. Eine Praxis, die bis in die Gegenwart reicht. So musste sich Oberbürgermeister Ude noch 2013 gegen den Vorwurf zur Wehr setzen, er kämpfe entschiedener gegen Autonome – die leerstehende Häuser besetzen könnten – als gegen den Leerstand. Es hieß, er habe die Äußerung getan, Hauseigentümer sollten in Zukunft dafür sorgen, »die Beschilderung von Türen, Briefkästen und Klingeln entsprechend [zu gestalten], und die Hausmeister sollen die Wohnungen häufiger begehen«. Das bedeutete nichts anderes, als dass Leerstand bitte schön kaschiert werden solle. Und eine vom Kommunalreferat im Frühjahr 2013 vorgelegte Statistik belegte, dass einige Hundert im Besitz der Stadt befindliche Wohnungen leerstanden.[42]

In München gab es zwischen 1970 und 1995 eine lebendige Alternativbewegung; es gab Gruppen in der Jugendhilfe, der Offenen Sozialarbeit, der Frauen- und der Schwulenbewegung, der Anti-AKW-Bewegung und der Ausländerarbeit. Und es gab eine beachtliche freie Künstler-, Theater- und Musikszene. Aber diese Ideenwerkstätten waren nicht so häufig über Hausbesetzungen zustande gekommen wie anderswo. Vielleicht waren es Tradition und Aura Münchens als Stadt der schönen Künste, die ihre Alternativszene davor zurückschrecken ließ, sich den Rechtsbruch und die Militanz zuzutrauen, die mit einer Hausbesetzung notwendig verbunden sind. München wurde keine Hochburg. Das »Blatt« schrieb achselzuckend, ihre Stadt sei nun mal »ein reaktionäres Nest«. Das gilt keinesfalls in jeder Hinsicht, und Hausbesetzer gab es auch an der Isar. Aber sie waren eben meistens friedfertig. Vielleicht kommt ihre Zeit ja erst noch. Die Guerilla-Aktionen der von Filmemacher Christian Ganzer, Journalist Alex Rühle und Veranstalter Till Hoffmann initiierten »Goldgrund Immobilien Organisation«, die die Auswüchse der Gentrifizierung medienwirksam anprangern, sind da womöglich erst ein Anfang.

---

42 Thomas Anlauf, Dominik Hutter, **Leerstände in München. Udes Angst vor autonomen Hausbesetzern**. In: »Süddeutsche Zeitung« vom 25. 11. 2013.

Rettet

Züri brännt, München pennt, Rettet Entenhausen.

Sponti-Spruch

ANDERE SCHAUPLÄTZE II:

MONHEIM, HANNOVER, GÖTTINGEN

MONHEIM

Nach einem Rock-Konzert

Die Besetzung des Monheimer Jugendzentrums

Gespräch mit Hardy Schumacher und Kurt Graf

Die Vorgeschichte: 1971 baute die kleine Stadt Monheim am Rhein ein Jugendzentrum in der Friedenauer Straße, das von verschiedenen Sozialverbänden betrieben wurde. Anfang 1972 erhielt Hardy Schumacher dort eine Stelle als Stadtjugendpfleger. Da Monheim schnell wachsen wollte und Geld brauchte, ließen sich die Stadtoberen mit der großen Nachbarstadt Düsseldorf auf das dubiose Geschäft *Menschen gegen Geld* ein. Im Zuge der Stadtentwicklung haben die Stadtväter Düsseldorfs die nach ihrer Meinung störenden Bewohner aus ihren Problembezirken nach Monheim in hässliche Plattenbausiedlungen der Neuen Heimat umgesiedelt. Dafür bekam die Stadt Monheim für jeden Bürger aus Düsseldorf 1000 D-Mark. Doch das war für Monheim schwerer zu verkraften als gedacht. Plötzlich gab es eine große Anzahl marginalisierter Mitbewohner und einen unerwarteten Kinderreichtum. Diese Masse an jungen Menschen konnte kaum von den wenigen bestehenden und teilweise sehr kleinen Einrichtungen betreut, geschweige denn aufgefangen werden, auch weil die ganze Infrastruktur völlig unzulänglich war.

Kai: In der Textbeilage zu der im Winter 1972 erschienenen LP »Keine Macht für Niemand« hatten wir von Ton Steine Scherben geschrieben: »Wir sind fast das halbe Jahr auf Tournee (und einmal im Monat auf 'ner ›Reise‹). Wir glauben, dass es keinen besseren Moment gibt, mit vielen Leuten etwas zusammen zu machen, als nach einem Rockkonzert. Zum Beispiel ein Haus ›besichtigen‹ oder besetzen. Ist jemand hier, der kein Jugendzentrum möchte?«

Diese Kombination, ein Konzert zu geben und anschließend dazu aufzurufen, ein Haus zu besetzen, weil es vor Ort für die Kids kein annehmbares Jugendzentrum gab, haben wir mit unserer Band damals einige Male erfolgreich durchgezogen, zum Beispiel in Berlin, Tübingen, Ahrensburg, Hannover, Bielefeld und eben auch in Monheim. Ich erinnere mich dunkel, dass du, Hardy, irgendwann bei uns in Berlin anriefst und fragtest, ob wir nicht in Monheim spielen könnten, um danach ein Haus zu besetzen. Diese Monheim-Story ist ein typisches Beispiel dafür, wie das damals ablief. Wann war das genau?

Hardy: 1972, Ende November. Wir waren ja vorher schon bei euch in Berlin gewesen, die Kontakte gab's schon. Ich hatte euch das erste Mal bei der Kulturveranstaltung »urbs 71« gesehen, in Wuppertal. Das kann ich gar nicht so richtig ausdrücken, was damals die Scherben als Gruppe, die Texte und die Musik, in mir auslösten. Kurz, es hat mich richtig gepackt. Das waren »meine Musik, meine Texte«. Endlich etwas für alles. Das Herz, die Gefühle und nicht nur für den Kopp. Das war ja der große Unterschied zu vielem, was sich da in der linken Szene so tummelte. Bei denen gab's immer nur Birne, Birne, Birne ...

Nach Ende meines Studiums arbeitete ich in einer heilpädagogischen Gruppe in Düsseldorf-Kaiserswerth. Da ich sah, dass in unserer Gesellschaft viel in Bewegung kam, und ich unbedingt auch mehr politisch arbeiten wollte, wurde mir die kleine Welt der Gruppe zu eng. Ich hatte mich dort sehr wohl gefühlt und bin schweren Herzens gegangen. Ich musste aber trotzdem raus, da die Möglichkeiten, politisch aktiv zu sein, für mich an diesem Arbeitsplatz zu begrenzt waren. Also suchte ich mir einen Ort aus, wo richtig was *los* war und wo ich ein Aufgabenfeld sah. So kam ich nach Monheim. Ich war fasziniert, weil es so klein war, nur 40 000 Einwohner, davon 20 000 Jugendliche, die nicht volljährig waren. Monheim hatte einen schlechten Ruf. Hier als Sozialpädagoge zu arbeiten war nicht ohne Risiko, weil man schnell mal Prügel kriegen konnte. Ich hatte auch ein bisschen Schiss, hab aber gleich den Einstieg gefunden, um im Jugendheim zu landen. Ich war angestellt von der Stadt, aber mit der Maßgabe, dass ich nicht verbeamtet werde. Das war mir wichtig, und ich wollte auch, dass mich später ein Verein übernimmt, der für das Haus gegründet werden sollte. Ich habe mit der Stadt abgesprochen, dass es nicht bekannt wird, wann ich dort anfange, und hab mich dann quasi ins Jugendheim geschlichen, trotz ganz langer Haare, ganz langem Bart – und hab keinen Alkohol getrunken. Das waren eigentlich drei Gründe für mich, davon auszugehen, dass es nicht ganz ungefährlich ist, in dem Arbeiterviertel aufzutauchen, wo es zu dieser Zeit keine Langhaarigen gab. Da stand ich dann an der Theke, es war natürlich Disco, und hab mich mit zwei jungen Männern unterhalten, der eine, Bernd, noch größer und breiter als ich, und der andere, Peter, klein und stämmig, und bin während des Gesprächs so allmählich damit rausgerückt, wer ich bin und was ich hier machen will. Das fanden die eigentlich ganz gut, und es gab auch gleich einen menschlichen Kontakt. Da war ich schon mal froh, dass ich nicht gleich rausgeflogen bin. Und dann passierte Folgendes: Meine Anwesenheit hatte sich rumgesprochen, es ging auf einmal die Musik aus, und es war Totenstille im Raum. Die ganzen Leute standen so da. »Oh«, dachte ich, »jetzt kommt die Stunde der Wahrheit.« Ich hatte schon gedacht, kampflos geh ich nicht raus, ganz egal, die müssen mich rausprügeln. In dem Moment rief der Peter: »Ey, kommt mal her!« Der hatte nämlich ganz viele Geschwister, Verwandte und Freunde und das hieß, wir waren 'ne gute Mannschaft, wir waren stärker. Deswegen haben die anderen uns nichts getan. Und so war ich dann erst mal drin.

Kai: Meinst du, es hätte was passieren können?

Hardy: Ja, unbedingt.

Barbara: Sprichst du von dem Jugendzentrum, das dann später besetzt wurde?

Hardy: Ich spreche vom Monheimer Jugendzentrum in der Friedenauer Straße, was dann später besetzt wurde. Das existierte ja schon, als ich kam. Okay, ich hatte also eine Schutzmacht, hatte wirklich 'ne Leibwache, die auf mich aufgepasst hat. Nach kurzer Zeit war eigentlich klar, was die Stadt wollte und was die anderen Sozialverbände wollten, und das wollte ich nicht, diese seltsamen Vorstellungen von Jugendpädagogik. Da war auch nicht viel mit Pädagogik und so. Ich hab nicht viel mehr machen können, als aufzupassen, dass die bloß keinen Scheiß bauen auf der Straße. Prävention – ja. Es ging nur darum, zu verhüten, dass wieder was passierte. Und mir war das zu wenig. Die Einzige, die mich unterstützt hat, war die Iria Fenske (heute Iria Schumacher), die hat 'ne ganz wichtige Rolle für mich und die Arbeit vor Ort gespielt. Ohne Iria hätt ich das nicht gepackt. Sie war von der Kirchengemeinde Monheim für das Jugendheim freigestellt worden, arbeitete bei der Kirche und hat sich dann wegen ihrer Arbeit, ihrem Engagement dort voll mit ihrem Chef und einigen Mitarbeitern zerstritten.

Mir war bewusst, es musste was passieren. Ich hatte die APO- und Kommune-Zeit hinter mir, ich wollte was verändern in dieser Stadt. Schließlich hab ich überlegt, wie mache ich das. Es war klar, ich musste einen Keim in die Welt setzen, die Leute infizieren. Dann traf ich Kurt Graf. Kurt ist gelernter Betriebsschlosser und verkehrte im Jugendzentrum. Er war der einzige Jugendliche, der anders war. Der hat zwar auch 'ne Menge Scheiße gebaut, aber er hat ein anderes Sozialverhalten gehabt. Für mich menschlich etwas sehr Wertvolles. Wir wohnten nebeneinander, und dann haben wir uns oft und lange unterhalten, haben nach und nach über die ganzen Dinge geredet. Er war schon mein Hauptansprechpartner, und da hat sich das so ergeben, dass er mein Hauptbindeglied wurde in die Friedenauer Straße. Wir haben oft im kleinen Kreis Sachen ausbaldowert. Kurt war die Führungsperson bei den Jugendlichen. Und dann hab ich die Sache immer mehr politisiert und ins Jugendzentrum getragen. Nur begrenzt in 'nem kleinen Kreis, weil die meisten kein Interesse hatten. Die wollten feiern, tanzen, singen, wollten Bier trinken. Positiv war, dass das Jugendzentrum Alkohol verkauft hat, was offiziell verboten war.

Getrunken wurde so oder so, und dann lieber kontrolliert, unter unserer Aufsicht.

Im Herbst 1972 haben die Scherben in Essen gespielt. Ich dachte: »O klasse.« Hab 'nen Bus gechartert, Geld war ja da durch den Getränkeverkauf, und da haben die Jungs euch erst mal kennengelernt. Und dann hab ich mit Nikel (Nikel Pallat war damals der Manager von Ton Steine Scherben) abgemacht, dass ich mal mit 'n paar Jungs nach Berlin komme. Ihr habt da irgendwo gespielt, und das war natürlich sehr eindrucksvoll. Das waren so die Keime, die ich brauchte, um das Ganze zu infizieren. Denn es war mir klar, und ich sagte mir damals: Ein Sozialpädagoge, der sich nicht überflüssig macht, ist – außer bei Menschen, die wirklich Hilfe brauchen, sei es seelischer oder körperlicher Art – ein Arschloch. Heute sage ich, er hat seinen Beruf verfehlt. Zu unserer Aufgabe gehört es, dass die Menschen uns irgendwann nicht mehr benötigen. Wir können sie zwar noch begleiten, aber wir dürfen nicht mehr so gebraucht werden. Das ist für mich nicht immer leicht gewesen, aber es ist die einzige Möglichkeit. Dann kam bei mir so die Idee, wir besetzen das Jungendzentrum. Das muss in die Hände der Jugendlichen überführt werden. In Selbstverwaltung.

Kurt: Es war ja so, dass das Ding Öffnungszeiten hatte, weil der Hardy und die Iria alleine zuständig waren. Sie konnten das ja nicht ständig offen halten.

Barbara: Wolltet ihr da teilweise auch wohnen?

Kurt: Nein, ohne wohnen. Das wäre da auch nicht möglich gewesen.

Hardy: Da hat schon mal jemand geschlafen für 'ne Nacht, wenn er zu Hause keinen Platz hatte für 'ne Freundin oder so, das gab's auch. Aber gewohnt hat keiner da. Meine Ideen, die hab ich dann so nach und nach rausgelassen. Ich wollte allerdings keine Radikalisierung, ich wollte was ganz anderes. Ich wollte 'ne Selbstverwaltung, die funktioniert. Denn die Kids haben alle ziemlich viel Scheiße gebaut. Wenn das Jugendzentrum zu war, brauchtest du nur am nächsten Tag die Zeitung aufzuschlagen. Es gab immer Randale. Wenn die abends aus dem Jugendzentrum kamen, war ich am nächsten Tag froh, wenn sie – voll, wie sie waren – auf dem Nachhauseweg nichts angestellt hatten. Es war halt so. Es gab ja auch nichts. Alles andere, was es hier gab, funktionierte nicht, und da gingen die Jungs nicht hin. In dem Bereich, wo das Jugendheim lag, waren von 12 000 Einwohnern 4500 Kinder unter sechs Jahren. Das war ein Wahnsinn, was hier los war. Iria hat Kindergruppenarbeit angeboten. Sie war die Einzige. Ich hab nur mit Jugendlichen gearbeitet.

Kai: Wie kam es zur Besetzung?

Hardy: Ja, erst bin ich zu den Flöhen (die Kölner Politrock-Band Floh de Cologne) gefahren. Eigentlich sollten die ja spielen, weil die in der Gegend waren, wegen der Anfahrtskosten und so. Tut mir leid, aber das war bei denen alles so DKP-mäßig; es war so eng. Und dann fragten die: »Wie groß ist der Saal?« Sag ich: »Was soll das denn?«, und hab gedacht, das geht ja gar nicht, so 'ne Einstellung. Dann hab ich bei euch angerufen und hab zu Nikel gesagt: »Nikel, ich hab nur 400 D-Mark, ich hab nicht mehr.« Wir wollten doch keinen Eintritt nehmen und hatten ziemlich Ebbe in der Kasse. Da hat Nikel gesagt: »Wir kommen.« Ich bin vor Freude fast geplatzt. Dann kamt ihr an, es war Freitag, der 1. Dezember 1972. Ihr seid nur dieses einen Konzertes wegen gekommen. So um 23/23.30 Uhr abends, vollkommen durchgefroren, denn eines eurer Autos hatte keine Heizung. Es war Winter, und der eine Wagen ging nur bis zum dritten Gang, ich glaub, der Lkw. Ihr wart vollkommen fertig. Es gab noch Essen und Trinken. Hab euch dann meine Wohnung überlassen und bei Iria geschlafen.

Kai: Das war Anfang der 1970er Jahre immer so, wir hatten nur die letzten Schrottlauben. Dass wir diese langen Fahrten überlebt haben, grenzt an ein Wunder.

Hardy: Wir haben am nächsten Tag das Jugendzentrum vorbereitet, noch Plakate gemacht, die Besetzung angekündigt, und abends haben Ton Steine Scherben gespielt, ich glaub so um 19.00 Uhr.

Kurt: Ihr habt da noch jemand dabeigehabt, weil ihr die Situation auch als schwierig eingeschätzt habt, das war Holly Holunder, mit Gitarre. Mit dem zusammen habt ihr vorher zur Einstimmung so alte Rock-'n'-Roll-Klassiker gespielt, bevor ihr mit euren deutschen Songs anfingt. Es war für die Leute da ja vollkommenes Neuland. Das kannte keiner.

Hardy: Die Jugendlichen hörten meist nur sowas wie Middle of the Road (eine schottische Popband) und so 'n Mist, das lief den ganzen Abend. Heute hör ich dass ja gerne als Erinnerung, aber damals, wenn die Jugendlichen weg waren, dann hab ich oft Rockmusik laufen lassen.

Kai: Ich kann mich nicht mehr an die Räumlichkeiten erinnern. Haben wir auf einer Bühne gespielt?

Kurt: Im Jugendhaus gab es 'nen Saal, aber keine Bühne. Man stand, aber wir hatten Sitzwürfel und 'ne runde Theke. Sonst war nichts in dem Raum, nur 'ne große Anlage.

Hardy: Als das Konzert lief, hat mich jemand rausgeholt, weil draußen die Polizei stand; vielleicht zwanzig, dreißig, nicht viele, jedenfalls die vertrauten Polizisten. Ein Polizist kam zu mir und meinte, ich sollte die Veranstaltung sofort auflösen, die öffentliche Sicherheit wäre nicht mehr gewährleistet. Da hab ich gesagt: »Was soll denn der Quatsch?« Die Besetzung war angekündigt worden am Mittag. Es war so: Auf der anderen Straßenseite stand der Chef vom Ordnungsamt, der uns richtig gehasst hat. Die Jugendlichen waren für den sowieso nur Pack. Und der hatte die Polizei geholt und gesagt, da wäre Gefahr im Verzug. Da mussten die natürlich drauf eingehen. Und ich hab geantwortet: »Da ist keine Gefahr im Verzug.« Es ging verbal hin und her. Und ich sagte: »Wenn Sie *nicht* reingehen, garantiere ich für die Sicherheit, wenn Sie reingehen, garantiere ich für gar nichts. Dann empfehle ich Ihnen, noch mindestens sechzig Leute zu holen, und selbst dann kriegen Sie Probleme, es sind mindestens 300 Leute drin. Die sind gut drauf. Lassen Sie es!« Der Polizeioffizier war total vernünftig, und ich musste vor Zeugen sagen: »Ich garantiere für die Sicherheit.« Sagt der Polizeioffizier: »Gut, machen Sie's selber.« Da war der vom Ordnungsamt aber wütend. Am Ende des Konzerts habt ihr noch mal englischen Rock 'n' Roll gespielt, weil die Leute von den deutschen Texten so emotionalisiert waren. Wir hatten alle Schiss, wenn die jetzt nach Hause gehen, dass die auf der Straße wieder Autos kaputtmachen, Scheiben einschlagen, diese Dinger. Zwischen dem Programm gab es immer wieder Kommentare und Aufrufe. Das Konzert war für die Jugendlichen teilweise schwierig, aber als emotionales Erlebnis unheimlich wichtig. Von dem Tag an hatte ich gar nichts mehr zu melden, die haben das dann alles selbständig gemacht, ohne mich. Es lief ja. Es waren Stammleute da. Es hat sich eine Mannschaft gegründet, die hieß Aktionskomitee Monheim, AKM, die das Ganze getragen hat. Ich bin dann 'ne Weile abgetaucht, weil ich 'ne Krise hatte, also ziemlich fertig war. Trotzdem war der Kontakt zum AKM noch da.

Kurt: Nach der Besetzung hatten wir im Jugendheim viel damit zu tun, Gruppen abzuwehren, die sich da einklinken wollten. K-Gruppen wie die DKP, die wollten auf einmal alle auf diesen Zug aufspringen. Die mussten wir schon vehement rausdrängen. Die kamen nach der Besetzung, nicht vor der Besetzung.

Barbara: Was haben die Jugendlichen so gemacht, und wie lange ist das gegangen?

Kurt: Wichtig war, dass wir autonom waren und die Stadt nicht brauchten. Und dass das Jugendzentrum nun Tag und Nacht offen war, man konnte immer rein. Wenn man 'ne bestimmte Idee hatte, konnte man das einfach machen. Wir haben Buchführung gelernt, wie man 'ne offene Kasse verwaltet und so. Wir haben Konzerte gemacht, Theater, Kabarett, Kaffeetrinken für Senioren, Weihnachtsfeiern. Es war immer 'ne Belegschaft da, und das Haus wurde anfangs auch bewacht. Das ging sehr gut, weil der Flachbau von zwei Seiten offen war und man sehr gut sah, ob da irgendwas passiert. Wir haben dann auch verschiedene illegale Aktionen gemacht. Vorher, das war so ziemlich unsere erste Anschaffung, haben wir uns Walkie Talkies gekauft, um uns abzusprechen. Deswegen hat die Polizei uns auch nie gekriegt. Die wussten zwar immer, wer es war, aber sie hatten überhaupt keine Handhabe. Zum Beispiel haben wir auch Spielplätze von Stacheldraht befreit. Da waren in der Neue-Heimat-Siedlung die ganzen Spielplätze mit Stacheldraht eingezäunt, damit die Kinder nicht in die Blumen und Sträucher laufen, und alles war mit Gehwegplatten dichtgemacht. Da haben wir angefangen, das zu säubern. Das haben wir so weit geschafft, dass es fast keinen Stacheldraht mehr gab. Die Steinplatten wurden von uns entfernt, damit der Sand da zutage trat. Gleichzeitig gab's andere Aktionen, eine in der Aula vom Gymnasium bei der Aufführung einer Oper. Die Eintrittspreise waren dermaßen hoch, dass sich nur die Oberschicht das leisten konnte. Da hat man dann Eintrittskarten gedruckt und vorher angekündigt, wir besetzen das Ding jetzt.

Hardy: Die Jungs sind da reingegangen in die Oper, als gerade gesungen wurde »Figaro, Figaro, wo bist du?«, und einer von den Jugendlichen hat gebrüllt: »Hier, hier!«

Kai: So etwas Ähnliches haben wir auch mal in Wuppertal gemacht. Es war auch ein Protest gegen die einseitige und unverhältnismäßig hohe Subventionierung der Hochkultur gegenüber der Subkultur. Wie ging es weiter mit eurem Haus?

Kurt: Wir haben unser Jugendzentrum mit Händen und Klauen verteidigt. Es ging sehr gut. Die Scherben haben übrigens im März oder April 1973 nochmals bei uns im Jugendheim gespielt. Wir hatten wenig Schwierigkeiten mit den Jugendlichen, weil wir es so verstanden haben, dass es *unser* Haus ist und wir nicht viel Spökes machen können, Schlägereien oder so was. Vorher waren in Monheim so verfeindete Gruppen, was gang und gäbe war, aber im Haus selber eigentlich nicht.

Barbara: Wolltet ihr mit der Stadt einen Vertrag machen?

Kurt: Wollten wir nicht! Das war unser Haus! Ende!

Barbara: Es sollte so ein rechtsfreier Raum bleiben?

Kurt: Die haben versucht zu räumen und es nicht geschafft, das erste Mal. Dann haben sie's anders versucht mit der Räumung. Und zwar haben wir die Scherben mit der Gruppe ein zweites Mal in Berlin besucht. In dieser Zeit war im Jugendhaus nur eine Notbesetzung von drei Mann vor Ort, und da haben sie's geräumt. Also die haben gewusst, dass wir nicht da sind. Und da kamen wir abends zurück, und dann war's das.

Kai: Wann war das? Konntet ihr es nicht zurückerobern?

Kurt: Das war 1974 und, nein, zurückerobern ging nicht. Sie haben's erst zugemacht, verbarrikadiert, und später haben sie drei Sozialarbeiter ausgeliehen und es langsam wieder aufgemacht. Es blieb Jugendzentrum. Schwierigkeiten haben wir denen immer gemacht. Wenn ich so überlege, waren wir für die Sozialarbeiter ziemlich unangreifbar. Wir haben weiter in der Friedenauer Straße den Ablauf bestimmt, ohne dass sie was dagegen machen konnten. Später hat sich das alles auch immer mehr verflüchtigt.

Hardy: Die Mannschaft lief auseinander, das ist es halt, wenn du keine Räumlichkeiten hast. Die Leute, die nachwachsen, die nicht darum gekämpft haben, mit denen kommt auch 'ne andere Zeit. Das ist definitiv so. Das kannst du auch nicht verhindern. Die haben's halt nicht selbst erwirtschaftet. Das ist bei allen Projekten, die ich erlebt habe, ein großes Problem. Die erste Generation ist voll dabei, und dann gehen welche weg, es kommt die Diskutiererei, dann kommt die zweite Generation. Warum klappen die ganzen Generationenhäuser nicht? Meistens deswegen, weil die erste Generation wegstirbt, dann gibt's Probleme; diese ganzen sozialen Verpflichtungen, die wollen sie dann nicht, die Nachkommen.

Barbara: Das ist der Idealismus, der nicht wieder nachwächst. Dann kommt der Pragmatismus.

Kurt: Im Bereich von Jugendhäusern kenn ich eine Bewegung, die das heute noch macht, mit der ich im Moment auch arbeite, das ist der »Förder- und Trägerverein freie Jugend- und Kulturzentren Leverkusen e. V.«. Den gibt's seit 1976, der hat es über die ganzen Jahre immer geschafft, ein autonomes offenes Haus zu halten.

Kai: Selten so was.

Hardy: Da sind wir alle Mitglieder. Es gab in der Vergangenheit verschiedene Häuser an verschiedenen Standorten. Aber seit 2001 gibt's neue Räume im Leverkusener Stadtteil Quettingen.

Kurt: Ja, und jetzt hoffen wir, dass wir angekommen sind. Das neue »Autonome Zentrum für Kultur und Politik« nennt sich »KAW«, »Kulturausbesserungswerk«, weil es auf einem ehemaligen Ausbesserungswerksgelände der Bahn von Opladen steht. Da haben wir einen Saal von 300 qm ausgebaut. Die ganzen alten Leute sind da noch mit drin, die auch schon 1976 mit dabei waren. Leute wie der Kabarettist Wilfried Schmickler gehörten dazu oder Klaus Huber von der Kabarettgruppe Ars Vitalis, eigentlich 'ne ziemlich große Künstlerszene aus Leverkusen.

Hardy: Es ist für mich wirklich spannend, dass Leverkusen hier noch so 'ne Szene hat.

Diese ideologiefreie Szene, das ist sehr wohltuend. Der Kern kam aus dem Jugendzentrum Rheindorf oder wie Kurt aus Monheim. Diese aktiven Leute haben sich plötzlich in Leverkusen gefunden, haben das gegründet erst in 'nem besetzten Haus und dann hinterher noch Räume gemietet, wo auch Kultur läuft.
Barbara: Kann man sagen, dass die Aktionen in Leverkusen eine Art Fortsetzung von dem waren, was zuvor in Monheim gelaufen war?
Hardy: Vielleicht. Aber alles in allem war Monheim für mich die ehrlichste Zeit in meiner Arbeit. Hinterher war ich viel pragmatischer und hab viel mehr taktiert, hab vielleicht hier und da Erfolge gehabt, aber emotional gesehen war es in Monheim damals 'ne unheimlich gute Zeit. Einfach stimmig.
Barbara: Ein schönes Schlusswort. Lieber Hardy, lieber Kurt, wir danken euch für dieses Gespräch.

Das Gespräch mit Hardy Schumacher und Kurt Graf fand im Juni 2015 in Monheim statt.

Auf der Ebene

»Genossen! Schreibtischmarxisten und professionelle Fraktionierer werden euch mit abstraktem Gequatsche auf die Nerven gehen. Aber der Kampf gegen die Zerstörung von Wohnraum, gegen Profit und Ausbeutung kann nicht auf der Ebene der Kritischen Theorie geführt werden, sondern nur auf der Ebene einer revolutionären Strategie.«

Aus: **Handbuch für Hausbesetzer**, created by (4nd4r4) in 2002.

Wandsprüche

K-Gruppen: »Mit angelesenen Phrasen über Anarchismus und Egalitarismus wollen sie sich vom Einlösen ihrer großkotzigen Wandsprüche dispensieren. Wenn sie Kampf sagen, meinen sie Arsch-Zusammenkneifen. Sie sind fest in die Tradition der Drückeberger eingebettet.«

Ebd.

HANNOVER

»Alles wäre weg gewesen«

Gespräch mit Christel Fröhlich und Dirk Wittenberg

Kai: Ich möchte zur Einstimmung in unser Thema aus einem Artikel der »Hannoverschen Allgemeinen Zeitung« vom 9. Dezember 2010 vorlesen:

»Das ›UJZ Kornstraße‹ – das Unabhängige Jugendzentrum Kornstraße – in Hannover blickt auf eine bewegte Geschichte zurück, die im Jahr 1971 begann. Damals besetzten circa 300 Jugendliche ein leerstehendes Bürogebäude in der Arndtstraße 20. Sie forderten ein unabhängiges Jugendzentrum. Unterstützung bekamen die Besetzer von der berühmten Politrockband Ton Steine Scherben. Nach der Räumung der Arndtstraße entstanden ein Jahr später zwei Jugendzentren: Das ›UJZ Glocksee‹ auf dem alten Fuhramtsgelände und das UJZ Korn in der Kornstraße. Anfang der achtziger Jahre durchsuchte die Polizei mehrfach das Gebäude in der Kornstraße und ermittelte gegen Mitglieder des Trägervereins wegen ›Unterstützung einer terroristischen Vereinigung‹. Seit 1988 befindet sich das Jugendzentrum im Besitz des Trägervereins.«

Christel: Ihr habt mit eurer Band, den Scherben, im Audimax der TU gespielt. Ein paar von uns waren schon vorher in das Haus gegangen. Nach dem Konzert wurde dann zur Besetzung aufgerufen, und alle sind in die Arndtstraße gegangen.

Das war im Dezember 1971. Damals, in diesen Jahren, ging die politische Entwicklung ja immens schnell. Ich war zwei Jahre vorher in Afghanistan, beim deutschen Entwicklungsdienst, bin dann nach Hannover gekommen und habe mich sofort in verschiedenen linken Gruppen engagiert. Vielleicht sollte man dazu sagen: Hannover war damals schon politisch geprägt durch die »Rote-Punkt-Aktion«.

Kai: Daran kann ich mich erinnern. Ich meine, das war 1969. Jeder Autofahrer, der bereit war, jemand anderen mitzunehmen, hatte vorne an seiner Windschutzscheibe einen roten Punkt kleben. Diese Aktion richtete sich hauptsächlich gegen die Fahrpreiserhöhungen von Bahnen und Bussen.

Christel: Ja, es gab also schon mal eine Aktion, an der sich alle beteiligt haben, die sich als links verstanden. Früher existierte auch noch eine Gruppe des SDS, aber den gab es Mitte 1970 nicht mehr. Und dann löste sich die Aktivistenszene in verschiedene Gruppierungen auf. Da es in Hannover die Universität gab, sind damals viele aus Frankfurt nach Hannover gekommen. Also zum Beispiel der Michael Vester, Professor für Politikwissenschaft, der war damals schon da. Dann kam der Sozialphilosoph Oskar Negt und hielt seine Antrittsvorlesung, kann ich mich noch gut dran erinnern. Und natürlich der Hochschullehrer Peter Brückner, Sozialpsychologe, der damals schon eine sehr wichtige Rolle hier gespielt hat, weil er nicht nur an der Uni selber tätig war, sondern auch viel mit der Evangelischen Studentengemeinde gemacht hat, zusammen mit dem Pastor Hermann Bergengruen. Eine sehr bunte Szene, kann man so sagen.

Da gab es eine Gruppe, die hieß »Rote Zelle Initiative« von der Technischen Universität (TU), und die haben hier auch die ersten Hausbesetzungen gemacht im Sommer 1971, in der Callinstraße und in der Hildesheimer Straße. Diese ersten Hausbesetzungen liefen eigentlich ganz gut. Dann kam 'ne andere Gruppe dazu, das waren »Die Falken«. Und dann eben wir. Wir kamen von der PH, von der »Roten Zelle Pädagogik«. Sie war gerade erst gegründet worden. Die PH war ein völlig blutleerer Verein. Sie war wie aus Pappmaché, man musste sie nur anstupsen, und alles fiel um. In kürzester Zeit konnten wir dort quasi machen, was wir wollten. Das war 'ne überwältigende Erfahrung, dass das so schnell ging. Was auch wichtig war: Es gab zwar in jedem Stadtteil Freizeitheime in dieser sozialdemokratischen Tradition, die waren ja auch schön und gut, aber natürlich völlig reglementiert; abends nur bis zu einer bestimmten Zeit geöffnet, und es war klar, dass das für die Jugend, die damals was ganz anderes wollte, überhaupt kein Ort war. Es war ein Gemisch von sehr vielen jungen Leuten, die die Idee von einem *Zentrum* hatten, wo man sich selbst organisieren kann. Darum ging es ja immer, *sich selbst zu organisieren*. Wir brauchten Räume für einen Kinderladen, für politische Gruppen und auch für Musik- und Theatergruppen, das war wirklich sehr wichtig in der Zeit; außerdem für Obdachlose, also auch Wohnsituationen mussten berücksichtigt werden. Die Vorstellungen wurden thematisiert, auch auf Flugblättern. Zum Beispiel wurde organisiert, dass Ton Steine Scherben dieses Konzert geben sollte an der TU im Audimax und dass man von da aus dann direkt in dieses Haus in der Arndtstraße ziehen sollte. Es war ein riesengroßes Haus. Wir haben da alle auch drin gewohnt, weil wir immer dachten, es würde sonst geräumt.

Barbara: Wie reagierte die städtische Politik?

Christel: Am Anfang war es nicht so, dass die unheimlich schnell reagierten. Es gab Räumungsgerüchte. Wenn ich mich richtig erinnere, waren wir in der Arndtstraße immerhin drei Tage drin. Im Gegensatz zu der Hildesheimer Straße, da haben sie sofort geräumt.

Kai: Wie verlief die Räumung in der Arndtstraße?

Christel: Diese Räumung war wirklich sehr gewalttätig, mit Panzerspähwagen und Spalierlaufen. Das hatte Auswirkung auf die vielen Jugendzentren in Hannover, die hinzukamen. Wir waren alle in einem Raum, waren so circa hundert Leute und mussten durch dieses Spalier laufen. Wir wurden durch diese Bullenketten geprügelt. Wegen der Brutalität, mit der die Bullen aufgetreten sind, gab es am Tag danach als Reaktion eine Demonstration. So 'ne große Demo gab's wirklich selten; ich glaub es waren 15 000 Menschen. Außerdem gab es politische Reaktionen, zum Beispiel von SPD-Verbänden und anderen.

Kai: Wie ging es dann nach dieser Räumung weiter?

Christel: Wie du schon sagtest, gab es als Erstes das UJZ in der Kornstraße. Das war ein Projekt vom »SB«, vom »Sozialistischen Büro« – Studenten von der Uni. Das waren eher so Theoretiker. Dann gab's das UJZ Glocksee im Stadtteil Calenberger Neustadt, ein reines Lehrlingsprojekt, und noch eins in Kleefeld, da war die »Rote Garde« aktiv, die waren damals am militantesten. In Vahrenheide gab es auch noch eins, also viele linke Jugendzentren, ohne dass die Stadt sofort intervenierte. Aber entzündet hat sich alles an der Arndtstraße, und danach hat die Stadt sehr vorsichtig reagiert.

Kai: Wurden alle Jugendzentren besetzt?

Christel: Nein. Die Glocksee schon und Kleefeld auch, aber die Kornstraße war ein legales Projekt, das lief über einen Verein.

Dirk: Was man dazu sagen muss, ist, dass es nicht nur eine zurückhaltende Reaktion der Stadt in Bezug auf Selbstverwaltungsinitiativen gab, sondern sogar ein Konzept für eine offene Kinder- und Jugendarbeit. Hier in Hannover hattest du in jedem Stadtteil erst die großen Jugendzentren, dann die vielen kleinen, die sich alle konzeptionell an das angelehnt haben, was in der Kornstraße oder am Glocksee passiert ist.

Im Zusammenhang mit der Anti-AKW-Bewegung Mitte der 1970er Jahre wurde es überregional, es gab in der Kornstraße ein Atom-Infozentrum, und das hat für den ganzen Raum Hannover 'ne sehr große Bedeutung gehabt – mit dem Atommülllager Gorleben und dem Kernkraftwerk Grohnde hier um die Ecke.

Barbara: Können wir das auseinanderfrieseln, welche Projekte aus Besetzungen hervorgegangen sind?

Christel: Aus der Arndtstraße direkt ist überhaupt nichts hervorgegangen, nur indirekt. Die Kornstraße, die Glocksee und Kleefeld, diese drei Jugendzentren sind unmittelbar nach Besetzung und Räumung der Arndtstraße entstanden. Die Kornstraße wurde nicht besetzt, sondern von Anfang an gepachtet, weil das auch 'ne andere Initiative war; es waren nicht die Jugendlichen selbst, sondern ein Trägerverein, das SB der Uni war daran beteiligt, deshalb spielte die Uni auch eine große Rolle.

Barbara: Und dann haben wir noch Glocksee und Kleefeld.

Christel: Das waren wirklich Gruppen von Jugendlichen, die sagten, das wollen wir auf jeden Fall selber machen. In der Kleefeld eher die Rote Garde und in der Glocksee die proletarischen Jugendlichen, die Lehrlinge. Alle Zentren, Kornstraße, Kleefeld und Glocksee, beziehen sich immer auf die Besetzung der Arndtstraße. Das ist sozusagen der Gründungsmythos.

Barbara: Das Jugendzentrum Kornstraße, hat das einen besonderen Namen?

Dirk: Der erste Name in Bezug auf die Kornstraße war »Jugendzentrum Nordstadt«, dann hieß es »Unabhängiges Jugendzentrum Nordstadt«. Ich war das erste Mal am 1. Mai 1978 in der Kornstraße und dann regelmäßig ab Anfang der 1980er Jahre. Da hieß es »Die Korn«. Wir haben erst vor zehn oder fünfzehn Jahren das Kürzel davorgesetzt, also »UJZ Korn«, das steht für »Unabhängiges Jugendzentrum Kornstraße«, so der offizielle Name.

Kai: Gab es Kontakte zu anderen Jugendzentren aus anderen Städten?

Dirk: Nach Berlin, zum Tommy-Weisbecker-Haus, gab es Anfang der 70er Jahre Kontakte und Besuche.

Barbara: Was ist da heute los in der Korn?

Dirk: Wir haben drei, vier Bereiche, also Raum für soziales Engagement mit Kneipe und Vokü zweimal die Woche mit bis zu hundert Essen am Tag, wahrscheinlich mehr, was dann schon über die klassische Szeneklientel hinausgeht. Da kommen auch arme Leute aus dem Quartier. Das ist halt ein soziales Engagement. Es gibt auch noch das kulturelle wie Konzerte, Partys, Lesungen. Das spielt sich im Moment in einem Rahmen ab von vierzig bis fünfzig Veranstaltungen pro Jahr. Fast jede Woche. Das freut die Nachbarschaft. Da hatten wir die Hochzeiten in den 1980er und 1990er Jahren im Rahmen dieser Punk- und Hardcore-Geschichten. Viele renommierte Leute sind da durch den Laden gegangen, als sie noch nicht so bekannt waren; Bands wie Green Day zum Beispiel, die amerikanische Punk-Rock-Band, die füllen im Moment Stadien. Da hat der Laden 'ne große Bedeutung gehabt. Inzwischen sind die Räume aber so ausgerichtet, dass auch Theater und ambitionierte Ausstellungen stattfinden, zum Beispiel eine über queer-feministische Comics und eine über Polizeigewalt. Es ist aber auch Raum für politisches Engagement da. Die Kornstraße ist wieder der Ort, wo sich fast alle radikalen, linken Gruppen aus dem antiautoritären Bereich treffen, wie »Occupy« und »IL« (»Interventionistische Linke«). Die treffen sich halt alle in der Korn, machen da ihre Vorbereitungstreffen und so weiter. Fast jedes größere Projekt läuft bei uns durch, und sei es nur, dass viele Transparente gemalt werden. Was auch ein paar Jahre hier stattfand, jetzt aber weniger, und über den reinen Politkram rausgeht, ist der linke Flügel der hannoverischen Ultra-Gruppen, also der Fußballfans. Die haben hier ihre Stadion-Choreographien vorbereitet und riesige Banner hergestellt. Also im Politbereich haben wir im Jahr ungefähr achtzig Veranstaltungen, Seminare, Treffen und so weiter. Wir haben zwei Infoläden, Bibliotheken, eine türkische, eine deutsche, Computerarbeitsplätze, Gruppenräume, einen Frauenraum.

Kai: Wie organisiert ihr euch?

Dirk: Jeder Bereich wird von kleinen Basiseinheiten betrieben. Bei der Vokü, gibt es für jeden Montag und jeden Mittwoch je eine Kochgruppe. Das gleiche Prinzip findest du bei den Konzertveranstaltungen, das heißt, es gibt sieben oder acht Konzertgruppen, die sich unterschiedlichen Geschichten verpflichtet fühlen. Das Gleiche gilt für den Infoladen und für die Politgruppen sowieso. Die treffen sich auf Versammlungen. Dann gibt's noch ein anderes, höheres Plenum. Da kommen aber nicht alle hin, das ist 'ne Besonderheit, weshalb wir von anderen Zentren bei Diskussionen gerne mal kritisiert oder beschimpft werden. Denn das Plenum, von dem ich jetzt spreche, ist der Ort der Leute, die sich für das gesamte Zentrum verantwortlich fühlen. Also weder ein Delegiertentreffen noch ein völlig offenes Treffen.

Sondern es geht um die Gesamtverantwortung, man entscheidet sich, Teil dieses Plenums zu sein, und verpflichtet sich dadurch, tatsächlich aktiv mitzutun. Das heißt, man ist bereit, nicht nur zu kommen, wenn irgendetwas einen persönlich besonders interessiert, sondern zu allen Plenen. Es geht darum, sich für den ganzen Laden zu interessieren.

Barbara: Werdet ihr bezuschusst?

Dirk: Wir haben 'ne ganze Zeit lang nichts bekommen, während der Anti-AKW-Bewegung. Damals ist uns bescheinigt worden, dass wir nicht mehr auf dem Boden der freiheitlich-demokratischen Grundordnung stehen, und dann ist die Förderung eingestellt worden. Das war noch ganz witzig, weil die Angelegenheit vor das Verwaltungsgericht gegangen ist. Peter Brückner hat auch noch eins der Gutachten für die Kornstraße geschrieben. Leider hat es nichts genützt, und auch nicht die Tatsache, dass wir einen Anwalt hatten, der später Bundeskanzler wurde – Gerhard Schröder, der war damals Juso-Vorsitzender. Bevor die Gelder gestrichen wurden, haben wir für kurze Zeit, von 1974 bis 1978, Geld für zwei Sozialarbeiter, Miete, Pacht, Nebenkosten und 'nen kleinen pädagogischen Etat bekommen. Dann haben wir 2003 durch einen Zufall wieder eine jährliche Summe von 30 000 Euro von der Stadt zugesprochen bekommen. Die finanzieren eine Zweidrittel-Stelle. Das ist auch aber alles.

Barbara: Wie lange bist du hier schon als Sozialarbeiter aktiv?

Dirk: Ich bin kein Sozialarbeiter, ich bin der Geschäftsführer, zuständig für die ganze Zusammenarbeit mit den Behörden, Banken, der Buchhaltung, ich bin Hintergrundarbeiter, angestellt beim Trägerverein. Bezahlt bekomme ich die Geschäftsführung seit 2003.

Christel: Alfons Diemer hat vorher sehr lange das, was Dirk jetzt macht, verantwortet.

Barbara: Wie finanziert ihr euch?

Dirk: Das ganze Zentrum finanziert sich selber. Zum einen durch Mieteinnahmen, der Kinderladen zahlt Miete, zum andern durch Spenden, wir sind gemeinnützig, das haben sie uns auch nie aberkannt. Wir sind auch anerkannter Träger der freien Jugendhilfe, steuerrechtlich ist das ziemlich wichtig und auch 'ne Voraussetzung, dass man überhaupt ein bisschen Geld vom Staat bekommt.

Barbara: Als das alles losging, 1971, da gab es ja noch diese Utopie, man wollte alternativ leben und arbeiten und politisch tätig sein und sich nicht anpassen an die bürgerlichen Zwänge. Gibt es davon Reste, hat sich daraus eine neue Form von Zukunftshoffung entwickelt? Oder geht es nur pragmatisch darum, irgendetwas auf die Beine zu stellen?

Dirk: Die finden sich natürlich in vielem, was wir tun, wieder. Das kollektive Organisieren von Kultur und Ernährung zum Beispiel. Die Volxküche hat viel mit einer Welt zu tun, in der niemand mehr hungern muss, wie andrerseits mit den ganzen Debatten um Postwachstum und so weiter. Da gibt es, jetzt mal als Beispiel, diese »Anti-Deutschen«, bei denen Begriffe wie Kommunismus zu einer reinen Abstraktion geworden sind und bei denen es absehbar ist, dass sie politisch wie individuell bei der Verteidigung der bestehenden Verhältnisse landen werden. Das ist halt auch Teil der strategischen Niederlagen der Linken.

Barbara: Gibt es Aktionen? Stichwort: Bankenkrise, Eurokrise, ist man da aufgebracht?

Dirk: Um ein bisschen den Unterschied zu früher zu markieren: Wir haben mal gesagt, es ist nicht mehr einfach so, dass Jugend und Linkssein und rebellische Kultur und Politik, dass das alles von sich aus zusammengehört. Wovon wir erst mal ausgehen, ist, dass es Leute gibt, die sagen: »Das ist die geilste Partylocation in Hannover«, und die anderen, die sagen: »Das ist der Ort, wo ich mich politisch treffe«, und die dritten sagen: »Das ist der Ort, wo ich mit anderen kochen und essen kann und meine soziale Reproduktion organisiere.« Es ist die Aufgabe, diese drei Aspekte in Beziehung zu bringen. Und von daher würde ich sagen: Jawohl, die Vorstellung oder die Utopie, der Gedanke von politischer Arbeit, die auch in das Zusammenleben einfließt, das existiert nach wie vor. Aber wir würden dazu sagen, es ist nicht mehr selbstverständlich.

Christel: Ich glaube, in Bezug auf diese große Utopie ist das Zutrauen, was verändern zu können, nicht sehr stark, man ist eher in der Defensive. Man hat diesen Raum, den man mühsam aufgebaut hat, und will den verteidigen, will ihn auch ein bisschen ausweiten. Aber vom großen Vertrauen in die Zukunft kann man nicht sprechen, eher von Verteidigung des Erreichten.

Dirk: Es hat ja auch was mit jugendlichem Überschwang zu tun. Wir haben gesagt, heute besetzen wir das erste Haus, und dann waren wir so viele da drin, dass sie uns das zweite Haus als Tausch angeboten haben. Anschließend sind wir einfach losgezogen und haben das zweite auch noch besetzt. Dann sind wir irgendwann aus beiden rausgeflogen. Aber die Idee war, erst mal das erste Haus, das zweite Haus, das dritte, und dann kommt die erste Fabrik dran.

Barbara: Man dachte damals, dass es immer so weitergeht. Die Hausbesetzerbewegung ist natürlich irgendwann an ihre Grenzen gestoßen.

Dirk: Ich würde sagen, man hat eine relativ mechanische Vorstellung davon gehabt, wie sich so eine Bewegung entwickelt, so wie ein Zellteilungsprozess.

Kai: Gab es in den 1980er Jahren noch ’ne relevante Hausbesetzungsbewegung in Hannover? In Berlin ist sie in den 1980er Jahren erst richtig entstanden.

Dirk: Ja. So ein Schwung war 1979/80, da komm ich eigentlich her, politisch gesehen, da gab’s mehrere Hausbesetzungen. Es war so ’ne Art Doppelbewegung, ein klassisches hannoverisches Ding. Auf der einen Seite sind die Häuser relativ schnell geräumt worden, auf der anderen Seite hat es so ein Projekt gegeben, wie in anderen Städten auch. Die Stadt hat leerstehende Häuser zur Verfügung gestellt und billig vermietet. Die wurden dann renoviert, das waren in Hannover so sieben oder acht Häuser. Die existieren zum guten Teil heute noch. »Martinswerk« heißt ein solches Projekt, ein Verein. Das waren aber keine klassischen Besetzungen. Das war sozusagen die städtische Antwort gewesen, um Druck rauszunehmen. Man hatte in Göttingen oder Berlin ’ne ganz andere Dynamik in den Auseinandersetzungen.

Christel: Ich denke, was da noch interessant ist, ist die Geschichte hier in Linden-Süd. Da waren sehr viele Besetzungen, das war so ’ne kleine Gruppe, die hier in Linden aktiv war. Überall sind Häuser besetzt worden, und danach sind viele saniert worden, die ursprünglich abgerissen werden sollten. Linden ist auf eine Art saniert worden, die vorbildlich war.

Dirk: Was dann natürlich noch wichtig war nach diesem Schwung 1979/80, da spielten auch Ton Steine Scherben 'ne Rolle, war Anfang der 1980er Jahre, als es die große Idee gab, das »Sprengel-Gelände« zu besetzen.
Kai: Sprengel? Die Schokofabrik?
Christel: Ja, Sprengel war eine Schokoladenfabrik im Stadtteil Nordstadt, die 1980 geschlossen wurde.
Dirk: Genau. Und dann war es Mitte/Ende 1981 oder so, dass die Leute wieder zusammenkamen, aus ganz unterschiedlichen Ecken. Das wurde wie so 'ne militärische Operation organisiert. Es war klar, das Gelände ist so riesig, das können wir nicht einfach besetzen, das musste alles mit Barrikaden abgeriegelt werden. Wie baut man am besten Barrikaden? Man bestellt sich Müllcontainer, geht an den Wasserhydranten, macht die Dinger mit Wasser voll, dass sie so schwer sind, dass sie keiner wegkriegt. Es gab 'ne Gruppe, die Hydrantenschläuche und Hydrantenschlüssel klaute. Dann ging's darum, wie kriegen wir die Massen dahin? Da hat man sich überlegt, wir kündigen denen einfach ein Ton Steine Scherben-Konzert an.
Kai: Ich kann mich dunkel an diese Sache erinnern. Wir haben überhaupt nicht durchgeblickt, haben uns nur gewundert. Ich glaube sogar, jemand von uns hat bei euch einen Tag vorher angerufen und gesagt: »Ey, wir haben gehört, wir spielen bei euch?«
Dirk (lacht)**:** Das Konzert gab es überhaupt nicht, war reiner Fake und war schon in der Kornstraße angekündigt. Wir wollten dann an alle Helme austeilen zur großen Verteidigung, dazu gab's ein Schweißgerät zum Zuschweißen von Türen – also ein absoluter Irrsinn! Und dann gab's zum Glück Leute wie den linken Aktivisten Alfons Diemer, die haben dann gesagt: »Wenn wir das machen, dann reißen die uns total den Arsch auf. Dann sind wir weg!« Daraufhin ist das Ganze – zum Glück, behaupte ich im Nachhinein – wie ein Kartenhaus in sich zusammengefallen, weil die Situation damals nicht reif dafür war. Die Sprengel-Geschichte hat sich aber über Jahre hingezogen. Es hat immer mal zwischendurch so kleinere Besetzungen von einem kleinen Gebäude gegeben, die Sache ist immer in der politischen Auseinandersetzung geblieben, was für die, die später real drin waren, glaube ich, relativ hilfreich war.

Die tatsächliche Sprengel-Besetzung fand dann 1987 statt und hat sich an der Hamburger Hafenstraße orientiert. Es gab Plakate wie »Hafen bleibt, Sprengel kommt«. Der Vorteil war: Das große Gelände hatte ein gewisser Herr Jensen gekauft, ein Hamburger Immobilienspekulant, der alles plattmachen wollte, um da lauter Eigentumshütten hochzuziehen. Doch Jensen war weg, der hatte sich schon vorher in die Karibik abgesetzt, weil er komplett bankrott war. Das Problem war: Die Bullen konnten nicht räumen, denn es gehörte noch nicht wieder der Stadt, es gehörte noch dem Spekulanten. Die Stadt brauchte aber, um räumen zu können, einen Besitzer, der eine Anzeige wegen Hausfriedensbruch stellt, und den hatten sie nicht. Von daher konnten sie nichts machen. Das hat wiederum dieser Besetzung den absoluten Raum gegeben.
Kai: Du erwähntest die Hafenstraße. 1987 war der Konflikt der Hamburger Hafenstraßen-Besetzung schon dick in den Schlagzeilen.
Dirk: Die Hafenstraße war das Vorbild. So gesehen war die Sprengel-Besetzung natürlich

inspiriert von den Hamburgern. Das war bei uns 'ne wilde Mischung von politischen Leuten. Auf der einen Seite die ganzen Knast- und RAF-Geschichten, und auf der anderen Seite gab's viele Punks und Leute, die auf Trebe waren. Was sich da alles sammelte – es wurde dann zu einem sehr politisch aufgeladenen Ort. Die haben das Ding anfangs heimlich besetzt und waren schon ein paar Wochen drin, bevor irgendwas öffentlich wurde. Dann gab's ein großes Fest. Das waren ja sieben oder acht Gebäude, ein riesiges Areal mit Innenhof.

Barbara: Wurde nichts geräumt?

Dirk: Ja, doch. In Teilen schon. Aber als die Verhandlungen Spitz auf Knopf standen, war klar, es kann passieren, dass das in einem einzigen Barrikadenkampf endet. Dass die Stadt dann nicht komplett geräumt hat, als sie die Chance dazu hatte, hing natürlich damit zusammen, dass sie auf Teufel komm raus Unruhen und das, was spätestens mit der Hafenstraße wie ein Menetekel über Hannover schwebte, vermeiden wollte. Die Stadtoberen und die Besetzer haben miteinander verhandelt. Aber das hätte auch ganz anders ausgehen können. Die Stadt tut gerne so, als ob das Ganze sich so in die Länge gezogen hat, weil die Sprengel-Bewohner immer so viel Terror gemacht hätten, sie hätten viel eher 'ne gute Lösung haben wollen, seien aber nicht an die Bewohner rangekommen. Das stimmt so nicht. Der Abriss wäre gekommen. Alles wäre weggewesen, da wäre nichts mehr übriggeblieben, wenn es diese Besetzung nicht gegeben hätte. Heute steht da ein relativ bekanntes selbstorganisiertes Kino im Klaus-Müller-Kilian-Weg 1. Klaus Müller-Kilian war der damalige stellvertretende Bezirksbürgermeister von den Grünen, der auch im Trägerverein war und leider viel zu früh am Herzinfarkt gestorben ist. Er stand immer dafür, dass: »Sprengel bleibt!« nicht so 'ne isolierte Kiste war.

Barbara: Was ist sonst noch aus dem Areal geworden, außer dem Kino?

Dirk: Das mit den Eigentumswohnungen hat sich nicht realisieren lassen. Es ist heute ein großes alternatives Wohnprojekt für circa fünfzig Leute, es ist einigermaßen vernünftig renoviert, mit Kneipe und ein bisschen Konzerten und Kultur, solche Sachen. Außerdem befindet sich auf dem Gelände eine Reihe sozialer Einrichtungen: ein Familienzentrum, ein Kinderladen, sozialer Wohnungsbau ist entstanden. Ohne die Sprengel-Besetzung sähe der Stadtteil anders aus.

Barbara: Gibt's da ein Wandgemälde?

Dirk: »Die Revolution ist großartig. Alles andere ist Quark. Rosa Luxemburg«. Dazu ein fünfzackiger Stern.

Das Gespräch mit Christel Fröhlich, Lehrerin, und Dirk Wittenberg, »Hintergrundarbeiter« im UJZ Kornstraße, fand im Juli 2015 in Hannover statt.

Noch viel mehr

»Zusammen leben, zusammen kämpfen! Ab jetzt sind wir nicht mehr allein! Und kommen die Bullen, um uns herauszuprügeln, dann müssen wir noch viel, viel mehr sein.«

Parole des Arbeiterjugendzentrums Brackwede. In: **AJZ. dokumentation der brackweder hausbesetzung und der bewegung um das arbeiterjugendzentrum**, Bielefeld 1973.

»Hannoversche Fresse« -
Zeitung des Unabhängigen Jugendzentrums (UJZ), Hannover
(Archiv, Berliner Geschichtswerkstatt e. V.)

GÖTTINGEN

»Kraker Schule statt Prager Schule«

»Wir sitzen hier und machen diese ganzen Aktionen, weil wir uns nicht abfinden wollen mit einer Welt, die aus Beton besteht, und Städten, aus denen das Leben weicht. Wir haben auch keine Lust, uns alle heimlich, still und leise aufs Land zu verpissen. Wir wollen in solchen Häusern wie diesen hier, in selbstverwalteten Kommunikationszentren leben, wir wollen unsere Werkstätten aufziehen und unsere selbstverwalteten Lebensmittelkooperativen. Wir wollen zusammen leben und nicht jeder einzeln im Wohnklo um seine Existenz kämpfen. Wir wollen versuchen, aus diesen besetzten Häusern heraus anders zu leben, als es uns von dieser ach so tollen Industriegesellschaft geboten wird.«[43]

Der namentlich nicht genannte Göttinger, der hier berichtet, ist einer der urbanen Protestierer, die es in den 1970er Jahren ebenfalls gab; die Flucht aufs Land war »in« und wurde auch von der Band Ton Steine Scherben angetreten, aber die Hausbesetzer jener Zeit nahmen die Zukunft vorweg. Und die hieß: Die Stadt als Lebensraum zu bewahren oder neu zu schaffen, sprich ihre *Ländlichkeit,* also grüne, freundliche, auf Nachbarschaft setzende Kultur zu erhalten. Wie die großen Metropolen sollte seinerzeit auch die kleine Universitätsstadt Göttingen zur *autogerechten Stadt* umgewandelt werden, und dafür, für eine vierspurige Straße, waren am universitätsnahen Kreuzbergring gleich mehrere alte Häuser zum Abriss freigegeben worden. Die dagegen protestierende Mieterinitiative wurde von der Stadt so lange hingehalten, bis sie die Geduld verlor und am 2. Januar des Jahres 1977 mit mehreren Hundert jungen Leuten, vornehmlich Studenten, das Haus Kreuzbergring 32 besetzte. Strom- und Wasserleitungen waren schon zerstört, um die Entmietung und danach die Abrissgenehmigung zu erzwingen. Die Besetzer verhandelten mit der Stadt und erreichten schließlich, dass das Haus dem Studentenwerk zu Wohnzwecken übergeben wurde. Danach zogen sie von sich aus wieder aus. Das gab es auch: Dass Häuser besetzt wurden, nicht nur um sie danach zu bewohnen, sondern um die autogerechte Stadt mit ihren vierspurigen Trassen zu verhindern und um die noch in gutem Zustand befindlichen Gebäude zu erhalten. Die alternative »Göttinger Stadtzeitung« (»GöSz«) schrieb dazu: »Dass Hausbesetzungen durchaus Erfolg haben und mehr sein können als Eintagsfliegen, die zwar öffentliches Interesse erregen, aber keinerlei Konsequenzen haben, zeigt die Geschichte der Besetzung des Hauses Kreuzbergring 32 …«[44]

Weniger glimpflich verlief die Besetzung in der ebenfalls uninahen Weender Straße 77 im sogenannten Reitstallviertel. Die 22 Besetzer leisteten beherzten Widerstand, mussten sich aber von einer starken Polizeitruppe vertreiben lassen, unter deren Schutz umgehend mit den Abrissarbeiten begonnen wurde. Zur anschließenden Demonstration fanden sich circa tausend Personen ein. Auch in der Jüdenstraße und am Ritterplan und an der Prager Schule hielten sich die Besetzer – Parole: »Kraker Schule statt Prager Schule« – nur kurz. Bald rückten die Räumtrupps an und nach ihnen die Rückbautrupps. Es kam zu schweren Straßenkämpfen, Brandsätze flogen in die Büros der Bauverwaltung. Auch in den leerstehenden alten Unikliniken war eine Menge los – aus Solidarität verlegte die GöSz ihre Redaktionskonferenzen auf dieses Gelände.

Wir befinden uns jetzt am Beginn der 1980er Jahre. Zu dieser Zeit gehen von den Instandbesetzern der Republik, vornehmlich aus Berlin und Freiburg, starke Signale aus; die Demos werden militanter, die Debatten in den Rathäusern hitziger, die Solidarisierungen der Normalbürger mit den Besetzern entschiedener – wenngleich die Bedenkenträger unmissverständlich Laut geben. Auch in Göttingen wächst die Militanz, der Piratensender »Radio Pflasterstein« berichtet vermehrt von gewaltsamen Auseinandersetzungen auf der Straße rund um besetzte Häuser, von brennenden Barrikaden und splitternden Fensterscheiben und Angriffen auf Autohäuser. Der Hungerstreik der verbliebenen RAF-Kader wird auf den Demonstrationszügen thematisiert – die Häuserkämpfer wollen solidarisch sein mit »allen Gefangenen«. Die Silvesternächte werden zu einer Art Kampftermin für linke Studenten und Hausbesetzer, kaum ein Jahresende verläuft ohne Schlägereien zwischen Autonomen und der Polizei vor dem Rathaus und in den angrenzenden Straßen. Es ist ähnlich wie in Berlin-Kreuzberg am 1. Mai. In den 1990er Jahren radikalisiert sich in Göttingen die Kritik an bundesdeutschen Zuständen bei der »Anti-Deutschland-Liga« zu einer ganzen Serie von Brandanschlägen. Zwischendurch werden immer wieder Häuser besetzt, so am Schiefer Weg, an der Luisenschule, in der Baurat-Gerber-Straße. Auch alte Uni-Institute, denen der Abriss bevorsteht, werden von Studenten besetzt – meist vergebens. Die Polizei stellt sehr schnell »die Ordnung« wieder her.

»Aber selbst wenn uns im Schutze der Dunkelheit und der Polizei das Dach überm Kopf abgerissen wird, dann bleibt trotzdem das, was wir aufgebaut haben, lebendig. Denn Ideen sind stärker. Und diese Ideen haben Strukturen gebildet. Und diese Strukturen sind geographisch unabhängig, mobil und transportabel.«[45]

43 Stefan Aust, Sabine Rosenbladt (Hg.), **Hausbesetzer,** Hamburg 1981, S. 25.
44 Göttinger Stadtzeitung, November 1979. Die GöSz erschien von 1977 bis 1986 und wurde vom »Verein zur Förderung kommunaler Meinungsvielfalt e. V.« herausgegeben.
45 Stefan Aust, Sabine Rosenbladt (Hg.), **Hausbesetzer**, a. a. O., S. 27.

Ohne uns

»IHR HABT EURE BAUPLÄNE OHNE UNS GEMACHT«

Wandparole in Berlin

Andere Schauplätze II:
Göttingen

ANDERE SCHAUPLÄTZE III:

DDR/ OST-BERLIN

Vom Schwarzwohner zum Hausbesetzer

Die Besetzerszene in der DDR

Die wohnungssuchenden DDR-Freaks hatten es schon etwas einfacher als ihre Schwestern und Brüder in der alten BRD. Denn während man in Westdeutschland von Hausbesetzungen sprach und diesen Sachverhalt juristisch als Hausfriedensbruch und damit als einen Straftatbestand bewertete, war in der DDR von Schwarzwohnen (DDR-Amtsdeutsch: »Wohnungen mit ungeklärten Mietverhältnissen«) die Rede, und das wurde lediglich als Ordnungswidrigkeit behandelt. Hinzu kam, dass ab den 1970er Jahren in der DDR mehrere hunderttausend Altbauwohnungen leerstanden, weil sie renovierungsbedürftig waren und die DDR-Führung lieber auf Neubauten (Plattenbauten) setzte, statt alte Häuser zu sanieren. »Wir erhalten nicht, wir lassen verfallen«, gab Stadtrat Ekkehard Siegl aus Rostock 1990 zu.[46] Neben Rostock und Städten wie Halle, Jena, Leipzig, Erfurt und Magdeburg gab es den größten Leerstand in Ost-Berlin[47] mit circa 25 000 Wohnungen.

Oft lief die Inbesitznahme der jeweiligen Wohnung sehr friedlich ab und wurde geduldet, so wie Sema Binia (S. 267) das in ihrer Geschichte erzählt. Manchmal gab es auch eine Geldstrafe, aber dann ließ man es gut sein. In seltenen Fällen fand eine Polizeirazzia statt, zum Beispiel wenn sich mehrere Schwarzbewohner zusammengetan hatten, um den Staat in irgendeiner Form zu kritisieren. Geräumt wurde nur, wenn es eine alternative Wohnmöglichkeit gab, und das war meistens nicht der Fall, weil die Menge der bezugsfertigen Neubauten bei weitem nicht den Bedarf der Wohnungssuchenden abdeckte. Und jemand einfach auf die Straße zu setzten kam natürlich überhaupt nicht in Frage, schließlich lebte man den »real existierenden Sozialismus im Arbeiter- und Bauernstaat«, und Obdachlosigkeit konnte und durfte es dort nicht geben. Auch wenn das Schwarzwohnen in der DDR immer still und leise vonstattenging, wurde es doch zu einer relativ großen Bewegung mit mehreren tausend Beteiligten in der gesamten DDR. Obwohl meistens nur einzelne Wohnungen besetzt wurden, kam es doch hin und wieder zu der schleichenden Besetzung eines ganzen Hinterhofhauses, nämlich dann, wenn dort alle Wohnungen *schwarz* bewohnt waren.

Eines dieser Häuser, das ab Sommer 1989 so peu à peu besetzt wurde, stand in Ost-Berlin im Bezirk Prenzlauer Berg, Schönhauser Allee 20 am Senefelderplatz. Am 9. November 1989 kam die Wende und mit ihr der Fall der Mauer; Ost- und West-Berlin sollten wieder zusammenwachsen. Damit verbunden waren Machtpoker und politisches Zuständigkeitsgerangel sowie ungeklärte Eigentumsverhältnisse auf dem Wohnungsmarkt. Dieses Durcheinander, verbunden mit einem Verwaltungs- und Rechtsvakuum, nutzte die subkulturelle Szene, um eine neue große Besetzungswelle im Ostteil der Spreemetropole in Gang zu setzen.

Als Startschuss dafür gilt heute allgemein der Vorstoß der Bewohner in der Schönhauser Allee 20, die am 22. Dezember 1989 ihre Besetzung durch Heraushängen von Transparenten bekanntgaben. Dadurch geriet das Haus in die Schlagzeilen. Gerd H., einer der sechzehn Besetzer im Alter zwischen 18 und 25 Jahren, erzählte in einem Interview: »Nach unseren Informationen steht dieses Haus seit 1970 auf dem Abrissplan. Mit ihm sollten auch die Grünfläche und der Kinderspielplatz einem Neubau zum Opfer fallen. Wir aber glauben, dass es schade wäre um das Altberliner Stadtbild, und wollen es erhalten. Dazu kommt, dass wir Wohnungssuchende sind und hier Wohnungen leerstehen. Daher sind wir im August des Jahres hier eingezogen. Von den 47 Wohnungen sind nur zehn in nicht ausbaufähigem Zustand. Mit der Instandbesetzung sollen ein Café, ein Kinderladen und ein Beratungszentrum entstehen. Das Projekt wollen wir in Selbstverwaltung durchführen.«[48]

Die folgenden Hausbesetzungen ereigneten sich zunächst hauptsächlich im Bezirk Prenzlauer Berg durch »Ossis«. Das änderte sich, als immer mehr »Wessis« aktiv in den Häuserkampf eingriffen und dann auch Bezirke wie Mitte und Friedrichshain betroffen waren. Letztendlich gab es eine Ost-West-Vermischung mit unterschiedlichen Interessenlagen. Nach der Wende hatte sich die Motivation der Besetzer gewandelt. Während es zu DDR-Zeiten hauptsächlich darum ging, ein Dach über dem Kopf zu haben, und selten auch darum, mit Gleichgesinnten ein Kulturprojekt zu verwirklichen, so entwickelten sich die Besetzeraktivitäten nun zu Protesten, die mit verschiedenen Ideologien verbunden waren, zum Beispiel gegen das *Schweinesystem* zu kämpfen. Doch es gab so etwas wie Hauptinteressen, die alle vereinten: Kampf gegen kiezfeindliche Zweckentfremdung, Leerstand und teure Mieten. Wie schon zehn Jahre zuvor im Westteil der Stadt wurde nun auch hier ein Besetzerrat gegründet. Und mit dem »telegraph« (in den späten 1980er Jahren in der DDR entstanden), dem »Interim« (1988 in West-Berlin aufgelegt) und der neugegründeten »BZ« (»BesetzerInnen-Zeitung«) hatte die Bewegung gleich drei Zentralorgane. Während es bis Ende Februar 1990 erst circa zwanzig besetzte Häuser waren, stieg die Zahl bis Mai auf ungefähr fünfzig an und erreichte bis zur Wiedervereinigung von BRD und DDR im Oktober 1990 ihren Höhepunkt: zwischen 120 und 130 besetzte Häuser waren es damals.

Die beiden bekanntesten Besetzungen waren im Februar 1990 das Kunsthaus Tacheles, vor dem Krieg ein Kaufhaus, in der Oranienburger Straße im Bezirk Mitte und Ende April zwölf Häuser in der Mainzer Straße in Berlin-Friedrichshain. Letztere Aktion wurde durch einen Aufruf der »Kirche von Unten« (»KvU«), einer oppositionellen evangelischen Gruppierung der DDR, angestoßen. Diese Geschichte erfuhr eine breite öffentliche Aufmerksamkeit, wodurch die Häuser der Mainzer Straße zum neuen Zentrum der Bewegung wurden, wie es auch der Autor Armin Kuhn in seinem Buch »Vom Häuserkampf zur neoliberalen Stadt«[49] einschätzte. Das schützte die Bewohner nicht davor, nach nur sieben Monaten kapitulieren zu müssen. Einen ersten Räumungsversuch am 12. November 1990 konnten die Besetzer noch erfolgreich abwehren. Doch gegen die 3000 Polizisten, die zwei Tage später mit Hubschraubern, Tränengas, Räumpanzern, Wasserwerfern und Schusswaffen anrückten, waren sie chancenlos. Die Besetzer der Mainzer Straße hatten zwar kurz vor der Räumung ihre Verhandlungsbereitschaft signalisiert, aber für viele von ihnen war grundsätzlich die »Konfrontation mit staatlichen Behörden«[50] angesagt, und so war man auch darauf gefasst, dass irgendwann mal das Räumkommando vor der Tür stand.

Berlins damaliger Bürgermeister Walter Momper (SPD) zu der Räumung der besetzten Häuser und der daraus entstandenen Eskalation: »... die Gewalt ist [...] dadurch [ausgelöst worden], dass die militanten Autonomen aus der Mainzer Straße nicht nur im dortigen Umfeld Barrikaden gebaut, sondern auch die Frankfurter Allee, eine der Hauptverkehrsstraßen, abgesperrt haben. Dabei hat es einen unglaublichen Ausbruch von Gewalt gegeben. Das hat dann überhaupt erst die Räumungsaktion vom Dienstag [13. November 1990] ausgelöst. Um den Bewohnern mit normalen Mietverträgen in der Mainzer Straße wieder ein normales Leben zu ermöglichen, musste die Straße geräumt werden.«[51]

Wie auch immer der brutale Polizeieinsatz, einer der massivsten Berlins in der Nachkriegszeit, zustande kam, er blieb nicht ohne Folgen. Der Koalitionspartner des von Momper geführten Senats, die Alternative Liste, kündigte die Koalition auf, was zum Rücktritt ihrer drei Senatorinnen führte. Und ähnlich wie im September 1981 in West-Berlin, als acht Häuser auf einmal geräumt wurden und der Demonstrant Klaus-Jürgen Rattay zu Tode kam, setzte auch nach dieser Gewaltexplosion innerhalb der Besetzerbewegung ein Umdenken ein – hin zu mehr Verhandlungsbereitschaft. Wie es dann weiterging, fasst Armin Kuhn, Mitarbeiter verschiedener Berliner stadtpolitischer Initiativen, zusammen: »In den Monaten nach der Räumung [vom November 1990] wandten der Berliner Senat und die städtischen Wohnungsbaugesellschaften jenen schon in den 1980er Jahren bewährten Mix aus Runden Tischen, Legalisierungen und der Förderung von Instandbesetzerarbeiten an. Durch das Programm ›bauliche Selbsthilfe‹ wurden bis Anfang der 2000er Jahre so circa 3000 Wohnungen mit über 250 Millionen Euro staatlicher Fördermittel saniert. Häuser in Privatbesitz wurden hingegen meist geräumt. Ergebnis war eine deutlich höhere Legalisierungsquote als im West-Berlin der 1980er Jahre: 90, das heißt gut drei Viertel der insgesamt 128 besetzten Häuser, fast alle im Besitz städtischer Wohnungsbaugesellschaften, erhielten letztlich Verträge.«[52]

Was die Hausbesetzeraktivitäten in den neuen Bundesländern betraf, so spielte vor allem Brandenburgs Hauptstadt Potsdam in den 1990er Jahren eine bedeutende Rolle. 1993 waren dort immerhin über dreißig Häuser besetzt. Im März 1994 gab es heftige Kämpfe zwischen Polizei und Sympathisanten einer bunt-alternativen Szene mit etlichen Festnahmen. Das Nachrichtenmagazin »Der Spiegel« schrieb in diesem Kontext sogar von einer »Hausbesetzer-Hochburg«[53]. Nur wenige der besetzten Häuser konnten gehalten werden.

In Leipzig eroberte 1990 ein Trupp wild Entschlossener vierzehn Häuser in der Stockartstraße im Stadtteil Connewitz. Etliche der Besetzer standen dem Neuen Forum nahe. Durch jahrzehntelange Vernachlässigung waren die Leipziger Mietwohnungen in einem miserablen Zustand – jetzt konnte man offen und öffentlich darüber sprechen. Die »Connewitzer Alternative« gründete einen Verein und entwickelte ein Konzept: Volxküche, Migrantenprojekt, Dritte-Welt-Laden, Veranstaltungsräume, Café. Und: Sanierung der Altbausubstanz vor Plattenneubau. Nach weiteren Besetzungen verabschiedete der Oberbürgermeister 1992 die Leipziger Linie, derzufolge keine weiteren Besetzungen geduldet werden sollten. Die 1990er Jahre waren von Räumungen und Straßenkämpfen gekennzeichnet, wobei auch Neo-Nazis kräftig mitmischten.

Erwähnt werden muss ferner die Besetzung der Fabrik »Topf und Söhne« in Erfurt 2001, einer Ofenbaufirma, die 1878 gegründet worden war. Während des Naziregimes baute die Fabrik Verbrennungsöfen für Konzentrationslager. 1994 wurde sie nach Insolvenz stillgelegt. Die Besetzer bewohnten und belebten das Gelände acht Jahre lang, machten Führungen, klärten über die Geschichte des Werkes auf und gestalteten die Gebäude zu Treffpunkten der links-alternativen Szene um. Nach Verkauf an einen Investor wurde das Areal 2009 geräumt – gegen den heftigen Widerstand der Bewohner und erregter Demonstranten. Anschließend wurde die Fabrik stante pede plattgemacht. Das Verwaltungsgebäude existiert noch und wurde 2011 zum Erinnerungsort umgebaut mit einer Ausstellung zur Unternehmensgeschichte.

In Berlin war während der Jahre 1996 bis 1998 ein ehemaliger Bundeswehrgeneral zum Innensenator avanciert: Jörg Schönbohm. Innerhalb der Großen Koalition von CDU und SPD unter dem Regierenden Bürgermeister Eberhard Diepgen, der selbst auch immer ein entschiedener Gegner der Hausbesetzer war, wird Schönbohm zum starken Mann der Berliner Christdemokraten. Er gibt vor, an der *Berliner Linie der Vernunft* von 1981 festzuhalten, die vorsieht, Häuser nur dann zu räumen, wenn der Eigentümer Strafantrag stellt und es Finanzierungspläne gibt – ansonsten soll verhandelt werden. Doch es hat den Anschein, dass hier jemand Kreide gefressen hat und in Wahrheit der Berliner Hausbesetzerbewegung den Todesstoß versetzen will. Eine Räumung folgt auf die nächste. Ende Februar 1998 ordnet der Ex-General die Räumung des letzten besetzten Hauses, in die Pfarrstraße 104 in Lichtenberg, an. Dabei wird ein Hund von einem SEK-Mann erschossen. Der Schütze: »Jetzt ist er artig – würde einen schönen Bettvorleger abgeben.« Danach hat Schönbohm sein Ziel erreicht: Die Spreemetropole ist besetzerfrei – jedenfalls zu diesem Zeitpunkt und bis auf weiteres.

Von den drei bekanntesten Ost-Berliner Besetzungsobjekten, Schönhauser Allee 20, Kunsthaus Tacheles und Mainzer Straße, haben wir letzteres näher beschrieben. Doch was geschah mit den anderen beiden? Das Kunsthaus Tacheles in der Oranienburger Straße in Berlin-Mitte wurde, wie eingangs erwähnt, im Februar 1990 besetzt, und zwar von der »Künstlerinitiative Tacheles«. Die Besetzer, circa fünfzig Künstler aus Ost und West, die sich 1993 zu einem Verein (»Tacheles e. V.«) zusammenschlossen, konnten nicht nur die vorgesehene Sprengung des verfallenden Gebäudes verhindern, sie schafften es sogar, dass ihr Haus unter Denkmalschutz gestellt wurde. Im Laufe der Jahre entwickelte sich das Tacheles zu einem Treffpunkt für die alternative Kunst- und Kulturszene. Es gab dort viele Künstlerateliers, Galerien, ein Kino, ein Café und verschiedene Veranstaltungsräume für Off-Kultur. Als der Immobilienspekulant Anno August Jagdfeld (Firma Fundus GmbH) das Grundstück 1998 kaufte, gewährte er dem Tacheles e.V. zwar einen zehnjährigen Mietvertrag, aber als dieser zum Ende des Jahres 2008 auslief, konnte kein neuer Nutzungsvertrag mehr vereinbart werden. Schließlich gaben die Tacheles-Besetzer auf und verließen zwischen 2011 und 2012 nach und nach das Gebäude, das bis heute leersteht.

Und was passierte mit dem besetzten Haus in der Schönhauser Allee 20? Die Bewohner bekamen 2,5 Millionen von der Stadt für die Renovierung. Dazu eine Bewohnerin in einem Interview im Januar 1994 mit dem »telegraph«: »Als das Geld kam, begann die Gemeinschaft zu bröckeln. Viele haben sich Markenklamotten gekauft und sind ihren eigenen Weg gegangen.« – Willkommen in der neoliberalen Weltstadt Berlin!

46 **Wohnungsnot. In DDR-Großstädten breitet sich ein Wessi-Phänomen aus – »Schwarzwohner« besetzen leerstehende Wohnungen und Häuser.** In: »Der Spiegel« Nr. 13 vom 26. 3. 1990.
47 Die damalige offizielle Formulierung in der DDR war nicht »Ost-Berlin«, sondern »Berlin, Hauptstadt der DDR«.
48 In: »Junge Welt« vom 2. 1. 1990.
49 Armin Kuhn, **Vom Häuserkampf zur neoliberalen Stadt**, Münster 2014.
50 Andrej Holm, Armin Kuhn, **Häuserkampf und Stadterneuerung**, Blätter für deutsche und internationale Politik 3/2010.
51 **»Die Besetzer sprechen Schwäbisch«**. In: »Der Spiegel« Nr. 47 vom 19. 11. 1990.
52 Andrej Holm, Armin Kuhn, **Häuserkampf und Stadterneuerung**, a. a. O.
53 **Hausbesetzer. Reges Leben.** In: »Der Spiegel« Nr. 12 vom 21. 3. 1994.

Flüsterpropaganda in Ostberlin: »Du, da ist 'ne leerstehende Wohnung«

Erinnerungen von Sema Binia

Das Wohnungsproblem hatte ich die ganze Zeit im Hinterkopf, wusste von meinen Freunden, die immer Schwierigkeiten mit Wohnungen hatten, und manche, die haben sich dann einfach irgendwo reingesetzt. Ich weiß gar nicht mehr, haben wir das Wohnungsbesetzung genannt? Durch die Berliner »Abendschau« im Westfernsehen haben wir die Hausbesetzungen in West-Berlin mitbekommen und fanden das toll. Das müsste man hier auch machen, fanden wir. Aber es gab ja keine politische Bewegung im Osten. Na klar, man wollte 'ne eigene Wohnung haben und hat geguckt, was frei ist, und ist dann da einfach reingegangen. Das lief durch Flüsterpropaganda, da hat einer zum anderen gesagt: »Du, da ist 'ne leerstehende Wohnung.« Es wurden keine ganzen Häuser besetzt, das gab's erst im Zuge der Wende, zuerst im Prenzlberg in der Schönhauser Allee, dann das Tacheles-Gebäude in der Oranienburger Straße in Mitte und die Häuser in der Mainzer Straße in Friedrichshain. Zu DDR-Zeiten wurden immer nur Wohnungen in Beschlag genommen, je nachdem, wie man es brauchte. Vielleicht haben manche eine politische Aktion daraus machen wollen, aber im Grunde genommen war es kein politischer Akt, nicht vergleichbar mit West-Berlin.

Es war ja so: Die Wohnungen waren verkommen, und wenn der Staat das nicht schafft, dann kümmern wir uns eben darum, nehmen das privat in die Hand. Wir hatten alle so ein Gefühl, dass denen da oben das entgegengekommen ist, die waren eher froh. Das war zwar alles nicht ganz rechtens, und die hätten uns auch 'ne Strafe aufbrummen können. Haben die aber nicht gemacht. Vielleicht haben die Angst gehabt vor einem Aufruhr, weil das schon so viele waren, die Wohnungen besetzt hatten.

Also ich war, glaube ich, 22 Jahre alt und hab noch bei meiner Mutter gewohnt in Ost-Berlin. Das war 1984. Fast alle Freunde um mich herum haben eigene Wohnungen gehabt, aber für mich gab's gar keinen Grund auszuziehen. Bis dann eines Tages 'ne Freundin zu mir kam, die auch gleichzeitig 'ne Arbeitskollegin von mir war, und sagte: »Du Sema, da steht 'ne Wohnung leer, ganz in der Nähe in der Pappelallee. Du musst jetzt mal raus hier.« Ja, und dann sind wir da hingegangen. Das war in einem ziemlich alten, heruntergekommenen Mietshaus im Prenzlauer Berg, im ersten Stock. Wahrscheinlich haben wir ein Schloss aufgebrochen und dann ausgewechselt.

Das war eine Ein-Zimmer-Wohnung oder Einraumwohnung, wie man das nannte. Es gab keine Dusche, kein Bad mit Waschbecken, nur Ofenheizung und fließendes kaltes Wasser. Warmes Wasser konnte ich mir in der Küche machen, da stand eine Brennhexe, so ein alter Herd, den man mit Kohlen oder Holz befeuern musste. Auf dem hab ich gekocht – war sehr abenteuerlich. Dort hab ich die wunderbarsten Eierkuchen gebraten, hab das auf anderen Herden nie so hingekriegt.

Die Wohnung war eigentlich ganz süß. Es gab keinen Balkon, aber 'ne Balkontür; es gibt ja bei manchen Mietshäusern so 'ne Balkontür, wo man 'nen halben Fuß weit raustreten kann; ich glaub »Französischer Balkon« wird das genannt. Der Hinterhof war nicht gepflegt, aber es war so nett verkommen, so 'n Gestrüpp, und das blühte im Sommer alles durcheinander – ein sonniger, ruhiger Hinterhof mit zwei riesengroßen Bäumen, Pappeln, glaub ich. Um mich herum wohnten ältere Nachbarn, auch 'n paar junge, aber die meisten waren alt. Nebenan wohnte ein nettes junges Pärchen, das fast zeitgleich auf dieselbe Weise eingezogen war wie ich. Wir Jungen haben uns gegenseitig informiert, wie wir vorgehen, wenn jemand von der Kommunalen Wohnungsverwaltungen kommt. Einer von uns sagte: »Bei mir war diese Frau von der Wohnungsverwaltung, das war ganz easy, ihr braucht keine Angst zu haben, wenn die bei euch klingelt«. So war das. Und dann gab's einen Hausmeister, nicht der Hausbesitzer, weil die Wohnungen ja der Kommunalen Wohnungsverwaltung gehörten beziehungsweise dem Staat, wir waren ja ein Arbeiter-und-Bauern-Staat, kaum Privatbesitz. Aber der Hausmeister war zuständig fürs Haus.

Ich erinnere mich, es gab so gar keinen Gedanken daran, dass das jetzt verboten war. Es war eher so der Gedanke, dass es ja schade wäre, wenn die Wohnungen verfallen würden. Und ich dachte immer noch: Ja, ich will ehrlich sein und auch Miete bezahlen, aber wenn ich keine Kontonummer habe, geht es schlecht. Wenn mir irgendjemand 'ne Kontonummer gibt, überweise ich gerne, denn ich hatte einen Verdienst von circa 500 Ostmark damals, und die Mieten waren ja extrem billig dort.

Das ist für mich auch so ein Ausdruck einer wertlosen Gesellschaft gewesen, wenn dem Staat nichts daran liegt, dass du wirklich auch dafür bezahlst, was du nutzt, was du kaufst oder was du mietest, 30 Ostmark im Monat für Miete und 5 Pfennige für eine Schrippe, das war eigentlich geschenkt und hinterhergeworfen. Davon kannst du das Haus auch nicht erhalten. Wer soll das dann bezahlen? Die hätten gut und gerne das Doppelte, Dreifache an Miete nehmen können. Ich hab das nicht verstanden. Das war halt die Ideologie von dieser Arbeiter-und-Bauern-Gesellschaft, dass die existenziellen Dinge gesichert sind.

Da saß ich nun in meiner Einraumwohnung, und meine Freundin hat mich irgendwann dem Hausmeister vorgestellt, der auch in dem Haus wohnte. Ich weiß nicht mehr genau, wie wir das dem erklärt haben. Man musste versuchen, die verschiedenen Zuständigen auszutricksen, um in einer Wohnung zu wohnen. Ich musste mich ja auch polizeilich anmelden, hab der Polizei nur gesagt, ich hab 'ne Wohnung, ich bin umgezogen, weiter nichts. Das haben sie akzeptiert, und dann hatte ich 'ne polizeiliche Anmeldung.

Eines Tages klingelte es, ich mach auf, steht 'ne Frau vor der Tür: »Guten Tag, ich bin von der Kommunalen Wohnungsverwaltung, Sie wohnen jetzt hier?« Mein ich: »Ja.« Da sagte sie: »Wollen Sie denn hier weiter wohnen bleiben?« Mein ich: »Ja«, meint sie: »Dann kommen Sie doch nächste Woche, dann und dann, und wir machen einen Mietvertrag.« So, dacht ich, wunderbar, hat alles gut geklappt. Und das war´s.

Das Wohnungsamt war hoffnungslos überfordert mit dem Leerstand. Die haben das, weiß der Teufel warum, einfach nicht hinbekommen, den Leuten Wohnungen zu geben. Vielleicht lag es auch daran, dass sie die Wohnungen erst in Ordnung bringen wollten, für eine saubere Vermietung. Denn das waren oft Bruchbuden. Ich hatte mit meiner Wohnung noch relativ Glück gehabt, da war nicht viel kaputt.

Ich kann mich erinnern, dass ich Freunde hatte, die schon Kinder hatten und noch bei ihren Eltern wohnten, da war Platznot ohne Ende. Die sind immer zum Wohnungsamt gegangen, wo man sich angemeldet hat für 'ne neue Wohnung, und das dauerte Jahre. Es gab welche, die bekamen nie 'ne Wohnung. Da hieß es dann: »Nehmt quengelinge Kinder mit, wenn ihr da 'nen Termin habt beim Wohnungsamt, und sagt den Kindern vorher, sie sollen ordentlich Krach machen und ungeduldig sein, so dass die Sachbearbeiter dort nervös werden oder einfach genervt sind und vor lauter Nervereien dem Antrag stattgeben.«

Es gab auch noch andere Wege, um eine Wohnung zu bekommen, wie das Beispiel meiner Mutter zeigt. Die wollte raus aus ihrer Wohnung, obwohl ich die ganz nett fand. Sie hatte sich schon Jahre vorher, in den 1970er Jahren, bei der »AWG« angemeldet, das war die »Arbeiterwohnungsbaugenossenschaft«, die auch Plattenbauten in Marzahn gebaut haben; zur Zeit der Anmeldung war noch nicht mal der Grundstein gelegt. Denn es gab ja dieses Wohnungsbauprogramm nach irgendeinem Parteitagsbeschluss Anfang der 1970er Jahre, wonach bis 1990 jeder DDR-Bürger eine Wohnung haben sollte. Deswegen wurden diese Plattenbauten in Marzahn hochgezogen, damit man schnell viele Wohnungen hat. Als die fast fertig waren, konnte man sich selbst dran beteiligen. Man konnte dann sozusagen mitbauen. Ich glaub, das war ein unentgeltlicher Arbeitseinsatz nach dem Vorbild des russischen Subbotnik. Da hieß es dann immer: »Auf die Baustelle und mithelfen«, weil die Bauarbeiter das alleine wohl nicht geschafft haben. Also irgendwelche leichteren Arbeiten müssen das gewesen sein. Oder wenn ein Ehemann von Beruf Maurer oder so was war, da wurden Stunden gutgeschrieben. Und je mehr Stunden du gemacht hast, umso eher hattest du einen Anspruch auf 'ne Wohnung, und die Auswahl an Wohnungen war größer. Also das war dann eher so der Kompromiss. Das hat meine Mutter gemacht. Ich fand das affig, wer wollte denn nach Marzahn in so 'ne Plattenbausiedlung?

Aber in den Plattenbauten gab es ja auch Kulturzentren und Restaurants. Ich kann mich erinnern, dass ich, als ich noch im Berliner Ortsteil Biesdorf gewohnt habe, häufiger in das dortige Plattenbauviertel in die Discothek gegangen bin – Mittwoch und Samstag abends. Es gab auch Leute, die sagten, in zehn oder zwanzig Jahren wird das ein grüner Bezirk werden, wenn die Bäume erst hoch gewachsen sind. Und das stimmt, teilweise ist es wirklich sehr grün, und landschaftliche Strukturen sind auch erhalten geblieben. Zum Beispiel diese Wuhle, so ein kleiner Fluss, da ist es eigentlich ganz nett. Aber mich hat diese Massenansammlung von Leuten eher abgestoßen, und die »Prolls«, mit denen man irgendwie nicht auf einer Wellenlänge lag. Obwohl, es gab ja auch Leute wie den Dramatiker Heiner Müller, der ist ja mit Absicht in so 'ne Neubauwohnung gezogen. Der wollte richtig unters Volk.

Diese Erinnerungen erzählte Sema Binia, Mitglied der Berliner Geschichtswerkstatt, im April 2015.

Ohne Schlüssel

In der DDR hat Angela Merkel ein Haus in Berlin-Mitte besetzt. »Als ich mich von meinem ersten Mann getrennt habe, brauchte ich eine Wohnung. Da hat mir jemand den Tipp gegeben: in der Templiner Straße. Dann bin ich dort in die leerstehende Wohnung eingebrochen mit einem Schlüssel – nein, mit einem Schlüssel eben nicht. Ich habe das Schloss aufgebrochen.« Nachdem sie schon einige Zeit in der besetzten Wohnung gewohnt hatte: »Eines Tages fand ich in meinem Briefkasten einen Zettel: Alle müssen ausziehen und bekommen neue Wohnungen angeboten. So bin ich dann in die Schönhauser Allee 104 gekommen. Das war dann meine erste Wohnung mit Gasheizung und einem Bad.«

millaialfons, **»Dann bin ich da eingebrochen«**. In: SPIESSER-Magazin # 166, https://www.spiesser.de/artikel/dann-bin-ich-da-eingebrochen?page=0,1

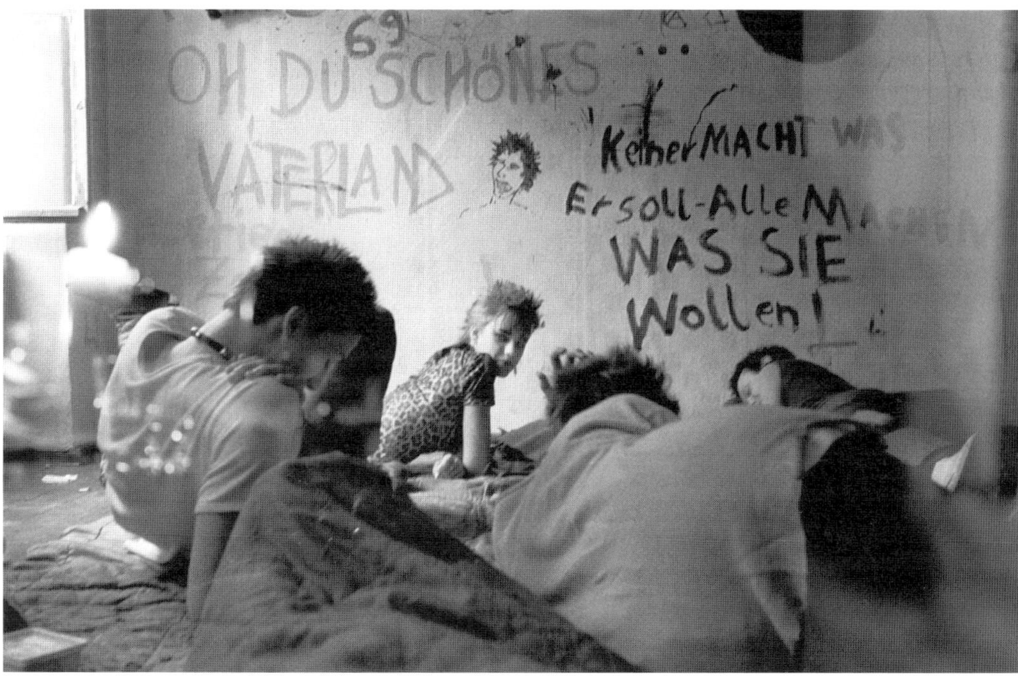

Punks in einer besetzen Wohnung im Prenzlauer Berg, Berlin, 1982

ANDERE SCHAUPLÄTZE IV:

Hausbesetzerbewegungen
im nahen Ausland

DÄNEMARK, NIEDERLANDE, SCHWEIZ, ÖSTERREICH

Die Bewegung der »squatter« in England ist wohl die älteste Hausbesetzerszene europaweit, sie existiert seit dem Mittelalter. Ihr ist es zu verdanken, dass sich Häuserkämpfer auch in anderen Ländern gerne squatter nennen. In den 1960er und 1970er Jahren machten in Italien Linksradikale mit Mieter- und Besetzungsaktionen auf sich aufmerksam, es gab intensive Kontakte vor allem nach Frankfurt am Main und zu den dortigen Aktivisten. Bei den Jugendunruhen in der Schweiz und in Österreich mischten Hausbesetzer an vorderster Front mit, sie beeinflussten die Szene im Süden Deutschlands. Die »Freistadt Christiania« in Dänemark, ein besetztes und lange als Alternativprojekt gehaltenes Areal in Kopenhagen, zog Erlebnistouristen aus ganz Europa an, auch deutsche Hausbesetzer holten sich hier ihre Inspiration. Die »Kraker« in Holland schließlich reisten zu größeren Treffen und Solidemos von Hamburger oder Berliner Hausbesetzern an, mit ihnen gab es in der Bundesrepublik seit den 1970er Jahren lebhaften Austausch.

Wir bieten einen Einblick in die Besetzerszenen im Ausland – aus Platzgründen beschränken wir uns auf jene Länder, die an Deutschland angrenzen.

DÄNEMARK

»Um füreinander da zu sein«

Squatter im Königreich Dänemark

»Es war eine sehr fruchtbare Zeit. Wir träumten davon, eine alternative Gesellschaft zu schaffen. Eine Gesellschaft, aus der all die weniger angenehmen Dinge der Welt verschwunden wären. Wir legten unser Geld zusammen, wir tauschten unsere Kleider untereinander aus und teilten alles. Das Privateigentum sollte abgeschafft werden«[54], so die Erinnerungen des dänischen Journalisten Jacob Ludvigsen knapp vier Jahrzehnte später, als die Flower-Power-Bewegung ihren Höhepunkt zwar überschritten hatte, die Träume der Hippies aber noch nicht ausgeträumt waren.

Diese Träume fanden den Weg ihrer Erfüllung schließlich im Kopenhagener Stadtteil Christianshavn. Dort gab es ein verlassenes, sehr schön gelegenes Kasernengelände, mit Wasserflächen ringsherum und Grünanlagen, allerdings umgeben von Mauern und Zäunen. Es war der 4. September 1971. Ludvigsen und eine Handvoll Bewohner aus der Umgebung rissen einen Teil des Zaunes einfach nieder. Einige der Eindringlinge, Eltern mit Kindern, nutzten den eroberten Bereich als Spielplatz für ihre Kids, andere, wie Obdachlose und Freaks, hatten die freie Auswahl, eines der über hundert Häuser in Beschlag zu nehmen. Nur 22 Tage später wurde in Ludvigsens Zeitung »Hovedbladet« (»Das Hauptblatt«) *Christiania* als gelobtes Land ausgerufen. Da das ehemals militärisch genutzte Areal so groß wie etwa dreißig Fußballfelder war, wollte man mehr Besetzer anlocken, und so kam es zu dem legendären Aufruf an Gleichgesinnte: »Wandert aus, zu der neuen freien Stadt mit dem Bus Nummer 8!« Die Ansage wurde erhört. Außenseiter wie Hippies, dänische *Slumstürmer* und Künstler kamen, aber ebenso Studierte mit einer Ausbildung wie Pädagogen, Sozialarbeiter und Architekten. Bis zum Winter 1971/72 waren über zweihundert Freigeister und sozial Schwache in Christiania aufgelaufen, unter ihnen auch Familien mit kleinen Kindern. Eine antiautoritäre Love-and-peace-Gemeinschaft möchte auf einem Gelände Wurzeln schlagen, wo es einst um Waffen, militärischen Drill, Befehl und Gehorsam ging. Ob das wohl gutgeht? Ausgerechnet der damalige Verteidigungsminister Kjeld Olesen sah in Christiania ein »soziales Experiment« und machte sich für dessen Unterstützung stark, während der mehrheitliche Rest der dänischen Politiker in der Anfangszeit eher mit anderen Dingen beschäftigt war und dem Projekt wenig Beachtung schenkte, was erst einmal zu einer Art stillschweigender Duldung führte.

In den nächsten Jahren versuchten sich die Christianitter, wie sie sich selbst nannten, so gut wie möglich einzurichten. Durch Verhandlungen wurden lebenswichtige Grundversorgungen erreicht wie der Anschluss an das Strom- und Wassernetz und die Auffüllung eines vorhandenen Öltanks. Doch nach circa fünf Jahren machten sich die reaktionären Strömungen, denen die »Anarchistenrepubik« ein Dorn im Auge war, immer lauter bemerkbar. Das Wort »Räumung« tauchte auf und fand Anfang 1976 mehr und mehr Zuspruch, immerhin waren zu dieser Zeit circa 60 Prozent aller Dänen dafür. Christiania war in die Schlagzeilen geraten, und es gab Negativäußerungen wie »Sozialkloake« oder »Riesenhurenloch«. Volkes Stimme repräsentierte ein gewisser Herr Hansen, der vor laufender Kamera forderte: »Schließt den verdammten Ort! Wir haben von Haschischproblemen gehört, von Diebstahl, Kriminellen, Alkohol und asozialem Verhalten.« Erstaunlicherweise war Familie Hansen trotzdem bereit, für eine Woche nach Christiania zu ziehen, um sich vor Ort umzuschauen. Als sie nach sieben Tagen Freistadt-Leben zurückkehrte, war sie geläutert: »Christiania hat eine zweite Chance verdient«, so Herr Hansen hinterher, und auch seine Ehefrau »war beeindruckt von dem Zusammenleben, um füreinander da zu sein, ohne Statussymbole«[55]. Der Bericht über die Hansens und deren Erlebnisse in der Alternativenklave im dänischen Fernsehen hatte hohe Einschaltquoten und sorgte tatsächlich für einen Stimmungsumschwung im Land, denn nun war immerhin eine knappe Mehrheit gegen die Schließung der Freistadt.

Einer, der im August 1975 nach Christiania kam und dort für dreieinhalb Jahre lebte, war John »Kaptain« Banse, ein Bilderbuchfreak mit einem riesigen Piratenherzen auf dem rechten Fleck, der auch schon im Georg-von-Rauch-Haus und später im Wagendorf Wuhlheide gewohnt hatte. Kaptain Banse schlich sich heimlich, aus Nordfriesland kommend, wo er auf dem Bauernhof von Ton Steine Scherben eine Zeitlang gelebt hatte, über die grüne Grenze nach Dänemark. John: »Ich danke Rio Reiser heute noch, dass er mich nach Christiania geschickt hat, es war auch an der Zeit für mich, den Hof in Fresenhagen zu verlassen. In dieser selbstverwalteten Lebensgemeinschaft in Dänemark habe ich endlich Menschen getroffen, mit denen ich positiv arbeiten konnte. Ich habe dort das Bäckerhandwerk gelernt und die Christiania-Bäckerei mit aufgebaut. Es ist wunderschön, Menschen aus aller Welt zu treffen und Sprachen zu lernen. Das geht am besten an einem Platz wie Christiania. Durch meinen Aufenthalt dort spreche ich heute Englisch, Spanisch, Dänisch, Schwedisch, Norwegisch und etwas Holländisch. Dieser ungewöhnliche Ort ist eine Lernstadt, in der sich suchende junge Menschen verwirklichen können.«

Während sich Kaptain Banses Lernstadt in der Folgezeit zu einem sozial funktionierenden Dorf entwickelt, in dem es Läden, Cafés, Kneipen, Kultureinrichtungen wie Schulen und Kindergärten, verschiedene Handwerksbetriebe, eine interne Post und sogar eine Krankenstation gibt, kommt es 1982 im Kopenhagener Stadtteil Nørrebro zu einer weiteren schlagzeilenträchtigen Besetzung. Mitglieder der »BZ-Bewegung« (eine in den 1980er Jahren neu entstandene dänische autonom-linksradikale BesetzerInnenbewegung) erkämpfen das traditionsreiche »Ungdomshuset« (Jugendhaus) am Jagtvej 69, das schon in der Vergangenheit Treffpunkt linker Gruppen war und von Revolutionären wie Lenin, Rosa Luxemburg und Clara Zetkin besucht worden war. Ziel der BZler ist die Gründung eines selbstverwalteten Jugendhauses. 25 Jahre lang gestalten die Jugendlichen ihre Freizeit selbst, verkaufen in ihrer Vokü günstiges Essen und veranstalten Konzerte ohne pädagogische Aufsicht. In den 1980er und 1990er Jahren war das Ungdomshuset der Mittelpunkt des Kopenhagener Undergrounds. Trotz weitgehender Akzeptanz erfolgte nach langen Auseinandersetzungen, in denen es auch um die Besitzverhältnisse des Ungdomshuset ging, 2007 unter großen Protesten die Räumung.

Dieses Schicksal blieb den ungefähr 900 Christianittern, die in circa 300 Hütten, Häusern und Bauwagen leben, erspart, denn im Juli 2012 wird die autonome »Fristaden« – so der dänische Name – endgültig legalisiert und zwar mit Hilfe eines privaten Fonds und einer Stiftung. Doch auch die »erfolgreichste und langlebigste Kommune der Welt«[56] hatte zuvor mit großen Problemen zu kämpfen, vor allem mit Polizeirazzien und dem Handel mit illegalen Drogen sowie deren Konsum. Darüber hinaus führte der Drogenhandel zeitweise zu Gewaltkriminalität.

Heute geht es vergleichsweise friedlich zu, wenn auch diese ungewöhnliche Aussteigerwelt ihre Eigenarten hat, die es zu beachten gilt, will man nicht von unliebsamen Ereignissen überrascht werden. Denn neben einem Fotografierverbot in der Pusher Street, sind auf dem ganzen Gelände auch Drogen, Motorräder und Autos verboten.

Eine unangenehme Überraschung erlebte der Publizist Henryk M. Broder, der Christiania 2009 mit Freunden besuchte. In der Pusher Street, wo Marihuana verkauft wird, ignorierte Broder das dort ausgeschilderte Verbot des Fotografierens. Was daraufhin geschah, schildert er wie folgt: »Plötzlich stehen ein paar muskulöse junge Männer vor uns. Zuerst denke ich, sie wollen uns etwas verkaufen, aber sie machen schnell klar, dass sie es sind, die etwas haben möchten: meine Kamera. Ich verweigere die Herausgabe. Die nachfolgende Unterhaltung ist kurz und endet damit, dass ich am Boden liege und sehe, wie meine Nikon in einer alten Öltonne landet, aus der Flammen schlagen, was ökologisch sicher nicht die beste Art ist, Hightech-Artikel zu entsorgen. Uns bleibt nur der Rückzug. Wir halten ein Taxi an und lassen uns zum nächsten Polizeirevier fahren. […] Ich habe die naive Vorstellung, dass die beiden Polizisten, die wir antreffen, mit uns nach Christiania fahren sollten, damit ich die Täter identifizieren kann. Sören Nielsen und sein Kollege Henning Petersen schauen mich an, als hätte ich ihnen vorgeschlagen, sich nach Kabul versetzen zu lassen. ›Wir gehen da nicht rein‹, sagt der eine, ›sogar in Zivil müssen wir fürchten, erkannt zu werden‹, meint der andere. Und: ›Wir müssten mindestens 50 Leute haben, sonst machen die uns alle.‹«[57] – Allein schon …!

54 **»Der dänische Freistaat Christiania«**, TV-Dokumentation aus der Sendereihe »Orte des Erinnerns« im WDR, 2004.
55 Ebd.
56 Christoph Gunkel, **Freistaat Christiania. Staatsgründung mit Bolzenschneider**. In: »Spiegel Online« vom 13. 9. 2011.
57 Henryk M. Broder, **Freistadt Christiania. »Auf eigene Gefahr«**. In: »Spiegel Online« vom 23. 8. 2009.

Hase und Igel

Liisa aus Helsinki erzählt von der Besetzung einer Kokosseifenfabrik in den 1990er Jahren. In der ersten Nacht der Besetzung hörten die squatter verdächtige Geräusche. Ein Stein flog durch die Scheiben. Da war ein weiterer Trupp Jugendlicher dabei, das Gelände zu erobern. Die Erstbesetzer riefen die Polizei. Die kam dann auch sehr schnell und sagte nur: »Diese Fabrik ist schon besetzt.« Der Trupp Jugendlicher musste das Gelände verlassen. Die Besetzung war letztendlich erfolgreich. Heute befindet sich hier die Theaterakademie.

NIEDERLANDE

»Bleiben, aus Prinzip!«

Die Kraker aus Holland

Ende der 1960er Jahre wurde Hollands Hauptstadt Amsterdam zum Mekka von Aussteigern, Hippies und Spontis. Vieles, was diese liberale Hafenstadt erlaubte, war in anderen Städten verpönt oder verboten. Doch es kamen nicht nur Freaks. Eine Unmenge von Einwanderern aus Übersee und Afrika träumten ebenfalls von einem besseren Leben in der Multikulti-Metropole, und sie alle begehrten Wohnraum, von den Wohnbedürfnissen der Einheimischen ganz zu schweigen. Dem riesigen Heer von Wohnungssuchenden standen auf der anderen Seite die Immobilienspekulanten gegenüber, die sich ganz harmlos *Investoren* nannten. Sie scheuten sich nicht, ganze Straßenzüge mit schönen alten Wohnhäusern in Amsterdam aufzukaufen, um diese in teure Apartments oder Büros umbauen zu lassen. Hausbesitzer, die ihre Häuser nicht verkaufen wollten, sanierten diese stattdessen mit günstigen Fördergeldern des Staates. Anschließend boten sie ihre Immobilien zu horrenden Mieten an, die kaum jemand zu bezahlen in der Lage war. Diese Praktiken führte dazu, dass viele Tausend Wohnungen leerstanden.

Manch einer fragte sich, ob der oft jahrelange Leerstand nicht einen Einnahmeverlust bedeuten würde? Die Antwort war nein, denn die Bodenpreise stiegen so schnell, dass die Verluste locker ausgeglichen wurden.

In dieser Notsituation gab es Menschen, die sich überlegten, was sie selbst tun könnten, um das Problem zu beheben oder abzumildern. Die Künstler, Intellektuellen und Studenten, die sich zuvor in der subkulturellen Bewegung der »Provos« organisiert hatten, kamen erneut zusammen und gründeten eine Selbsthilfegruppe: die sogenannten Kraker. Die Kraker waren Aktionisten, die sich zum Ziel gesetzt hatten, leerstehende oder verlassene Wohnungen aufzubrechen, um sie zu besetzen beziehungsweise um dort einzuziehen. Das *Kraken*, das Geräusch, das beim Aufbrechen einer Tür entsteht, gab diesen Hausbesetzern ihren Namen.

Die Kraker hatten relativ leichtes Spiel, denn es gab in Holland ein altes Gesetz von 1914, das besagte, wer in einer leerstehenden Wohnung das »Krakset« (Besetzungsset) aufstellt – ein Bett, einen Tisch und einen Stuhl –, der genießt den Hausfrieden und gilt ab sofort als Bewohner. Oft riefen nach erfolgreicher Besetzung und der Aufstellung des Kraksets die Kraker selbst die Polizei, um die Besetzung ordnungsgemäß zu melden. Denn nach der »ordentlichen« Besetzung einer leerstehenden Wohnung durften weder der Eigentümer noch die Polizei die Unterkunft betreten.

Illegal war einzig das gewaltsame Aufbrechen der Haus- beziehungsweise der Wohnungstür. Deswegen traten die Kraker meist als Gruppe von bis zu fünfzig Personen auf, die sich schützend als Menschentraube vor diejenigen stellten, die mit dem Brecheisen hantierten. Wollten die betroffenen Hauseigentümer die Kraker vertreiben, mussten sie eine private Räumungsklage einreichen und dem Gericht Nutzungspläne vorlegen. Dazu mussten sie den vollen Namen des Besetzers angeben, also Vor- und Familiennamen. Das war insofern nicht einfach, als von den Krakern meist nur der Vor- oder Spitzname bekannt war.

Bis in die 1980er Jahre hinein wurden so oder ähnlich Zigtausende von Wohnungen »gekrakt«, in Amsterdam und in anderen Städten. Dazu kamen noch unzählige Hausboote, die in den Amsterdamer Grachten illegal vor Anker lagen. Und die Sympathie bei der einfachen Bevölkerung für die Kraker wuchs so immens, dass von einer alternativen Massenbewegung gesprochen werden konnte. Auch gab es zwischen der deutschen Hausbesetzerszene und den holländischen Krakern gelegentliche Treffen, um Informationen auszutauschen.

Im Jahre 1986 beschloss die niederländische Regierung, dem Strafgesetzbuch einen Artikel hinzuzufügen, welcher das alte Gesetz relativierte und den Hausbesitzern in die Hände spielte: Nun musste ein Haus mindestens sechs Monate leerstehen, bevor es straffrei gekrakt werden durfte. Ab 1994 wurde die Leerstandspflicht von Wohnräumen für straffreies Kraken sogar noch verdoppelt, also auf ein ganzes Jahr erhöht. Diese gesetzlichen Vorgaben waren für Kraker eine nicht unerhebliche Hürde. Dagegen wurde es für die Hauseigentümer zusehends einfacher, einen Räumungsbefehl zu erwirken, denn bei den Gerichten schien ein Umdenken stattzufinden. Zum Beispiel reichte es oft schon, wenn der Anwalt des Investors die Quittung einer Glühbirne vorgelegte, die scheinbar ausgewechselt worden war, denn das bewies angeblich schon die Nutzung des Wohnobjektes und das hieß: kein Leerstand.

In diesen Jahren entwickelte sich auch das »antikrak«, eine Organisation, die zwischen den Spekulanten und den Wohnungssuchenden vermittelte und damit gutes Geld verdiente. Die dahinterstehende Idee ist simpel: Den Immobilieneigentümern war es lieber, fremde Leute bewachten ihre Wohnungen – wenn auch zu günstigen Konditionen, das heißt geringen Mieten –, als dass Kraker, die gar nichts bezahlten und rausgeklagt werden mussten, sich dort breitmachten. Deshalb beauftragten die Besitzer Immobilienverwalter, die sich darum kümmerten, geeignete antikrak-Mieter oder besser gesagt Bewacher zu finden, die keinen Mietvertrag, sondern lediglich eine befristete Nutzungserlaubnis erhielten. War das geschehen, konnte und durfte die Immobilie nicht mehr gekrakt werden, weil sie ja nicht mehr leerstand. Dieser Umstand bewirkte, dass die ehemalige Massenbewegung der Krakerszene auf circa 2000 Mitglieder schrumpfte, während die Antikrak-Bewegung auf 30 000 Teilnehmer anstieg.

Im Jahre 2009 fand sich im Parlament der Niederlande eine Mehrheit für ein neues *Anti-Kraker-Gesetz.* Hausbesetzungen wurden verboten. Bei Zuwiderhandlungen drohte den Krakern ein Jahr Gefängnis; in schweren Fällen (zum Beispiel bei Gewaltausübung) sogar bis zu zwei Jahren und acht Monaten. War das das Ende des Hausbesetzerparadieses in Europa? Dazu die Studentin Michelle im Oktober 2009, die als Krakerin selbst in einem besetzten Haus in Amsterdam wohnt: »Ich werde in jedem Falle bleiben, aus Prinzip! Ein solches Haus lässt man nicht jahrelang leerstehen, nur weil man spekulieren und mehr Geld dafür bekommen will, während Leute wie ich verzweifelt ein Dach über dem Kopf suchen!«[58]

58 Kerstin Schweighöfer, **Schluss mit »Kraken«. Die Niederlande wollen Hausbesetzer vor Gericht bringen**. In: http://www.deutschlandfunk.de/schluss-mit-kraken.795.de.html?dram:article_id=118360

SCHWEIZ

»Machet us em Staat – Gurkesalat«

Von Ingo Rose

Es begann mit den sogenannten Opernhauskrawallen. Der Zürcher Stadtrat hatte gerade 60 Millionen Franken für die Restaurierung des Festspielhauses genehmigt, aber 300 000 Franken für ein Jugendzentrum waren ihm zu viel. Zeitgleich bewilligte er 500 000 Franken für die Anschaffung neuer Wasserwerfer. In dieser frühen Phase des Konflikts hätte man noch diskutieren können. Doch der Staat, völlig unvorbereitet, reagierte reflexhaft mit deutlich überzogener Gewalt. Das brachte das Fass zum Überlaufen. Auch in der Schweiz war eine Generation junger Menschen herangewachsen, die tatkräftig und aggressiv ihren Platz in der Gesellschaft beanspruchte. Und diese Jugendlichen waren selbstbewusst. Als dann das »Autonome Jugendzentrum« (»AJZ«) unweit des Bahnhofs geschlossen werden sollte, kam es zu Auseinandersetzungen zwischen der Bevölkerung und der Exekutive, wie sie die Schweiz lange nicht erlebt hatte. Auf beiden Seiten gab es viele Hundert Verletzte und Sachschäden in Millionenhöhe. Ein Gefühl der Unsicherheit, wenn nicht gar der Bedrohung machte sich breit. Oder war die Eintracht immer nur eine trügerische gewesen?

Ausgerechnet ein Musikstil wie der Reggae sollte bei den Krawallen eine Rolle spielen. Als am 30. Mai 1980 Betroffene und Sympathisanten vor dem Opernhaus demonstrierten, stießen die Besucher eines Bob-Marley-Konzerts (»Get Up, Stand Up«) hinzu und mischten mit, es kam zu heftigen Ausschreitungen. Ein Jahr zuvor war ein Konzert von Jimmy Cliff (»The Harder They Come«) gewaltsam aufgelöst worden – das hatte man in der Szene nicht vergessen. In Zürich war 1979 die Arbeitsgemeinschaft »Rock als Revolte« entstanden, es ging um Proberäume fürs Musikmachen und Diskutieren. Im Jahr darauf formierte sich die Aktionsgruppe »Rote Fabrik« ebenfalls mit der Forderung, Freiräume zu schaffen. Die Fabrik, 1892 erbaut, heißt so, weil die Gebäude einer Seidenweberei aus roten Backsteinen bestehen, aber auch weil linke Gruppen sich für deren Umnutzung einsetzten. Das Areal wurde von der Stadt erworben und sollte zugunsten einer Straßenerweiterung abgerissen werden. Eine Volksinitiative kämpfte erfolgreich für den Erhalt der Fabrik und ihre Umwandlung in ein Kulturzentrum. Die Stadt hielt sich aber nicht daran, vermietete stattdessen Räume an Gewerbetreibende, auch an das Opernhaus. Aufgrund der Krawalle wurde dann 1980 zunächst provisorisch ein Kulturzentrum etabliert. Sieben Jahre später entschied schließlich eine Volksabstimmung, dass die Rote Fabrik als Kulturzentrum weiterhin genutzt und subventioniert werden sollte. Lange war sie der einzige städtische Spielort für freie Theatergruppen, insbesondere im Bereich des Kinder- und Jugendtheaters. Sie wird basisdemokratisch im Kollektiv geführt und genießt über die Landesgrenzen hinaus einen sehr guten Ruf. 1983 gaben Ton Steine Scherben hier ein Konzert.

Warum sind diese Freiräume so wichtig? Einer der Aktivisten der ersten Stunde, Richard Wolff, der damals das Kulturzentrum Rote Fabrik durch die Abstimmung brachte und heute für das Stadtforschungsinstitut Inura arbeitet: »Kreative Freiräume sind grundlegend für die Stadtentwicklung. Um es mit der Globalisierungskritikerin Naomi Klein zu sagen: Es sind die Orte, an denen Zeichen, Codes, die neuen Symbole entstehen. Sie ermöglichen den Fortschritt, die Weiterentwicklung der Kultur. Wenn es solche Orte in einer Stadt nicht mehr gibt, dann verkommt sie zur Ödnis: wie Singapur, eine Weltmetropole, aber kulturell langweilig. Auch in der Schweiz und in Zürich gibt es diese Tendenz, alles zu standardisieren, zu reglementieren, zu kontrollieren, bis zu den Pedaloverleih- und Marronihäuschen.«[59]

Am Mittwoch, den 21. Januar 1981 besetzen Aktivisten der Zürcher Jugendbewegung mehrere leerstehende Häuser am Limmatquai, in der Brandschenkestraße, Kirchgasse und Wandschinkenstraße. Mit einem Flugblatt hatten sie die Aktion angekündigt. Schon am Nachmittag des Einzugstags wird das Haus am Limmatquai von der Polizei geräumt. Daraufhin ruft ein Piratensender auf der Frequenz einer stadtbekannten Radiostation zum Widerstand gegen den erwarteten Polizeieinsatz in der zweiten besetzten Liegenschaft auf. Da ist die Räumung jedoch schon im vollen Gang. Die Polizei nimmt insgesamt fünfzehn Personen fest. Ihnen wird Hausfriedensbruch und Sachbeschädigung vorgeworfen. Ein mehrstöckiges Gebäude in der Kirchgasse wird ebenfalls am Nachmittag dieses Tages in einer Blitzaktion von der Polizei geräumt. Die Besetzer hatten sich morgens darin verbarrikadiert und an Balkonen und Fenstern Transparente angebracht: »Wir nehmen zurück, was uns gehört«. Als dann die Polizei erscheint, verschießen die Besetzer Schweizer Kracher. Neugierige und Schaulustige werden aus dem Haus heraus per Megafon über die Ereignisse informiert: Die polizeiliche Räumung sei eine Provokation, die man mit Demonstrationen und Protesten beantworten müsse. Nach dieser Aktion lassen sich die Besetzer widerstandslos verhaften. Der Tag ist allerdings noch nicht zu Ende. Das seit dem Vormittag besetzte Haus in der Wandschinkenstraße wird ebenfalls von der Polizei gestürmt. Sieben Besetzer hatten das leerstehende Wohngebäude geentert und auf Spruchbändern, die auffallend ähnliche Forderungen wie jene vom Limmatquai trugen, bekundet, dass das Haus ihnen gehöre. Die Besetzer leisten den zwanzig Stadtpolizisten gegenüber bei der Festnahme keinen Widerstand. So werden also an einem Tag mehrere Häuser in Zürich besetzt und flugs wieder geräumt – die Linie der Politik ist kompromisslos.

Auch in Städten wie Basel, Bern oder Lausanne wird bald protestiert, zum Teil begleitet von gewalttätigen Ausschreitungen – gegen die Wohnungsnot oder den Überwachungsstaat. Bei den Demonstrationen werden erstmals auch Nonsensparolen skandiert: »Machet us em Staat – Gurkesalat«, »Freiheit für Grönland – weg mit dem Packeis«. Das ist auch eine satirische Antwort auf die allzu ernsten Parolen der 68er, die nun abgemeldet sind.

Heinz Nigg, Politikwissenschaftler und Ethnologe, hat in seinem Buch »Wir wollen alles, und zwar subito!« die Folgen der Jugendunruhen in der Schweiz dokumentiert. Seine These: Sie brachen nur scheinbar aus heiterem Himmel aus. Die Öffentlichkeit war erstaunt und erschrocken über die phantasiereiche und zugleich gewaltbereite neue soziale Bewegung.

Ein Großteil der Jugendlichen politisierte sich, weil sie die Selbstzufriedenheit der Elterngeneration nicht mehr ertrugen. Ihr Wunsch nach eigenen Freiräumen und einem Leben jenseits sinnentleerter Normen und ihre Themen Wohnungsnot, Überwachung und Drogenpolitik stießen in der Eidgenossenschaft auf wenig Verständnis. Beinahe zwei Jahre lang wurde dieser Konflikt in einer Weise ausgetragen, die man bis dahin nur aus dem Fernsehen und aus anderen Ländern kannte. Und es dauerte lange, bis sich bei den Älteren die Erkenntnis Bahn brach, dass dieses Aufbegehren mehr war als fehlgeleiteter jugendlicher Übermut. Hier artikulierte sich etwas, was alle anging, und wenn der Staat auch Härte demonstrierte, in der Zivilgesellschaft setzte Stück für Stück ein Umdenken ein.

In Basel vollzieht sich der Protest in zwei Wellen; zunächst von 1978 bis 1982 und dann von 1986 bis 1989. Wichtigste Forderung ist die Zuweisung von Freiflächen und Räumen, die von den Jugendlichen völlig autonom und nach den eigenen Vorstellungen genutzt werden können. Die alte Stadtgärtnerei wird zu einem sozialen Zentrum umgebaut. In Bern drehen sich die Auseinandersetzungen um das »Zaff araya«. Das »Freie Land Zaffaraya«, ein Zelt- und Wagendorf auf dem Gelände eines ehemaligen Gaswerks, wird 1985 aufgebaut. Hier gibt es einen Musik- und Tanzpavillon, ein Freiluftkino, man baut Gemüse an und hält Hühner, Schweine und Ziegen. Das Zaffaraya wird zusammen mit der Reithalle, der Dampfzentrale und dem Gaskessel zu einem Symbol für die Jugendrevolte in Bern. Mehr als zwei Jahre lang wird die experimentelle Wohnsiedlung geduldet, bis sie dann im November 1987 von Polizeigrenadieren unter Einsatz von Tränengas geräumt wird. Die Stimmung in der Bevölkerung ist aufgeheizt, im April desselben Jahres hat die Polizei eine Demonstration zum Jahrestag der Atomkatastrophe von Tschernobyl rücksichtslos und ohne Not gewaltsam aufgelöst, Tausende Berner Bürger hasteten hustend durch Tränengaswolken in der Innenstadt.

Mit einer Fläche von etwas mehr als fünfzig Quadratkilometern ist Bern für Schweizer Verhältnisse zwar groß, jedoch mit gerade mal 141 000 Einwohnern gleichzeitig kleinstädtisch eng. Das begünstigt ein Klima starker sozialer Kontrolle, der vor allem die unangepassten Jugendlichen und jungen Menschen unterworfen sind. Aber die polizeilichen Machtdemonstrationen empören bald auch viele rechtschaffene Berner, die daraufhin Straßen blockieren und skandieren: »Wir alle sind Zaffarayaner!« Wegen der Bekanntheit Zaffarayas kommt es landesweit zu Protesten und sogar Schulstreiks. Die Schleifung des Hüttendorfes war wegen der akuten Wohnungsnot ein Eingeständnis totaler Hilflosigkeit, denn in Bern standen zu der Zeit nur etwa 0,2 Prozent aller Wohnungen leer; und das waren meist unerschwingliche Luxusapartments. Ein Jahr später kommt es noch einmal zu einem »Rückeroberungsversuch« durch etwa zwanzig Besetzer, der allerdings nach vier Tagen scheitert. 1989 wird den Jugendlichen zeitlich befristet das »Neufeld«, ein Gelände nahe der Autobahn, angeboten. Die Zaffarayans zügeln ohne Nummernschilder an ihren Bussen und Traktoren zu dem Bauschuttfeld, machen es urbar und begrünen es. Die Befristung wird aufgehoben, die Stadt legalisiert das Verbleiben »bis auf weiteres«, Wasser- und Stromanschlüsse werden gelegt und ein Erdwall als Sicht- und Lärmschutz aufgeschüttet. Die Idee Zaffaraya lebt weiter. Im Sommer 2015 wird zum 30-jährigen Bestehen der Idee ein großes Zaff-Fest gefeiert.

59 Dominik Gross, Kaspar Surber, Interview mit Richard Wolff. **Zürichs Zukunft liegt in der Luft**. In: »WOZ« Nr. 11 vom 14. 3. 2013.

Packeis

»Der schwarze Humor dieser Bewegung ist für viele brave Bürger überhaupt nicht durchschaubar, was – auch das muss gesagt sein – eine breite Solidarisierung zum Teil verhinderte. Für Nichteingeweihte tönt der immer wiederkehrende Slogan ›Freiheit für Grönland‹ nur unverständlich. Folgendes, der Bewegung geläufiges Gedankengut steht dahinter: Die Stadt ist eine in Geldgier und Macht erstarrte (Beton-)Eiswüste. Die Eisbären sind an der Macht, ihnen ist es wohl. Das ›Packeis‹ bedrängt alle, die leben möchten. Deshalb: Befreit Grönland vom Pack … eis!«

Aus: Ingrid Müller-Münch u. a., **Besetzung – weil das Wünschen nicht geholfen hat**, Reinbek 1981, S. 205.

Erste Risse

»Mao hat gesagt: Auch die stärksten Mauern zerbrechen an Rissen. Und ich glaube, was in Zürich geschehen ist und noch geschehen wird, was in Basel geschehen ist und noch geschehen wird, in Bern … also, die Jugendunruhen, das sind erste Risse in der Betondecke des helvetischen Konsensus, des helvetischen Monopolkapitalismus. Eine Betondecke, die bis jetzt unser Land erstickt hat. Und diese Mauer, diese Mauer des Geldes, die wird einstürzen.«

Jean Ziegler in der Sendung »Jetzt ist's genug« vom Oktober 1980. In: Ingrid Müller-Münch u. a., **Besetzung – weil das Wünschen nicht geholfen hat**, ebd., S. 192.

ÖSTERREICH

»Pizzeria Anarchia«

Von Ingo Rose

In Österreich konzentrierte sich die Hausbesetzerbewegung auf die Hauptstadt. Es gab den Wanderungsdruck durch die geburtenstarken Jahrgänge, die eine enorme Nachfrage auf dem Wohnungsmarkt auslösten. Und wie woanders auch mangelte es in Wien insbesondere Jugendlichen an Freiräumen. Die jungen Leute suchten Möglichkeiten, sich zwanglos und ohne kommerziellen Verzehrzwang zu treffen. Und überall in der Stadt war es damals verboten, öffentlichen Rasen zu betreten. Das Grün im Burggarten war so ein Ort, der Ende der 1970er Jahre von Jugendlichen erobert wurde. Diese Inbesitznahme ist unter dem Namen »Burggarten-Bewegung« in die Geschichte Wiens eingegangen und gilt als Wegbereiter der Hausbesetzerbewegung. Die beteiligten sozialen Gruppen waren zwar sehr heterogen – Alt-68er, Punks, Künstler, Sozialarbeiter, Autonome, Lehrlinge, Studenten, politisch engagierte Menschen aus der Mittelschicht wie Lehrer und Rechtsanwälte, Schwule und Lesben, engagierte Bürger mit Gemeinsinn, Junkies, Obdachlose, Trebegänger. Was sie indes einte, war der Wille nach Selbstbestimmung und eine politische Gesinnung, die sich gegen staatliche Institutionen und die aufgelaufenen Missstände in der Wohnraumpolitik richtete. Hans Triebnig, Besetzer eines Hauses in Klagenfurt, beschreibt es so: »Der Obdachlose Lenz kochte und wusch ab, der ist dort aufgelebt. Du hast das Gefühl gehabt, dass dein Leben einen Sinn hat. [...] Es geht um soziale Zärtlichkeit! [...] Man muss mit den Menschen umgehen lernen, ohne wahnsinnig oder böse zu werden.«[60]

So heterogen wie die Zusammensetzung der Besetzergruppen, so unterschiedlich waren auch die Vorstellungen über den Weg zum Ziel. Ein Teil wollte mit den staatlichen Stellen Verträge aushandeln, ein anderer lehnte dies kategorisch ab. Viele waren auf der Suche nach neuen oder zumindest anderen Formen des Zusammenlebens, wollten aussteigen oder auf eine andere Art einsteigen, als es bislang vorgesehen und möglich war. Und manche wollten einfach nur ein Dach über dem Kopf. Zeitgleich brach sich zu Beginn der 1980er Jahre immer öfter ein neoliberaler Geist in Wirtschaft und Politik Bahn, der originär staatliche Aufgaben auf den Markt übertrug. Und der Markt sollte es dann richten, doch er versagte oft, worauf die Hausbesetzer in Wort und Tat aufmerksam machten. Politik, Polizei, Justiz und Medien gingen, vor allem zu Beginn, ohne jedes Verständnis und daher unverhältnismäßig hart gegen die Hausbesetzer vor.

Mit der Eroberung der Wiener »Arena« – früher mal ein Schlachthof – in den 1970er Jahren gibt es die erste große Besetzung, sie wird in der Hauptsache durch Jugendliche organisiert. Seit 1970 ist der aufgelassene Schlachthof auch immer Schauplatz der Wiener Festwochen. 1975 soll ein Teil des Geländes, der Auslandsschlachthof, einer Textilkette zu Nutzung übertragen werden. Ein Jahr später finden Architekturstudenten die bereits vorliegenden, jedoch unveröffentlichten Abbruchpläne. Am letzten Veranstaltungstag der Festwochen wird in der Arena das Musical »Schabernack« der Gruppe Misthaufen aufgeführt; es geht um das »Autobahn-statt-Naschmarkt«-Projekt, in dem tatsächlich der beliebte Wiener Markt einer *autogerechten Stadt* geopfert werden sollte. Nach der Aufführung verteilen die Studenten Flugblätter mit dem Appell »Der Schlachthof darf nicht sterben«. Die Besucher werden gebeten dazubleiben. Parallel dazu findet an anderer Stelle des Schlachthofgeländes ein »Fest gegen die Schleifung des Naschmarkts« statt. Viele Leute an einem Ort zur selben Zeit mit einem gemeinsamen politischen Anliegen – eine strategische und logistische Meisterleistung! Der Auslandsschlachthof konnte nicht gerettet werden, aber der ehemalige Inlandsschlachthof ist als »Arena« immer noch ein wichtiges Wiener Kulturzentrum und auch von außen ob der wilden Graffiti an seinen Mauern und des erhalten gebliebenen alten Schornsteins eine Sehenswürdigkeit.

Mitte der 1970er Jahre besetzten Anwohner des Wiener Spittelbergs denkmalgeschützte Häuser aus der Zeit des Biedermeiers, denen der Abriss drohte. Davon übriggeblieben ist das noch heute existierende »Amerlinghaus«. Das leerstehende und verwahrloste spätere Stadtteilzentrum in der Stiftgasse wird im Sommer 1975 besetzt. Nach einem viertägigen Fest, das vor allem auch für die Öffentlichkeitsarbeit genutzt wird, wird ein Probebetrieb zu Demonstrationszwecken eingerichtet. Allen interessierten Anwohnern soll das selbstverwaltete Zentrum ein Ort der Begegnung und des kulturellen Austausches sein. Das funktioniert ausgezeichnet, in den Medien wird mit viel Wohlwollen über die weiche Besetzung des Amerlinghauses berichtet. Die Aktivisten verhandeln lange mit dem Stadtrat. Am 1. April 1978 wird schließlich das komplett renovierte Haus dem zuvor gegründeten Verein »Kulturzentrum Spittelberg« übergeben.

Immer wieder geht es um Freiräume. Auch um die Freiheit, im öffentlichen Raum einen Rasen betreten zu dürfen, genauer: die Wiese des Wiener Burggartens. Der Burggarten ist eine Parkanlage an der Wiener Ringstraße, mit Palmen- und Schmetterlingshaus. Er war mal Privatgarten des Kaisers, kurzzeitig Garten der Republik, seit 1919 ist das Areal öffentlich zugänglich. Genau sechzig Jahre später treffen sich hier regelmäßig junge Menschen, die nach Ansicht einer lokalen Boulevardzeitung »öffentlichem Rauschgiftkonsum, Entenmord und Sexorgien« frönen und immer öfter auch den Rasen betreten. Daraufhin wird die Wiese regelmäßig geräumt und von den Jugendlichen ebenso regelmäßig erneut im Wortsinn besetzt – die »Bewegung für Rasenfreiheit«, die Burggarten-Bewegung entsteht. Zeitzeuge Andreas Rotifer: »So ab 78/79 gab es eine andauernde, völlig hirnrissige Kraftprobe zwischen der damals aufkeimenden sichtbaren Jugendbewegung (zuvor waren die, die als Freaks in Frage kamen, ja nicht aufgefallen, weil zahlenmäßig zu klein [...]) und der dem Burggarten sehr benachbarten Exekutive.

Es ging um etwas heute Selbstverständliches, dass man nämlich in der Wiese sitzen durfte. [...] Es kam zu regelrechten Kriegen, Belauerungen, Strafaktionen und Festnahmen, die in mehreren Demos, Besetzungen und Aktionen [in] die Burggarten-Bewegung mündeten, die z. B. auch die Ringstraße lahmlegten. Nicht nur die Gemeinde, sondern auch die Medien spielten diese Kleinigkeit als eine Art österreichische RAF hoch und kriminalisierten harmlose und berechtigte Anliegen (die heute völlig selbstverständlich sind) auf eine unerhörte und geradezu verbrecherische Weise.«[61] Der Burggartenrasen ist heute zu jeder Jahreszeit begehbar.

Die erstarkende Jugendbewegung machte die Politiker nervös. Sie hatten beobachtet, was in der Schweiz geschah, Stichwort »Züri brännt«, so was wollten sie bei sich zu Hause nicht haben. Im Ergebnis ermöglichte die Stadt die Einrichtung des »Kulturzentrums Gassergasse«, der »GaGa«, des ersten selbstverwalteten Jugendzentrums in Wien. Vorausgegangen war die Besetzung der »Wiener öffentlichen Küchen(betriebsgesellschaft)« (»WÖK«) in der Gassergasse im 5. Bezirk. Die GaGa wurde am 1. Mai 1981 dem »Verein zur Schaffung, Förderung und Unterstützung von selbstverwalteten Kultur- und Kommunikationszentren« zur Verfügung gestellt. Durch verschiedene Konflikte kam es öfter zu Schlägereien mit der Polizei, was ein Ende der Subventionszahlungen bedeutete. 1983 wurde die GaGa rigoros geräumt, es gab mehr als hundert Festnahmen und nicht wenige Verletzte, das Haus wurde mitsamt der Einrichtung abgerissen. Doch der GaGa-Geist lebte weiter. Nach der Delogierung, wie eine Zwangsräumung hier genannt wird, zogen GaGa-Gruppen ins »WUK«, das selbstverwaltete »Werkstätten- und Kulturhaus« in der Währinger Straße.

Das WUK war mal das »TGM«, das »Technologische Gewerbemuseum«, das 1855 als Lokomotivfabrik erbaut worden war. 1978 wird das Museum geschlossen, eine Grünfläche mit Tiefgarage soll entstehen. Die Bürgerinitiative »Rettet das TGM« will das denkmalgeschützte Ensemble erhalten und einer breiten Nutzung zuführen. Ein Jahr später wird das WUK ins Leben gerufen, regelmäßige Treffen finden im Amerlinghaus statt. 1988 werden die besetzten Häuser in der Aegidigasse und Spalowskigasse, im Szenejargon die »Ägidi-Spalos« genannt, unter heftigem Protest geräumt.

Das »Ernst-Kirchweger-Haus« (»EKH«) als das größte selbstverwaltete Kulturzentrum Wiens wurde 1990 von Aktivisten und Mitgliedern eines türkischen Vereins besetzt. Grund dafür war der weiträumige Leerstand. Die ehemalige Schule, in Stahlbetonbauweise vor dem Zweiten Weltkrieg erbaut, war seit 1945 im Besitz der Kommunistischen Partei Österreichs (KPÖ), sie ist nach dem Widerstandskämpfer Ernst Kirchweger benannt. 2004 verkauft die KPÖ das EKH an eine Immobiliengesellschaft. Wegen möglicher Verbindungen des Geschäftsführers zur rechtsextremen Szene gibt es Widerstand in der Bevölkerung, auch die Literaturnobelpreisträgerin Elfriede Jelinek engagiert sich – mit Erfolg. 2008 erhalten alle im Haus vertretenen Gruppen Mietverträge, die Besetzung wird für beendet erklärt.

Die »Rosa Lila Villa« ist ein Lesben- und Schwulenzentrum im Bezirk Mariahilf und eine typische Instandbesetzung – das Haus war 1982 zum Abriss freigegeben worden. Nach zweijähriger Besetzung wird zwischen dem Verein »Rosa Lila Tip« und der Stadt ein langfristiger Nutzungsvertrag zur Belebung des Objekts geschlossen. Das ist bemerkenswert, denn zu jener Zeit ist die »Werbung für Unzucht mit Personen des gleichen Geschlechts« noch strafbewehrt. Dabei ist jedem klar, welche Ziele der Verein verfolgt. Nach der Grundsanierung und einem weithin sichtbaren rosa Anstrich beherbergt das »Lesben- und Schwulenhaus« eine Beratungsstelle, eine Bibliothek, eine Gaststätte sowie Wohnmöglichkeiten. Name und Farbgebung des Hauses haben sich mittlerweile erweitert – sie heißt jetzt »Türkis Rosa Lila Villa«, denn das Haus hat sich im Zuge des Gendermainstreaming einer weiteren Richtung geöffnet: Auch transsexuelle Menschen finden hier nun Platz und Gehör.

2011 schickt ein Immobilieninvestor gezielt Punks in sein Haus, damit sie es besetzen. Die verbliebenen Altmieter sollen vertrieben, der Gründerzeitbau saniert werden. Doch der Plan geht nicht auf, denn Punks und Mieter solidarisieren sich, gründen die »Pizzeria Anarchia« und betreiben sie als szeneübliche Volxküche. 2014 setzt der Eigentümer die Räumung durch: Weit mehr als 1500 Polizisten, Wasserwerfer, ein Panzerfahrzeug und ein Hubschrauber werden aufgeboten, um weniger als zwanzig Punks aus dem Gebäude zu delogieren. Allerdings wissen sich die Besetzer zu wehren. Sperrgitter, von der Polizei am Vortag zur Abriegelung herangekarrt, sind eine hilfreiche Verstärkung für die Barrikaden. Ein Polizeisprecher räumt später zerknirscht ein, die Gitter unbewacht und ungesichert vor dem Haus abgestellt zu haben, sei ein »logistischer Fehler« gewesen.

Es werden also nach wie vor Häuser besetzt. Und nach der Rasenbesetzung im Burggarten gibt es im Jahr 2012 sogar eine Feldbesetzung in Wien-Jedlersdorf. Es hört eben nie auf.

60 Kerstin Kellermann, **Celovec instandbesetzt. Firlefanz und Dilettanz übernehmen eine alte Nazi-Baracke**. In: www.augustin.or.at/zeitung/tun-und-lassen/celovec-instandbesetzt.html

61 Andreas Rotifer, **Der Burggarten, die Freaks und die Presse**. In: http://fm4v2.orf.at/blumenau/193333/main.html.

DIE FRONT WIRD BUNTER

Wie es mit den Hausbesetzungen von den 1990er Jahren bis heute weiterging

Die Chronisten stecken, je nach Perspektive, auf dem Zeitstrahl unterschiedliche Phasen ab, um die Hausbesetzungen in einem historischen Überblick zu erfassen. Die einen beginnen mit den englischen squatter im Mittelalter, die anderen mit den Bremer Stadtmusikanten und wieder andere mit dem Stichjahr 1970, in dem es in verschiedenen deutschen Städten, am nachhaltigsten und folgenreichsten in Frankfurt am Main, zu ersten Besetzungen kam. Die frühen 1970er Jahre waren ein Auftakt: In West-Berlin wurde eine Fabrik durch Besetzer zum Jugendzentrum umgewidmet, Ähnliches geschah in Hannover, Monheim, Brackwede, München und anderwärts. An manchen Orten wurden die Besetzer durch Polizeikräfte gleich wieder an die Luft gesetzt, an anderen existieren legalisierte Jugendprojekte oder deren Folgeeinrichtungen bis heute. Anfang der 1970er Jahre ist viel geschehen, vor allem in Frankfurt. Aber zu einer Massenbewegung wurden die squatter erst gegen Ende des Jahrzehnts. Jetzt erhoben sie sich außer in Berlin auch in Köln, Hamburg, Hannover, Freiburg, Tübingen, Stuttgart, Göttingen und im Rhein-Ruhrgebiet, nicht zufällig führen Universitätsstädte die Liste an. Anfang der 1980er Jahre hatten dann fast alle Metropolen eine Hausbesetzerszene, ja man kam sich als junger Mensch, so der Berliner Journalist Benny Härlin, »fast schon blöde vor, wenn man kein Haus besetzt hatte«.

Während der 1980er Jahre breitete sich das Besetzerfieber nicht nur bundesweit aus, es kam auch zu spektakulären Häuserkämpfen mit Verhaftungswellen, Straßenschlachten und großen Solidaritätsdemonstrationen, so beispielhaft in Berlin, Nürnberg und Freiburg. Und es kam vor allem in Hamburg, Stichwort Hafenstraße, zu Kämpfen, die sich über Jahrzehnte hinzogen und in eine Eskalation mündeten, die gar Furcht vor einem Bürgerkrieg schürte. Gegen Ende der 1980er und zu Beginn der 1990er Jahre hatten dann Räumungen, Abrisse, Legalisierungen und Duldungen den Häuserkrieg in seinem beidseitigen Furor einigermaßen gedämpft und bereichsweise befriedet. Außerdem hatte die Republik nun andere Sorgen. In Hamburg fürchteten die Besetzer der Roten Flora gerade eine angedrohte Räumung. Jedoch: »Das sind diese Ungleichzeitigkeiten und Absurditäten«, so Andreas Blechschmidt, es »kam der 9. November 1989: Mauerfall! Plötzlich knatterten tausend Trabis auf der Hamburger Reeperbahn, und alle waren aufgeregt. Da ging es nicht mehr um die Rote Flora …«

In den 1990er Jahren zeigten die in der DDR als *Schwarzwohner* geduldeten Hausbesetzer unter anderem in Ost-Berlin, Thüringen und Sachsen ihren jeweiligen Stadtoberen, dass nicht nur Wessis Barrikaden bauen können. Ihre Aktionen lenkten noch einmal die mediale Öffentlichkeit auf die prekäre Lage in den Städten: Wohnungsnot, Vertreibung der Altmieter an den Stadtrand, steigende Mieten, spekulativer Leerstand und militanter Aufstand. Aber die große Zeit der Hausbesetzer mit ihren kämpferischen Inszenierungen auf den Straßen, vor und in den Häusern, mit ihren phantasievollen Aktionen zur Aufklärung der Nachbarn und zur Erklärung ihrer Ziele und Utopien – die ging allmählich zu Ende. Und selbstverständlich waren Verhandlungen zwischen Besetzern, Hauseigentümern und Stadträten sowie Erbpachtverträge und Syndikatmodelle, all das, was auf die Tagesordnung drängte, wenn eine Besetzung erfolgreich verlaufen war, nicht halb so sexy wie die Besetzung selbst und der anschließende Thriller mit Straßen- und Häuserkämpfen, Verhaftungen, Prozessen, nächtlichen Geheimaktionen und entsprechenden medialen Echos. »Man wünscht sich, dass die Bewegung stark bleibt«, sagt Dany Cohn-Bendit, »dass sie oben bleibt, aber das geht nicht, die Ebbe kommt unweigerlich.« In den 1990er Jahren verlief sich die Besetzerszene. In den Häusern, die vor Abriss und Räumung bewahrt worden waren, ging allerdings das alternative Leben weiter. Wie die Regenbogenfabrik in Berlin entfalteten viele (ehemals) besetzte Kulturzentren ihre reizvollen Angebote zwischen alternativem Café, Konzertsaal, Kino und Fahrradwerkstatt. Und in den Wohnhäusern gingen die Debatten um Mietverträge, Eigentum und kollektive Lebensformen weiter – wenn auch weniger hitzig. »Und dann war das so«, erzählt Chris Striefler aus der Kölner Marienstraße, »dass bei uns überlegt wurde: Können wir das Haus nicht selber kaufen? Und so kam das tatsächlich …« Aus Besetzern wurden manchmal Eigentümer. Eine neue Ära begann.

Die neoliberale Wende in der Wirtschaftsphilosophie und -politik, die sich schon vor der innerdeutschen Wende angekündigt hatte, und deren Mantra hieß: Mehr Markt, weniger Staat, schlug auf den Wohnungsmarkt durch – mit den erwartbaren Konsequenzen für die Verwaltung der Städte: Mieterschutz, sozialer Wohnungsbau, Mietpreisbindung, Mietobergrenzen, Wohnungen in öffentlicher Hand –, all diese *sozialistischen,* marktfremden Ansätze galt es, zurückzufahren und den Grund und Boden in den Städten samt der Bauten, die darauf entstanden waren, dem privaten Verwertungsinteresse zu überlassen. »Eine Stadt sollte geführt werden wie ein Unternehmen«, sagte Klaus von Dohnanyi schon 1983. Die Vertreibung und Umsetzung nicht erwünschter Mieter: Armer, Alter, Migranten und Drop-outs, nahm noch einmal Fahrt auf. Der öffentliche Raum schrumpfte. Immer größere Areale in den Innenstädten wurden privater Verwertung zugeführt und der Allgemeinheit entzogen. Die Städte und Kommunen behaupteten, kein Geld mehr zu haben und deshalb ihre Filetstücke veräußern zu müssen. Plötzlich war ein gestern noch begehbares Flussufer Privatgrundstück geworden und verschwand hinter einem Zaun. Und die Reichen und Superreichen, die sich zuvor in ihren Villen im Umland wohlgefühlt hatten, entdeckten miteins das urbane Flair und den Reiz des Wohnens in der Innenstadt. Die

Bausünden des vergangenen Jahrhunderts mit ihren die Zentren verschandelnden Hochhäusern, dank derer im Herzen einer Stadt nur noch gearbeitet, aber nicht mehr gewohnt wurde, zogen inzwischen die kopfschüttelnde Kritik aller auf sich: die der Stadtbewohner sowieso, jetzt aber auch der Architekten und Bauämter. Solche Bausünden wurden nicht mehr in so großer Zahl begangen. Stattdessen steuerte man um und bemühte sich, die citynahen Wohngebiete zu *modernisieren,* das heißt, die Ausstattung der Häuser zu verbessern, wenn nicht gleich die Altbauten zu schleifen und luxuriöse *Stadthäuser* an ihre Stelle zu setzen. Das nennt man *Gentrifizierung.* Die führt dazu, dass die alteingesessenen Mieter sich die aufgewerteten Wohnungen nicht mehr leisten können und an die Peripherie in öde Neubausiedlungen ausweichen müssen. Detlef Hartmann spricht von »Wohnfabriken«. Er berichtet: »Wir haben versucht, den Leuten klarzumachen: ›Modernisierung heißt Vertreibung‹. Das war sozusagen unser Hauptslogan, mit dem wir an die Öffentlichkeit gegangen sind.«

Der erneuerte Glaube an die Dynamik der Märkte als Kraft, die alles regelt, warf die uralten Konflikte um Privateigentum versus Recht auf Wohnraum erneut auf, schärfer als je zuvor. Und es kam noch etwas hinzu: Der Bereich der Dinge und Phänomene, die zu Markte gehen, das heißt, die einem Verwertungs- und Profitinteresse unterworfen werden können, wuchs an. Die neoliberalen Visionäre und Strategen machten auch vor so luftigen Erscheinungen wie dem urbanen Flair nicht halt. Wenn die betuchten Leute in Innen- und Altstädten wohnen wollten, womöglich in mit allem Komfort aufgebrezelten Häusern aus dem 18. Jahrhundert, dann sollte man ihnen das ermöglichen. Freiheit für die dicken Portemonnaies! Und so erhoben sich an Plätzen und Straßen, wo früher die Gesamtbevölkerung, auch die kleinen Leute, selbstverständlich rumgelaufen war, *gated communities* und videoüberwachte Areale mit riesigen Werbetafeln. Überall wurden die Bänke abmontiert, damit kein Obdachloser auf die Idee käme, in der Innenstadt die Nacht zu verbringen, und damit die Reste des herumspazierenden Volkes fürs Sitzen bezahlen, indem sie ein Café aufsuchen. Die Dominanz der Werbung im Straßenbild verblüffte zuerst und störte sodann. Urbanität veränderte ihren Charakter. Sie wurde marktschreierisch. Einst war die Urbanität das Medium gewesen, in dem Fremde sich begegnen konnten und soziale Vielfalt erzeugt wurde. Jetzt überlagerte die Raffgier den schwer beschreibbaren urbanen Zauber, und die Besserverdienenden, die in die Nachbarschaft des Römer, des Michel oder des Brandenburger Tores gezogen waren, hatten gar nichts mehr davon. Die Stadtluft, die durch ihre Machenschaften kontaminiert worden war, machte nicht mehr frei und auch nicht glücklich. Das ist das Paradox der Gentrifizierung und ihr Preis: Die lebendigen, hier und da leicht angegammelten Quartiere sind attraktiv, sie ziehen Leute an, die sich was leisten können. Die haben aber Ansprüche. Doch kaum ist der Kiez auf diese Ansprüche hin umgestaltet, verliert er sein Flair, wird chic, stumpf, teuer und uninteressant. Die sensibleren unter den Wohlhabenden beschleicht das Gefühl, nicht das bekommen zu haben, wofür sie die ganzen Umzugsmühen auf sich genommen haben. Die Aufwertung des Viertels ist da. Aber das Leben ist raus.

Das Paradox der Gentrifizierung haben auch die Hausbesetzer zu ihren besseren Zeiten schon verspürt. Sie selbst, ihre Projekte, ihre Aktionen, ihre bunt bemalten Häuser waren erst ein Skandal, später aber eine Sensation: Touristen kamen, um zu gucken, und immer mehr Yuppies wollten dort wohnen, wo was los war. Andreas Blechschmidt: Die Konzerterfolge der Roten Flora haben »das Schanzenviertel aufgewertet, wodurch die Flora ungewollt in die Falle der Standortpolitik getappt ist – sogar ihre Resistenz gegen Vereinnahmung ist zum Standortfaktor geworden. Das ist die Tragik der Entwicklung der Roten Flora. Selbst die Handelskammer hat die Rote Flora wegen ihres Standortfaktors gelobt, bizarrer geht's kaum.«

Den höchsten Preis für die Gentrifizierung zahlten aber immer noch die Vertriebenen. Und die jungen Zuzügler, Studenten, Migranten, Praktikanten und Berufsanfänger, die keine Bleibe in der Innenstadt fanden und Monate mit der Suche vergeudeten, bis sie dann doch einen Kompromiss schließen und mit einer Wohnkabine im hässlichen Neubau vorliebnehmen mussten. Das heißt: Die Lage war mindestens so ernst wie zuvor. Hausbesetzer hätten jede Menge gute Gründe für ihr gesetzesbrecherisches Tun vorbringen können. Dass sie seltener in Aktion traten, liegt nicht nur daran, dass die Szene ihren Zusammenhalt und ihre Schlagkraft verlor, es hat noch ganz andere, *objektive* Ursachen. Es gab und gibt weniger Leerstand. Der vorhandene wurde verdeckt, camoufliert, bewacht. Die polizeilichen *Linien*, die, mal härter und mal weicher, zwischen Zuschlagen und Entgegenkommen geschwankt hatten, waren mittlerweile übereingekommen, ein neu besetztes Haus binnen Tagesfrist wieder zu räumen. Die andere Seite, die Ordnungskräfte, die Stadtoberen, die Hauseigentümer und die Investoren – sie hatten dazugelernt und waren nicht mehr so oft bereit, sich mit Straßenkämpfern auseinanderzusetzen. Wobei dazu gesagt werden muss, dass sie, oft vermittelt über kritische Architekten und Städteplaner, ja auch einiges von den Idealen der Hausbesetzer übernommen haben. So war die Abrisswut verebbt, man entwickelte einen Sinn für den Charme von Altbauten und scheute die Kosten für ihre Restaurierung nicht mehr, weil man jetzt wertschätzte, was man dadurch gewann: das berühmte urbane Flair als historische Tiefenerfahrung. Ferner hielten manche Städte im Privatisierungsrausch auch mal inne. Berlin hatte sogar seine Wasserwerke verkauft, besann sich dann aber und erwarb sie zurück. Auch städtischer Grund- und Hausbesitz wurde bereichsweise gehalten und zu moderaten Mieten neben dem Markt den Bedürftigen angeboten. Das Soziale kehrte hier und da verschämt durch die Hintertür in die Kommunalpolitik zurück. Es wurde kaum mehr irgendwo zum Leitgedanken. Der angeberische Neoliberalismus mit seinem Marktvertrauen hielt sich. Aber er konnte die Rücksicht auf Schwächere nicht überall vollends erdrücken. Was den Wohnungsmarkt betrifft, haben die Hausbesetzer auch hier eine Spur gelegt.

Es ging und geht eben doch weiter, allen gesetzlichen Hindernissen und allem neoliberalen Getöse zum Trotz. Aber die Hausbesetzerszene hat ihren Charakter geändert – wenn auch weniger ihre Ziele und ihre Kritik. Doch die Töne und Farben der Kommunikation sind neu, sie gehen interessanterweise häufig in eine künstlerische Richtung, ja, es scheint fast so, als würde Hausbesetzung derzeit als eine Art *Aktionskunst* empfunden – von den Akteuren ebenso wie von den Zuschauern und Sympathisanten, weniger von den Gegnern in Amtstuben und Kontoren. So werden Graffiti, die es immer schon gab, als eigenständige Form der Aneignung von Stadt verstanden, nicht nur als Schmuck oder Information. Das *urban gardening* bemüht sich zu versöhnen, was so lange als unvereinbar galt: Beton und Natur, Straßenpflaster und Pflanzenvielfalt, und es geriert sich als besonders freundliche Version der Stadtwiederaneignung. Überhaupt spielen Symbole eine tragende Rolle als Zeichen im Stadtraum, die darauf bestehen: Wir, die man versucht hat zu verdrängen, wir sind hier, und die Stadt gehört uns. Dazu tragen Plakate bei, Aufschriften, Aufrufe, Aufmärsche, Übermalungen und Übersprühungen von Werbetafeln und Firmenlogos, Slogans, unter Brücken gepinselt, Wandbilder *(Murals)*, Musikdarbietungen auf Plätzen und Brücken, illegale nächtliche Parties in Fabrikhallen oder Schwimmbädern, Performances, Parolen, Installationen und alle Formen von »Style-Writing« und »Street Art«. »Die Kreuzberger Crew 1UP schrieb ›Love Art – Hate Cops‹ über eine zentral gelegene Brandwand im traditionell linken Stadtteil, ›Fuck off Mediaspree‹ prangt über dem von Privatisierung bedrohten Spreeufer am Ostbahnhof.«[62]

Die Stadtaneigner von heute suchen eine Praxis für das, was der französische Soziologe Henri Lefebvre einst mit »Recht auf Stadt« gemeint hat: ein Vorgehen, ein Weitergehen, einen Ausdruck von Bewohnern im Stadtraum, die auf die Wiederherstellung von Öffentlichkeit mit bunter Vielfalt zielen und dabei die kapitalistischen Verwertungsinteressen ignorieren. Dass diese Praxis in ihrem Selbstausdruck Valeurs wie Witz, Ironie und tiefere Bedeutung einbezieht, liegt nahe. Den urbanen Gärtnern und Wandbemalern geht es nicht nur um günstigen Wohnraum und um die Entlarvung fieser Spekulanten, sondern auch oder vordringlich um Auftritte im Stadtraum, die klarmachen, dass hier Menschen ohne dickes Portemonnaie ihre Zugehörigkeit zum urbanen Raum reklamieren und dass dieser Raum nicht ist, was er sein könnte, wenn die jungen Aneigner ihn nicht gestalteten. Dabei wissen alle Beteiligten, dass das, was wir urbanes Flair oder städtisches Lebensgefühl nennen, immer das Ergebnis eines Kampfes oder – weniger pathetisch ausgedrückt – eines Gerangels verschiedener Interessen ist. Wobei der neoliberale Kurzschluss: »Gut ist, was sich am Markt durchsetzt« immer mal wieder von anderen, marktfernen, aber auch nicht gleich hoheitlich-staatlichen Interessen überlagert wird. Es gibt ja auch eine Gesellschaft, die Erfahrung und Kommunikation jenseits von Markt und Staat sucht und ausprobiert. Dafür stehen die Stadtaneigner und auch Hausbesetzer kurz vor und nach der Jahrtausendwende. Sie gehen dabei immer das Risiko ein, als »weicher Standortfaktor« akzeptiert, wenn nicht gar umworben zu werden. Auch das ist eine Konfliktlinie im Stadtraum, die vom kämpferischen Gerangel immer wieder gezogen wird. Und in den Stadtindianern manchmal den Wunsch weckt, ein wenn schon, dann doch härterer Standortfaktor zu sein.

Die Kämpfe der neuen Rebellen erschöpfen sich auch nicht in der ästhetischen Reflexion und Praxis. Es geht manchmal handfester zu. Zwar ist die Militanz der Frankfurter in den 1970er Jahren und der Berliner und Hamburger in den 1980er Jahren heute nicht mehr so angesagt, man versucht, mit Raffinesse ans Ziel zu kommen. Aber dafür, dass immer wieder mal Steine fliegen, sorgt die Politik, die sich mitunter noch schwer damit tut, Konflikte mit ästhetischer Provokation und raffinierter Kommunikation zu lösen. Kurz: Der Häuserkampf geht auch als Fehde weiter. Dennoch lässt sich nicht übersehen, dass sich eine historische Abrüstung vollzogen hat – es wurde mittlerweile ein Vokabular entwickelt, das es möglich macht, einen größeren Teil der Auseinandersetzung auf die verbale und symbolische Ebene zu verlagern. Allerdings bleibt ein Rest von »alter« harter Konfrontation mit Kriminalisierungen, Verhaftungen, Schlagstockeinsatz und Gegenwehr.

Was ist praktisch passiert? Unter dem Motto: »Komm in die Gänge« besetzen 200 junge Aktivisten im Jahre 2009 im zentral gelegenen Hamburger Gängeviertel zwölf leerstehende und teils zum Abbruch bestimmte Wohnhäuser und Fabrikbauten, um dort Ateliers, Ausstellungsräume und Wohnungen zu schaffen. Sie veranstalten erst einmal ein Hoffest – und dann gingen sie nicht wieder weg. »Es kann nicht sein«, so *Beleger*-Sprecher Sebastian Rathert, »dass die Stadt sich immerzu damit brüstet, eine Kultur-Hochburg zu sein, aber nichts dafür tut.«[63] Inzwischen ist das Gängeviertel eine Hamburger Attraktion.

In Köln besetzte ein Trupp junger Leute 2013 ein leerstehendes Haus in der Brühler Landstraße. Zwei Jahre später gingen Besetzer in ein Haus mit leeren Wohnungen in der Zülpicher Straße. Sie wollten hier Flüchtlinge und Studenten unterbringen. Auf dem Plakat, das sie ins Fenster klebten, stand: »Flüchtlinge werden in Container gesteckt, Studenten campieren in Universitätskellern, und hier verrottet Wohnraum.«

In Göttingen wurde 2005 ein seit vielen Jahren leerstehendes Haus im Fabrikviertel des Gallusparks besetzt. Im Ruhrgebiet sorgte 2010 die Aufwertung Essens und gleich des gesamten Reviers zur »Kulturhauptstadt Europas« für die Besinnung der Bevölkerung auf Missstände und für die Besetzung des Essener Gewerkschaftshauses und der Dortmunder Kronen-Brauerei. – In Berlin eroberte 2012 eine Gruppe von Senioren als squatter eine Villa in Pankow, ein Freizeitheim. Das schien die letzte späte Besetzung in der Hauptstadt zu sein, denn bald darauf stand in der Zeitung, dass es in Berlin keine besetzten Häuser mehr gebe – wobei jene nicht mitgezählt wurden, die inzwischen einen legalen Status erreicht hatten, also definitionsgemäß nicht mehr besetzt waren. Aber dann wurde im Herbst 2012 die Zeltstadt auf dem Oranienplatz errichtet, es ging auch hier um Flüchtlinge. Der Kampf um das Camp dauerte zwei Jahre, dann kam es zur Räumung. Die Besetzer zogen weiter in eine aufgelassene Schule. Vielleicht trafen sie unterwegs den einen oder anderen »Rollheimer« auf der Suche nach einem neuen Standort, denn auch die Wagenburgen wurden eine nach der anderen von der Polizei aufgelöst.

Ostern 2014 gab es in Frankfurt eine Doppelbesetzung: Das »Institut für vergleichende Irrelevanz« (»IVI«), eine Art linke Gegenuni mit WG, und das neu gegründete »Büro für unlösbare Aufgaben« besetzten je ein Haus, einmal das zum Abriss freigegebene Hinterhof-Areal zwischen Hauptbahnhof und Messe, zum anderen ein Gebäude im Gallusviertel. Das IVI suchte Ersatz für seine ein Jahr zuvor verlorenen Räume – die befanden sich in einem Haus, das zehn Jahre vorher besetzt worden war und dann doch geräumt wurde. Das »Büro« will sich, wie die FAZ berichtete, »um Probleme wie die ›Lösung der Wohnungsfrage, Abschaffung von Armut, Arbeit und Obdachlosigkeit‹ kümmern«.[64] Erst mal machte es seinem Namen Ehre und überließ dem bald anrückenden polizeilichen Räumkommando kampflos den Hinterhof. Aus dem anderen Haus waren die Besetzer schon vorher freiwillig abgerückt. In der Zwischenzeit bauten sie einen Grill auf, ließen Musik erschallen und Ballons aufsteigen. Man sieht: Besetzungen wurden zu Gesten, zu Als-ob-Aktionen, zu *Symbolen* des Einspruchs gegen Gentrifizierung und Supergentrifizierung (ja, die gibt es auch schon) in der Bankenstadt. Der Schwarze Block hat sich in eine Spaßguerilla verwandelt, der Pflasterstein in einen Fingerzeig, die Wut in Ironie, die Militanz in eine Gebärde. Statt zu singen oder zu brüllen: »Das-ist-unser-Haus«, drehen die Rebellen der Polizei eine Nase, indem sie ihren Spaß haben und dann einfach abziehen, anstatt Krawall zu machen.

Mit vielen anderen Besetzungen, die sich nach der Jahrtausendwende ereignet haben und von denen einige oben aufgezählt worden sind, ist es vergleichbar gelaufen. Oft wurde umgehend geräumt. Und wenn nicht, beendete Verhandlungsbereitschaft beider Seiten den rechtsfreien Zustand. Der Raum für Konfrontation – argumentative und physische – ist enger geworden. Inzwischen wissen beide Seiten, was sie voneinander zu halten haben. Es ist eine Art Pattsituation entstanden. Man belauert einander. Auf den Hamburger squatting-days befindet ein Aktivist: »Unser Eindruck ist, dass die Stadt heute in der Regel weniger auf Dialogbereitschaft setzt. Besetzte, leerstehende Räume werden sofort geräumt. Dabei wird der jeweilige Hausbesitzer oft nicht einmal vorab kontaktiert, um ein Einverständnis für die Räumung einzuholen – obwohl dazu eigentlich die Pflicht besteht. Doch heute geht es eben um deutlich mehr Geld als früher, Immobilien sind immer wertvollere Spekulationsobjekte geworden. Auch die Kriminalisierung der Besetzerszene hat vor diesem Hintergrund zugenommen.«[65]

Die spielerische Quasi-Aktionskunst, zu der *postmoderne* Hausbesetzungen bereichsweise mutiert sind, wird nicht das letzte Wort und auch nicht der letzte Akt der Bewegung sein. Klar können Besetzungen ihre lustbetonte Dimension haben, aber sie haben eben auch ihren ernsten Kern. Ein Dach überm Kopf zählt gefühlt zu den Grundrechten, und wo es für alle nicht reicht, muss umverteilt werden. Die Probleme existieren ja fort. Mit den Flüchtlingsströmen auf der einen Seite und den forcierten Gentrifizierungsbestrebungen auf der anderen entstehen neue Konfliktfelder, bei denen Hausbesetzungen mit oder ohne Luftballons sich als probate Lösungen anbieten werden. Solange das Privateigentum an Grund und Boden besteht, wird die Wohnungsfrage nicht human beantwortet werden können. Einwände, dass die Privatnutzung letztlich alternativlos sei, zählen nicht, denn die Hausbesetzer haben sehr gut funktionierende gemeinschaftliche Nutzungsmodelle entwickelt, an denen man sich orientieren kann. Außerdem hat der Staat als Sozialstaat und Akteur neben dem Wohnungsmarkt seine unbestreitbaren Verdienste. Dass er das heute nicht mehr so recht wahrhaben will, ist traurig und spricht für die Charakterlosigkeit der Baustadträte und beamteten Stadtplaner, die die neoliberale Mode der Gentrifizierung gedankenlos aufgreifen, ohne darüber zu stolpern, dass die Strategien der Inwertsetzung, Aufwertung und Verwertung nur denen nützen, die als Privateigentümer eine Rendite erwarten. Das ist ein kleiner Teil der Bevölkerung. Der große Rest könnte irgendwann genug davon haben, sich durchzumogeln oder als Standortfaktor umschmeichelt zu werden. Heute mimen die Besetzer die Clowns. Morgen nehmen sie vielleicht die Maske ab. Man bezeichnete sie gerne als *Spuk*, der bald vorbei sein wird. Es könnte sich herausstellen, dass sie ein Gespenst sind, das noch lange umgeht.

In der Nähe von Essen gab es 2014 eine Diskussionsveranstaltung über Hausbesetzungen, von der die Blogger »ruhrbarone« berichteten. Es nahmen der Künstler Joscha Hendricksen und der Stadtforscher Tino Buchholz teil. Frage der ruhrbarone: »Herr Buchholz, Herr Hendricksen, sind Hausbesetzungen überhaupt noch zeitgemäß?«
Buchholz: »Absolut.«
Hendricksen: »Häuser sind ja auch noch zeitgemäß.«[66]

---

62 Tobias Morawski, **Reclaim Your City**, Hamburg 2014, S. 108.
63 In: »taz« vom 23. 8. 2010.
64 Denise Peikert, Jonathan Horstmann, **Hausbesetzungen. Aktivisten besetzen zwei Häuser in Frankfurt**. In: »FAZ« vom 20. 4. 2014.
65 hh-mittendrin.de
66 www.ruhrbarone.de, 22. 8. 2014.

Spuk

»Der zweite Sommer der Hausbesetzer – sie sind immer noch da. Dabei sollte der Spuk eigentlich längst vorbei sein.«

Marc Fleischmann, **Die Szene lebt. Der zweite Sommer der Hausbesetzer**. In: »Berliner Kurier« vom 28. 7. 2014.

Wie es mit den Hausbesetzungen von den 1990er Jahren bis heute weiterging

Nachwort

Liebe Hausbesetzer und HausbesetzerInnen

aus Nürnberg, Erlangen, Stuttgart, Heidelberg, Essen, Dortmund, Düsseldorf, Detmold, Münster, Kiel, Mainz, Bremen, Trier, Paderborn, Hanau, Aurich und aus etlichen anderen Städten in der an urbanen Zentren so reichen Bundesrepublik Deutschland – bitte entschuldigt uns, wenn Eure Kämpfe in diesem Buch nicht vorkommen. Wir mussten Schwerpunkte setzen. Es ist uns aber bewusst, dass die Hausbesetzerbewegung als Massenbewegung niemals diese Aufmerksamkeit geweckt und diese Erfolge errungen hätte, wenn nicht in vielen kleineren Städten auch mächtig was los gewesen wäre. Wie viele Häuser insgesamt besetzt worden sind, ist nicht ganz leicht festzustellen. Hier ein Richtwert: Im Laufe des Jahres 1981 kam es in 153 Städten zu 595 Besetzungen durch 12 900 Menschen.[67]

Barbara Sichtermann
Kai Sichtermann

67 Nach Sven Reichardt, **Authentizität und Gemeinschaft**, Berlin 2014, S. 502.

Danksagung

Wir danken allen, die uns für dieses Buch Interviews gegeben, ihre Geschichten erzählt und andere Textteile zur Verfügung gestellt oder eigens für uns geschrieben haben. Sie sind alle im Buch namentlich aufgeführt. Für Informationen, Kontakte und Unterstützung geht unser Dank ferner an:

Marie Sichtermann, Zülpich
Eberhard Boeck, Stuttgart
Hollow Skai, Hamburg
Isabell Wackers, Berlin
Ingrid Scherf, München
Anne Reiche, Hamburg
Elke Seifert, Freiburg
Julia Weiss, Frankfurt/M.
Udo Nonner, Tübingen
Marc Amann, Tübingen
Ruud Englebert, Amsterdam

Literaturliste

- **AJZ. dokumentation der brackweder hausbesetzung und der bewegung um das arbeiterjugendzentrum**, Bielefeld 1973.
- amantine (Hg.), **»Die Häuser denen, die drin wohnen!« Kleine Geschichte der Häuserkämpfe in Deutschland**, Münster 2012.
- amantine, **Gender und Häuserkampf**, Münster 2011.
- Aust, Stefan, Rosenbladt, Sabine (Hg.), **Hausbesetzer. Wofür sie kämpfen, wie sie leben und wie sie leben wollen**, Hamburg 1981.
- Baer, Willi, Dellwo, Karl-Heinz (Hg.), **Häuserkampf I. Wir wollen alles – Beginn einer Bewegung**, Hamburg 2012.
- Dies., **Häuserkampf II. Wir wollen alles – Die Hausbesetzungen in Hamburg**, Hamburg 2013.
- Birke, Peter, Larsen, Chris (Hg.), **Besetze deine Stadt! – BZ din by! Häuserkämpfe und Stadtentwicklung in Kopenhagen**, Berlin, Hamburg 2007.
- Bütler, Hugo, Häberling, Thomas, **Die neuen Verweigerer. Unruhe in Zürich und anderen Städten**, Zürich 1981.
- Durth, Werner, Gutschow, Niels, **Träume in Trümmern. Stadtplanung 1940–50**, München 1993.
- Friedrich Engels, **Zur Wohnungsfrage**. In: Karl Marx/Friedrich Engels, **Werke**. Bd. 18, Berlin 1969, S. 215.
- Frauencafé Moabit, **Frauenbewegung und Häuserkampf – unversöhnlich?**, Berlin 1982.
- **Georg von Rauch-Haus, Kämpfen, Lernen, Leben**, Berlin 1972.
- Grauwacke, A. G. (Hg.), **Autonome in Bewegung. Aus den ersten 23 Jahren**, Berlin, Hamburg, Göttingen 2003.
- **Handbuch für Hausbesetzer**, in: http://raz.blogsport.de/images/hfhb_01.pdf.
- Hänny, Reto, Zürich, **Anfang September**, Frankfurt/M. 1981.
- Härlin, Benny, Sontheimer, Michael, **Potsdamer Straße. Sittenbilder und Geschichten**, Berlin 1983.
- Häuserrat Frankfurt, **Wohnungskampf in Frankfurt**, München 1974.
- Hoffmann-Axthelm, Dieter, **Strassenschlachtung. Geschichte, Abriss und gebrochenes Weiterleben der Admiralstraße**, Berlin 1984.
- Holm, Andrej, **Wir bleiben alle! Gentrifizierung – städtische Konflikte um Aufwertung und Verdrängung**, Münster 2010.
- Holm, Andre, Gebhardt, Dirk, **Initiativen für ein Recht auf Stadt. Theorie und Praxis städtischer Aneignung**, Hamburg 2011.
- Kiderlen, Elisabeth (Hg.), **Deutschjüdische Normalität ... Fassbinders Sprengsätze**, Frankfurt/M. 1985.
- Kuhn, Armin, **Vom Häuserkampf zur neoliberalen Stadt. Besetzungsbewegungen und Stadterneuerung in Berlin und Barcelona**, Münster 2014.
- Kunzelmann, Dieter, **Leisten Sie keinen Widerstand! Bilder aus meinem Leben**, Berlin 1998.
- Kursbuch 65, **Der große Bruch – Revolte 81**, Berlin 1981.
- Morawski, Tobias, **Reclaim Your City. Urbane Protestbewegungen am Beispiel Berlins**, Berlin, Hamburg 2014.
- Müller-Münch, Ingrid, Prosinger, Wolfgang, Rosenbladt, Sabine u. a., **Besetzung – weil das Wünschen nicht geholfen hat**, Reinbek 1981.
- Nigg, Heinz (Hg.), **Wir wollen alles, und zwar subito! Die achtziger Jugendunruhen in der Schweiz und ihre Folgen**, Zürich 2001.
- Reichardt, Sven, **Authentizität und Gemeinschaft. Linksalternatives Leben in den siebziger und frühen achtziger Jahren**, Berlin 2014.
- Senator für Inneres, Landesamt für Verfassungsschutz, **Der »Häuserkampf« in Berlin (West)**, Senatsbibliothek Berlin, 1983.
- Stracke, Ernst, **Stadtzerstörung und Stadtteilkampf in Frankfurt am Main. Innerstädtische Umstrukturierungsprozesse, Wohnungsnot und soziale Bewegungen in Frankfurt am Main**, Köln 1980.
- Suttner, Andreas, **»Beton brennt«. Hausbesetzer und Selbstverwaltung im Berlin, Wien und Zürich der 80er Jahre**, Wien, Berlin, Münster 2011.
- Wegner, Manfred, Scherf, Ingrid, **Wem gehört die Stadt? Manifestationen neuer sozialer Bewegungen im München der 1970er Jahre**, Andechs 2013.

Zitate wurden der neuen Rechtschreibung angepasst.

Gert Möbius
Halt dich an deiner Liebe fest. Rio Reiser
351 Seiten. Gebunden mit Schutzumschlag
ISBN 978-3-351-03627-0
Auch als E-Book erhältlich

Rio Reiser ganz nah

In diesem sehr persönlichen Buch beschreibt Gert Möbius das Leben seines Bruders, des großen Musikers und Exzentrikers Rio Reiser. Sichtbar werden eine überraschende Persönlichkeit mit all ihren Brüchen und Verzweiflungen und zugleich ein Panorama deutscher Musik- und Politikgeschichte. Nie zuvor konnte man Rio Reiser so nah erleben, denn dieses Buch enthält neben zahlreichen persönlichen Dokumenten, aus denen Gert Möbius erstmals zitiert, auch Auszüge eines Tagebuches, das Rio Reiser in den Jahren 1972 bis 1974 führte, sowie zahlreiche bislang unveröffentlichte Fotos.

»Er ist der einzige deutsche Sänger, den ich je bewundert habe.«
Herbert Grönemeyer

Regelmäßige Informationen erhalten Sie über unseren Newsletter. Jetzt anmelden unter: www.aufbau-verlag.de/newsletter

aufbau